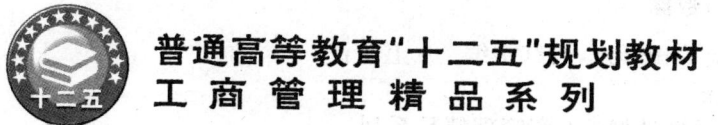

普通高等教育"十二五"规划教材
工商管理精品系列

U0780658

管 理 学
——原理与技能

主编／田泽永　石　红

副主编／米慧蓉　彭荷芳　徐　燕

立信会计出版社
LIXIN ACCOUNTING PUBLISHING HOUSE

图书在版编目(CIP)数据

管理学：原理与技能 / 田泽永，石红主编. —上海：立信会计出版社，2012.8

高等教育"十二五"规划教材. 工商管理精品系列

ISBN 978-7-5429-3616-5

Ⅰ.①管…　Ⅱ.①田…　②石…　Ⅲ.①管理学—高等学校—教材　Ⅳ.①C93

中国版本图书馆 CIP 数据核字(2012)第 182890 号

责任编辑　　王斯龙
封面设计　　周崇文

管理学——原理与技能

出版发行	立信会计出版社		
地　　址	上海市中山西路 2230 号	邮政编码	200235
电　　话	(021)64411389	传　　真	(021)64411325
网　　址	www.lixinaph.com	电子邮箱	lixinaph2019@126.com
网上书店	http://lixin.jd.com		http://lxkjcbs.tmall.com
经　　销	各地新华书店		

印　　刷	浙江省临安市曙光印务有限公司	
开　　本	787 毫米×960 毫米	1/16
印　　张	23.5	
字　　数	428 千字	
版　　次	2012 年 8 月第 1 版	
印　　次	2019 年 7 月第 4 次	
印　　数	9301—10800	
书　　号	ISBN 978-7-5429-3616-5/C	
定　　价	39.80 元	

如有印订差错，请与本社联系调换

前　言

当人类文明曙光初现,管理就随之与我们同行。管理是科技、智慧、能力与经验之结晶。管理是无处不在、无处不需的,时刻与我们相伴。有人群的地方就有管理,任何由两人以上组成的、有一定活动目的的集体或组织,都离不开管理。

管理就是确切地知道你要别人去干什么,并让他用最好的方法去干(泰罗)。它同别的基本职能一样,是一种分配于领导人与整个组织成员之间的职能(H·法约尔)。管理是一种实践,其本质不在于知,而在于行;其验证不在于逻辑,而在于成果(德鲁克)。管理是一种基本的社会职能和生活技能。一个人总是生活在一定的社会群体或组织之中的,他既在进行着管理,又在被他人管理。不管是作为管理者还是被管理者,都需要了解和掌握基本的管理学原理与思想。

需要学习管理知识是当今人们之共识,但由于人们在社会组织中的角色地位不一样,社会经历不一样,因而学习者有不同的管理目的与要求,他们大致可以分为以下三类:

第一类,是正处于各种组织管理者位置或有过管理经历的人。他们积累了一定的管理经验,有了对管理的一些感性认识。他们需要的是对管理经验与感性认识的提升,更系统地掌握管理的理论框架体系,以扩大视野,提高管理水平。这类人主要是管理专业型研究生(MBA、EMBA 等)和在职管理人员。

第二类,是以管理学者或高级管理者为方向的人。他们或有着较好的经济管理理论基础,或有着系统学习经济管理知识的条件和培养要求。他们需要的是对管理学问题的研究资源。他们一般对管理理论的创新和发展特别敏感,对管理理论有积极探索的兴趣与能力。这类人主要是管理专业研究生和综合性大学、财经类大学的管理专业本科生。

第三类,是以未来管理者或成为具有一定素质职员为方向的人。他们学习管理学的目的是为以后踏上管理舞台奠定基础,或者是以自我管理者角色进入大型正规职场。他们需要的是了解和弄懂管理学的基本概念、基本理论和基本方法,着重于锻炼和提高如何运用所学知识解决实际问题的能力。这类人主要是普通大专院校管理专业本科生和对管理学感兴趣的非管理专业学生及其他人员。

本教材以第三类人员为对象,是管理学初学者的入门教材,同时也可供非综合性、财经类普通高等院校的经管系学生,以及企事业单位管理人员学习或培训使用。本教材沿用管理学通行的管理职能结构体系,在编写思路上体现了如下特色:

(1)难易程度适中,尽量增加教材的可读性、趣味性。为了使本教材成为管理学初学者的入门教材,在编写中我们努力做到由浅入深、循序渐进,行文中注意语言表达的流畅和内容的通俗易懂、生动形象,尽可能引用相关的例子、寓言和典故来讲述、介绍管理学的基本概念和基本原理。

在内容的安排上,每章开篇都有学习目的和引导案例,文中适时插入新理论、新观点、知识窗、名家名言等内容,增加教材的可读性与趣味性,使严肃的学习在愉快的阅读中完成,于不知不觉中完成对新知识的学习与积累。

(2)着重技能培养,力求达到学以致用的目的。管理学是源于实践、用于实践的学科。它源于生活,高于生活,融思想性、理论性和实践性于一体。因此,无论是教与学,都要密切联系管理实践中的新问题、新情况,着眼于解决现实生活中的实际问题。本教材特别设计了技能训练部分,该部分包括三个方面的内容:一是管理定律应用;二是管理案例分析;三是技能训练,旨在通过大量的实践项目,强化学生理论知识,增强学生的实践能力,尤其是技能训练部分,通过全方位的参与和角色的模拟,学生可以身临其境地体验实战氛围,提高实战技巧。

本教材由田泽永、石红任主编,负责总体框架的设计以及每章技能部分的编写,米慧蓉、彭荷芳、徐燕任副主编。具体章节安排如下:李享章负责第一、第二、第六章的编写,查志刚负责第三、第八章的编写,米慧蓉负责第五章的编写,彭荷芳负责第四、第七章的编写,陆玉梅负责第十一章的编写,郑宝华负责第九、第十章的编写,徐燕负责第十二、第十三章的编写,最后由田泽永、石红负责统稿。

本教材在编写过程中,参考了诸多相关教材、专著、文献和网上案例资料,借鉴和吸收了学者们优秀的思想与成果,谨在此表示诚挚的感谢。由于编写时间仓促,加上编者水平有限,书中疏漏和错误之处在所难免,恳请广大读者批评指正。

编　　者

2012 年 10 月

目　录

第一部分　管理概述

第二部分　决 策 与 计 划

第三部分　组　织　与　人　事

第四部分　领　导　与　沟　通

第五部分 控 制 与 创 新

第六部分　伦理与责任

第一部分
管 理 概 述

第一章　管理与管理者

 **本章网络结构图**

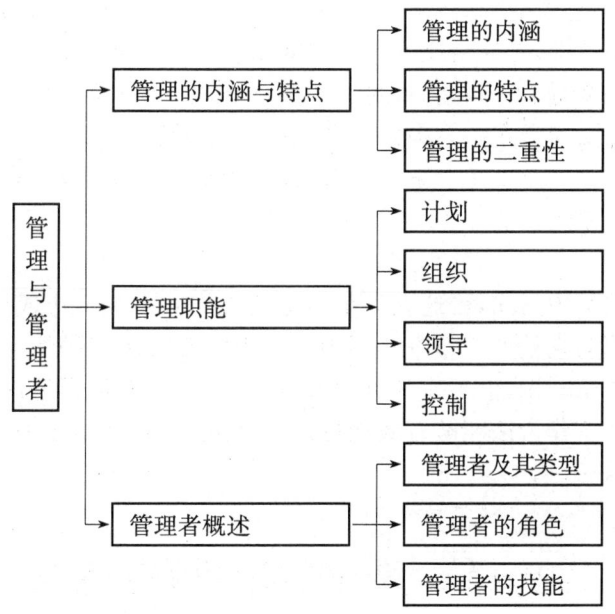

 **本章学习目的**

☆ 掌握管理的本质内涵与基本特点
☆ 完整认识管理的四项基本职能
☆ 了解不同层次管理者的工作特征和工作内容
☆ 明确管理者的角色与技能

【引导案例】 　　　　　小白兔搬萝卜的管理学启示

　　五只爱吃萝卜的小白兔为了能天天吃到萝卜,开垦了一块土地,种上了好多萝卜。到了收获的季节,它们的朋友小羊和小牛用自己尖尖的角帮小白兔把萝卜从地里刨了出来,然后小羊和小牛就忙自己的事情去了。五只小白兔看到那一大堆红红的萝卜,心里乐开了花。眼看就要下雨了,小白兔决定自己把萝卜收回家里。

　　第一只小白兔试了一试,自己一次可以抱两个萝卜,于是便马上动手抱起两个萝卜就走,就这样每次抱着两个萝卜不停地往返于萝卜地与它的家之间。虽然有点吃力,但还是越干越起劲。

　　第二只小白兔找来一根绳子,把五个萝卜捆在一起,然后背着向家里走去。虽然一次背了五个萝卜,可它的速度一点也不比第一只小白兔慢。

　　第三只小白兔找来一根扁担,用绳子把萝卜捆好,前面一捆五个,后面一捆五个,这样走起来,反而比第一只和第二只小白兔还要快。

　　第四只和第五只小白兔找来一个筐,装了满满一筐萝卜,足足有三四十个,然后它俩抬着筐向家里走去。

　　同样都是在努力工作,可这五只小白兔的工作效率和工作成果却有明显的差别。为什么?因为它们的工作方式不同。在现实生活中这种情况也不少见,有的人虽然看起来忙忙碌碌,但工作却难见成效;有的人虽然显得悠闲,但工作成绩却十分显著。好的工作方法能够有效地提高工作效率,管理学原理告诉我们如何才能有效地做到这一点。

第一节　管理的内涵与特点

一、管理的内涵

　　(一)管理是一种基本的社会职能和生活技能

　　一提到管理者,一般人们头脑中浮现出的是西装革履、头发鲜亮、手提真皮公文包、出门轿车代步,在路上步履匆匆、在公司气宇轩昂的公司经理形象。管理真的只在大企业大公司里才有吗?只有公司经理才是管理者吗?其实不然。所谓管理,最通俗的说法是管人理事。有人群的地方就有管理,任何由两个人以上组成的、有一定活动目的的集体或组织,大到一个国家,小到一个企业、家庭,都离不开管理。管理是无处不在、无处不需的,像空气一样,时时刻刻都与我们相伴。

任何一个组织都是由两个以上的人为了共同的目标而组成的,目标一致且大家都很努力,却并不一定能保证结果是所期望的。需要有人将众人的工作有效地协调起来,才能保证工作努力的结果是真正有利于组织目标的实现。原始人狩猎往往是由一群人共同杀一头猎物,因为原始人认识到单凭个人的能力是没法捕猎狮子老虎的,只有许多人同时从事这一活动,才能既保护自己,又捕杀到猎物。但是不是一群人捕杀猎物就一定能成功?一开始并不是这样的,一哄而上的捕猎方式往往是把自己送给狮子老虎吃。后来才认识到需要有人来管理,于是推选年长有经验的人,出来组织协调,哪些人举火把,哪些人抛掷石块,哪些人拿木棒……虽然当时人们还没有创造出"管理"这个词,但这个集体打猎的过程就是一个典型的管理过程。

管理既不是一种特权,也不是企业经理或企业领导人的个人责任,它是一种分配于领导人与整个组织成员之间的职能(H·法约尔)。一个人总是生活在一定的社会群体或组织之中,他既在进行着管理又在被他人管理。不管是作为管理者还是被管理者,都需要了解和掌握基础的管理学知识。如果你是学校的组长或班长、机关的干部、公司的经理等,作为管理者你要想管理好你的小组或班级、部门、公司,无疑需要熟练地掌握管理知识与技术;如果你只是学校的一般学生、机关的职员、企业的员工等,也需要掌握管理学的原理和方法。因为作为被管理者你只有清楚上级为什么提出这样或那样的管理要求,并自觉地从群体或组织的目标出发主动服从管理要求,调整自己的行为,才能得到管理者的理解、关心、认同和赞许,才能有宽松的学习、工作环境和升迁发展机会。在现代社会,有发展前途的被管理者不是时时事事等待他人管理的被动者,而是有管理悟性和自我管理能力的主动者。

（二）管理的内涵

那到底管理是什么?这是一个仁者见仁、智者见智的问题,至今管理没有一个公认的统一定义。其实给管理下什么样的定义不是关键,关键是如何去真正理解和把握管理的本质内容是什么?从字义上来看,管理的"管"字在中国古代本意指管乐器,也泛指筒形、中空而细长的物体,它通过约束、控制人们所吹气流的流动,来达到预期的响声。因此"管"字引申为控制、主宰、管辖,涉及的是职务的隶属、权力的结构、责任界限等手段方法问题。

管理的"理"字,古时本意为根据纹路加工雕琢玉石,后引申为治理、整理、处理、有秩序,涉及的是秩序井然、方法得当、效益明显等有意识控制的结果、效果问题。"管理"两个字放在一起,那就是通过规范、法则(包括文化)来达到条理化。也就是说,所谓管理,就是将各种经济资源进行合理配置,最有效地组合在一起,以达到预期的目标的一个过程。

"管"字和"理"字的字义

　　"管"字在中国古代本意指管乐器和钥匙,也泛指筒形、中空而细长的物体。"管,如篪,六孔,十二月之音,物开地牙,故谓之管"(《说文》)。"郑人使我掌其北门之管,若潜师以来,国可得也"(《左传·僖公三十二年》)。

　　"理"字古时本意为加工雕琢玉石,"理,治玉也。顺玉之文而剖析之"(《说文》)。后引申为治理、整理、使有条理有秩序、处理等意。"圣人之所在,则天下理焉"(《吕氏春秋·劝学》),"分茧理丝"(《晋书·左芬传》)。

　　在当代,虽然管理的基本词意是明确的,但作为一门学科,人们对管理学的"管理"这一概念的理解却不尽相同,管理有着很多种定义。也就是说,要对管理下一个确切的、为人们公认或普遍接受的定义却不是一件容易的事。

　　国外管理学教材对管理概念较为流行的定义主要有:

　　科学管理之父泰罗认为,管理就是"确切地知道你要别人去干什么,并使他用最好的方法去干"。

　　H·法约尔认为,管理就是实施计划、组织、指挥、协调和控制。

　　H·唐纳利认为,管理就是由一个或者更多的人来协调他人的活动,以便收到个人单独活动所不能收到的效果而进行的活动。

　　L·西蒙认为,管理就是通过计划工作、组织工作、领导工作和控制工作等诸过程来协调所有的资源,以便达到既定的目标。

　　A·雷恩给管理下一个广义而切实可行的定义:管理可以把它看成是这样一种活动,即它发挥某些职能,以便有效地获取、分配和利用人的主观努力和物质资源,来实现某个目标。

　　P·罗宾斯认为,管理是同别人一起或通过别人使活动完成得更有效的过程。

　　从国内管理学界来看,杨文士与周三多的管理定义较为流行。中国人民大学的杨文士认为,管理是指一定组织中的管理者,通过实施计划、组织、人员配备、指导与领导、控制等职能来协调他人的活动,使别人同自己一起实现既定目标的活动过程。南京大学的周三多认为,管理是社会组织中,为了实现预期的目标,以人为中心进行的协调活动。

　　以上不同的管理定义,从不同方面反映了管理的特征、过程与职能。了解、比较这些定义,可以为我们理解管理的概念、学好管理学提供一定的参考与借鉴。就管理的具体定义而言,我们认为可以这样来定义:管理是社会组织为了实现预期的目标,通过计划、组织、领导和控制等手段对组织的有限资源进行有效配置的活动过程。

（三）管理的特征

尽管对管理概念的定义莫衷一是,但不同定义本质上并无大的不同,这些定义都认为管理活动包含这样几个方面的特征。

1. 管理的目的是实现组织的目标

管理不是独立存在的,它总是服务于一定的组织目标,人们不会为了管理而进行管理。管理的实质是一种手段、工具,而不是目的。当然,某项具体管理活动是要有一定具体目标的,比如招聘必须满足组织对某一方面专业人才的需要,没有这些具体目标管理工作就没有行进方向,但这些具体目标是组织总体目标的产物,或者说是组织既定目标的分解。

2. 管理的载体是组织

社会的人都要依附于一定的组织,才能实现自我目标。管理不能脱离组织而存在,而组织中必定存在管理①。所谓组织,就是由两个或两个以上的人所组成,为了一定目标而进行协作活动的集体。一个组织内部,一般包括人、物和技术、机构、信息、目的五个要素。管理就是组织中由一个或若干人通过行使各种管理职能,使组织中以人为主体的各种要素得到合理配置,从而达到组织所要实现的目标。

3. 管理的本质是协调

管理不是个人的活动,它是在一定的组织中实施的。管理的过程实质上就是一个协调各种关系的过程。从企业经营活动来看,管理的目的是谋求秩序并追求活动的效率性。著名管理学家迈克·波特认为:真正能够给企业带来持久竞争优势的是企业各项活动的协调或"关联"。换句话说,企业创造出独特的"关联"或做到真正的协调,比单纯某一项活动的创新更为重要。因此,管理的过程其实就是一个协调过程,通过人际关系的协调、资源配置的协调、工作流程的协调,去更有效地实现组织的目标。

4. 管理的对象是组织中的各种资源

组织的目标是通过对组织中的各种资源综合运用来实现的。组织的资源分为设备、原材料、资本、土地等物质资源和人力资源。虽然物质资源的管理很重要,但人作为最活跃的生产要素,一直是管理的重点和难点。因此说管理的核心是处理组织中的各种人际关系。管理活动自始至终,在每一个环节上都是与人打交道的,

_____

① 周三多主编:《管理学》,高等教育出版社 2000 年版。

组织中的人与物的关系最终都表现为人与人的关系,资源的分配、协调本质上都是一种人与人的关系。正如法约尔所指出的那样:管理职能只是作为社会组织的手段和工具。其他职能涉及原料和机器,而管理职能只是对人起作用①。

5. 管理的基本职能是计划、组织、领导与控制

管理过程是由一系列相互关联、连续的活动所构成的,这些活动构成管理的基本职能。关于管理的职能包括什么内容,人们的看法分歧比较大,本章第二节将具体讨论这个问题。

二、管理的特点

在现实生活中,我们可以感受到,管理工作是一项复杂的社会活动。很多管理人员十分努力地想成为优秀的管理者,很多企业员工都企盼自己的老总是一位优秀的管理者,但现实情况却往往与管理者本人和企业员工的愿望有较大的差距。这不仅仅是因为管理工作涉及多方面的因素,要受到多种不确定性因素的制约,还因为管理不同于人类的文化活动、科学活动、教育活动等,它有着自身所固有的一些规律和特点。了解和掌握这些特点,是我们学好管理学知识和成为一个优秀管理者所必需的。

(一)动态性和灵活性

管理的动态性特征主要表现在管理活动是在变动的环境中进行的,需要考虑和消除在管理过程中的各种不确定性。管理过程中的不确定性反映在各个环节和方面,具体表现为管理客体的不确定性、管理运行时空的不确定性、管理工具手段的不确定性和管理实施结果的不确定性等②。比如,作为管理客体,组织内的员工是确定的,但在管理过程中员工会由于情绪、身体状况的影响,造成操作上的失常,使本来具备的能力和技巧发挥不出来,或发生失误、差错。这是从一个组织内部来看。从各个组织之间来看,各个组织的目标与从事的行业不同,同一行业各个组织所处的客观环境与具体的工作环境各不相同,从而导致不同组织的管理方式、管理手段、管理效果各不相同,并且处于动态变化之中。

管理的灵活性特征是指不存在一个标准的、处处适用、处处成功的管理模式。前面在谈到管理的内涵时我们已经说过管理的重点和难点是组织中的人,管理职能只是对人起作用,而人的最大特点是有自己的思想,有个人的价值观念。同样的环境,由于思想与价值观不同,其工作结果与质量也不相同。因此,管理必须根据所管理的人员的特点、工作性质、工作任务、工作环境等选择相适应的管理方式与

---

① 法约尔:《工业管理与一般管理》,中国社会科学出版社 1998 年版。
② 芮明杰主编:《管理学教程》,首都经济贸易大学出版社 2004 年版。

管理手段,不能死板地照搬管理原则与管理方法,只有这样才能保证管理的有效性。正如法约尔在谈到管理的灵活性时所讲到的那样:"在管理方面,没有死板和绝对的东西,这里全部是尺度问题。我们在同样的条件下,几乎从不两次使用同一原则,因为应当注意到各种可变的条件,同样也应注意到人的不同和许多其他可变的因素。"①

（二）科学性与艺术性

管理的科学性是指管理具有内在的规律性,存在着普遍适用的管理理论、管理原理和管理方法,有一整套独立于其他学科的分析解决问题的科学方法。前面我们说管理具有动态性特征,并不意味着管理这类有组织的活动没有科学规律可循。管理经过近 1 个世纪的研究、探索和总结,已经逐渐形成了一套比较完整的、反映管理过程客观规律的理论知识体系,为指导管理实践提供了根本的原理、原则和方法。虽然由于社会经济的发展,管理会不断面临新的问题与课题,因而在管理中会有一些现有理论知识体系不适用、无章可循的非程序性情况,但就总体而言,管理都是程序性的活动。

管理的科学性与艺术性
- 管理的科学性是管理的艺术性的前提与基础
- 管理的艺术性是管理的科学性的补充与提高

虽然管理学已具备了科学的特点,但它却不是一门精确的科学。管理学中几乎不存在什么定理或法则,甚至连"原理"或"原则"这样的词汇也用得越来越少。这主要是因为影响组织运行和管理环境的因素太多,而且很多是不可控因素。管理可以通过科学的方法来学习和研究,但人们控制和解释管理过程中干扰变量的能力仍然较弱,并且不能像精确科学那样进行严格的实验。管理者要想达到预期的管理目的,就必须灵活、巧妙地运用管理的理论、方法和技术,这就是管理艺术性的一面。

管理的艺术性是对管理实践性的描述,强调一个成功的管理者必须顺应环境的发展和变化,灵活地运用所掌握的理论和方法,形成和掌握有个性的管理技巧。下面的小案例告诉我们什么是管理的艺术性。

---

① 法约尔:《工业管理与一般管理》,中国社会科学出版社 1998 年版。

2008 年,金融危机使常州一个蒸蒸日上的公司市场大大萎缩,利润大幅度下滑。马上就要过年了,年终奖金算来算去要比往年少一半。往年最少加发 2 个月工资,但这一年最多只能发 1 个月的工资作为奖金。如果告诉员工实话,很可能会影响士气并影响工作效率。总经理该怎么办?没过两天,公司传来小道消息:"由于金融危机公司经营不佳,年底要裁员。"顿时公司里人心惶惶。在年终总结大会上,总经理却宣布:"再怎么艰苦,公司也决不愿意牺牲同甘共苦的同事,只是年终奖可能无力发放了。"总经理一席话使员工们放了心,只要不裁员,没有奖金就没有吧。人人都做了过个穷年的打算。除夕将至,总经理办公室突然通知:"有年终奖金,整整 1 个月工资,马上去到办公室领,让大家过个好年。"整个公司大楼顿时爆发出一片欢呼声。

同样是发 1 个月的奖金,常规做法可能是打击士气,换一种做法却激励了士气,这就是管理的艺术。

管理不仅是一种知识,更是一种实践;不仅是一门科学,更是一门艺术,是科学与艺术的有机结合体。管理学是一门实践性特别强的学科,从学习管理学的开始就必须充分注意到这一点。管理的科学性为所有管理者提供了一视同仁的指导,为管理人员提供了必要的技能和知识基础。然而,就像掌握了游泳的知识并不保证你一定会游泳一样,掌握了管理原理与知识,并不能保证你就是一个出色的管理人员。在现代社会,管理越来越注重人性、伦理、感情和多样化,从而使许多重要的管理决策变得模糊和混沌。所以,要把握管理的真谛,只是靠书本、模型、规章、技术是不够的,更重要的要靠个人对管理的悟性[①]。

(三)创造性与综合性

管理的创造性是指管理不能囿于现有的理论,要大胆创新、努力探索、创造性地运用管理的基本理论、原因与方法。从管理理论的形成和发展来看,它是基于管理实践、来源于管理经验的总结与提炼。每一种新的管理理论,都对应于某一个成功企业的经验,以成功企业的管理实践为深厚基础。如前所述,管理是一种动态的活动,每一个具体的管理对象没有统一的、有章可循的模式,那么,创造性就是有效达到管理的目的,即实现组织目标的必然要求。如果按照既有的管理理论和原理就可以顺利有效地达到管理的目的,那就没有失败的管理者,也不会有成功的管理者。管理的创造性归根到底是缘于管理的动态性,它与管理的科学性和艺术性密切相关,正是由于管理的科学性与艺术性特征的存在,才使管理创新成为必须。

管理的综合性是从管理理论的发展角度来看的,需要从社会生活的各个领域、各个方面以及各种不同类型组织的管理活动中概括和抽象出对管理行为具有普遍

---

① 周三多主编:《管理学——教与学导引》,复旦大学出版社 2004 年版。

意义的原理和方法；从管理实践角度来看，需要综合运用各类学科的理论和方法。管理活动既涉及人、财、物各种资源和产、供、销各个价值形成环节，又涉及企业组织结构、企业文化建设、企业的道德与社会责任等各个方面，因而就需要综合运用经济学、哲学、社会学、心理学、政治学、伦理学等学科的理论，也需要综合运用诸如数学、计算机科学、工程学等学科的方法和技术。

（四）经济性与有效性

管理是为了实现组织的目标。达到组织的目标需要资源，而资源配置是需要成本的，因而管理就具有了经济性。管理的经济性反映在三个方面：一是管理的机会成本。管理者选择一种管理方式或方法，是以放弃另一种管理方式或方法为代价的，这就有个机会成本问题。二是管理的比较成本。解决同一个管理问题，可以选择不同的管理方式和方法，其所费的成本是不同的，这就有个管理方式和方法选择的费用问题。三是管理的整合成本。管理是对资源有效配置的整合过程。选择不同的资源供给配比，就会有不同的成本①。

效 率 与 效 果

效率：Do things right，即把事情做好。

效果：Do right things，即做正确或对的事。

结论：Do the right things right，即做好对的事。

举例：

1. 领导让你打印一份文件，你很快就打印好了，说明有效率；但文件中有很多错别字，说明没有效果。这就是典型的高效率低效果。

2. 领导让你打印一份文件，你打印得很好，没有一个错别字，说明有效果；但你用的时间很长，让领导等了很久，说明没有效率。这就是典型的低效率高效果。

3. 领导让你打印一份文件，你打得又快又没有错别字，这才是既有效率又有效果。

管理的经济性主要反映在管理效率上，效率是一种投入产出关系，用公式表示为：效率＝产出/投入，效率意味着以较少的代价完成管理活动。管理的经济性要

---

① 芮明杰主编：《管理学教程》，首都经济贸易大学出版社 2004 年版。

求选择所费最小的管理方式或方法。然而,管理光讲效率是不够的,还要考虑怎么使管理活动顺利完成并达到预期目的。组织目标往往难以百分之百地实现,只能在一定程度上实现,这就涉及效果问题。效果是指组织目标的实现程度,当管理达到了组织的目标,通常就认为是有成效的。效率涉及的是管理活动的方式或手段,而效果涉及的是管理活动的结果或目的。效率与效果构成管理工作中两个层面的内容①。管理工作的有效性指既要注意管理的效率,又要注重管理的效果,要追求效率与效果的统一,避免高效率、差效果或好效果、低效率等低水平管理现象的出现。比如,政府部门按官僚主义的办事程序办理企业或社会亟须解决的事项,就是好效果、低效率的现象。又如,企业用新设备、新技术生产大量库存积压产品,就是高效率、差效果的现象。

三、管理的二重性

管理的二重性是指管理具有合理组织生产力的自然属性和为一定的生产关系服务的社会属性。

管理的二重性是马克思主义关于管理问题的基本观点。它反映出管理的必要性和目的性。所谓必要性,就是说管理是生产过程固有的属性,是有效组织劳动所必需的。所谓目的性,就是说管理直接或间接地同生产资料所有制有关,反映生产资料占有者组织劳动的基本目的。

管理的自然属性与生产关系、社会制度没有直接的联系,它体现在两个方面:第一,管理是社会劳动过程的一般要求。"一切规模较大的直接社会劳动或共同劳动,都或多或少地需要指挥,以协调个人的活动,并执行生产总体的运动——不同于这一总体的独立器官的运动——所产生的各种一般职能。一个单独的提琴手是自己指挥自己,一个乐队就需要一个乐队指挥。"②管理之所以必要,是由劳动的社会化决定的。它是共同劳动得以顺利进行的必要条件。共同劳动的规模越大,劳动的社会化程度越高,管理也就越重要。第二,管理在社会劳动过程中具有特殊的作用,只有通过管理才能把实现劳动过程所必需的各种要素组合起来,使各种要素发挥各自的作用。

管理的社会属性体现在管理作为一种社会活动,它只能在一定的社会历史条件下和一定的社会关系中进行。管理具有维护和巩固生产关系、实现特定生产目的的功能。管理的社会属性与生产关系、社会制度紧密相连。

管理的二重性体现着生产力和生产关系的辩证统一关系。把管理仅仅看做生

---

① 斯蒂芬・P・罗宾斯:《管理学》,中国人民大学出版社 1997 年版。
② 马克思:《资本论》第 1 卷,人民出版社 1975 年版。

产力或仅仅看做生产关系,都不利于我国管理理论和实践的发展。西方的管理理论、技术和方法是人类长期从事生产实践的产物,是人类智慧的结晶,它同生产力的发展一样,具有连续性,是不分国界的。认识管理的二重性,有助于我们正确评价和有选择地引进西方管理理论、技术和方法,并加以改造使其适合我国的国情,成为我国管理科学体系的有机组成部分。

第二节 管理职能

所谓管理职能,是指管理系统所具有的功能和职责。它是人们对管理工作应有的一般过程和基本内容所做的理论概括,它包括了管理者的基本职责和实施这些职责的程度或过程。

管理究竟应该包括哪些职能,管理学界对这一问题的意见分歧不亚于他们对管理定义问题上的分歧,至今仍众说不一。最早系统提出管理职能的是法国的法约尔。在法约尔之后,一些学者对管理的职能进行了进一步的探究,但他们对管理职能的划分,大体上没有超出法约尔的范围。

20 世纪初,法国管理学家法约尔给出管理就是计划、组织、指挥、协调和控制这一定义后,对管理学界产生了整整一个世纪的重大影响。根据法约尔的概念,计划、组织、指挥、协调和控制是管理的五种基本职能。古利克和厄威克在法约尔的基础上,提出了著名的管理七职能。他们认为,管理的职能是:计划、组织、人事、指挥、协调、报告、预算。哈罗德·孔茨和西里尔·奥唐奈里奇则把管理的职能划分为:计划、组织、人事、领导和控制。他们以法约尔的管理职能划分作为理论架构而编写的管理学教科书,是公认的管理学权威教材,这本畅销 20 多年的教材将法约尔关于管理职能的思想发展作为管理学教材的基本理论体系,当今绝大多数的管理学教科书,包括本教材,都是按照管理职能编排的,只不过管理的基本职能被压缩为计划、组织、领导和控制四项。

计划、组织、领导和控制这四项管理基本职能,构成了管理者要发挥作用的四项基本工作。这些职能是带有普遍性的,所有管理人员不管身在什么岗位、处于什么管理层级、具有什么职位头衔,都要执行这些基本管理职能。划分管理的职能,并不意味着这些管理职能是互不相关、截然不同的。管理的四项基本职能虽有着各自的工作职权和范围,但从管理一般过程来看,它们之间存在着内在的逻辑关系,是按先后顺序发生的。管理工作合乎常理的第一步是制订计划,根据计划的要求和安排,建立相应的组织结构、设置有关的部门、配备相应的人员,然后选定有效的领导方式和恰当的激励措施,指挥和指导员工将计划任务付诸行动,最后根据计划的要求,设置控制标准和控制机制,对计划的实施过程进行有效的控制调整,确保计划的完成。

一、计划

计划是各级管理人员的首要职能,它领先于其他管理职能,并为其他管理职能的执行奠定基础。所谓计划,是指对未来的行动或活动以及未来资源供给与使用的筹划。一个组织的存在总是为了实现某种特定的目的,因此,就需要有人来规定组织的目标和实现目标的行动方案。合理科学的计划可以指导一个组织循序渐进地去实现组织的目标。计划工作是通过下列过程来达到上述目的的:

(1) 决定需要什么资源。

(2) 明确组织所需人员的类型与数量。

(3) 提出计划工作的前提条件。

(4) 确定比照标准,使其在实现目标的过程中,能够对进展情况进行测定衡量,并对照标准,采取必要的调整、纠偏措施。

计划在组织中是一种体系,并有其内在的层级,如:战略计划是最高层次的、总的长远计划,职能计划与部门工作计划则是中层的、操作性较强的计划,而下级的工作计划则是近期的具体计划。不同管理层次和不同性质的计划,其时间长度和范围各有不同,比如高层管理计划一般是长期计划,时间长达 5～10 年,它涉及组织的战略发展、业务扩张和资本筹措等内容。

二、组织

组织有两个含义:一是指将组织内的各种资源按照一定的比例及程序要求有序地进行配置;二是指一群人为了实现一定的目的,按照一定的规则组成一个群体或实体。作为一种管理职能,组织指的是前一种含义。

管理的组织职能决定组织要开展的活动如何分类,组合成哪些单元(职位和部门)来承担相应的任务,每一个单元以及单元之间都有明确的职权、责任并明确谁向谁汇报工作以及各种决策应放在哪一级层次制定。组织职能涉及以下几方面:

(1) 对所需要的资源加以组合,以达到组织的目标。

(2) 建立组织的活动与职权间的关系。

组织职能最重要的是根据组织的战略目标和经营目标来设计组织结构、配备人员和整合组织力量,以提高组织的应变能力。组织工作不是一劳永逸的。当组织的目标发生变化、环境发生变化,组织关系和管理结构也要相应地进行调整。组织内外部发生的任何变化,都会要求组织产生相应的新变化、新计划和新的组织单元。

三、领导

领导是一门引导他人自愿并热情地为实现组织目标而努力工作的艺术。所谓领导职能,就是指挥他人按照领导者的愿望去工作,通过指挥创造一种良好的工作氛围,并提供领导力量和激励机会。它包括激励、领导方式方法、有效沟通的技巧、增强组织成员的相互理解、解决组织成员间的冲突以及勾画能实现的组织前景等内容。有效的领导者必须富有想象力,能够预见未来,并使他人也具有这种想象力以及授权下属将想象变成现实。领导职能还应该包括鼓励组织必要的变革和创新。

领导职能涉及四个方面的工作内容:

(1)及时根据外界环境的变化,调整组织内的所有人与资源的配置以适应环境,采取适当的行动。

(2)调动组织内成员的积极性,激励他们奋发努力,给他们创造发展的机会。

(3)有效地协调组织内的人际关系,使组织内有一个良好的工作氛围,从而降低组织内耗。

(4)督促组织内成员尽自己的努力,按照既定的目标与计划,做好自己本职范围的工作。

控制不是时时必需

控制的重要技巧是在一切顺利的时候,没有必要也不应该采取什么行动。但在出现不正常的时候,就必须及早察觉,尽快采取正确的应对行动。

四、控制

控制是指根据既定目标,不断跟踪和修正所采取的行为,使组织的目标以及为此制定的行动方案顺利实施,使实际的业绩与预期的标准和目标尽可能一致。控制的实质是使组织进行的各项工作按预定的计划和标准运行,并完成计划中所制定的各项目标。

控制职能包含制定控制标准、现场的监督与管理、收集工作信息,通过与控制标准比较来发现问题、有效解决已经发现的偏差等内容。控制工作的重要前提是建立精确、可行、切合实际、可以计量的绩效标准。只有通过这种标准,才能发现或预见计划实施中存在的问题或偏差。

第三节 管理者概述

一、管理者及其类型

(一)管理者

任何一个组织中的活动都可以分为两类:一类是作业活动,即直接服务于组织目标的业务活动,如车间里的生活、学校里的教学、医院的诊治;另一类是管理活动。因为并非所有作业活动都能按照组织目标的要求进步,为了保证作业活动有序地朝着组织目标进行,就需要有管理活动。

新 理 论 新 观 点

管理者内涵的界定与扩大

● 有些人在组织中的地位很高,但没有下级,不对别人的工作负责,如企业的法律顾问、管理咨询专家等,他们不属于管理者。有些人的地位不高,但他们有明确的下级,要对别人的工作负责,如车间组长,他们属于管理者。

● 目前管理者的内涵在扩大。越来越多的人认为,凡是执行管理职能,并对组织目标实现做出实质性贡献的人,不管有没有下属都应该是管理者。比如高级成本会计师、高级经济师等,他们虽然没有下属,不对别人的工作负责,但他们利用其职位和知识,以个人的方式对组织做出实质性的管理贡献,因而就是一位管理者。

因而,一个组织的成员也可以分为两类:一类是操作者;另一类是管理者。

操作者指那些直接从事某项工作或任务,不具有监督他人工作职责的人,即从事作业活动的人员,如学校的教师、工厂的工人、医院的医生、营销公司的销售员等。他们只要干好自己的工作就可以了,不需要对别人的工作负责。

管理者是指一个组织中,按照组织的目的,指挥别人活动的人,或者对他人的工作负有责任的人,即参与管理活动的人员,如公司的经理、学校的校长、车间主任等。这些人在组织中有其明确的下属,他们的工作有一个共同特征,即都是通过别人来实现组织的目标,并使组织的活动得以更有效地完成。

（二）管理者的类型

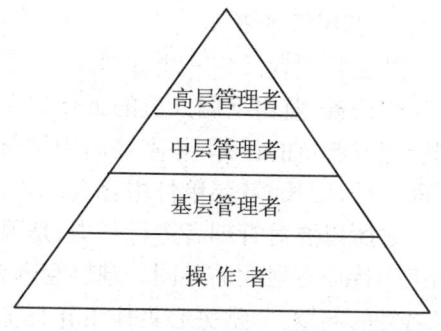

图1-1　组织的层次及管理者的分类示意图

由于管理者在组织中所处的层次不同、承担的责任不同、权力大小不同、岗位职责不同,因此一个组织内的管理者可以划分为多种类型。

在一个组织内部,一般都把管理者划分为高层、中层和基层(或作业线)管理者,他们从不同的方面采用不同的办法共同管理组织中的操作人员,如图1-1所示。

1. 高层管理者

高层管理者负责制定组织目标、总的战略和方针政策,对组织的资源尤其是人力资源进行调配,评价整个组织的业绩考核,并对整个组织的业绩负责。他们主要由组织中的董事会董事、正副总裁、正副总经理以及其他高级职员等少数人构成。非企业组织的大学校长、政府部门市长等官员也属于高层管理者。

中层管理者是企业成功的关键

企业为什么会失败呢? 20%是因为决策者错了,因为它的战略错了!另外80%是谁错了? 还是决策者错了,因为他的执行层错了!

中国企业与跨国公司在管理上有三个层面的差距:一是观念;二是制度;三是能力。很多企业已开始重视观念更新,也重视先进制度的引进,但差距依然存在,其主要原因是他们缺乏得力的中层管理队伍。没有一支高绩效的执行层,CEO只能眼睁睁地看着好的战略、好的规划因此变形、走样、失败。

2. 中层管理者

中层管理者主要负责执行高层管理者做出的计划和决策,把高层制定的战略目标付诸实现,并负责向最高管理层直接报告工作,同时负责监督和协调基层管理者的工作。中层管理者人数较多,一般可以分为三类,即行政管理人员、技术性管理人员和支持性管理人员。他们包括部门经理、区域经理、分部负责人以及计划、财务、生产等职业部门的负责人等,他们是组织的执行层。最新的调查研究报告表明:中层管理者的管理能力及工作效率,直接关系到组织内生产和改革的状况。

3. 基层管理者

基层管理者又称一线管理人员，主要职责是给下属作业人员或操作者分派具体工作任务，监督下属人员的工作情况、协调下属人员的活动，保证下属人员各自都能完成既定的目标，并直接向中层管理者报告工作。他们主要由班组长、柜长、车间主任、工长、基层单位主管人员和办公室主任等构成。

之所以要对管理者进行分类，是因为三个层次的管理者的工作内容、工作性质和工作特征有很大的不同。基层管理者考虑的往往是日常工作安排和机器调整维修之类的问题，非常关心具体工作任务的完成，处理问题时，往往通过个体性劳动或一些技能就能解决。而高层管理者考虑的往往是组织的长远目标、战略计划和重大的方针政策，所关心的是如何制订战略计划，把竞争对手的市场夺过来，扩大自己的市场占有份额等具有战略性的问题，需要处理的问题必须通过仔细而复杂的思考才能解决。中层管理者则介于两者中间。

不同层次管理者的工作特征和工作内容如表1-1所示。

表1-1

不同层次管理者的工作特征和工作内容

管理层次 工作特征	高层管理者	中层管理者	基层管理者
经营方针、战略	重要	适当考虑	不重要
管理目标	适当考虑	重要	重要
工作范围	极为广泛、全面	全部工作职能	单项工作职能
管理工作时间跨度	1～5年以上	1年	每日
复杂程度	变量较多、很复杂	一般性复杂	不复杂
工作内容	计划、战略、政策	按计划实施	日常管理控制
计量与评价	困难	不困难	容易
决策所需信息	组织外部与内部	组织外部	组织内部
人数	少数	适当人数	多数
决策工作性质	创造性	有效性	业务性

资料来源：程国平等主编：《管理学原理》，武汉理工大学出版社2002年版。

二、管理者的角色

作为管理者，在实施管理职能时究竟是在做些什么呢？或者说，管理者在组织中到底是扮演着什么样的角色呢？

20世纪60年代,亨利·明茨伯格对5位总经理的工作进行了仔细的观察研究,发现许多流行的关于管理者工作的看法与实际情况有着较大的差距。比如,通常人们认为管理者是深思熟虑的思考者,在经营决策的过程中,他们总是认真地思考和系统地权衡。但明茨伯格根据观察发现,所调查的经理们几乎很少有时间坐下来认真思考,他们经常陷入变化很快、无一定的模式和时间很短的活动中,甚至有半数的管理者一项工作持续的时间少于9分钟。根据观察研究的结果,他提出了管理者角色理论。根据这一理论,管理者在组织中扮演着十种角色,这十种角色可被归入三大类:人际关系角色、信息角色和决策角色。明茨伯格的管理者角色理论可用图1-2来表示。

管理者的角色

管理者都做什么?这个问题甚至连某些管理者本人也并非总是很清楚。

——亨利·明茨伯格

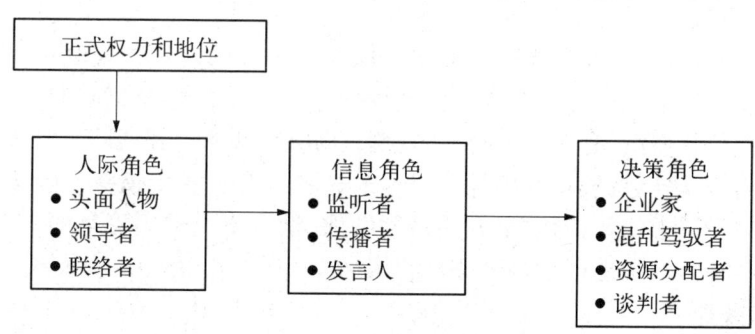

图1-2 管理者的角色示意图

(一)人际关系角色

人际关系角色指所有的管理者都要履行的礼仪性和象征性的义务。这一角色直接产生于管理者的正式权力基础,管理者在处理与组织成员和其他利益相关者的关系时,就是在扮演人际关系角色。人际关系角色包括头面人物、领导者和联络者三类角色内容。

1.头面人物

管理者是本组织的头头或象征性的首脑。由于这种"领导人"、"一把手"的地位,必须行使一些具有礼仪性质的职责。例如,接待重要的来访者、参加某些应酬、出席政府组织的社会活动、宴请重要客户等。在这样做的时候,管理者行使着组织头面人物的角色。

2. 领导者

管理者对所在组织的成败和业绩负有重要责任,他们必须在组织内成功扮演领导者角色。他们必须创造必要的组织氛围、激励和动员下属、提高员工的绩效、减少和化解组织的冲突、鼓励和指导下属成长发展等。

3. 联络者

管理者必须对重要的组织问题有敏锐的洞察力,从而能够在组织内外建立关系和网络。他们除了要保持与上、下级之间经常性的联系外,还需要发展横向的联系和与外部的联系。比如,管理人员时常需要与其他部门同一层次的管理人员、职能部门的专家、非本部门的职工共同工作,有时还需和供应商、客户、政府管理部门等组织外部人员接触、合作。

(二) 信息角色

信息角色是指管理者负责确保与其一起工作的人具有足够的信息,从而能够顺利完成工作。管理者既是所在单位的信息传递中心,也是组织内其他工作小组的信息传递渠道。信息角色包括监听者、传播者和发言人三类角色内容。

1. 监听者

所谓监听,是指管理者要持续关注组织内外环境的变化以获取对组织有用的信息。管理人员需要经常寻求、收集大量的相关信息,才能了解组织和环境中究竟发生了一些什么事情、有什么大的动向、组织面临哪些机会和威胁。管理者收集的信息包括内部业务数据、外部事件、分析报告、各种意见和反馈等。收集的渠道主要有从接触下属中收集、通过个人关系网获取、购买有关部门提供的信息产品等。管理者从各种会议中也可以获得重要的信息。

2. 传播者

管理者把他作为信息监督者所获取的大量信息传递给组织的其他成员,发挥信息通道的作用时,扮演的就是传播者的角色。管理者有时也向工作小组隐藏特定的信息。作为传播者,管理者必须保证员工具有必要的信息,以便切实有效完成工作。

3. 发言人

所谓发言人角色,是指管理者被要求代表组织,向外界(上级组织或主管部门汇报、与政府部门和社会公众进行沟通)发布有关本组织的信息情报。例如,向董事和股东说明组织的财务状况和战略方向,向消费者保证组织在切实履行社会义务,向政府官员说明组织遵守法律的状况等。

（三）决策角色

决策角色是指所有的管理者都会在其工作岗位上参与组织决策的工作，即管理者都要处理所收集的信息并做出相应的决定。这是管理人员工作中最重要的部分。按照管理者参与决策的方式和作用的不同，决策角色包括企业家、混乱驾驭者、资源分配者和谈判者四类角色内容。

1. 企业家

上面谈到监听者角色时，说过管理者必须密切关注组织内外环境的变化和事态的发展，以便发现机会。所谓企业家角色，是指管理者要具有创新思维和战略头脑，对所发现的机会能有效利用，形成现实的投资项目，如开发新产品、提供新服务或发明新工艺等。改进组织目前的状况、成为组织变革的发起人和设计者，确定企业的发展方向，也是企业家角色的重要内容。

2. 混乱驾驭者

一个组织不管被管理得多么好，它在运行的过程中，总会不可避免地出现部分失控现象，如冲突、纠纷或危机等，如客户的怒气、与不合作的供应商进行谈判、对员工之间的争端进行调解、产品或服务质量出现重要问题等。管理者的一个重要职责就是必须在冲突、纠纷或危机尚处于萌芽状况时，采取相应的措施，有效地将其解决或消除。

3. 资源分配者

资源分配者的作用是管理者对组织的人、财、物资源进行有效的配置，提高组织资源利用效率。管理者要负责决定组织中哪些部门、哪些项目能得到什么资源、得到多少。对高层管理者来说，资源分配是组织战略制定系统的核心。管理人员的时间也是一种资源。对管理者的时间来说，当管理者选择把时间花在这个项目而不是那个项目上时，他实际上是在分配一种资源。除时间以外，信息也是一种重要资源，管理者是否在信息获取上为他人提供便利，通常决定着项目的成败。

4. 谈判者

对所有层次管理工作的研究表明，管理者是把大量的时间花费在谈判上。管理者与组织有关的利益者进行谈判，确定成交条件的管理工作，就是在组织中起到谈判者的角色作用。管理者的谈判对象包括员工、供应商、客户和其他工作小组。管理者必须充当谈判者，是因为他们是组织中唯一掌握谈判所需要的信息和权利的人。

三、管理者的技能

在管理实践中，管理者能否有效地执行管理职能，取得预期管理效果，在很大程度上取决于管理者是否掌握了管理的基本技能。所谓管理技能，是指管理者行使有效管理职能所需要的知识、技能、能力和态度。美国学者罗伯特·卡兹将管理的基本技能划分为技术技能、人际技能和概念技能。任何管理者,不管其所处的管理位置如何,或多或少都要具有这三种技能。

（一）技术技能

技术技能是指运用专门知识或技能完成一项特定任务的能力。如工程师的设计能力、会计师编制和分析财务报表的能力、医生的治病能力、教师的授课能力、律师起草法律文件的能力等。作为一个管理者,必须具有相关工作所需专门知识或技能,成为所从事工作的行家里手。这种技能构成一个管理者领导能力的重要方面——专长权。管理者越是熟练地掌握技术技能,越能有效地指导下属工作,就越能得到下属尊重和信任。一个缺乏技术技能的管理者是难以赢得下属尊重的。

管理者的主要精力在哪里?

弗雷德·卢桑斯对450多位管理者进行观察研究,发现成功的管理者花在人际沟通、人力资源管理和人际交往上的时间,占到他们工作时间的81%。这告诉我们,人际技能对管理者来说非常重要,不具备这种能力,你就很难成功。

虽然管理者都应当掌握技术技能,但技术技能对基层管理者来说尤为重要,因为他们的大部分时间都是指导、训练、帮助下属人员或回答下属人员的有关问题,因而必须熟悉下属人员所做的各种工作。一个基层管理者不具备较强的专业技术能力是很难胜任工作的。而技术技能对高层管理者的重要性则相对小一些,因为他们较少直接面对具体的技术问题。

（二）人际技能

人际技能又称人际交往技能,是指成功地与人共事、与人打交道的能力,具体包括激励、协调、领导、沟通和解决冲突的能力。管理最主要的对象是人,这就要求管理人员必须具有识别人、任用人、团结人、组织人、调动人的积极性以实现组织目标的能力。管理者由其工作性质决定,他要有效地与他的上级、下级和相关部门平级人员打交道;要与本部门、其他部门以及组织以外形形色色的人打交道,没有必要的人际技能就难以做好管理工作。因此,人际技能是所有管理者都必须具备的重要技能。管理者要打交道的每个人的价值观、需要、动机、个性、态度都不一样,如何才能做到让他们都乐意与管理者合作,服从管理者的指挥和召唤,的确是一门艺术。有些人在技术上是出色的,但缺乏人际能力,不善于与人合作共事,不善于倾听沟通,缺少处理矛盾冲突的能力。他们可以是优秀的专家,但无法成为一个好的管理者。

（三）概念技能

概念技能是指管理者观察、分析、判断、处理复杂经营管理关系的抽象概括能力。任何一个管理者所处的管理环境都不是简单的和不变的。在现代社会,管理者所面临的环境和问题越来越复杂,越来越没有先例可循,这就要求管理者能综观全局,认清左右局势的关键因素,理解和协调它们之间的相互关系,准确地分析问题、有效地解决问题。也就是说,概念技能实际是指管理者整体考虑、系统思考和大局把握的能力。坐井观天、夜郎自大等寓言说的都是缺乏概念技能的情景。"不识庐山真面目,只缘身在此山中",说明一个人身在局中很容易因为局部的、部门的利益而不识大体。只有具备概念技能的管理者才能将组织作为一个整体考虑,正确理解组织各个部分、组织与环境、工作与生活、个人与团队之间的关系,这一技能对高层管理者来说,尤其重要。

虽然根据管理的内涵,任何一个管理者都必须同时具备技术技能、人际技能和概念技能,但管理者所处的管理层次不同、职位不同,其工作内容和重点也就不同,从而对这三种技能的要求也就不同。不同层次的管理者的技能要求可用图1-3表示。

图1-3　不同层次管理者对三种管理技能的需要差异示意图

对于基层一线管理者来讲,技术技能最为重要。基层管理者需要直接和作业工人打交道,他们不精通业务,不具备必要的技术技能,就无法对作业人员进行指导和监督。他们的管理工作绝大部分是程序性、常规性的,概念技能的要求就相对不那么重要。

但概念技能对于高层管理者来说非常重要。高层管理者的管理活动主要是确定组织发展的方向,制定组织的发展战略,从整体的高度把握组织的协调运行,这要求他们必须具备很强的概念技能。高层管理人员对技术技能要求不高,但在小企业中,技术技能对高层管理者可能仍是较为重要的。

对中层管理者来说,技能的要求介于基层管理者和高层管理者之间,既要具备技术技能,又要具备概念技能。在中层管理部门,对技术技能的要求相对基层管理者而言有所下降,但在概念技能方面其重要性则有所提高。

从图 1-3 可以发现，人际技能对哪个层次的管理者都一样重要。管理是通过其他人来完成工作以实现组织目标的艺术。人际技能是管理者技能中最基本的一种技能，不管是高层管理者还是中、基层管理者，如果不具备与组织内外的人打交道的能力，就难以获得别人的支持，通过别人的努力完成组织的任务。

知 识 测 试

一、概念辨析

管理　管理职能　管理者　计划　组织　领导　控制

二、即问即答

1. 什么是管理？管理工作有什么特点？

2. 为什么说管理既是一门科学，又是一门艺术？

3. 如何理解管理的四项基本职能？为什么说计划职能是首要的职能？

4. 管理者是一种什么角色？

5. 为什么管理者所处的管理层次不同、组织规模大小不同，对管理者扮演的角色侧重点也就不同？

技 能 训 练

『训练目标』

◇ 熟悉管理的基本概念

◇ 认知管理者角色和应该具有的素质

◇ 有意识地培养自己的管理能力

一、管理定律应用

奥格威法则的由来

奥格威法则来源于这样一个故事。美国奥格尔维·马瑟公司总裁奥格威召开了一次董事会，在会议桌上，每个与会的董事面前都摆放了一个相同的玩具娃娃。董事们面面相觑，不知何故。奥格威说："大家打开看看吧，那就是你们自己！"于是，他们一一把玩具娃娃打开来看，结果出现的是：大娃娃里有个中娃娃，中娃娃里有个小娃娃。他们继续打开，里面的娃娃一个比一个小。最后，当他们打开最里面的玩具娃娃时，看到了一张奥格威题了字的小纸条。纸条上写的是："如果你经常雇用比你弱小的人，将来我们就会变成矮人国，变成一家侏儒公司。相反，如果你每次都雇用比你高大的人，日后我们必定成为一家巨人公司。"前一句话与从大娃娃到中娃娃再到小娃娃的次序吻合，后一句话与小娃娃到中娃娃再到大娃娃的次序吻合,这些聪明的董事一看就明白了。这件事给每位董事留下很深的印象,在以后的岁月里,他们都尽力任用有专长的人才。

奥格威法则强调的是人才的重要性。一个好的公司固然是因为它有好的产品,有好的硬件设施,有雄厚的财力作为支撑,但最重要的还是要有优秀的人才。光有财、物,并不能带来任何新的变化,只有具有大批的优秀人才,才是最重要、最根本的。

[举例] 　　　　　　卡耐基成功任用人才

美国的钢铁大王卡耐基的墓碑上刻着:"一位知道选用比他本人能力更强的人来为他工作的人安息在这里。"卡耐基之所以成为钢铁大王,并非由于他本人有什么超人的能力,而是因为他敢用比自己强的人,并能发挥他们的长处。卡耐基曾说过:"即使将我所有工厂、设备、市场和资金全部夺去,但只要保留我的技术人员和组织人员,四年之后,我将仍然是'钢铁大王'。"卡耐基之所以如此自信,就是因为他能有效地发挥人才的价值,善于用那些比他更强的人。卡耐基虽然被称为"钢铁大王",但他却是一个对冶金技术一窍不通的门外汉,他的成功完全是因为他卓越的识人和用人才能——总能找到精通冶金工业技术、擅长发明创造的人才为他服务。比如,世界知名的炼钢工程专家之一比利·琼斯,就终日在位于匹兹堡的卡耐基钢铁公司里埋头苦干。

[点评] 奥格威法则操作的关键是,找到和留住企业的"关键人才"。

二、管理案例分析

钱力的一天

钱力是珠海有名的女强人,典型的职业女性,今年46岁,担任海滨宾馆的总经理已经有10年了。在此期间,她曾四次被评为全省的"三八红旗手",多次被评为省级劳动模范。海滨宾馆为商务和旅游旅行者提供高质量的旅馆服务。现在,海滨拥有150名员工,四个分部,每年上缴国家利税2 000多万元。

钱力信奉"业精于勤"这四个字。2004年3月12日这一天,她早上5:00起床,穿衣、洗脸、化妆、吃饭。5:30上路,16分钟后到办公室里。坐下后开始浏览桌上的报纸,今天的日程已经安排好了,即:6:00准时召开高层领导班子碰头会;上午视察第三分部;下午写一篇10分钟的讲稿,以便在明天的旅游业协会上致辞。

现在是5:50,报上没什么可看的,钱力不禁联想到自己刚到海滨的时候,那时刚高中毕业,没上大学就被安排到这里,一开始是服务员,每天迎接客人、登记业务、搬运行李、打扫卫生等。5年后,由于工作认真负责,服务热情周到,被选为领班。2年后升为前厅经理,28岁后结婚生女,32岁当上了副经理,原以为这辈子与大学无缘了,在孩子4岁那年却有机会到北京大学管理学院女经理班学习了1年,虽说抛家舍业,但这1年太重要了,要不就不会有今天的成就……

敲门声。钱力的思绪被打断了,一看表,5:58。原来定的高层领导班子碰头会时间到了。会议的议题有：运营副总经理汇报 TQM 计划的进展情况；讨论下一年度资金预算情况；解决第二分部在春节期间由于供热系统出现问题而引起的顾客投诉；如何针对今年的"五一"旅游黄金周，可以通过做广告来提高宾馆全年的收入。钱力对会议的内容和结果基本满意，因为大家发言踊跃，对备选的解决方案都准备充分。会议用了 1 小时 20 分钟。

7:30　公司雷打不动的早操、早歌时间，"一日之计在于晨"，钱力认为这是企业文化的一项重要内容，早操锻炼身体，早歌凝聚人心。10 年来，她基本上就是利用这个时间和这种形式激励员工，使每位员工一天都有好心情和奋斗力。她也以身作则，带领大家不断向前进步。

7:50　钱力登上了前往第三分部的汽车。虽然总部有一个复杂的计算机决策支持系统，可以帮助她根据各分部的入住率、客人抱怨次数和其他的服务质量指标来评估业绩，并在问题出现时做出快速的反应，但她仍然坚持每月一次的实地考察，她说："走动管理至少有三个好处：一是可以直接获得计算机不能提供的更可靠的信息，有时这些信息非常重要；二是可以激励员工，振奋人心；三是可以拉近与顾客的距离，使我更加准确地知道他们想要什么样的服务。"

8:40　到达目的地，她走访了每一位员工、每一位顾客，与他们进行了亲切的交谈，员工和顾客对她的到来都非常兴奋。同时他们也提了一些问题，她都记录在了笔记本上，以备改进。后来又看了每一处地方，如餐厅、客房、游艺厅等。

11:30　视察结束，简单的工作午餐后，于 13:00 回到办公室。冲上咖啡后，铺开稿纸，准备讲稿。

13:30　秘书王珠进来告诉说华美装饰公司经理胡文来了。钱力知道他们是她的老客户，以前胡文对她们非常优惠，装修质量也不错，但最近装饰材料价格上涨，她们若按以前的价格胡文肯定不会承揽即将要进行的总部翻新工程。翻新工程不大不小，领导班子决定规格在 30 万元，假如胡文他们公司不同意这个价格，她们将在全市公开招标，她知道毕竟他们也不想失去老客户。

15:00　送走胡文后，钱力又回到了讲稿上。

16:00　讲稿完成。

钱力就喜欢像今天这样紧张而有序的日子，她觉得这样才过得充实，有意义。每当总结一天的情况，进而看到公司在一天天发展壮大，钱力浑身的疲倦就会烟消云散，取而代之的是全身的兴奋和喜悦之情。

[分析问题]　分析钱力在一天的管理活动中扮演了哪些管理者的角色？

[分析思路]

1. 运用管理者类型理论分析不同层次管理者所应该履行的职责。

2. 运用明茨伯格的管理者角色理论分析高层管理者的三种角色：人际关系角色、信息角色和决策角色，以及作为高层管理者应该具有的技能。

[实施建议]

（1）教师先将训练目的和要求清楚地传达给学生，强调认清管理者类型、角色与技能的目的和意义。

（2）分组讨论，课下认真准备，课堂讨论，时间限制在 20 分钟内。

（3）由小组抽签决定各小组出场次序。

（4）其他小组给出评价成绩，由教师对评价成绩综合后给出最后成绩。

三、管理技能训练

[训练项目]　管理小游戏。

[训练内容]　组成 5～7 人一组的小组，指定一位发言人，在老师提问时向全班汇报你们小组的讨论过程与结论。

你和你的伙伴决定在你们所在的社区开一家大型餐厅，营业时间为早 7：00 至晚 8：00。你们每人投资 5 万元，并从银行贷款 30 万元。你们除了曾经在餐厅做过服务生和吃过饭外，没有一点餐厅管理方面的经验，而现在你们面临着如何管理这家餐厅以及如何分派各自管理角色的任务。

1. 是什么决定了你们各自的管理角色？你们分别负责哪些必要的部门和事务？你们的管理等级是怎样的？

2. 为了获得成功，需要建立什么样的竞争优势？你们将采取何种标准来衡量你们的管理是否成功？

3. 讨论：为了有效利用资源、建立竞争优势，在计划、组织、领导、控制中你们所要做出的最为重要的决策是什么？

4. 请列出上述每一项管理职能中对你们最重要的事项。

[训练要领]　训练开始前，教师要充分调动大家的积极性，指导学生就如何制订详细的调研计划进行充分调研，学会与提高观察社会生活的能力。同时，引导并培养学生初步运用管理系统思想建立现代组织的能力，明确管理者的层次、角色、职责与技能，培养分析、归纳与解决问题的能力。

第二章　管理理论的形成与发展

 本章网络结构图

```
管理理论的形成与发展
├── 中外早期管理思想
│   ├── 中国早期管理思想
│   └── 国外早期管理思想
├── 西方古典管理理论
│   ├── 科学管理理论
│   ├── 古典组织管理理论
│   └── 行政组织理论
├── 行为管理理论
│   ├── 人际关系理论
│   └── 行为管理理论的后期发展
├── 现代管理理论
│   ├── 系统管理理论
│   ├── 决策管理理论
│   ├── 经验主义管理理论
│   ├── 权变管理理论
│   └── 管理科学理论
└── 管理理论发展的新趋势
    ├── 第五代管理理论
    ├── 业务流程再造理论
    ├── 新型的战略管理理论
    └── 以人为本理论
```

本章学习目的

☆ 了解中西方管理思想萌芽和管理理论发展的过程
☆ 掌握古典管理理论和行为管理理论的主要代表人物及其理论贡献
☆ 认识西方现代管理理论的代表性流派和特点
☆ 了解当代管理理论新的发展趋势

【引导案例】 　　　　联合邮包服务公司的高效率管理

联合邮包服务公司(UPS)雇用了 15 万名员工,平均每天将 900 万件包裹发送到美国各地和 180 个国家。为了实现他们的宗旨"在邮运业中办理最快捷的运送",UPS 管理当局系统地培训了他们的员工,使他们以尽可能高的效率从事工作。UPS 的工业工程师们对每一位司机的行驶路线都进行了时间研究,并对运货、暂停和取货活动设立了标准。这些工程师记录了红灯、通行、按门铃、穿过院子、上楼梯、中间休息喝咖啡的时间,甚至上厕所的时间,并将这些数据输入计算机,从而给出每一位司机每天工作的详细时间标准。

为了完成每天取送 130 件包裹的目标,司机们必须严格遵循工程师设计的程序。当他们接近发送站时,他们松开安全带,按喇叭,关发动机,拉起紧急掣动,把变速器推到 1 挡上,为送货完毕的启动离开做好准备,这一系列动作严丝合缝。然后,司机从驾驶室走到地面上,右臂夹着文件夹,左手拿着包裹,右手拿着车钥匙。他们看一眼包裹上的地址把它记在脑子里,然后以每秒钟 3 英尺的速度快步走到顾客的门前,先敲一下门,以免浪费时间找门铃。送货完毕后,他们在回到卡车上的路途中完成登录工作。

联合邮包服务公司的这种管理方式看上去过于刻板和缺乏人性,有点繁琐,缺乏管理需要的弹性和灵活,但它却带来了真正的高效率,它是专家公认的世界上效率最高的公司之一。联合邮包服务公司获得高效率所采用的程序并不是 UPS 创造的,这些实际是科学管理的成果。早期的管理思想和古典管理理论,在今天仍有其闪光之处和现实价值。

第一节　中外早期管理思想

管理与人类社会几乎同时产生。自从有了人类社会,就有了管理实践活动,人类的管理实践大约有 6 000 年的历史。有了管理实践活动,就有了对这种实践活动的研究和探索。经过长期的积累和总结,人们对管理实践逐步形成了一些理性的认识和见解,从而形成了管理思想。巴比伦的《汉谟拉比法典》、中国的《论语》是管理思想的文字见证;而神秘的埃及金字塔、巍峨的中国万里长城则是管理思想的实物见证。

管理的发展与影响

在人类历史上,还很少有什么事比管理的出现和发展更为迅猛,对人类具有更为重大和更为激烈的影响。

——彼得·德鲁克

早期的管理思想是指 19 世纪末管理思想系统化之前,人们经过管理实践和经验总结而形成的对某些方面的思考与认识。

一、中国早期管理思想

中国作为四大文明古国之一,曾为人类文明的发展做出过重大贡献。在经济文化繁荣的背景下,形成了许多优秀的管理实践活动。战国时期著名的"商鞅变法"、西汉以民为本、繁荣经济的管理思想"文景之治"是古代国家管理实践的典范;都江堰、京杭大运河、万里长城等是古代大型工程管理实践的典范。在这些管理实践基础上形成了中国早期丰富的管理思想,有的管理思想的提出早于西方几千年,有的至今仍具有借鉴意义。《孙子兵法》热在海内外的兴起就是有力的证明。

中国古代管理思想

从《墨子》、《老子》和《周礼》的古代记载中,就能看到当时的中国人已经知道组织、计划、指挥和控制的管理原则。

——克劳德·乔治

两千多年前的春秋战国时期,杰出军事家孙武所著《孙子兵法》一书计 13 篇,篇篇闪烁着智慧的光芒。"知己知彼,百战不殆"这句名言就是一例。其含义是,只有摸清敌我双方的情况并分析客观规律，才能克敌制胜。这种辩证的策略思想在书中比比皆是。比如，田忌赛马的故事就是孙武战略管理思想的典型代表。

孙武的策略思想不仅在军事上而且在管理上具有指导意义和参考价值。日本和美国的一些大公司甚至把《孙子兵法》作为培训经理的必用书籍。

我国其他一些古代典籍中也有不少关于管理思想的记载，如战国时期的《周礼》，对封建国家的管理体制进行了高水平的设计，内容涉及政治、经济、财政、教育、军事、司法和工程等方面。《孟子》、《孙子》等书对于管理的职能，如计划、组织、指挥、用人等，也都有不少今天仍然适用的精辟见解。秦始皇改订李悝《法经》，从规定到实践都体现了古代管理思想中的一种改革和创新精神。它确立的中央集权体制，建立的一整套行政管理机构以及度量衡等制度，体现了当时先进的管理思想和领导技巧，对中国两千多年封建制度的延续产生了极其重大的影响。

儒家思想是中国传统文化的主流。儒家思想的特点是着重于对人类精神文明的研究。根据学者的有关研究，中国古代管理思想的要点可以归纳为如下几点：

（1）"顺道"。《管子》认为，自然界和社会都有自身的运动规律，生产社会活动，都有"轨"可循。司马迁认为，价格贵贱的变化，也是受客观规律自然检验的。"顺道"，或者"守常"、"守则"、"循轨"，是中国传统管理活动的重要指导思想。

（2）重人。有两个方面：① 重人心向背。得民是治国之本，欲得民必先为民谋利。这一思想历代都有，逐步成为管理国家的准则。② 重人才归离。得人才是得人的核心。我国素有"求贤若渴"一说，表示对人才的重视。《晏子春秋》则把对人才"贤而不知"、"知而不用"、"用而不任"视为国家的"三不祥"，其害无穷。

（3）人和。"和"就是调整人际关系，讲团结，上下和，左右和。对治国来说，和能兴邦；对治生来说，和气生财。故我国历来把天时、地利、人和当作事业成功的三要素。管理者要从自我管理入手，实现人和。

（4）守信。治国要守信，办企业要守信。我国从来有提倡"诚工"、"诚贾"的传统，商而不诚，苟取一时，终致瓦解。

（5）利器。孔子说："工欲善其事，必先利其器。"中国古代的四大发明（纸、印刷术、指南针、火药）及其推广，极大地推动了社会经济、文化和世界文明的发展，并使"利器说"成为中国管理思想的重要内容。

（6）求实。办事从实际出发。儒家提出"守正"原则，看问题不要偏激过头，"过犹不及"。《管子》提出"量力"原则（凡事量力而行）和"时空"原则〔办事要注意时间（时机）和地点等客观条件〕都是求实管理思想。

（7）对策。"运筹策帷帐之中，决胜于千里之外"。说明在治军、治国、治生等一切竞争和对抗的活动中，都必须统筹谋划，正确研究对策，以智取胜。

（8）节俭。我国理财和治生，历来提倡开源节流，节用思想源于孔子和墨子，孔子主张"节用而爱人,使民以时"。墨子说:"其财用节,其自养俭,民富国治。"在治生方面,节俭则是企业家致富的要素。

（9）法治。起源于先秦法家和《管子》,后来逐渐演变成一整套法制体系,包括田土法制、财税法制、军事法制、人才法制、行政管理法制和市场法制等。

我国优秀的管理思想,博大精深,内涵丰富,如奇花异果,光彩夺目。遗憾的是,我国早期管理思想分散于一些古代典籍里,在特定的历史文化背景下,没有能得到系统的归纳、发展与提炼,没有像西方管理思想那样形成系统的理论。

二、国外早期管理思想

国外的管理实践和管理思想也有着悠久的历史。产业革命之前,西方人有组织的活动和管理主要体现在宗教活动、军队管理和治国施政活动上。古巴比伦人、古埃及人以及古罗马人在这些方面都有过重要贡献。

（一）国外古代管理思想

在古埃及,以法老为最高统治者的金字塔式的管理机构是值得称道的管理实例。为了加强国家的行政管理,法老设立了宰相,由法老掌管宗教,社会事务交给宰相管理。这明显具有分权的含义。宰相是当时社会的指导者、组织者、协调者和决策者。在宰相下面设有复杂的官僚机构,由它来衡量尼罗河水位上涨的情况,由它来预测农业收成和国家总收入,将这些收入分配给各政府部门,管理全国的工商业。从古埃及被挖掘的陪葬品中也可了解到,每一个监督者大约管理 10 名奴仆,实行了管理跨度"以十为限"的做法。监督者和奴仆的衣着,依据其身份和职业的不同,也有明显的差异。这体现的就是等级的概念。古埃及人创造的金字塔、尼罗河水利工程,至今仍被视为难以想象的人间奇迹,充满了神奇色彩。从管理的角度看,这些成千上万的共同劳动创造的工程,充分体现了当时严密的组织管理体制、先进的管理思想和卓越的管理才能。

古希腊的思想家们对管理也有着许多精辟的见解。苏格拉底认为,管理技能在公共事务和私人事务之间是相通的,提出了管理的普遍性思想。亚里士多德不仅指出了管理一个家庭与管理一个国家的相同之处,而且研究了国家制度问题,提出了国家制度的各种形式,以及采取各种形式国家制度的原则。希腊著名哲学家色诺芬还专门写了《家庭经济》一书,精辟地论述了劳动分工问题,认为一个人只做一种最简单的工作就会把工作做得更好。

古罗马从一个小城市发展成为一个世界帝国,其统治延续了几个世纪。罗马帝国的巩固,主要依靠的是严格的体制、权力层次以及与各军政机构之间的具体分工。罗马帝国在法制和分权制方面有着卓越贡献,罗马共和时期在管理体制上,已经体现了行政、立法和司法的分离。在建立于公元 2 世纪的罗马天主教会的组织结构中,教会的目标和教义规定得十分严格。教会的最高权威集中在罗马,权力的管理机构由社区教士、主教、大主教、枢机主教和教皇等组成,且在近两千年中,这种结构基本上没有变化。这也是集权与分权,层级划分和职能设计的实例。

意大利的思想家马基埃维利

马基埃维利是 15 世纪意大利著名的思想家和历史学家。他阐述过许多管理思想,其中影响最大的是他提出的四项领导原则:

(1)领导者必须要得到群众的拥护。

(2)领导者必须维护组织内部的内聚力。

(3)领导者必须具备坚强的生存意志力。

(4)领导者必须具有崇高的品德和非凡的能力。

这四项领导原则是对当时出色领导人的概括,对现代领导理论的一些原则有着重要影响。

在欧洲文艺复兴时期,也有许多管理思想出现,如 16 世纪托马斯·英尔的《乌托邦》和尼科罗·马基雅维利的《君主论》,他们所提出的新的宗教伦理观、市场伦理观和个人自由伦理观对管理思想的发展有一定的帮助。

(二)工业革命后西方管理思想

国外管理实践和管理思想革命性的发展是在 18 世纪工业革命以后。

18 世纪到 19 世纪中期,欧洲逐渐成为世界的中心。工业革命以及工厂制度的发展,带来社会关系的巨大变化。小手工业受到大机器生产的排挤,社会的基本生产组织形成从以家庭为单位转变为以工厂为单位,这使得传统的军队式、教会式的管理方式和手段受到极大的挑战,工厂以及公司的管理问题越来越突出,许多新的管理问题需要人们去回答去解决。因而,这一时期管理思想有了很大的发展,对管理理论的发展产生了很大的影响,这一时期也因此被称为"管理理论的萌芽期"[1]。

这一时期反映管理思想的著作大体上有两类:一类是一些理论家,特别是经济学家所著,偏重于管理职能、管理原则的思考;另一类是一些管理实践者(厂长、经理)所著,偏重于对管理技术、管理方法的总结。

---

[1] 杨士文等编著:《管理学原理》,中国人民大学出版社 2004 年版。

1. 有关管理职能、管理原则的管理思想

这方面的学说散见于当时经济学家的一些著作,主要有亚当·斯密的《国富论》(1776 年)、塞缪尔·纽曼的《政治经济学原理》(1835 年)、约翰·斯图亚特·穆勒的《政治经济学原理》(1848 年)和艾尔弗雷德·马歇尔的《工业经济学原理》(1892 年)。

对西方管理理论的形成具有启蒙作用的英国著名经济学家、资产阶级古典政治经济学的杰出代表人物亚当·斯密在其所著《国富论》一书中,分析了劳动分工的经济效益,提出了生产合理化的概念。纽曼、马歇尔等人则提出了对厂主(同时也是管理者)的要求:选择厂址、控制财务、进行购销活动、培训工人、分配任务、观察市场动向、富于新思想、开拓市场、具有对采用新发明的判断力等。

从管理学的观点看,这些经济学家的论述还比较零碎、就事论事,缺乏系统化、理论化的概括。大体上说来,所涉及的管理问题主要有四个方面:① 关于工商关系。② 关于分工的意义及其必然性,包括劳动的地域分工、劳动的组织分工、劳动的职业分工。③ 关于劳动效率与工资的关系,如所谓"劳动效率递减等级论"。④ 关于管理的职能。

2. 有关具体管理技能与方法的管理思想

这方面管理思想的代表人物有普鲁士军事理论家卡尔·冯·克劳斯威茨,英国数学家查尔斯·巴贝奇,空想社会主义代表人物之一,英国的罗伯特·欧文等。

卡尔·冯·克劳斯威茨认为,"企业简直就是类似于打仗的人类竞争的一种形式",因此,军队管理技术和理论也适用于任何大型组织的管理。其主要观点是:① 管理大型组织的必要条件是精心的计划工作,规定组织的目标。② 管理者应该承认不肯定性,从而按照旨在使不肯定性减少到最低限度的要求来全面分析与计划。③ 决策要以科学而不是预感为根据,管理要以分析而不是直觉为根据。

查尔斯·巴贝奇在他 1832 年发表的《机器与制造业经济学》一书中,对专业化分工、机器与工具使用、时间研究、批量生产、均衡生产、成本记录等问题都做了充分的论述,并且强调要注重人的作用,分析颜色对效率的影响,应鼓励工人提出合理化建议等。该书是管理思想史上的一部重要文献。

罗伯特·欧文为实践自己的政治主张而进行的"纽兰纳克"及"新协和村"的试验虽然未获成功,但他的实践与思想却对管理学的形成做出了贡献。例如,就人和机器而言,他认为,"至少要像对待无生命的机器那样重视对于有生命的人的福利"。另外,他还注重对工人的行为教育。现代管理中的行为学派公认欧文为其先驱者之一。

在管理实践上,人们都知道瓦特改良了蒸汽机,使蒸汽机成为生产动力从而促进了 18 世纪下半叶的工业革命,然而,很少有人知道他在管理上的成就。1800 年,小瓦特(蒸汽机发明者瓦特的儿子)在英国博尔顿-瓦特联合公司所属的苏霍制造厂运用了科学管理方法。他进行了科学的工作设计，即：按更充分地利用机器的要求进行劳动分工和专业化；实行比较切合实际的工资支付办法；有着较完善的记录和成本核算制度。他们对苏霍制造厂所遇到的许多管理问题都努力加以解决，这些管理问题在当代许多企业中也不同程度地存在。

不过这些管理思想，都是作为某个人或某个集团对某一活动的管理实践和管理思想的体现，还未形成一个完整的系统。管理作为一门学科出现、产生自己完整的理论却是近 100 年的事。100 多年来，西方管理理论在不断地进步与发展。

（三）西方管理思想的演变及发展阶段

随着社会的发展、科学技术的进步，人们对管理思想进一步总结，从中提炼出属于管理活动普遍原理的东西，即管理的基本理论。这些理论运用到管理实践中指导管理活动，同时又对这些理论进行实践验证，不断修正和发展，这就是管理学的形成和发展过程。在管理实践和管理思想存在数千年后，管理在 19 世纪末才开始形成了一门科学。综观管理理论发展的全部历史，大致可以划分为四个阶段。

（1）早期管理思想阶段。产生于 19 世纪末以前。

（2）古典管理理论阶段。这是指 19 世纪末 20 纪初在美国、法国、德国等西方国家形成的有一定科学依据的管理理论，其代表人物有泰罗、法约尔、韦伯等。

（3）行为科学理论。出现于 20 世纪 30 年代，在早期称为人群关系理论或人际关系学说，以后发展成为行为科学理论。在 20 世纪 60 年代中叶，又发展成为组织行为学。其代表人物有梅奥、巴纳德等。

（4）现代管理理论。主要出现于第二次世界大战以后。这一时期管理领域非常活跃，出现了一系列管理学派，每一学派都有自己的代表人物。这些理论和学派，在历史渊源和理论内容上互相影响和联系，形成了盘根错节、互相争荣的局面，被形象地称为"管理理论的丛林"。

将管理思想的演变和发展按时间划分为不同阶段，只是为了研究和讨论问题的方便，并不代表不同阶段的管理思想与理论是彼此独立、互不联系的。管理理论的发展不可能是完全弃旧立新的，都是对以前的管理思想与理论的扬弃、汲取和发展。

第二节　西方古典管理理论

19 世纪末 20 世纪初产生的古典管理理论，使管理活动从经验管理跃升到一个崭新的阶段。对古典管理理论的产生与发展做出突出贡献的人物主要有泰罗、法约尔、韦伯，他们三人分别在"科学管理"理论、"组织管理"理论和"行政组织"理论方面对管理学早期理论的发展做出了贡献。经过泰罗、法约尔、韦伯等人的努力,管理学的基本思想、基本概念和基本理论框架已经确立和完善,人们开始将管理作为一门科学去看待和研究。

对古典管理理论代表人物的评价

凡是谈到管理学发展历程时,人们都会将韦伯和泰罗、法约尔并列。古典管理学时期的这3位大师各有特色。如果说,泰罗是以新教徒的执著和认真,把企业管理导向科学,法约尔是以高瞻远瞩的睿智,构建了管理学的宏观大厦,那么,韦伯就是以哲学家式的冷峻和严密,创立了组织理论。

一、科学管理理论

(一)泰罗与科学管理理论

被称为"科学管理之父"的弗雷德里克·温斯洛·泰罗(1856—1915年)出生于美国费城一个富裕的律师家庭。特殊的家庭背景使他年幼时爱好科学研究和实验,对任何事情都想找出"一种最好的办法"。中学毕业后考上了哈佛大学法律系。但由于学习过于勤奋,得了眼疾,不得不辍学,从而放弃了子从父业的理想。

1875—1878年,他在费城的一个小钢铁机械厂做学徒工。1878年进入米德维尔钢铁厂直到1890年。在此期间,他从一般工人先后被升任为车间管理员、技师、小组长、工长、维修工长、制图部主任,并于1884年被提升为总工程师。

在米德维尔钢铁厂的实践中,他感到当时的企业管理者不懂得用科学方法来进行管理,而工人又缺少训练,没有正确的操作方法和适用的工具,这些都大大影响了劳动生产率的提高。为了改进管理,他从1880年开始,在米德维尔钢铁厂进行试验,系统地研究和分析工人的操作方法和劳动所花的时间,在此基础上逐步形成后来被称为"科学管理"或"泰罗制"的管理理论和制度。

泰罗的科学管理理论主要集中在《计件工资制》(1895年)、《车间管理》(1903年)、《科学管理原理》(1911年)等代表著作中。提高劳动生产率是科学管理理论的中心问题,也是泰罗创立科学管理理论的基本出发点。泰罗的科学管理理论从管理人员、对作业工作和管理体制与制度的建设三个方面进行概括。

1. 从对管理人员的要求来看,科学管理理论体现为科学管理四原则

泰罗根据自己在生产第一线的经验,认为当时美国工厂生产效率低的根本原因并不是由于工人"故意偷懒"。针对工厂效率低下问题,泰罗寻求在工人和雇主双方间掀起一场思想革命。

经过研究,他提出了主要是针对管理人员的管理四项原则,以唤起工人们的聪明才智,以及鼓励他们努力工作。这四项管理原则是:

(1) 对工人操作的每个动作进行科学研究,用以替代老的单凭经验的办法。

(2) 科学地挑选工人,并进行培训和教育,使之成长。

(3) 与工人们亲密地合作,以保证一切工作都按已形成的科学原则去办。

(4) 资方和工人之间在工作和职责上几乎是相等的。

泰罗著名的搬铁块试验

试验是在伯利恒钢铁公司五座高炉的产品搬运组 75 名工人中进行的。这些工人负责把 92 磅重的生铁块搬运到 30 米外的铁路货车上,他们每天平均搬运 12.5 吨,日工资 1.15 美元。泰罗找了一名工人进行搬运的姿势、行走的速度、握持的位置对搬运量的影响以及多长的休息时间等一系列试验。经过试验,确定了装运生铁的最佳办法和用于休息的合理时间。由于改变了操作方法,训练了工人,从而使每个工人的日搬运量提高了 3 倍多,达到 47～48 吨,同时也使工人的日工资提高到 1.85 美元。

2. 从对工人的要求来看,科学管理理论体现为作业管理原则

作业管理原则就是通过对工人作业的动作和工时的合理化研究,对工具、机器、材料和工作环境等的标准化研究,制定出每日比较科学的工作定额和为完成这些定额的标准化工具。作业管理原则包括定额管理和作业标准化两个内容。

(1) 定额管理。工作定额是提高劳动生产率的必要基础,合理科学的工作定额可通过试验的方法科学地确定出来。为此泰罗进行了工时和动作的研究,据此定出"合理的日工作量"。泰罗组织的著名的搬铁块试验,通过动作研究,把搬运工的工作效率提高了将近 3 倍。

(2) 作业标准化。作业标准化就是使工人掌握标准化的操作方法,使用标准化的工具、机器和材料,并使作业环境标准化。泰罗组织的有名的铁锹试验就说明这一问题。

泰罗的铁锹试验

试验也是在伯利恒钢铁公司进行的。当时公司的铲运工人是自己带各式各样的铁锹上班,由于物料的比重不同,1铁锹的重量不一样。1铁锹到底负载多重才合适呢?经过试验得出结论,1铁锹21磅对工人的工作效率提升最高。根据试验结果,泰罗针对不同的物料设计了不同形状和规格的铁锹,并规定工人只能根据物料情况从公司领取特定的标准铁锹。这一试验使工人的工作效率大大提高,平均每人每天的工作量从16吨提高到59吨,同时日工资也从1.15美元提高了1.88美元。

3. 从管理制度建设看,科学管理理论体现为职能化原则、激励工资制度和例外原则

(1) 职能化原则。泰罗主张在企业中把计划职能与执行职能分开,实行职能化原则,即将管理的工作予以细分,使所有的管理者只承担一种管理职能。他设计出8个职能工长,代替原来的1个工长,其中4个在计划部门,4个在车间。每个职能工长负责某一方面的工作。在其职能范围内,可以直接向工人发出命令。但后来事实表明,1个工人同时接受几个职能工长的多头领导,容易引起混乱。所以,"职能工长制"没有得到推广。但泰罗的这种职能管理思想对以后的"直线职能制"和矩阵组织形式的形成产生了相当大的影响。

(2) 激励工资制度。在科学制定劳动定额的前提下,为了鼓励工人努力工作、完成定额,泰罗提出了激励工资制度。如果工人完成或超额完成定额,按比正常单价高出25%计酬;如果没完成定额,则按比正常单价低20%计酬。这种工资制度的实施对工人和雇主都有利。

泰罗把工人看作工具

泰罗曾论述:现在我们需要的最佳的搬运铁块的工人,最好他蠢得和冷漠得像公牛一样,这样他才会受到有智慧的人的训练。

(3) 例外原则。泰罗等人认为,规模较大的企业组织和管理,不能死板地依据

职能原则来组织或管理,必须应用例外原则。例外原则指企业的高级管理人员把例行的日常事务授权给下级管理人员去处理,自己只保留对例外事项的决策和监督权。例外事项是指一些好的或坏的非常事项,以及重大政策的决定、重要人员的任免等超常规的各种例外情况。泰罗的例外原则为以后管理上的分权原则和事业部制奠定了理论基础。

以泰罗为代表的科学管理理论对各国工商界产生了极大的影响,并开创了管理学界的新纪元。但科学管理理论也存在一定局限,比如他把人看成是单纯追求金钱的"经济人",仅重视技术因素而不重视人的社会因素,理论深度相对不足等。

(二)科学管理理论的其他代表人物

作为科学管理先锋的泰勒,有很多追随者,他们也对科学管理理论做出了重要的贡献。

1. 亨利·甘特

亨利·甘特是泰罗在推广科学管理理论时的亲密合作者。甘特用图表进行计划和控制的做法是当时管理思想的一次革命。在一张事先准备好的图表上,管理部门可以看到计划执行的进展情况,并可采取一切必要行动使计划能按时或在预期许可的范围内完成。甘特设计的甘特图现在还常用于编制进度计划。

2. 吉尔布雷斯夫妇

动作研究之父

吉尔布雷斯最著名的试验是省略砌砖动作的研究。通过仔细分析工人砌砖的工作过程,他将砌外墙砖的动作从18个减少到1半甚至4个,将砌内墙砖的动作从18个减少到2个。他改进了堆放砖的方法,利用专门设计的脚手架减少弯腰的运用,甚至重新调配了灰浆的浓度,从而减少了砌砖工人用泥刀敲击砖以使砖放平的动作。他的动作研究比泰罗要深入而广泛,因此被称为"动作研究之父"。

美国工程师和建筑承包商吉尔布雷斯在一次听过泰罗的科学管理演讲后,放弃了承包商工作,致力于研究科学管理。他与心理学博士夫人一块在动作研究和工作简化方面做出了突出的贡献。他们分两个阶段进行时间和动作研究:先是把工人的动作分解成各种基本动作,然后用拍电影的方法,记录和分析工人的操作动作,分析哪些动作是多余的,可以省掉,哪些动作是合理的,应该保留,通过寻找合理的最佳动作提高工作效率。与泰罗不同,吉尔布雷斯夫妇在工作中开始注意到人的因素,在一定程度上试图把效率与人的关系结合起来。

3. 哈林顿·埃莫森

哈林顿·埃莫森是美国早期的科学管理研究者。他提出了提高效率的 12 条原则,比如明确的目的、注意局部与整体的关系、严守规章、公平、准确、永久性记录、合理调配人财物等,这些规则对今天企业的管理规范仍有积极意义。

二、古典组织管理理论

法国著名的管理学专家亨利·法约尔(1841—1925 年)出生在一个资产阶级的家庭,从小就受到了良好的教育并被培养成为一名采矿工程师。由于他卓越的管理才能,在 25 岁的时候,就担任了科芒特里煤矿的管理人员。在从采矿工程师到矿井经理直到公司总经理的成长过程中,他逐渐形成了自己的管理思想和管理理论,对管理学的形成和发展做出了巨大的贡献。

法约尔在 1916 年出版了《工业管理与一般管理》一书,这是他一生管理经验和管理思想的总结。他对管理科学最大的贡献是确立了管理的定义,构建了管理工作的基本职能,提出了管理工作的基本原则等。

(一)管理的定义

当时人们对管理的谈论很多,但对管理的定义却并不清晰,并且把管理的职能与组织其他方面的职能混淆在一起。法国著名管理学家法约尔认为,经营与管理是不同的概念,经营的内涵比管理要更广泛。企业的全部活动由六组基本活动组成,管理活动只是其中的一种。企业的六组基本活动分别是:

(1) 技术活动。这是指企业的生产、创造和加工等工作。

(2) 商业活动。这是指企业的购买、销售和交换等工作。

(3) 财务活动。这是指企业筹集和最适当地利用资本的工作。

(4) 安全活动。这是指企业保护企业财产和人员的工作。

(5) 会计活动。这是指企业的财产清点、资产负债表、成本、统计等工作。

(6) 管理活动。这是指计划、组织、指挥、协调和控制。

在这六项基本活动中,管理活动处于核心地位,即企业本身需要管理,其他各项企业基本活动也需要管理,它们的关系如图 2-1 所示。

(二)管理的职能

法约尔对管理五项职能的概括,至今仍对管理学理论的框架和职能划分产生着重要的影响。对此前面讨论管理职能时已经论及,在此不再赘述。

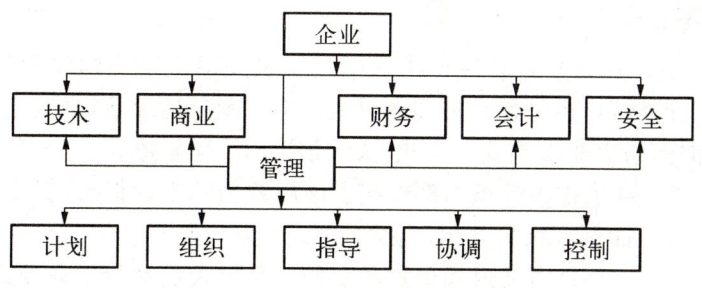

图 2-1 管理的六组基本活动示意图

（三）管理的原则

法约尔根据自己的工作经验,提出了管理人员应遵循的 14 条原则。

（1）分工。劳动分工不仅适用于技术工作,也适用于管理工作,以及权限的划分和职能的专业化。

如何应付其他领导的瞎指挥

服从你的直接上司是你必须遵守的重要处事原则。当其他的领导给你下任务瞎指挥时,你不应盲从,也不能直接顶撞,你可以这样应付他:"好的,我马上向我的头头汇报,等他的具体安排。"

（2）权力与责任。权责应该互相对应,并区分了管理者的职位权力和个人权力。

（3）纪律。组织成员要遵守协议,达到服从、专心、尽力。严明的纪律是企业顺利经营的保证。

（4）统一指挥。每个组织成员只能服从一个直接上级的领导,法约尔认为这是一条普遍的、永久必要的原则。

（5）统一领导。同一目标的活动,只有一个领导和一套计划。统一领导与统一指挥不同,统一指挥是针对下属而言的,统一领导则是针对组织或活动而言的。

（6）个人利益服从整体利益。企业利益是至高无上的,个人或小集体的利益不应超越组织的利益。作为管理人要在经济监督同时又要以身作则。

（7）合理报酬。报酬必须公平合理,对工作成绩好的员工给予奖励,但奖励要有一个"度",报酬制度要使职工和公司双方都满意。

（8）集权与分权。集权与分权的程度应当视企业规模、企业环境、企业性质、人员素质等情况而定。

(9) 等级链。这是指管理机构中从最高层级到最低层级的职权等级系列,这既是执行权力的线路,也是信息传递的渠道。但在紧急情况下,平级之间跨越权力而进行的横向沟通也非常重要。为此,法约尔提出了跳板原则。

(10) 秩序。这是指每件东西都放在了该放置的地方,每个人都安排在了应该安排的职位上,从而做到物尽其用,人尽其才。

(11) 公平。公平是由公道和善意产生的。管理人员对待工人要做到"善意与公道结合",从而保证职工忠诚、热心和尽职尽责。

(12) 人员稳定。专业技巧是需要时间积累的,应该避免人员频繁地流动。

(13) 首创精神。首创精神是提高组织内各级人员工作热情的主要源泉。一个企业的成功不仅领导者要富有首创精神,全体人员也都需有首创精神。

(14) 团队精神。员工的融洽和谐和团结是组织的巨大力量。在组织内部要形成团结、和谐和协作气氛,特别是人与人之间的融洽关系。

法约尔高度总结和概括了当时人们对管理工作理论和实践的认识,基本上完成了管理理论的构架,明确了管理的基本概念、管理工作的基本内涵和特点,为管理科学理论的深入发展奠定了基础。后人称他为"管理过程之父"。

三、行政组织理论

德国著名的社会学家马克斯·韦伯(1864—1920 年)出生于德国爱尔福特的一个富裕家庭,他的主要著作有《经济和社会》、《社会和经济组织的理论》等。他对许多社会、经济、历史问题都提出了新的观点和独特的思想。他对管理理论的主要贡献是提出了"理想的行政组织体系"理论。后人称他为"组织理论之父"。

行政组织体系是指通过职位或职务来实现管理职能的一套管理体系制度。其核心是组织活动要通过职务或职位而不是通过个人或世袭地位来管理。他认为等级、权力和行政制(明确的规则、确定的工作任务和纪律)是一切社会组织的基础。韦伯把社会所接受的权力分为三类:第一类是理性-法律的权力(合法权力),这种权力是由社会公认的法律规定的或者掌有职权的那些人下命令的权力;第二类是传统的权力,这是由历史沿袭下来的惯例、习俗而规定的权力,它是以对古老传统的不可侵犯性和按传统执行权力的人的地位的正统性为基础的;第三类是超凡的权力,它是以对某人的特殊和超凡的神圣、英雄主义或模范品质的崇拜为基础的。他认为在这三类权力中,传统权力的效率较差,超凡权力则过于带感情色彩并且是非理性的,所以这两种权力都不宜作为行政组织体系的基础,只有理性-法律的权力(合法权力)才宜作为行政组织体系的基础。

韦伯认为,这种理想的行政组织体系是强制控制的合理手段,是达到目标、提高效率的最有效形式,其在精确性、稳定性、纪律性和可靠性等方面都优于其他形式。

韦伯理想的行政组织体系具有如下的特点:

(1)明确的职权分工。对组织内的每个职位的权力和责任都有明确规定。

(2)自上而下的等级系统。组织内的各个职位,按照等级原则进行法定安排,明确规定其职权范围和协作形式,形成一个自上而下的等级体系。每个管理者不仅要对自己的决定和行为负责,而且要对下级的决定和行为负责。

(3)人员的任用。人员的任用完全根据职务的要求,通过正式考评和培训来实行。

(4)职业管理人员的管理。除个别情况下通过选举产生职位外,所有担任公职的人员都是任命的。管理人员必须是"专职的",领取固定的薪金,有明文规定的升迁制度。

(5)遵守规则和纪律。管理人员必须严格遵守组织中规定的规则、纪律和办事程序,不能受个人感情的影响。

(6)组织中人员之间的关系是一种不受个人情感影响,完全以理性为准则的关系。这种公正不倚的态度不仅适用于组织内部,而且适用于组织外部。

不难看出,韦伯的思想是对封建社会的传统管理模式、理念和方法的否定,体现了适应当时产业革命后生产方式特点和资本主义社会发展的管理思想和理念。韦伯的行政组织理论是对泰罗、法约尔理论的一种补充,对于后来的管理学家、特别是组织理论家产生了很大的影响。

第三节 行为管理理论

行为管理理论将人类学、社会学和心理学、经济学等知识综合起来,着重研究人们在工作中的行为以及这些行为产生的原因,如人的工作动机、情绪、行为与工作之间的关系等,以及如何根据人的心理发展规律去激发工人的积极性和创造性。

行为管理理论基本可以分为两个时期:前期叫做人际关系学说或人群关系学,20世纪30年代起源于美国学者梅奥等人有名的"霍桑试验";后期以20世纪50年代正式提出"行为科学"一词为标志,发展成为行为科学,即组织行为理论。

一、人际关系理论

古典管理理论基于这样一种假设:只要对工作做出适应的设计,加上适应的奖励制度,工人就会为了增加工资而按要求尽力地工作。但人际关系理论认为这个过程更为复杂,工厂或管理者与工人之间不是这种单一的刺激与反应的关系。如图2-2所示。

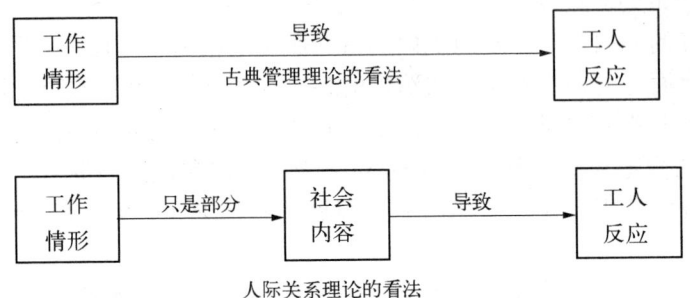

图2-2 关于工人与工作反应的看法示意图

除了金钱刺激外,工人主要受社会因素,如社会环境条件、情感、工作中的人际关系的影响。也就是说,管理者对工人的关心会带来工人的满意度的增加,并进而产生更好的绩效。

（一）霍桑试验

霍桑试验是梅奥在美国西方电气公司的霍桑工厂带人所做的为期8年的一系列试验。试验分成以下四个阶段。

霍桑试验的影响

在谈到霍桑试验时管理史学家雷恩说:"在管理学历史上,没有任何一项研究像美国西部电气公司在其霍桑工厂里所进行的那样如此广泛地引人注目,并被人们提出过这么多种不同的解释,以及受到了同样众多的赞扬和彻底的批评。"

1. 照明试验

试验设计者希望通过实验检验工作环境与生产效率之间的关系,但试验结果发现,照明度的变化对生产率的影响很小。因此,试验设计者们准备放弃这个试验。

2. 继电器装配室试验

从这一阶段起,梅奥加入到试验中。该试验是想证明工作条件的变化对小组生产率的影响,以便能有效控制影响工作效率的因素。研究发现,社会条件和监督方式的改善能促使工人改变工作态度,增加产量。这成为霍桑试验的一个转折点。

3. 大规模访谈

在上述试验的基础上,在全公司范围内进行了多达 2 万多人次的大规模访谈。研究发现,影响生产率最重要的因素是工作中形成的人群关系,而不是待遇和工作环境。

4. 接线板接线工作室试验

进行以集体计件工资制来提高整体的工作效率的试验。试验发现,生产小组成员之间无形中有种默契的行为规范,既不会超定额,也不会不完成定额。其原因是怕公司再提高工作定额,由此造成一部分人失业,因此要保护工作速度较慢的同事。

通过四个阶段的霍桑试验,梅奥等人发现,古典管理理论对人的假设是有问题的,把人看做一种工具更有问题。认识到人们的生产效率不仅要受到物质条件和环境的影响,更重要的是受社会因素和心理因素等方面的影响。这个结论对古典管理理论只重视物质条件、忽视社会环境、社会心理对工人的影响,无疑是一个重大的进步。

（二）人际关系学说的主要观点

根据霍桑试验的结果,梅奥于 1933 年出版了《工业文明中人的问题》一书,其主要观点如下:

经 济 人 假 设

"经济人"假设最早是英国古典经济学家亚当·斯密提出来的。亚当·斯密在《国富论》中说:人类几乎随时随地需要同胞的帮助,要想仅仅依赖他人的恩惠,那是一定不行的。如果能够刺激他们的利己心,要达到目的就容易得多了。我们每天所需要的食物和饮料,不是出自屠户、酿酒家和面包师的恩惠,而是出于他们自利的打算。其核心是:商品提供者出于自身利益而在客观上维护了他人的利益,即以利人为手段而利己。

（1）工人是"社会人",而不是单纯追求金钱的"经济人"。霍桑试验表明,物质条件的改变,不是劳动生产率提高或降低的决定性原因,社会和心理因素等方面形成的动力对效率的影响更大。

（2）企业中除了存在为实现企业总目标而担当有明确职能的"正式组织"外,还存在"非正式组织"。非正式组织以它独特的感情、规范和倾向左右着成员的行为,对工人的行为影响很大,是影响生产效率的重要因素。

霍桑试验对管理理论的贡献

　　霍桑试验让管理者了解工人不全然只是机械的延伸;它引发产业界与学术界进行了一系列的相关措施与研究;它替管理学开了一扇通往社会科学领域的大门;它同时也令研究者认识到试验调查不能与研究对象太接近,否则会影响试验的结构(这也被称为霍桑效应)。

　　(3)满足工人的社会欲望,提高工人的积极性,是提高生产率的关键。古典管理理论认为,生产效率与作业方法、工作条件之间存在着直接的因果关系。可是霍桑试验表明,两者之间并不存在直接的联系。生产效率的提高,关键在于工作态度的改变,即安全感、归属感等社会、心理方面的欲望的满足程度。满足程度越高,生产效率也越高。也就是说,满意的工人才是有生产率的工人。

　　(4)企业应采用新型的领导方法。新型的领导方式通过对职工满足度的提高而激励职工的"士气",从而达到提高生产率的目标。

　　人际关系理论的形成,开辟了管理学理论的一个新领域,弥补了古典管理理论的不足。但梅奥的人际关系理论只强调了要重视人的行为,而如何掌握人的行为规律,找出产生不同行为的影响因素,进而如何控制人的行为达到预期的目标呢?这些是行为管理理论后期的研究内容。

二、行为管理理论的后期发展

　　在梅奥奠定了行为科学的基础后,西方管理学界涌现了一大批关注行为科学发展的学者,并在梅奥研究的基础上进行了更为深入和广泛的研究。20世纪40年代后期,提出了"行为科学"这一名词。20世纪60年代,为了避免与广义的行为科学相混淆,出现了"组织行为学"这一名词,它包括早期行为科学即人际关系学在内的狭义的行为科学。

　　组织行为学的研究对象从涉及范围看,分为个体行为、团体行为和组织行为三个层次。其中个体行为又可以分为两个角度:一是关于人的需要、动机与激励问题的研究;二是关于人性问题的研究。

　　(一)关于人的需要、动机和激励问题的研究

　　有代表性的研究成果是马斯洛。他在其1954年出版的《激励与个性》一书中

提出了"人类需要层次理论"。该理论主要包括两点：第一，人是有需要的动物，其需要取决于他已经得到了什么，尚缺少什么，只有尚未满足的需要才能影响行为，即已经得到满足的需要是不能起到激励作用的。第二，人的需要有层次之分。马斯洛把人的需要划分为五个从低到高的层次，依次是生理需要、安全需要、社交需要、尊重需要和自我实现需要。他认为只有较低层次的需要得到满足以后，较高层次的需要才会出现并起到激励作用。

（二）关于"人性"问题的研究

有代表性的是美国麻省理工学院教授道格拉斯·麦格雷戈（1906—1964 年）所提出的"X－Y理论"。

麦格雷戈所说的 X 理论是以否定和悲观的态度看待工人，因为 X 理论是以四种假设为基础的：① 员工天生不喜欢工作，只要可能，他们就会逃避工作。② 由于员工不喜欢工作，因此必须采取措施或惩罚办法，迫使他们实现组织目标。③ 员工只要有可能就会逃避责任，安于现状。④ 大多数员工喜欢安逸，没有雄心壮志。

而 Y 理论则是以积极的态度看待工人，它以另外四种假设为基础：① 员工视体力和劳力消耗如休息、娱乐一样自然。② 外部控制与惩罚并不是使人们努力工作的最好方法，员工是通过自我指导和控制去完成承诺的工作任务的。③ 一般而言，人是能主动承担责任的，不愿负责、缺乏雄心壮志不是人的天性。④ 大多数人具有一定的想象力、独创性和创造力，而不仅仅是管理者才具备这类能力。

麦格雷戈认为，Y 理论的假设比 X 理论更为实际和有效。他建议让职工参与决策，为员工提供富有挑战性和责任感的工作，这会有助于员工积极性的发挥。

另外，还有关于组织中非正式组织和人与人的关系问题的研究，以及关于组织中领导方式问题的研究。

第四节　现代管理理论

现代管理理论是继科学管理理论、行为科学理论之后，西方管理理论发展的第三个阶段，特指第二次世界大战以后，特别是 20 世纪 60 年代以后西方管理理论出现的一系列学派。曾被美国著名的管理学专家 H·孔茨称为"管理的丛林"。现将主要的学派介绍如下。

一、系统管理理论

系统管理学派的代表人物有美国的约翰逊、卡斯特、罗森茨韦克等。其代表性著作主要有《系统理论和管理》、《组织与管理——系统与权变的方法》等。其主要观点有：

管理丛林出现的原因

　　之所以20世纪60年代以后出现"管理的丛林"现象，其中有很多原因：首先是语义上的混乱；对管理和管理学的定义与范围没形成一致意见；其次是轻视或贬低前人对管理经验的概括，要么摒弃，要么曲解提出的一些管理原则；另外管理学者之间文人相轻，不能或不愿互相了解也是重要原因之一。

　　（1）系统的观点。一个工商企业是由许多子系统组成的、开放的社会经济系统，各子系统既独立又相互依存，构成一个整体。管理者的任务就是协调组织中的各个部分、各个要素去完成组织的使命，实现组织系统的目标。因此，管理者必须要有一个系统观念，当他们决定改变某一子系统时，需考虑将会对其他子系统，乃至整个系统产生怎样的影响。

　　（2）系统分析的观点。系统分析是对一个系统内的基本问题，用逻辑推理、科学分析的方法，在确定与不确定条件下，寻找各种可行的方案。系统分析是以系统的整体优化为目标，是一个有目的、有步骤的探索性分析过程，给决策者提供直接判断和决定最优方案所需的信息与资料。

　　（3）系统整理。在现代社会中，一个组织必须是一个开放的系统，只有与外部环境各类资源进行有效的交换，实现自己产品和服务的价值，才可能逐渐地发展和壮大。管理人员也只有在充分认识到自己组织的环境特点、规律的基础上，因势利导地进行有效管理，其组织和个人的事业才可能取得成功（见图2-3）①。

　　系统管理理论学派是将系统科学知识运用到管理科学之中。从实践来看，对系统观点的强调和自觉运用，的确提高了管理人员和学者们对影响管理理论与实践的各种相关因素的洞察力。系统管理理论学派在20世纪60年代处于鼎盛时期，后来出现过于追求数量化的倾向，因而招致人们的批评并有所削弱。

---

　　① 谭力文等编著：《管理学》，武汉大学出版社2004年第2版。

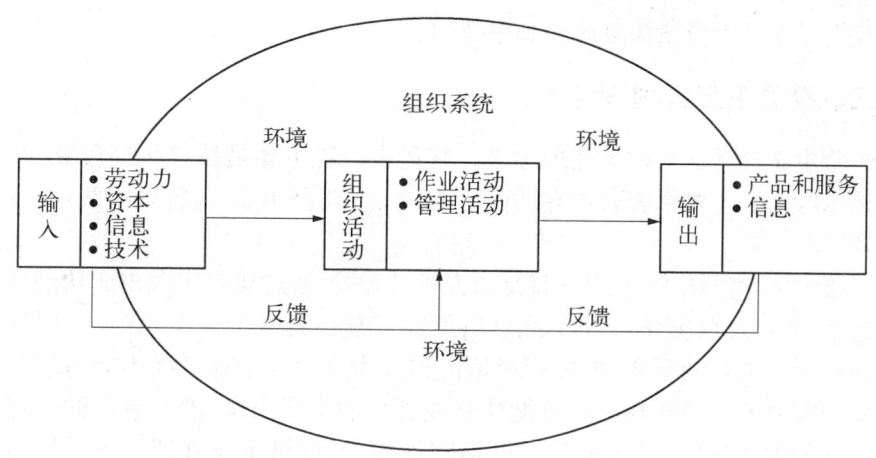

图 2-3　组织系统与环境示意图

二、决策管理理论

决策理论学派是企业管理理论中的一个重要学派。其代表人物是著名的诺贝尔经济学奖获得者美国教授西蒙和马奇(J. March)等人,他们的代表著作有《管理决策新科学》、《管理行为——管理组织中决策过程的研究》。这一学派的思想是在社会系统学派的基础上,结合第二次世界大战后的系统理论、运筹学、计算机技术等科学技术形成与发展起来的完整理论体系。

"管理就是决策"。决策理论学派认为,管理的关键是决策,决策贯穿管理的全过程,决策发生错误,生产效率越高效益越低。因而管理者的主要任务,是集中研究决策问题,而不是研究作业。

决策理论可分为传统决策理论和现代决策理论。传统决策理论的出发点是把进行决策的个人或企业看成"理性的人"或"经济的人"。在决策时,他们的行为受"最优化"的行为准则的影响,往往在决策过程中寻求决策方案的最优化。现代决策理论主要来自西蒙提出的行为决策观。西蒙提出了"有限的理性"和"满意准则"的思想,认为管理者是有限理性。由于在实践中决策情况非常复杂,而管理者的判断力又受各种主客观条件的限制,不可能认识在给定的情形下所有备择方案的各种可能结果。因此,管理人员应寻求简单的、尚"满意"的结果,而非"最佳方案"。现代决策理论与传统决策理论的最大变化就在于用满意的行为标准代替了最优化标准。另外,现代决策理论还主张用电脑辅助决策。

许多学者和专家都认同管理是以决策为特征的,所以管理理论应围绕决策这个核心来建立。但是,也应该注意到管理的内容要比决策丰富得多。同时还需要注意,西蒙在其研究过程中还考虑到了管理学与经济学研究和学习方法的差异,这也是我们在学习中应该深刻体会和把握的。

三、经验主义管理理论

经验主义学派又被称为经理主义。其代表人物主要是彼得·德鲁克、欧内斯特·戴尔等人。主要代表著作有《管理：任务、责任和实践》《管理实践》《有效的管理者》等。

经验主义学派认为，管理学就是研究管理经验，通过研究实践中成功的经验与失败的教训，经过反复学习和实践自然就能够领会管理的要义，有效运用管理方法。在经验主义学派看来，古典管理理论和行为科学理论都已经不能适应企业现实发展的需要了。管理理论只可能从企业管理的实际出发，把大企业的管理经验作为研究的主要对象，适当地加以概括和抽象，形成供企业管理人员采用的实际建议。

在方法论上，经验主义者一般都极力主张用比较方法对企业管理的问题进行研究，反对从一般的原则出发去看待和研究问题。这一学派最主要的特色是注意管理实践中的管理经验，通过分析经验（各种实际案例）来研究管理，概括、总结管理经验中共性的东西，并使之系统化和合理化，据此向管理人员提供实际的建议。他们认为管理知识的源泉就是大公司中成功管理者的经验，主要是他们非凡的个性和杰出的才能，而这些是任何管理理论都难以完整描述的。

经验主义学派在管理理论丛林中较有特色，但也受到许多批评。管理环境一直处在变化之中，现在和未来肯定不同于过去，过去的具体经验，未必能沿用于解决现在和未来的问题。对过去经验的研究，如果不是从根本上弄清其环境、条件，那是不可靠的，甚至是危险的。只有以探求基本规律为目的去总结经验，才有助于某些管理原则的提出和论证。

四、权变管理理论

权变管理理论学派是一种较晚产生的管理理论，在20世纪70年代才形成、发展。其主要代表人物有美国的弗雷德·卢桑斯、英国的汤姆·伯恩斯和英国的琼·伍德沃德等。

"权变"一词，通常指偶然事件或偶然性。权变理论的基本意思是权宜应变，因此，这一理论又被人称为"情景管理理论"或"情况决定论"。权变管理理论的核心是：现实生活中不存在一成不变的、普遍适用的理论化的管理方法，管理要随机应变。管理者的实际工作取决于所处的环境条件，应根据不同的情景及其变量决定采取何种行动和方法。

权变学派处理问题的方法是：首先分析问题；然后列出当时主要的情况条件；

最后提出可能的行动方案(可获得的)。由于没有两种情景是完全一样的,所以对任何情景来说,其解决办法总是独一无二的。在有的情景中需要"人治"(由人来寻求答案),换种情景则可能需要"法治"(按逻辑程序解决问题);一种情景下需要汲取行为学家的经验,另一种情景下要运用数理学派的知识。权变管理理论广泛地应用了古典理论、管理科学和系统观念来分析解决问题,因而有人认为权变理论学派是一个综合各家理论的学派。

根据权变的思想,在企业的结构模式上,权变理论学派把企业看成是一个开放的系统,并把企业分成不同的结构模式。比如依照外部环境和工艺技术两个方面的因素,把企业划分成四种模式:① 市场条件变化快,内部产品之间工艺技术差别大的企业。这类企业的组织结构宜采用事业部制。② 企业外部环境变化快,内部产品品种较多,但工艺技术差别不大的企业。这类企业的组织结构宜采用矩阵制。③ 外部环境因素较稳定,产品品种较简单,工艺技术较稳定的企业。这类企业的组织结构宜采用直线职能制。④ 外部环境因素十分稳定,产品非单一的企业。这类企业可采用高度集权式的组织结构。

在人事管理方面,权变理论学派根据 X - Y 理论的特点,提出了"超 Y 理论"。所谓"超 Y 理论",是说管理方式应根据工作性质、成员素质等来决定,不同的人对组织采用的管理方式有不同的要求。在领导方式上,权变理论认为不存在一种普遍适用的"最好的"或普遍不适用的"不好的"领导方式,方式的选择要由企业的特点、领导个人的状况和被领导者素质等因素决定。如美国菲德勒提出的权变领导模型,美国豪斯提出的"目标-路径"理论等,都属领导方式的权变理论。

五、管理科学理论

管理科学学派也称数理学派,按其思想体系,是泰罗科学管理理论的继续和发展。其代表人物为美国的伯法等人。其代表著作有《生产管理基础》等。管理科学学派与系统理论及决策理论都有很大的关系,他们认为管理基本上是一种数学程序、概念、符号和模型的演习。一些著名的运筹学家,他们就自称是管理科学家,"管理科学"的名称也因此而产生。

管理科学理论产生于第二次世界大战期间,它是以现代自然科学和技术科学的最新成果,如运筹学、系统工程、电子信息技术等为手段,运用数学模式,对管理领域中的人、财、物和信息资源进行系统的定量分析,并做出最优规划和决策的理论。管理科学理论重点研究的是操作方法、作业水平方面的管理问题。现在其研究方向已经扩展到科学组织问题上。

管理学派最主要的特点是注重定量研究,认为利用相关的科学分析工具,通过建立数学模型这一手段,可以把管理问题的基本关系表示出来,并在确定目标后能求得最优结果。由于其理论偏重于定量分析,因而较少考虑和研究人的行为因素。管理学派运用管理科学解决实际问题的步骤一般为:① 提出问题。② 寻求影响问题的相关变量。③ 建立研究问题的函数式。④ 收集有关数据,对有关函数进行求解,确定函数的最优解。⑤ 在实际的管理工作中检查模型的准确度。⑥ 依据模型制定相应的管理方案。⑦ 实施方案。

管理科学理论的主要内容包括以下三个方面:

(1)运筹学。运筹学是管理科学理论的基础。就其内容来讲,运筹学是一种分析、实验和定量的方法,专门研究在既定的物质条件下(人财物资源),运用数学方法进行定量分析,为选择最经济最有效配置、运用人财物资源的最优方案提供数量上的依据。运筹学后来被运用到管理领域,并形成了规划论、库存论、排队论、对策论、搜索论等许多新的分支。

(2)系统分析。系统分析这一概念由美国兰德公司在 1949 年最早提出。所谓系统分析,就是将系统的观点应用在管理之中,从系统的角度,运用科学和数学的方法对管理系统中的事件进行研究和分析,以制定出正确的决策。

(3)决策科学化。决策科学化指决策要以充足的事实为依据,采取严密的逻辑思维方法,在对大量相关资料数据进行系统分析和计算的基础上,遵循科学的程序,做出正确的决策。运筹学和系统分析这两项管理科学理论的内容,就是为决策科学化提供分析思路和分析技术的。同时,电子计算机技术和管理信息系统这些先进的工具,也为决策科学化提供了可能和依据。

由于管理科学理论把过多的注意力放在建立数学模型上,并精致地进行模拟和求解。数学和数学模型只是管理者从事分析的一种工具而已,因此有人批评这一学派够不上一个完整的真正的管理学派。

第五节　管理理论发展的新趋势

20 世纪 80 年代以来,全球经济、政治、文化发生了深刻的变化,人们的生产方式、生活方式、交往方式和思维方式也在更新,企业经营环境正在发生着巨大的变迁,为了适应这种环境条件的变迁,企业管理的思想、学说也在不断的演化进步,产生了一些体现时代特征的管理理论。最能够反映西方管理学取得新进展的是第五代管理理论或学习型组织、业务流程再造、新型的战略管理理论和以人为本理论等。

一、第五代管理理论

"第五代管理"一词源于美国管理学家查尔斯·M·萨维奇(Charles M.

Savage)1996 年出版的《第五代管理》一书。该书把知识经济时代的管理称为第五代管理。美国麻省理工学院的彼得·圣吉等人也对知识经济的企业管理模式进行了探讨。圣吉博士在 1990 年出版了《第五项修炼——学习型组织的艺术与实践》一书,指出未来组织应具备的最根本性品质是学习。

 新 理 论 新 观 点

第五代管理理论的四个核心理念

(1) 感恩:强调个体要对组织提供的培养和帮助心存感激,只有懂得感激的人才有可能获得成功。

(2) 善良:一个成功者必然是一个拥有积极心态的人,总是悲观绝望的人很难获得成功。

(3) 包容:要想实现完美,就要允许失误,这样才能刺激创新,才能不断地接近完美。

(4) 快乐:管理是要致力于营造一种快乐的氛围,让企业的员工,乃至企业的参观者都能感觉到心情愉快,都能感觉到生命的美好。

知识资本是继商品资本、货币资本、人力资本之后出现的一种资本形态。第五代管理理论认为,知识经济时代的组织形式不再是工业时期的金字塔式的组织结构,而是建立在知识网络基础上的平面的、网络化的组织结构。未来成功企业的管理模式将是"学习型组织"。学习型组织是以共同愿景为基础、以团队学习为特征、向顾客负责的扁平化的横向网络系统。学习型组织以企业的学习为中心任务,通过提高群体智商,员工更加珍惜现今的美好生活,自我超越,不断创新,达到企业财富速增、服务超值的目标。作为学习型组织理论的核心,企业需要进行五项修炼,即自我超越,改善心智模式,建立共同愿景,系统思考,提高组织内部结构、机能对社会、市场变化的适应能力。第五代管理理论认为,在知识经济条件下,要通过建立虚拟企业来创造财富。还提出了通过动态协作团队建立知识联网的设想。萨维奇认为,知识联网的形式能够克服传统企业组织形式的弊端,提高决策效率和管理水平。

二、业务流程再造理论

1993 年,哈默(M. Hammer)和钱皮(J. Champy)发表了《再造企业——管理革命的宣言书》一书,提出了企业再造理论。哈默对"再造企业"的最初解释是:"推动

企业对经营模式进行根本性的变革,从最基层的地方出发,思考企业经营的全部问题。""企业再造这一理念的核心内容就是对企业进行根本性的变革。"

传统的组织结构建立在职能和等级制的基础上。虽然这种模式过去曾经很好地服务于企业,但是对于知识经济时代的竞争环境要求,它的反应已经显得缓慢和笨拙。业务流程再造对许多传统的组织构造原则提出了挑战,它实际是指对整个企业的改造。这种理论强调以业务流程为改造对象和中心、以关心客户的需求和满意度为目标、对现有的业务流程进行根本的再思考和彻底的再设计,利用先进的制造技术、信息技术以及现代化的管理手段,最大限度地实现技术上的功能集成和管理上的职能集成,以打破传统的职能型组织结构(function-organization),建立全新的过程型组织结构(process-oriented organization),从而实现企业经营在成本、质量、服务和速度等方面的巨大改善。这种做法既适用于单独一个流程,也适用于整个组织。通过重新设计流程,可以在流程绩效的改善上取得飞跃,激发和增强企业的竞争力。

业务流程再造理论为企业管理带来了一个全新的视角,曾经被奉为金科玉律的亚当·斯密的分工理论因此被打破,以按产业目标组合的过程团队取代了按劳动分工建立的职能组织,这的确是一场革命。据美国《幸福》杂志调查,美国1 000家最大的公司中,已有68%进行了重新构建的尝试,并取得一定的成效。

三、新型的战略管理理论

战略管理理论产生于20世纪60年代,80年代战略管理理论一度进入低潮阶段。90年代以后,世界经济一体化、企业经营国际化进程加快,市场竞争日趋激烈,企业如何才能取得长期、持续发展是管理学家和企业家面对的一个新问题。这样,战略管理理论得以东山再起,重新受到人们的重视。战略管理理论新的发展内容有战略联盟理论、战略竞标理论、核心能力理论。

(一)战略联盟理论

美国学者赛蒙因依据股权参与和合伙人的数量这两个标准,提出了契约性协议、非正式合作、合资、股权参与、国际联合等战略联盟形式。20世纪90年代以来,战略联盟这种组织形式在国际上已大量涌现,欧美各大公司50%~60%的销售额来自战略联盟组织,战略联盟成为现代企业加强竞争力的一种主要形式。

(二)战略竞标理论

战略竞标是一个企业为了超越强大的竞争对手,通过对企业产品、服务和管理进行比较、衡量等一系列的竞标活动,以提高自身竞争能力的一种战略管理方法。战略竞标理论将竞标定义为由比较和衡量企业产品、服务和管理组成的一个持续不断的过程。这个过程是为了学习最强大的竞争对手或行业领先者并最终超越他们。根据国外学者的归纳,战略竞标主要有内部竞标、竞争性竞标、职能部门竞标和一般性生产过程竞标四种类型。

（三）核心能力理论

核心能力是指企业在开发技术、产品以及市场营销方面所具有的独特能力。这一理论是关于企业根本竞争优势的形成、保持和更新的理论。它认为,与企业外部条件相比,企业内部条件对于企业的市场竞争优势具有决定性作用。企业内部能力、资源和知识的积累,是企业获得超额利润和保持企业竞争优势的关键。

四、以人为本理论

以人为本的管理思想由来已久。20 世纪 80 年代以来,以人为本的管理思想出现了新的趋势,提出了"人本管理"的思想。人本管理的本质是以促进人自身自由、全面发展为根本目的的管理理念和管理模式,强调理解人、尊重人、充分发挥人的主动性和积极性,通过一定的管理方法、管理手段最大限度地满足人的需要和自由,也只有这样才能全面发挥人的潜能。人本管理的核心是对企业中的人应当视为人本身来看待,而不仅仅是将他们看做一种生产要素或资源,特别是不能把人当做一种纯粹盈利或挣钱的工具。

知 识 测 试

一、概念辨析

科学管理理论　古典组织管理理论　霍桑试验　行为科学　X－Y 理论　管理科学理论

二、即问即答

1. 早期管理思想的发展是怎样的?

2. 管理理论的发展分为哪三个阶段? 为什么这样划分?

3. 科学管理的主要思想及其对管理学的贡献是什么? 为什么把泰罗称为"科学管理之父"?

4. 如何理解法约尔提出的管理原则? 你认为哪些管理原则现在还在应用?

5. 霍桑试验中最重要的发现是什么? 此发现对管理理论的发展有何贡献?

6. 人际关系学说的主要内容是什么?

7. 现代管理理论主要包括哪些学派? 各学派的主要观点是什么?

技 能 训 练

『**训练目标**』

◇ 把握管理理论的发展历程

◇ 理解管理理论的最新前沿

◇ 提高管理水平

一、管理定律应用

蝴蝶效应的来历

美国气象学家洛伦兹（Lorenz）1963年发表一篇论文，名叫《决定论的非周期流》。文中根据大气运动的规律，建立了一个简化的数学模型，三变量的自治常微分方程组，也就是著名的Lorenz方程。Lorenz经过研究发现，当这个方程组的参数取某些值时，轨线运动会变得复杂和不确定，具有对初始条件的敏感依赖性，也就是说，初始条件最微小的差异都会导致轨线行为的无法预测。正是根据数值分析，Lorenz才得出结论说，天气的长期预报是不可能的，形象化的说法就是所谓的蝴蝶效应。

洛伦兹说，一只南美洲亚马逊河流域热带雨林中的蝴蝶，偶尔扇动几下翅膀，可能在两周后，在美国德克萨斯引起一场龙卷风。其原因在于：蝴蝶翅膀的运动，导致其身边的空气系统发生变化，并引起微弱气流的产生，而微弱气流的产生又会引起它四周空气或其他系统产生相应的变化，由此引起连锁反应，最终导致其他系统的极大变化。洛伦兹把这种现象戏称为"蝴蝶效应"，意思即一件表面上看来毫无关系、非常微小的事情，可能带来巨大的改变。

［**举例**］　　　　　　　　**美国人抽烟和中国的通货膨胀**

你能想象得出一个美国人抽烟和中国的通货膨胀有什么关系吗？假设美国现在有一个人抽烟，不小心把没熄灭的烟头扔在了床边，然后出门上班了，大约20分钟后，烟头慢慢引燃床单，火越来越大，逐渐蔓延到左邻右舍，引起煤气罐的连环爆炸。这时的美国人已经对"恐怖袭击"胆战心惊，而这个肇事者（扔烟头的人）却忘了自己曾扔过烟头，于是在一时无法查明原因的情况下，暂时被定为"恐怖袭击"。这样，惊恐万状的人们纷纷抛售股票，引起股市大跌。人们下降的消费信心影响了整个美国经济，最后造成美元贬值，由于美元的持续贬值，使得以美元标价的基础性原材料价格上扬，盯住美元的人民币价格也相应上扬，从而导致以原材料为基础的商品价格上涨，引发中国的成本拉动型通货膨胀。

这个例子比较夸张，为的只是说明：我们在解释某种经济现象时，如果无法从常规的分析中找到答案，就要考虑那些看起来无关紧要的因素，然而这种因素太多了,也太不可预测了,这也是为什么经济学家总是难以精确地预测具体经济指数的原因。但也正是这种不可预测性造就了变化多端而丰富多彩的世界。

蝴蝶扇动翅膀都有可能引起龙卷风,那还有什么不可能呢?"没有什么不可能",恐怕这就是"蝴蝶效应"给我们带来的最大启示。

[点评]　事物发展的结果,对初始条件具有极为敏感的依赖性,初始条件的极小偏差,都将可能引起结果的极大差异。

二、管理案例分析

海尔 OEC 管理办法

OEC(overall every control and clear)管理法也称"日事日毕、日清日高"管理法,是海尔集团于 1989 年创造的企业管理法。该法为海尔集团创造了巨大的经济效益和社会效益,获得国家企业管理创新"金马奖"、企业改革"风帆杯",当时朱镕基总理曾批示在全国推广这种管理经验。

OEC 管理法由三个基本框架——目标系统、日清控制系统和有效激励机制组成,是海尔生存的基础,并成为海尔企业集团对外扩张、推行统一管理的基本模式,也是海尔走向世界的最好发展资本。

(一)目标系统

目标体现了企业发展的方向和要达到的目的。目标提出的高度必须依据市场竞争的需要,低于竞争对手就毫无意义。海尔刚开始生产冰箱时,确定争中国第一的目标,1988 年夺得了冰箱行业第一块金牌。随后又确定创国际名牌的目标,从出口策略上坚持先难后易,先进入发达国家,形成高屋建瓴之势,再进入发展中国家。目前,海尔产品已出口 102 个国家和地区。

目标的实施首先是将总目标分解为各部门的子目标,再由子目标分解为每个员工的具体目标值,从而使全公司总目标落实到具体的责任人身上。在日清日高管理法中,目标的建立有以下几个重要特征:

(1)指标具体,可以度量。例如,在质量管理上,海尔把 156 个工序的 545 项责任进行价值量化并汇编成小册子,小到一个门把螺钉上不好都有明确规定。

(2)目标分解时坚持责任到人的原则。各项工作都按标准进行分解,明确规定主管人、责任者、配合者、审核者、工作程序、见证材料、工作频次,从而做到企业内的每件事都有专人负责,使目标考核有据可循。海尔对每一台冰箱的 156 道工序,从第一道工序开始即规定不准出二等品。

(3)做到管理不漏项。企业中的每件物品(大到一台设备,小到一块玻璃)都规定具体的责任人,并在每件实物旁边明显标示出来,保证物物有人管理。不但车间、办公室的玻璃,就连材料库的 1 964 块玻璃,每块玻璃上也均标有责任人。

这样一个目标系统就保证企业内所有工作、任何一件事情、任何一样物品,都处于有序的管理控制状态。企业内的所有人员,上至总经理下到普通工作人员,都十分清楚自己每天应该干什么、干多少、按什么标准干、要获得什么样的结果,从而保证了企业各项工作的目的性和有效性,减少了浪费与损失。

(二)日清控制系统

日清系统是目标系统得以实现的支持系统。海尔在实践中建立起一个每人、每天对自己所从事的每件事进行清理、检查的"日日清"控制系统。它包括两个方面:一是"日事日毕",即对当天发生的各种问题(异常现象),在当天弄清原因,分清责任,及时采取措施进行处理,防止问题积累,保证目标得以实现。如工人使用的"3E"卡,就是用来记录每个人每天对每件事的日清过程和结果。二是"日清日高",即对工作中的薄弱环节不断改善、不断提高。要求职工"坚持每天提高1‰"、70天工作水平就可以提高1倍。

"日清"控制在具体操作上有两种方式:一是全体员工的自我日清;二是职能管理部门(人员)按规定的管理程序,定时(或不定时)地对自己所承担的管理职能和管理对象进行现场巡回检查,也是对员工自我日清的现场复审。组织体系的"日清"控制,可以分为生产作业现场(车间)和职能管理部门的"日清"两条主线。两者结合就形成了一纵、一横交错的"日日清"控制网络体系。无论是组织日清还是个人自我日清,都必须按日清管理程序和日清表进行清理,并将清理结果每天记入日清管理台账。

日清体系的最关键环节是复审。没有复审,工作只布置不检查,便不可能形成闭环,也不可能达到预期效果。所以在日清中重点抓管理层的一级级复审。复审中发现问题,随时纠偏。在现场设立"日清栏",要求管理人员每两小时巡检一次,将发现的问题及处理措施填在"日清栏"上。如果连续发现不了问题,就必须提高目标值。

(三)有效激励机制

激励机制是日清控制系统正常运转的保证条件。海尔在激励政策上坚持的原则:一是公开、公平、公正,通过"3E"卡,每天公布职工每个人的收入,不搞模糊工资,使员工心理上感到相对公平;二是要有合理的计算依据,如海尔实行的计点工资,从12个方面对每个岗位进行了半年多的测评,并且根据工艺等条件的变化不断调整。所谓"计点工资",是将一线职工工资的100%与奖金捆在一起,按点数分配,在此基础上,又进一步在一线、二线、三线对每个岗位实行量化考核,从而使劳动与报酬直接挂钩,报酬与质量直接挂钩,多劳多得。

在激励的方法上,海尔更多地采用及时激励的方式。如:在质量管理上利用质量责任价值券,员工们人手一本质量价值券,手册中整理汇编了企业以往生产过程中出现的所有问题,并针对每一个缺陷,明确规定了自检、互检、专检三个环节应负的责任价值及每个缺陷应扣多少钱,质检员检查发现缺陷后,当场撕价值券,由责任人签收;操作工互检发现的缺陷经质检员确认后,当场予以奖励,同时对漏检的操作工和质检员进行罚款。质量价值券分红、黄两种,红券用于奖励,黄券用于处罚。

[分析问题]

1. 海尔 OEC 管理法体现了哪些管理思想?

2. 结合你所了解的企业,如果要学好海尔 OEC 管理法,应从哪些方面做起?并说明理由。

[分析思路]

1. 海尔 OEC 管理法重在强化内部基础管理,体现了泰勒的科学管理思想,而三个系统的建立又构成了一个有效的循环系统,体现了系统管理思想。OEC 管理法通过目标的制定与层层分解,明确任务,严格制度,并与相应激励机制配套,创造出了一种有效的管理机制和环境,形成了一种员工自主管理的模式。

2. 不少企业特别喜欢先进的管理方法,而忽略了企业基础管理工作,最终走向失败。学习 OEC 管理,就是要从基础管理工作抓起,建立科学可行的目标管理体系,明确分工,落实责任,并配套以有效的激励机制,三个方面缺一不可。

[实施建议]

(1) 教师先将训练目的和要求清楚的传达给学生,收集有关海尔 OEC 管理法的资料,以及 OEC 管理法的推广使用情况。

(2) 分组讨论,课下认真准备,课堂讨论,时间限制在 20 分钟内。

(3) 由小组抽签决定各小组出场次序。

(4) 其他小组给出评价成绩,由教师对评价成绩综合后给出最后成绩。

三、管理技能训练

[训练项目] 情景模拟——请假①。

[训练内容] 旁白:张经理手下有两名特别的员工。一名是李小姐,她毕业于某名牌大学企业管理专业。有明晰的头脑,领悟力强,工作表现好,尤其擅长办公自动化。张经理甚至以为这样的员工比男职员还好。可是,3 个月后这个女职员就开始无故缺席,并且第二天总是表现出若无其事的样子。另一名是黄先生,他虽然没什么学历,但工作两年来一直勤勤恳恳,努力工作,从未请过一次假。

事情就发生在这一天,张经理的办公室静得出奇。因为下班的时间到了,张经理才吩咐于秘书通知加班,员工十分不满意,张经理自然也不愉快。

"咚咚咚","请进!"于秘书喊道。

---

① 资料来源:http://www.sdpc.edu.cn/jpkc/xdglx/al-qj.htm。

"经理,我想请假。"李小姐进门就说。

"有什么事吗?"张经理问道。

"我儿子生病了,刚才幼儿园阿姨给我打电话告诉我的。"李小姐焦急地说。

"哎呀,小李啊,你工作能力强,这我知道,可你这工作态度……"经理没把话说完。

"可是经理,我这次真的很急啊,又不是我无故缺工。"李小姐显得很无辜。

"那今天咱们加班,你又不是不知道,怎么能给你假呢?"

"咚咚咚",经理的话音刚落,又有人敲门,黄先生进来了。

"经理,我想请假。"黄先生很为难地说。

"你又有什么事?"经理很不耐烦了,语气也很重。

"家里托人给我介绍了个对象,让我回家见个面。"

"先公事,后私事,你又不是不知道,你完全可以换个时间嘛。"经理皱着眉头说。

"那多不好,让人家怎么说啊,说我没有诚意?"黄先生低头说着。

"再说你也没提前通知加班,我都安排好了,怎么能说算了就算了呢?"他补充道。

"那也不行,公事为重。"经理有点蛮横。

"哎,经理,话可不能这么说,我工作两年来,什么时候不好好工作,什么时候请过假,你也不是不知道。"黄先生有些激动。

"经理,你就先准我的假吧,孩子还没人管呢。"李小姐插话道:"万一有个三长两短,我可怎么办啊。"李小姐流下了眼泪。

"哎,小李,你别激动,慢慢来,你看这样行不行,先让你家人去照顾一下?"经理看着小李说。

"不行啊,我老公不在家,经理快给我假吧,我可不能再等了。"

"小李呀,你真的不能请假,你是公司的骨干力量,你走了,损失就大了,这笔生意对公司真的很重要,你还能真的不管吗?"经理似乎是在哀求。

"那我也不能加班。"黄先生也很坚定。

"你俩别说得这么坚决,怎么说还是工作重要,你俩这样不是在为难经理吗?"于秘书帮经理解围。

"你懂什么呀,你又没孩子,别乱插嘴,哪有你说话的份!"李小姐对着于秘书嚷道。

"经理,今天你给我假我得走,不给我假我也走,总不能不管孩子吧?"李小姐对着经理喊道。

"经理,我得走,总不能把人家扔在那里吧?"黄先生也坚决得很。

"今天请假不行，一个也不能走，你俩回去吧。"经理生气地说。

"经理，你怎么能这样呢。"

"不行，我得走。"

李小姐、黄先生你一嘴他一舌地说着。"你俩必须留下加班，要不就给你俩处罚，成什么样子了。"经理也很坚决，"如果你俩请假，以后就不用来上班了。"说完经理摔门就走了。

问题：

1. 你认为经理的这种做法是否正确？为什么？

2. 在组织管理工作中，应如何处理各种关系？

3. 假如你是经理，从开始你将怎样处理此事？

[训练要领]　为调动学生的积极性，可由学生编写剧本，并进行排练与演出。演出分为两部分：一是展示所要解决的管理关系与矛盾，即情景的表演；二是由角色扮演者现场处理所要解决的问题。演出结束后，全班同学进行评议，分析各扮演者处理是否得当，并提出更好的建议。可以分组进行，也可以全班集中组织。

第二部分
决 策 与 计 划

第三章 管理决策

 **本章网络结构图**

```
                          ┌─→ 决策的定义
              决策的性质 ──┼─→ 决策的原则
                          └─→ 决策的影响因素

                          ┌─→ 长期决策、中期决策与短期决策
                          ├─→ 战略决策、战术决策与业务决策
              决策的类型 ──┼─→ 集体决策与个人决策
                          ├─→ 程序化决策与非程序化决策
                          ├─→ 初始决策与追踪决策
  管理                    └─→ 确定型决策、风险型决策与
  决策                        不确定型决策

                          ┌─→ 研究问题和机会
                          ├─→ 提出目标
              决策过程  ──┼─→ 拟订备选方案
                          ├─→ 评估并选定方案
                          ├─→ 制定实施战略
                          └─→ 评估与检查

                          ┌─→ 集体决策方法
              决策方法  ──┼─→ 选择发展方向的决策方法
                          └─→ 选择活动方案的决策方法
```

本章学习目的

☆ 理解决策在管理中的地位和作用、决策的性质
☆ 掌握各类常用的决策方法
☆ 了解决策的分类、决策的过程以及决策的影响因素
☆ 明确决策的原则

【引导案例】 **美国铱星公司的悲剧**

2000 年 3 月 18 日,两年前曾耗资 50 多亿美元建造 66 颗低轨卫星系统的美国铱星公司,背负着 40 多亿美元的债务宣告破产。铱星所创造的科技童话及其在移动通讯领域的里程碑意义,使我们在惜别铱星的时刻猛然警醒:电信产业的巨额投资往往使某种技术成为赌注,技术的前沿性固然非常重要,但决定赌注胜负的关键却是市场。

铱星的悲剧告诉我们,技术不能代替市场,决策失误导致铱星陨落。铱星代表了未来通讯发展的方向,但仅凭技术的优势并不能保证市场的胜利。"他们在错误的时间,错误的市场,投入了错误的产品"。这是业界权威对铱星陨落的评价。

第一,技术选择失误。铱星系统技术上的先进性在目前的卫星通讯系统中处于领先地位。但这一系统风险大,成本过高,维护成本相当高。

第二,市场定位决策错误。谁也不能否认铱星的高科技含量,但用 66 颗高技术卫星编织起来的世纪末科技童话在商用之初却把自己的位置定在了"喷族科技"上。铱星手机价格每部高达 3 000 美元,加上高昂的通话费用,使得通信公司运营最基本的前提——用户发展数目远低于它的预想。在开业的前两个季度,铱星在全球只发展了 1 万个用户,而根据铱星方面的预计,初期仅在中国市场就要达到 10 万个用户,这使得铱星公司前两个季度的亏损即达 10 亿美元。尽管铱星手机后来降低了收费,但仍未能扭转颓势。

第三,重大时机决策失误。有专家认为,铱星系统在 1998 年 11 月份投入商业服务的决定是"毁灭性的"。受投资方及签订的合约所限,在系统本身不完善的情况下,铱星系统迫于时间表的压力而匆匆投入商用,差劲的服务给用户留下的第一印象对于铱星公司来说是灾难性的。因此,到铱星公司宣布破产保护时为止,铱星公司的客户还只有 2 万多家,而该公司要实现盈利至少需要 65 万个用户,每年光维护费就要几亿美元。

第四,销售决策失误。铱星系统投入商业运营时未能向零售商们供应铱星电话机;有需求而不能及时得到满足,这也损失了不少用户。

第五,作为一个全球性的个人卫星通信系统,理论上它应该是在全球通信市场开放的情况下,由一个经营者在全球统一负责经营,而事实上这是根本不现实的。

由于以上这些原因造成了铱星的债务累累,入不敷出。

决策是管理的基础。它要求决策者遵循科学的程序、按照科学的理论、运用科学的手段进行分析与决策,同时还要求决策者有足够的判断力、能充分运用自身的智慧与经验。整个管理过程都存在着决策的制定与实施。本章将重点讨论与决策的性质、决策的类型、决策过程以及决策方法相关的问题。

第一节 决策的性质

一、决策的定义

关于决策的定义,不同的学者从不同的角度进行了描述。如国内一种定义为:"从两个以上的备选方案中选择一个的过程就是决策。"(杨洪兰,1996 年)国外学者路易斯、古德曼和范特(1998 年)认为:"决策是管理者识别并解决问题以及利用机会的过程。"

共 赢 决 策

共赢决策就是多个决策主体的共赢,通常是指多个利益主体的共同盈利、共同发展。中国加入世贸组织是各国间典型的共赢决策;泛珠三角城市联盟的形成,就是本着合作各方优势互补,互利共赢,实现经济效益与社会效益的最大化、城市经济与区域经济共同发展为目的的城市与城市之间的共赢决策。

在这里,我们采用国内周三多等学者所主张的定义:"所谓决策,是指组织或个人为了实现某种目标而对未来一定时期内有关活动的方向、内容及方式的选择或调整过程。"这个定义表明,决策的主体既可以是组织,也可以是组织中的个人;决策要解决的问题,既可以是组织或个人活动的选择,也可以是对这种活动的调整;决策选择或调整的对象,既可以是活动的方向和内容,也可以是在特定方向下从事某种活动的方式;决策涉及的时限,既可以是未来较长的时期,也可以仅仅是某个较短时段。

二、决策的原则

进行决策所遵循的是满意原则,而非最优原则。最优决策只是理论上的一种幻想,因为要使决策最优,必须做到:① 决策者能了解和掌握与决策活动有关的全部信息。② 决策者必须能辨识全部信息的有用性,了解其价值,并据此制定出所有的行动方案。③ 决策者能准确地预测到每个方案在未来的执行结果。

事实上,上述这些条件是难以得到满足的。因为:第一,决策者很难收集到所有反映组织内外部全部情况的信息,而这些信息对组织目前和将来的状态都会产生直接或间接的影响。第二,决策者利用信息的能力有限,且只能制定为数有限的方案。第三,人们对未来的认识和影响都有限,因此方案在未来实施时所出现的实际状况与人们预先料想的状况会有一定差别。

因此,决策者在不能掌握所有信息、行动方案数量有限且在未来执行结果不确定的情况下,只能做出相对满意的决策,而不可能做出最优化的决策。

三、决策的影响因素

在决策过程中,有很多因素都会对决策造成影响,这些因素有包括以下几个方面。

(一)环境

环境对组织决策的影响主要体现在两个方面:

首先,环境的具体特点对组织活动的选择存在着影响。处于竞争市场上的企业则需要密切观察市场动态,尤其是竞争对手的发展动向,经常研发推出新品,完善销售网络,努力提升企业形象。

其次,对环境变化做出反应的习惯模式也对组织活动选择存在着影响。即使在相同的环境条件下,不同的组织会做出不同的反应。组织这种对环境变化进行反应的模式一旦形成,就会逐渐趋向于固定,必然会对行动方案的选择造成影响。

(二)过去的决策

组织目前的决策某种程度上是组织过去决策的延续。过去决策的实施要造成人力、物力、财力等资源的消耗,必然会带来组织内部状况的改变,并影响到外部环境。因此,"非零起点"的目前决策总会受到过去决策的影响。

目前决策受过去决策的制约程度,主要与它们和现任决策者之间的关系有关。如果过去决策是由现任决策者制定的,那么决策者为了保持决策的连贯性,一般不太愿意对组织所从事的活动作重大的调整;反之,如果组织目前的决策者和过去决策关系不大,则可能和过去相比有较大的改变。

（三）决策者对待风险的态度

因为未来环境的不确定性,任何决策都存在一定程度的风险。组织及其决策者对待风险的不同态度会影响决策方案的选择。愿意承担风险、锐意开拓进取的组织及其决策者,会在风险到来之前就做好应付的准备,并采取主动出击的战略,积极开展新的探索工作;不愿承担风险、保守谨慎的组织及其决策者,经常只对风险与环境的改变做出被动的反应,过去惯常的做法会对他们的活动影响很大。

（四）组织文化

组织文化对组织成员的思维方式和行为影响很大。在开放、乐观、积极创新的组织文化氛围中,人们一般都会欢迎具有积极意义的新事物,希望经常有所改变,从事有新意的活动,用发展的眼光看待未来,这有利于新决策的实施。而在因循守旧、倾向于维持的组织氛围中,人们不愿改变,害怕改变,用怀疑的眼光看待未来,对未来新事物的不确定性有种莫名的恐惧感。特别是一些既得利益者,经常担心在改变中会失去一些东西。在这种情况下,为了使新决策能够有效地实施,需要做大量的工作来改变组织成员的态度,甚至要考虑改变组织文化,营造出一种有利于开展变革创新的氛围。

（五）时间

有些决策对时间比较敏感,要求决策者必须以尽可能快的速度进行决策,而有些决策对时间的要求不是很严格,但对质量方面的要求很高,需要人们充分地利用现有的知识和经验,集中集体的智慧,使决策尽可能做到科学、正确、符合实际情况。前一类决策可以叫做时间敏感性决策,而后一类决策可以叫做知识敏感性决策。

第二节　决策的类型

一、长期决策、中期决策与短期决策

按决策的影响时间,可以把决策分为长期决策、中期决策和短期决策三种。

长期决策是指对组织今后的发展有长远性、全局性影响的决策,又可称为长期战略决策。

短期决策对组织的影响时间较短,它是为实现组织长期战略目标而采用的短期策略手段,又可称为短期战术决策。

处于长期决策和短期决策之间的,就是中期决策。

二、战略决策、战术决策与业务决策

按决策的重要性程度,可以把决策分为战略决策、战术决策和业务决策三种。

战略决策在所有决策中是最重要的,涉及组织战略目标、大政方针的确定,是关系到组织生存和发展的根本性的决策。它包括组织重大投资方向的确定、组织结构的调整、高层管理人员的任免、国外市场的开拓、产品更新换代、重大技改项目的施行等,具有长期性、方向性等特征。

战术决策又可称为管理决策,是在组织内部贯彻执行的决策,属于战略决策执行过程中的具体决策。它旨在实现组织中各环节活动的高度协调和资源的合理利用,以提高管理效能和经济利益。战术决策质量的高低在很大程度上关系到组织目标的实现程度,且影响到组织效率的高低。

业务决策又称执行性决策,是关系到组织中一般管理工作的具体决策活动,它直接影响到日常工作的效率,但涉及面较小,只会对组织的局部产生影响。

一般情况下,高层管理者主要负责组织的战略决策,中层管理者主要负责组织的战术决策,而基层管理者主要负责大部分的业务决策。

三、集体决策与个人决策

按决策的主体,可以把决策分为集体决策和个人决策。

集体决策是由多人一起做出的决策,而个人决策则是由单个人做出的决策。

集体决策相对于个人决策来说有一些比较突出的优点,如可以收集更多的信息、能得到更多人的认同并进行较好的沟通、可以拟定更多的备选方案并做出更科学的决策等。但集体决策有时也存在着责任不清、耗时过长以及容易产生从众思维现象等缺点。

四、程序化决策与非程序化决策

按决策涉及问题的重复程度,可把决策分为程序化决策和非程序化决策两种。

程序化决策是指按既定程序、规则和方法,或者参照以往的惯例去解决组织管理中经常重复出现的问题。这类问题可以被称作例行问题,在日常工作中经常发生,如设备一般故障的排除、日常订货问题等。

非程序化决策是指针对那些组织中极少遇到的、具有很大偶然性与随机性、新颖且性质结构不明朗的问题的决策。这些问题往往具有很大的影响性,决策过程中基本无惯例做法可以遵循。如重大投资方向的选择、组织结构的调整、新产品的开发、新市场的开拓等。非程序化决策所要考虑的组织内外部的影响因素很多,决策者们个人的知识、经验、洞察力甚至个人的价值观、胆识等对决策的质量影响很大。

非程序化决策的制定

我们对非程序化决策制定问题的日益理解将在管理方面引起两种十分不同的变化。一方面,这种理论将为非程序化问题领域内决策制定过程的某些方面的自动化开拓出新的前景,就像运筹学使程序化决策制定的许多方面能实行自动化一样。另一方面,通过使我们深刻地洞察人类思维过程,这种理解将提供新的机会,特别是通过教育和训练来改进一般人、特别是经理们在困难的结构与不良的复杂环境中制定决策的能力。

五、初始决策与追踪决策

按决策的起点,可以把决策分为初始决策与追踪决策。

初始决策是一种零起点的决策,它是关于某项活动的最初决策,做决策时活动尚未进行,环境也未受到影响。

追踪决策是非零起点的决策,它是在初始决策实施以后,组织环境发生了改变的情况下所进行的决策。

六、确定型决策、风险型决策与不确定型决策

按环境因素的可控程度,可以把决策分为确定型决策、风险型决策与不确定型决策。

确定型决策是指在稳定(可控)条件之下所进行的决策。决策者清楚地了解自然状态的发生情况,每一方案都只有一个确定的结果,决策者最终选择哪个方案主要取决于对每个方案执行结果的直接比较。

风险型决策也可称为随机决策,此时决策方案处于风险状态下,可能发生的自然状态不止一种,决策者不知道哪种自然状态最终会发生,但了解共有几种可能发生的自然状态以及每种自然状态的发生概率。决策者根据每种方案在各自然状态下可能出现的结果及发生概率进行计算和权衡比较,在此基础上选优汰劣。

不确定型决策是在不稳定条件下所进行的决策,这种条件的不稳定性是由复杂多变的组织内外环境造成的。决策者此时不知道有多少种自然状态可能发生,或者即使知道,也很难推断出每种自然状态发生的概率。因此,这种决策往往要借助一些专家丰富的经验和敏锐的直觉进行推断,带有较大的主观性。

第三节 决 策 过 程

决策过程实际上就是在分析、评价、比较、判断的基础上对活动方案进行选择，而选择方案又是建立在对组织所面临的问题进行研究、设立组织活动的目标并拟定备选方案的基础上的。其步骤如下。

一、研究问题和机会

管理者在日常工作中要对来自组织内部及外部环境中的大量信息进行监控，从中筛选出与其工作责任范围相关的信息。管理者试图通过对这些信息的分析，发现来自外部环境中的威胁和可能被本组织利用的机会，以及组织中正在发生的不平衡状态。一旦发现了这些威胁、机会或不平衡状态，管理者要判断是否有必要采取行动，使组织内部恢复平衡，或避免即将到来的威胁，或努力使环境机会转变为本组织的机会。

二、提出目标

一旦决定要采取某些行动，还必须对行动所要达成的效果进行明确的要求。这也就是说要明确决策的目标，包括数量和质量方面的目标。目标要尽可能具体，不但要可衡量，而且要可实现。

组织在同一时期的决策目标往往不止一个，经常需要同时实现几个方面的目标，这些目标之间的关系既可能相互联系，又可能相互排斥，这就需要处理好各目标之间的关系。一般来说，各种目标都必须符合这样几个方面的特征：① 可以被计量。② 具有很强的可实现性。③ 可以规定时限。④ 可以明确其责任者。

三、拟订备选方案

决策的本质是对方案的选择。但选择的前提和基础是必须拟订出各种较高质量的能够解决问题或达成一定目标的备选方案。组织在某个特定时期想要解决的中心问题或达成的中心目标可能只有一个，但行动方案却可以有多个。这些可供选择的不同方案之间必须能够相互替代、相互排斥，但不能出现某个方案被其他方案包容的现象。

一般来说，管理者往往会倾向于凭借个人经验及自身掌握的知识与理论提出行动方案。为了保证决策的科学性，管理者必须从多个角度考虑问题，多倾听来自各个方面的声音,动员广大员工及组织内外的专家参与出谋划策,并在条件允许的情况下多拟定几套可行方案。

四、评估并选定方案

要评选方案,必须了解各种不同方案的内在优劣性。这需要综合利用管理者和相关专家们的知识、经验和智慧。一般而言,需要了解的内容有:实施方案需要具备哪些条件,这些条件是否可得,为取得这些条件需要付出多大成本;方案在未来实施后能给组织带来多大的短期收益和中长期收益;方案在实施过程中可能会遇到何种风险,失败的可能性有多大;等等。

经过评估比较后,不但要产生综合优势比较明显的方案,而且对于较重大的决策而言,还要准备好备选方案。备选方案是决策者因预料到未来环境有发生较剧烈变化的可能而届时用于应对的措施。

五、制定实施战略

战略是为解决问题或达成目标而选取的总体手段和途径。决策选定的方案要得到顺利的实施,必须有一个科学的战略作为保证。决策的实施过程中至少应做好这样两方面工作:一方面,采用目标管理方法,将总目标层层分解为各个责任部门乃至岗位的分目标;另一方面,确保所有责任部门及岗位的有关人员能彻底理解方案实施的意义、具体目标及其详细步骤。

六、评估与检查

重大决策的实施过程往往要经历一段较长的时间。当初的决策无论考虑得多么仔细和周详,总会有疏漏和不当之处。随着决策实施活动的展开,组织的内外部环境都在发生着改变,加上一些不可控因素的作用,使得当初做方案决策时所依据的环境条件可能会与方案执行时的环境条件出入很大。管理者为此要经常地对方案的实施手段进行修正,或者对方案本身进行修改、补充和完善。

因此,在决策的实施过程中,有关职能部门需要定期地根据目标和计划对参与实施的各层次责任部门及岗位履行职责的情况进行评估和检查,并将结果及时反馈给决策者,以便决策者随时掌握实施进度并从中发现问题与偏差。

需要说明的是,并不是所有的决策都需要完整地经历上述各个步骤。但在理论上,重大的决策遵循这样的程序,可能会避免严重差错的发生,得出的方案能够做到更科学和严谨。

第四节 决 策 方 法

一、集体决策方法

集体决策方法属于定性决策。它主要借助专家们所掌握的理论知识、实践经验与智慧胆识,通过调动人的积极性与创造性对所面临的问题进行分析和研究,在此基础上做出决策。在进行非规范化问题的决策时,经常运用此类方法。但因为主要凭借专家个人经验、智慧进行决策,所以有时带有较大的主观性。

(一) 头脑风暴法

头脑风暴法是一种较常采用的定性决策方法,也是一种典型的集体决策方法。它便于参与者们发表创造性意见,因此,常被用来收集新设想。这种方法通常是将对解决某一问题有兴趣的人召集在一起,在完全不受约束的条件下敞开思路,畅所欲言。该方法的创始人是英国心理学家奥斯本,他为该决策方法的实施提出了四项原则:① 对别人的建议不做任何的评价,并将相互之间的讨论限制在最小的限度内。② 有关的建议越多越好,在此过程中,参与者无须考虑自己建议的质量,想到什么就应该说出来。③ 鼓励每个参与者独立思考,广开思路,想法越新颖奇异越好。④ 可以补充和完善已提出的建议以使之更有说服力。

采用头脑风暴法的目的是为了创造出一种畅所欲言、自由思考的氛围,从而诱发创造性思维的共振和连锁反应,产生更多的创造性思维。此种方法的实施时间每次应安排在 1～2 小时之内为宜,参与者一般为 5～6 人。

(二) 名义小组法

名义小组法是针对要解决的问题,选择一些有一定专业知识经验的人,将问题的主要内容告诉他们,请他们独立思考后写下自己的方案和意见。然后让他们按次序陈述自己的意见和看法并对方案做解释。小组成员在听取每个人的陈述后对所有方案进行投票,票数最集中的方案即为选定的方案。整个过程中小组成员相互之间不进行讨论、交流,所以,这种小组只是名义上的。

名义小组法适用于那种对所要解决问题的性质了解不透彻,且意见存在较大分歧的情况。

(三) 德尔菲法

德尔菲法是由美国兰德公司提出的,又称为专家意见法。它的具体做法是:首先取得有关专家的理解与合作,将所要解决的问题告诉各位专家,请他们各自在分析研究的基础上单独提出意见。在对收集起来的意见进行分析、归纳和综合后,再将具有代表性的综合意见返回给各位专家,请他们再次分析并发表意见。如果遇到所提意见中有相互之间差别很大的情况,则可以把提供这些意见的专家们召集起来进行集中讨论,以形成较一致的综合性意见。如此反复多次,直到得出令人满意的决策方案。

使用德尔菲法的手续较繁杂,且耗费时间和费用较大,对参与专家的要求也较高。但其运用范围较广,很多领域如社会、经济、技术方面的决策都可以运用此种方法。

二、选择发展方向的决策方法

在业务种类较多的企业,管理者在必要时需进行一个全方位的系统分析,以确定今后一段时期应把哪些业务作为重点发展方向,哪些业务只能进行一般性的维持,哪些业务需要逐步地放弃。这种决策的结果将作为资源分配的主要参考依据。常用的决策方法有经营单位组合分析法和政策指导矩阵等。

（一）经营单位组合分析法

这种方法由美国波士顿咨询公司创立,又被称为波士顿矩阵分析法。其基本思想是:大部分企业都有两个以上的经营单位,每个经营单位都有相互区别的产品——市场片,企业应该为每个经营单位确定其发展方向。

该方法主张,在确定每个经营单位的发展方向时,应综合考虑该经营单位在市场上的相对竞争地位和业务增长情况。相对竞争地位往往体现在企业的市场占有率上,因为它决定了企业获取现金的能力和速度。较高的市场占有率一般意味着能带来较高的销售量和销售利润,并产生较多的现金流量。

业务增长率对发展方向的选择一般有两方面的影响:第一,它有利于市场占有率的扩大,因为在稳定的行业中,企业产品销售量的增加往往来自竞争对手市场份额的下降。第二,它决定着投资机会的大小,因为业务增长迅速可以使企业迅速收回投资,并取得可观的投资报酬。

根据相对竞争地位和业务增长率这两个标准,可以把企业的经营单位区分成四大类型(见图 3-1)。企业应根据各类经营单位的特征,选择合适的发展方向。

"金牛"经营单位的特征是市场占有率较高,而业务增长率较低。较高的市场占有率能为企业带来较多的利润和现金,而较低的业务增长率所需要的投资较少。"金牛"经营单位所产生的大量现金可以用来满足企业的经营需要。

"明星"经营单位的市场占有率和业务增长率都较高,因而所需要的和所产生的现金都很多。"明星"经营单位代表着最高利润增长率和最佳投资机会,因此企业应重点保证其经营所需的资金,扩大它的产销规模。

"幼童"经营单位的业务增长率较高,但目前的市场占有率还比较低,这可能是企业刚刚开发的很有前途的领域。由于高增长需要大量投资,而较低的市场占有

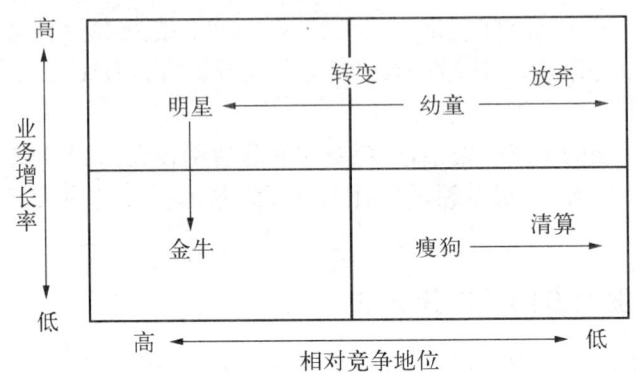

图 3-1 企业经营单位组合分析示意图

率只能提供少量的现金,企业面临的选择是投入必要的资金,以提高市场份额,扩大销售量,使其转变为"明星"类的单位;或者如果认为刚刚开发的领域不能转变成"明星"类单位,则应及时放弃该领域。

"瘦狗"经营单位的特征是市场份额和业务增长率都较低。由于市场份额和销售量都较低,甚至可能出现负增长,因此其只能带来较少的现金和利润,而维持生产能力和竞争地位所需的资金甚至可能超过其所提供的现金,从而可能成为资金的陷阱。因此,对这种不景气的经营单位,企业应采取收缩或放弃的战略。

经营单位组合分析法的步骤一般为:① 将企业分成不同的经营单位。② 计算各经营单位的(相对)市场占有率和业务增长率。③ 根据其在企业中占有资产的比例来衡量各个经营单位的相对规模。④ 绘制企业的经营单位组合图。⑤ 根据各经营单位在图中的位置,确定应选择的活动方向。

经营单位组合分析法的最大优点在于:可将获利较多而潜在增长率不高的经营单位产生的利润投向那些增长率和潜在获利能力都较高的经营单位,从而使资金在企业内部得到有效利用。

(二)政策指导矩阵

该种方法最早由荷兰皇家壳牌公司创立。所谓政策指导矩阵,是指用矩阵来指导组织决策。政策指导矩阵主要是使用市场前景和相对竞争能力两项综合指标来评判分析企业各个经营单位的现状和特征,并把它们标示在矩阵上,据此指导企业业务发展方向的选择。市场前景取决于盈利能力、市场增长率、市场质量和法规限制等因素,分为吸引力强、中等、弱三个档次。相对竞争能力取决于经营单位在市场上的地位、生产规模、产品研发等因素,也分为强、中、弱三个档次。根据对市场前景和相对竞争能力两大方面情况的评判划分,可把企业的经营单位分成九个类型(见图 3-2 所示)。

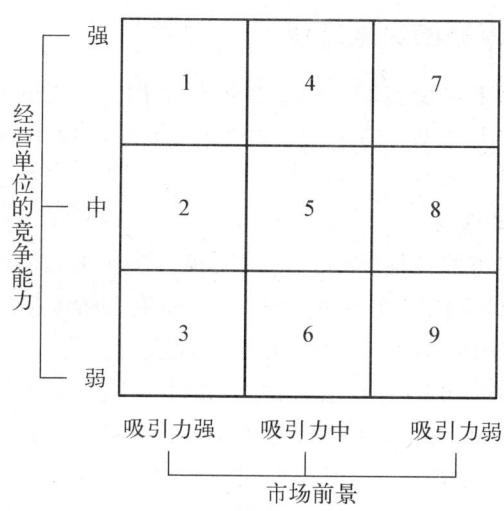

图 3-2 政策指导矩阵示意图

管理者可根据经营单位在矩阵中所处的位置来选择企业的活动方向。

位于区域 1 和区域 4 的经营单位竞争能力较强,市场前景也较好。应优先发展这些经营单位,确保它们获取足够的资源,以维持自身的有利市场地位。

位于区域 2 的经营单位虽然市场前景较好,但竞争能力不够强,可能是企业利用不够,或者没有给予足够的重视,应分配给这些经营单位更多的资源以提高其竞争能力。

位于区域 3 的经营单位市场前景虽好,但竞争能力很弱。要根据不同的情况来区别对待这些经营单位:最有前途的应得到迅速发展,其余的则需逐步淘汰,这是因为企业掌握的资源是有限的。

位于区域 5 的经营单位一般在市场上面临着几个强有力对手的竞争,应分配给这些经营单位足够的资源以使它们随着市场的发展而发展。

位于区域 6 和区域 8 的经营单位市场吸引力不强且竞争能力较弱,或虽有一定的竞争能力但市场吸引力较弱,应逐渐放弃这些经营单位,以便把收回的资金投入到盈利能力更强的经营单位。

位于区域 7 的经营单位竞争能力较强但市场前景不容乐观。这些经营单位本身不应得到发展,但可利用它们的较强竞争能力为其他快速发展的经营单位提供资金支持。

位于区域 9 的经营单位市场前景暗淡且竞争能力较弱,应尽快放弃这些经营单位,把资金抽出来以提供给更有利的经营单位。

三、选择活动方案的决策方法

这类决策方法属于定量决策。根据决策所依据条件的可控程度,一般可把此类决策方法区分为三大类型:确定型决策方法、风险型决策方法及不确定型决策方法。

（一）确定型决策方法

这是一种在稳定可控条件下所进行的决策。决策时,决策者对未来的认识较充分,能较清楚地估计未来市场的发展状况,从而决策所依据的各种条件都是很明确的,每种方案在未来的执行结果可以较准确地进行预测。

进行确定型决策时可用的方法有很多,如本量利分析法（又称盈亏平衡分析法）、内部投资回收率分析法、线性规划法等,这里我们主要介绍本量利分析法。它是通过对企业产销量、生产成本、销售利润三者之间关系的分析,并以此为基础选择适当的经营方案。

在本量利分析法中,为了方便分析,我们将产品的生产成本分为两部分:固定成本和可变成本。

在这里,我们假设企业利润是销售收入和扣除生产成本以后的剩余部分,同时假设企业的产量正好等于销量。那么,企业要获得利润,其前提是生产过程的各项耗费都能得到补偿,也即销售收入至少应等于生产成本。用公式来表示,即:

$$pQ = F + vQ$$

其中,p 表示产品销售单价;Q 表示产（销）量;F 表示固定成本总额;v 表示单位可变成本。此时,企业该种产品的产量（销量）称为保本产量（销量）,企业取得的收入称为保本收入。企业可以在产品价格、固定成本总额和单位可变成本已定的条件下,确定产品的产销量至少应该达到多少数量才能使总收入与总成本达到平衡。即:

$$Q = F/(p - v) = F/c$$

其中,$p - v$ 是产品单价与单位可变成本之间的差额,称单位边际贡献,用 c 来表示;Q 在此时也可称为盈亏平衡点产（销）量。如上式等号两边同时乘以 p,则可以得出盈亏平衡时的销售额:

$$S = F/(1 - v/p)$$

其中,S 表示盈亏平衡时的销售额;$1 - v/p$ 称为边际贡献率,它表示每单位销售收入可以帮助企业弥补固定费用开支从而实现利润的系数。边际贡献或边际贡献率如果大于零,则表示企业生产或销售这种产品除了可以将可变成本收回外,还有一部分剩余收入可以用于弥补已经开支掉的固定费用。因此,在企业能够实现总体盈利的前提下,某些产品的定价即使低于成本,但只要能够大于可变成本,生产这些产品还是有一定意义的。

如果企业设定了目标利润,则通过如下公式可求得目标利润下的产(销)量。

设目标利润为 R,则:

$$pQ = F + vQ + R$$

目标利润下的产销量:

$$Q = (F + R)/(p - v) = (F + R)/c$$

目标利润下的产(销)量与盈亏平衡时的保本产(销)量之间的差额称为安全边际。

图 3-3 描述了一定条件下企业的销售收入(产(销)量与单价的乘积)、成本(可变成本与固定成本)、利润之间的关系。

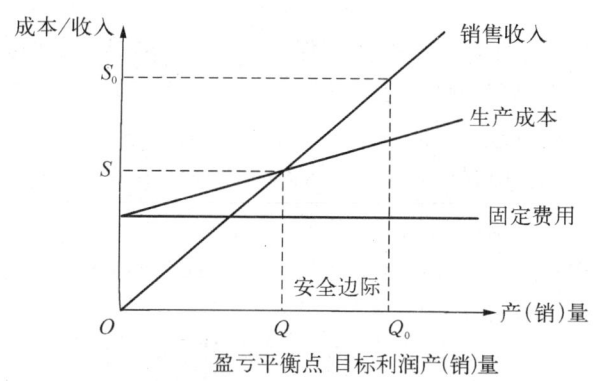

图 3-3 本量利分析示意图

[例 3-1] 某企业生产某种产品的固定成本总额为 30 000 元,单位可变成本为 3 元/件,该产品的单价为 8 元/件。如果某方案带来的产量为 8 000 件,问该方案是否可取?

解:以下分别用图解法和方程式法来解例题:

(1)图解法。根据题意,固定成本总额 $F = 30\ 000$,总成本方程 $C = 30\ 000 + 3Q$,销售收入方程为 $S = 8Q$。根据方程式,可以绘制出固定成本总额曲线、总成本曲线和销售收入曲线,得出本量利分析图,如图 3-4 所示。

由图 3-4 可知,方案所带来产量(8 000 件)大于盈亏平衡时的保本产量(6 000 件),因此该方案可行。

(2)方程式法。根据题意,可列方程求出保本产量:

$$pQ = F + vQ$$

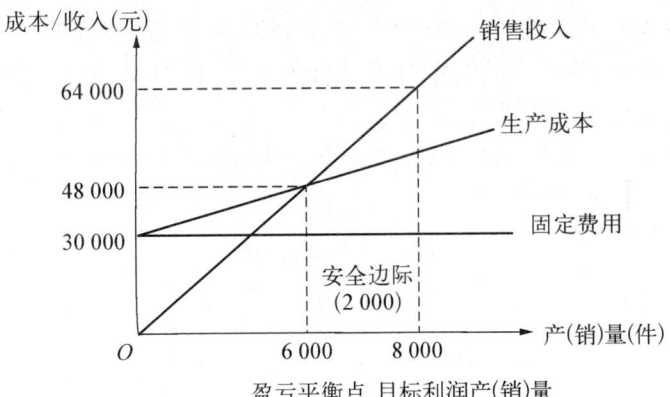

图 3-4　本量利分析示意图

即：
$$8Q = 30\,000 + 3Q$$
$$Q = 6\,000（件）$$

因为方案带来产量为 8 000 件，大于保本产量 6 000 件，因此可知该方案可行。此时可进一步求出方案带来的利润：
$$pQ = F + vQ + R$$
$$R = pQ - vQ - F = 8 \times 8\,000 - 3 \times 8\,000 - 30\,000 = 10\,000（元）$$

（二）风险型决策方法

风险型决策主要用于人们对未来的情况有一定程度的了解和认识，但是又不能确切地把握情况。此时，方案在未来执行中可能有几种自然状态出现。决策者不知道哪种自然状态会出现，但能了解到共有几种可能的自然状态，并且可根据已掌握的资料推断各种自然状态出现的概率。比较常用的风险型决策方法是决策树法。以下通过举例来说明决策树的原理及其应用。

[**例 3-2**]　B 企业为了扩大某产品的生产，拟建设新厂。据市场预测，产品销路好的概率为 0.6，销路差的概率为 0.4。有三种方案可供选择：

方案 1，新建大厂，需投资 450 万元。据预测，销路好时，每年可获利 150 万元；销路差时，每年亏损 40 万元。服务期为 10 年。

方案 2，新建小厂，需投资 200 万元。销路好时，每年可获利 65 万元；销路差时，每年仍可获利 40 万元。服务期为 10 年。

方案 3，先建小厂，2 年后销路好时再扩建，需追加投资 300 万元，服务期为 8 年，预计每年获利 115 万元。

如果不考虑货币的时间价值，B 企业应该采用哪种投资方案？

先画出该决策问题的决策树，如图 3-5 所示。

图 3-5 中，矩形节点称为决策点；由决策点引出的若干条直线称为方案分枝，

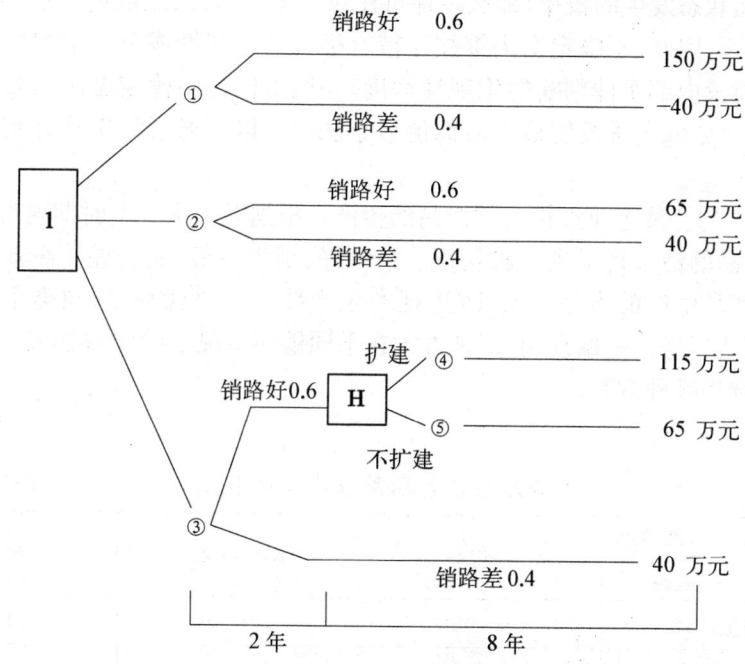

图 3-5　多阶段决策的决策树示意图

表示决策时可以采取的不同方案;圆形节点①、②、③称自然状态点;从自然状态点引出的若干条直线表示方案在未来执行时可能遇到的各种自然状态,称为状态分枝或概率分枝。本图中自然状态有两种,分别是销路好和销路差两种情况。状态枝上(下)面的数字表示该种自然状态出现的概率,状态枝右端的数字表示方案在该种自然状态下取得的收益(损失)。根据这些已知条件可以得出各种方案的期望收益。

　　方案 1(节点①)的期望收益为:$[0.6 \times 150 + 0.4 \times (-40)] \times 10 - 450 = 290$(万元)。

　　方案 2(节点②)的期望收益为:$(0.6 \times 65 + 0.4 \times 40) \times 10 - 200 = 350$(万元)。

　　方案 3 中,由于节点④的期望受益 620 万元($115 \times 8 - 300$)大于节点⑤的期望收益 520 万元(65×8),所以销路好时,扩建比不扩建好。方案 3(节点③)的期望收益为:$(0.6 \times 65 \times 2 + 0.6 \times 620 + 0.4 \times 40 \times 10) - 200 = 410$(万元)。

　　因此,在三种方案中,方案 3 最好。

　　(三)不确定型决策方法

　　当决策者对未来的自然状态不能做出明确的估计,即不知道未来可能出现的情况有多少种,或者虽然能了解到未来可能出现的自然状态的数量,但却无法预测到这些自然状态发生的概率,那么在评价比较方案时,就只能依据主观选择的一些原则来进行。因此,不确定型决策往往带有很大的主观性成分。根据决策者对组织外部环境及内部条件判断的乐观性程度,一般可以把不确定型决策方法分为大中取大法,小中取大法及使最大后悔值最小法等。以下通过举例来分别介绍这些方法。

[例3-3]　某企业拟扩大某产品的生产。根据对未来一定时期内市场情况的预测,该产品的销售将呈现三种情况:销售好、销售一般、销售差。企业现提出三种扩大该产品生产的方案:A. 改进现有生产线。B. 收购一家同类小型专业企业。C. 新建厂房。根据预测,每种方案在不同销售情况下的收益如表3-1所示。问企业应选择哪种方案。

表3-1

各方案在各自然状态下的收益

单位:万元

方案 ＼ 自然状态　收益	销售好	销售一般	销售差
A. 改进生产线	1 000	600	100
B. 收购小企业	1 500	900	−100
C. 新建厂房	2 000	800	−450

1. 大中取大法

如果决策者比较乐观,认为未来一定时期将会出现最好的自然状态,各种方案都可能会取得该方案的最大收益,那么决策时就可采用该方法。此时首先应该找出每种方案在各自然状态下的最大收益值,即方案在最好自然状态下的收益,然后将每种方案的最大收益值进行比较,选出在最好自然状态下能带来最大收益的方案作为最终执行方案。这种方法也称为"最大最大收益值法"。

例题中,销路好的情况下,经比较得知,C方案的最大收益值最大,所以选择C方案。

2. 小中取大法

如果决策者比较悲观,认为未来一定时期将会出现最差自然状态,各种方案就只能取得该方案的最小收益值,那么决策时可采用该方法。此时,首先应找出每种方案在各自然状态下的最小收益值,即方案在最差自然状态下的收益,然后将每种方案的最小收益值进行比较,选择在最差自然状态下仍能带来最大收益(或最小损失)的方案作为最终执行方案。这种方法也称为"最小最大收益值法"。

在[例3-3]中,销路差的情况下,经过比较得知,A方案的最小收益最大,所以选择 A 方案。

3. 使最大后悔值最小法

决策者在做出决策选定了某个方案并实施以后,如果将来发生的情况表明采用别的方案可能会取得更大的收益,那么决策者将会为此而后悔,因为企业遭受了机会损失。使最大后悔值最小法就是力图让后悔值尽可能小的方法。采用该方法时,首先应计算每种方案在各自然状态下的后悔值(某方案在某自然状态下的后悔值=该自然状态下各方案的最大收益值－该方案在该自然状态下的收益),然后找出每种方案的最大后悔值,将每种方案的最大后悔值进行比较,选择最大后悔值最小的方案作为最终执行方案。

在[例3-3]中,在销售好的情况下,C 方案(新建厂房)的收益值最大,为2 000万元。如果未来市场果真是出现销路好的状况,而决策者也正好选择了这一方案,则他(她)就不会后悔,也即后悔值为0。如果决策者选择的不是 C 方案,而是其他的方案,那他(她)就会产生后悔(因为后悔没有选择 C 方案)。如果决策者选择的是 B 方案(收购小企业),该方案在销路好的情况下能带来1 500万元收益,那么会比 C 方案少带来500万元收益,此时后悔值为500万元。每种方案的后悔值计算如表3-2所示。

表3-2

各方案在各自然状态下的后悔值

单位: 万元

自然状态 方案　　后悔值	销售好	销售一般	销售差
A 改进生产线	1 000	300	0
B 收购小企业	500	0	200
C 新建厂房	0	100	550

从表3-2中可以看出,A 方案的最大后悔值为1 000万元,B 方案的最大后悔值为500万元,C 方案的最大后悔值为550万元,则经比较可看出,B 方案的最大后悔值最小,所以,应该选择 B 方案作为最终执行方案。

知 识 测 试

一、概念辨析

决策　长期战略决策　战术决策　程序化决策　确定型决策　风险型决策

二、即问即答

1. 为什么决策不能做到最优?

2. 决策过程中一般包含哪些步骤？

3. 头脑风暴法的实施原则有哪些？

三、计算分析

某企业生产某种产品的总固定成本为 120 000 元，单位变动成本为每件 3 元，产品价格为每件 6 元。假设实施某方案带来的产量为 42 000 件，请判断该方案是否可取（画出本量利分析图）？

技 能 训 练

『训练目标』

◇ 掌握决策的基本原则

◇ 培养分析问题、发现问题和解决问题的能力

◇ 掌握决策的基本方法

一、管理定律应用

"羊群效应"理论

"羊群效应"是指管理学上一些企业市场行为中常见的一种现象。经济学里经常用"羊群效应"来描述经济个体的从众跟风心理。羊群是一种很散乱的组织，平时在一起也是盲目地左冲右撞，但一旦有一只头羊动起来，其他的羊也会不假思索地一哄而上，全然不顾前面可能有狼或者不远处有更好的草。因此，"羊群效应"就是比喻人都有一种从众心理，从众心理很容易导致盲从，而盲从往往会陷入骗局或遭到失败。

"羊群效应"的出现一般在一个竞争非常激烈的行业，而且这个行业中有一个领先者（"领头羊"）占据了主要的地位，那么整个"羊群"就会不断模仿这个"领头羊"的一举一动，"领头羊"到哪里去吃草，其他的"羊"也去哪里吃草。

［举例］　　　　　　　股市中的"羊群效应"

在资本市场上，"羊群效应"是指在一个投资群体中，单个投资者总是根据其他同类投资者的行动而行动，在他人买入时买入，在他人卖出时卖出。导致出现"羊群效应"还有其他一些因素，比如，一些投资者可能会认为同一群体中的其他人更具有信息优势。"羊群效应"也可能由系统机制引发。例如，当资产价格突然下跌造成亏损时，为了满足追加保证金的要求或者遵守交易规则的限制，一些投资者不得不将其持有的股票割仓卖出。

在目前投资股票积极性大增的情况下，个人投资者能量迅速积聚，极易形成趋同性的"羊群效应"，追涨时信心百倍蜂拥而至，大盘跳水时，恐慌心理也开始发生连锁反应，纷纷恐慌出逃，这样跳水时量能放大也属正常，只是在这时容易将股票

杀到地板价上。

这就是为什么牛市中慢涨快跌，而杀跌又往往一次到位的根本原因。但我们需牢记，一般情况下急速杀跌并不是出局的时候。

［点评］ 盲目的从众心理可能会导致投资的失误。

二、管理案例分析

昙花一现的协和超音速飞机

20世纪60年代初，以波音707为代表的美国民航客机称雄于世界航空界，法国总统戴高乐不甘心民航的天空变为美国"殖民地"，为显示欧洲的独立性，极力促成英国、法国合作研究超音速民航飞机；而英国也愿意和法国合作，希望借此牵制法国，束缚它的政治野心；而且，当时普遍认为建造超音速民航飞机是航空技术发展的下一个必然步骤。于是，1962年11月29日，在法国总统戴高乐和英国首相麦克米伦提议下，英、法两国正式签署了共同研制超音速民航飞机的历史性政府协议，决心向当时被誉为"空中皇后"的波音707发起挑战，戴高乐亲自将这一研制计划命名为"协和"。

在英、法方面的努力下，法国组装的第一架协和001飞机于1967年12月11日出厂，并在1969年3月2日实现了首次试飞，英国组装的第一架协和002飞机也于1969年4月9日首飞。随后，共有18家航空公司承诺订购77架协和客机。当时，协和客机风光了好一阵子，英、法两国雄心勃勃，计划制造1 370架协和客机，但这一设想很快就由于协和客机的三大弱点而破灭。实际上，协和客机一共只生产了20架。

协和客机的三大弱点是：第一，经济性差。由于耗油率过高，载客量偏小，成本高，其票价非常昂贵，大多数乘客望而却步。第二，航程短。协和客机的最大航程仅为5 110千米，只能勉强飞越大西洋，这一航程无法发挥超音速飞机的优势。特别是在太平洋航线上，协和客机难以发挥作用。第三，噪声污染严重。协和客机由于音爆水平高，所以被限制不得在大陆上空进行超音速飞行，这可以说是协和客机商业失败的关键性因素。

1976年1月21日，协和客机首次投入商业飞行。协和客机的优点是快速、豪华、舒适，能以2倍音速跨越大西洋，因此一直是欧美"尊贵人士"出行互访时的绝对宠儿。不过，由于协和客机的三大弱点，英、法两国航空公司在协和客机的运营上，每年要亏损4 000万～5 000万美元。但是，协和客机是唯一投入商业飞行的超音速客机，被两国航空界当做自己的骄傲，且拥有出色的安全纪录，被称为世界上最安全、最快速的飞机，维持其运行意义重大。因此，依靠两国政府补贴，英航和法航也就一直努力维持着其飞行。

2000年7月25日，法国航空公司一架协和客机从巴黎戴高乐机场起飞后失事坠毁,除机上 109 人全部遇难外,同时还造成地面上 4 人死亡,令人为之痛惜。协和客机从未发生灾难性事故的神话破灭。

这次空难后,协和客机的维修费用大幅度升高,使运营入不敷出。2003 年 4 月 10 日,法国航空公司和英国航空公司同时宣布,由于经营原因,双方已决定从当年 11 月 1 日起彻底停止所有协和客机的商业飞行。

2003 年 10 月 24 日,下午 4 时零 2 分到 4 时零 6 分,短短 4 分钟内,英航的 3 架协和客机满载着名人和工作人员接连在伦敦希思罗机场降落,结束了自己的使命。正如英国航空公司的首席执行官罗德·埃丁顿所说:"这是幻想时代的结束。"这款曾在世界航空界显赫一时的飞机,走完了它 27 年的光辉历程。

[分析问题]

1. 案例中出现了几次重大决策?

2. 这几次决策是否都正确?请结合所学的决策理论进行分析。

[分析思路]

1. 案例中的重大决策有:一是英、法合作共同研制超音速民航客机;二是英航和法航依靠两国政府补贴,努力维持协和飞机的飞行;三是英航和法航彻底终止协和飞机的飞行。

2. 第一次决策有较大失误,违背了信息原则、预测原则;第二次决策基本正确,符合满意原则;第二次决策基本正确,符合系统原则、反馈原则、比较优选原则。

[实施建议]

(1)教师在讲述完决策理论后安排此案例,并将训练目地和要求清楚地传达给学生。

(2)分组讨论,课下认真准备,课堂讨论,时间限制在 20 分钟内。

(3)由小组抽签决定各小组出场次序。

(4)其他小组给出评价成绩,由教师对评价成绩综合后给出最后成绩。

三、管理技能训练

[训练项目] 为什么报考研究生?

[训练内容] 改革开放以来,我国高等教育事业获得长足发展,已经初步形成了适应国民经济建设和社会发展需要的多种层次、多种形式、学科门类基本齐全的社会主义高等教育体系,为社会主义现代化建设培养了大批高级专门人才。2010 年,全国各类高等教育总规模达到 3 105 万人,高等教育毛入学率达到 26.5%。全国共有普通高等学校和成人高等学校 2 723 所,其中,普通高等学校 2 358 所(含独立学院 323 所),普通高校中本科院校 1 112 所,全国共有培养研究生单位 797 个。2010 年,高等教育招生数和在校生规模持续增加,当年全国招收研究生 53.82 万人,本专科共招生 661.76 万人。高等教育,作为教育的重要组成部分,对中国教育

事业的发展具有重要的作用。

问题：

在目前这样一种环境下,联系你所学习的高校的地位,以及近几年本专业的就业情况,探讨你是否应该做出继续报考研究生的决策?

[**训练要领**]　根据学生的意愿,将学生分为两组:一组是准备考研的,一组是不准备考研的,两组各派出 4 名代表,进行现场辩论,其他学生和老师可以做评委,分析哪方理由更充分? 老师应该对学生加以正确的引导。

第四章　计划与目标管理

 本章网络结构图

```
                                      ┌──────────────┐
                               ┌─────▶│  计划的概念   │
                               │      └──────────────┘
                               │      ┌──────────────┐
                    ┌───────────────┐ │─▶│  计划的性质   │
                 ┌─▶│ 计划的概念及其作用├─┤  └──────────────┘
                 │  └───────────────┘ │  ┌──────────────┐
                 │                    │─▶│  计划的内容   │
                 │                    │  └──────────────┘
                 │                    │  ┌──────────────┐
                 │                    └─▶│  计划的作用   │
                 │                       └──────────────┘
                 │                       ┌──────────────┐
                 │  ┌───────────┐     ┌─▶│  计划类型     │
                 ├─▶│  计划的种类 ├─────┤  └──────────────┘
                 │  └───────────┘     │  ┌────────────────────┐
                 │                    └─▶│ 影响计划有效性的权变因素│
  ┌─────┐        │                       └────────────────────┘
  │ 计  │        │  ┌───────────────┐  ┌──────────────┐
  │ 划  │        ├─▶│ 计划的体系和编制 ├─▶│  计划的体系   │
  │ 与  │        │  └───────────────┘  └──────────────┘
  │ 目  ├────────┤                    └─▶│  计划的编制   │
  │ 标  │        │                       └──────────────┘
  │ 管  │        │                       ┌──────────────┐
  │ 理  │        │  ┌───────────────┐ ┌─▶│  滚动计划法   │
  └─────┘        ├─▶│ 计划编制的方法  ├─┤  └──────────────┘
                 │  └───────────────┘ │─▶│  网络计划法   │
                 │                    │  └──────────────┘
                 │                    └─▶│  投入产出法   │
                 │                       └──────────────┘
                 │                       ┌──────────────┐
                 │                    ┌─▶│ 目标管理的由来 │
                 │                    │  └──────────────┘
                 │                    │  ┌────────────────┐
                 │                    │─▶│ 目标管理的概念及特点│
                 │  ┌───────────┐     │  └────────────────┘
                 └─▶│  目标管理   ├─────┤  ┌────────────────┐
                    └───────────┘     │─▶│ 目标管理的实施步骤 │
                                      │  └────────────────┘
                                      │  ┌────────────────┐
                                      │─▶│ 对目标管理的评价 │
                                      │  └────────────────┘
                                      │  ┌──────────────────┐
                                      └─▶│ 目标管理推行的注意事项│
                                         └──────────────────┘
```

本章学习目的

☆ 了解计划的概念、性质及作用
☆ 掌握计划的种类
☆ 了解影响计划有效性的权变因素
☆ 掌握计划的编制过程与方法
☆ 掌握目标管理的概念、特点、步骤及优缺点

【引导案例】　　　　　　　保险销售员的故事

有个同学举手问老师："老师,我的目标是想在1年内赚100万元！请问我应该如何计划我的目标呢？"

老师便问他："你相不相信你能达成？"他说："我相信！"老师又问："那你知不知道要通过哪个行业来达成？"他说："我现在从事保险行业。"老师接着又问他："你认为保险业能不能帮你达成这个目标？"他说："只要我努力,就一定能达成。"

"我们来看看,你要为自己的目标做出多大的努力,根据我们的提成比例,100万元的佣金大概要做300万元的业绩。1年：300万元业绩。1个月：25万元业绩。每一天：8 300元业绩。"老师说。"每一天：8 300元业绩。大概要拜访多少客户？"老师接着问他,"大概要50个人。","那么1天要50人,1个月要1 500人;1年呢？就需要拜访18 000个客户。"

这时老师又问他："请问你现在有没有18 000个A类客户？"他说没有。"如果没有的话,就要靠陌生拜访。你平均一个人要谈上多长时间呢？"他说："至少20分钟。"老实说："每个人要谈20分钟,一天要谈50个人,也就是说你每天要花16多个小时在与客户交谈上,还不算路途时间。请问你能不能做到？"他说："不能。老师,我懂了。这个目标不是凭空想象的,是需要凭着一个能达成的计划而定的。"

组织存在于社会之中,并为社会从事某种具体的活动。在从事这些活动之前,组织必须首先对活动的方向和方式进行决策,而后组织实施。在组织管理中,计划工作具有承上启下的作用。一方面,计划工作是决策的逻辑延续,为决策所选择的目标活动提供了实施保证;另一方面,计划工作又是组织、领导、控制和创新等管理活动的基础,是组织内不同部门、不同成员行动的依据。计划受哪些因素的影响？如何有效地编制计划？本章将就此展开研究。

第一节 计划的概念及其作用

计划是与其他管理职能有密切的关系中最基本的职能。通过确定组织的运行目标,指明实现这些目标的途径,使各种活动能够有节奏地进行,以达到组织预定的目标。有效的计划不仅为组织指明了发展的目标和方向,统一了组织的思想。同时也为组织制订行动步骤提供了衡量的基点。可以说,离开了计划,其他管理职能就无法行使。

凡事预则立,预则废。

——《礼记·中庸》

人们不会计划去失败,但没有计划却可能导致失败。

——马克·迈克科马克

一、计划的概念

计划就是制订组织目标并设计实现该目标的行动方案。计划的概念包括以下几个方面:首先,计划涉及目标。没有目标,组织及其成员就不知道行动的方向和成果,就没有行动的动力。没有目标,就无法制订实施方案。其次,计划是行动的依据。有了计划,各部门就有了各个时期的工作任务和工作重点。再次,计划是为未来制订的。由于未来具有不确定性,因此,计划是以预测为基础,预测准确与否决定着计划的成败。最后,计划是设计的产物。计划离不开计划者的思考、创新和决策行为。因此,计划制订者的能力和素质决定着计划的质量。

计划的概念有广义和狭义之分。

广义的计划包括制订计划、执行计划和检查计划的执行情况。检查计划的执行情况实际上又属于管理的控制职能。计划为控制提供了标准,没有计划,控制就失去了依据。因此,计划和控制就像剪刀的双刃,必须同时使用才能达到有效管理的目的。狭义的计划就是制订计划。即:通过一定的科学方法,确定组织的目标和为了达到决策目标而提出实现目标的安排。

二、计划的性质

计划是管理的基本职能之一,具有首要性、目的性、普遍性、效率性等特性。

（一）首要性

计划的首要性表明计划位于其他管理职能的首位。首先,组织中所有管理活动的开展要明确管理目标,而目标的确定恰恰是计划工作的首要任务。其次,管理的其他职能的执行都离不开计划。组织结构设计和组织权责的划分以实现组织目标为目的,以计划为主要依据,领导也是依据计划对员工进行引导。因此,计划具有首要性。

（二）目的性

任何组织或个人制订的各种计划都是为了促进组织的总目标和一定时期目标的实现。计划充分体现管理的目的性。通过战略、长期、中期、短期计划实现组织的不同阶段、不同层次的目标。

（三）普遍性

实际的计划工作涉及组织或企业中的每一位管理者及员工,上至高层管理者,下至基层管理者及员工。一个组织的总目标确定后,各级管理人员为了实现组织目标,使本层次的组织工作得以顺利进行,都需要制订相应的分目标和分计划。这些具有不同广度和深度的计划有机地结合在一起,便形成了一个多层次的计划系统。

（四）效率性

任何计划都有计划期的限制,也有实施计划时机的选择。计划的效率性有时效性和经济性两个方面。计划的时效性表现在计划的制订必须在计划期开始之前完成,以及慎重选择计划期的开始时间和截止时间。计划的经济性是指组织计划应该以最小的资源投入获得尽可能多的产出。

三、计划的内容

通常我们把计划的内容可以概括为六个方面,包括"5W1H",即计划必须清楚地确定和描述下述内容：

做什么（What）？即明确所进行活动的目标、任务与工作要求。

为什么做（Why）？即确定计划工作的原因和目的。

何时做（When）？即规定计划中各项工作的时间、进度安排。

何地做（Where）？即规定计划的实施地点。

谁去做（Who）？即规定由哪些部门和人员负责实施计划。

怎么做（How）？即制订实现计划的基本方法、途径、战略。

表 4-1 归纳了一项完整的计划应包含的主要内容或要素。

表 4-1

一项完整的计划应包含的要素

要 素	所要回答的问题	内 容
前提	该计划在何种情况下有效	预测、假设、实施条件
目标（任务）	做什么	最终结果、工作要求
目的	为什么要做	理由、意义、积极性
战略	如何做	途径、基本方法、主要战术
责任	谁去做，做好做坏的结果	人选、奖罚措施
时间表	何时做	起止时间、进度安排
范围	涉及哪些部门如何地做	组织层次或地理范围
预算	需投入多少资源	费用、代价
应变措施	实际与前提不符怎么办	最坏情况计划

四、计划的作用

现代组织正处在一个新技术革命不断孕育、发生和发展的时代。变革和经济发展带来了机会，同时也带来了风险。计划工作就是要确定组织长期发展的方向，制订周密的长期计划和行动计划，充分利用机会，最大限度地降低风险，实现组织的目标。

（一）计划是降低风险、掌握主动的手段

未来的环境是不断变化的，组织如果对环境没有预先估计，就可能导致组织行为的失效，给组织带来各种风险。计划作为组织未来活动的一种筹划，必然会对未来的各种情况进行预测，针对各种变化因素制订应对措施，以最合理的方案安排达到目标的系列活动，使组织未来活动的风险大大降低。

（二）计划是管理活动的桥梁，是组织、领导、控制等活动的基础

决策为组织确定了组织存在的方向，计划就是一座桥梁。它给组织提供了通向未来目标的明确道路，促使组织中全体人员的活动方向趋于一致，而形成一种复合的组织行为，以保证达到决策所设定的目标。

　　计划工作就是根据社会需要和组织自身能力,在科学预测未来的基础上确定组织在一定时期内的奋斗目标,通过计划的编制、执行和检查,协调和合理安排组织中各方面的经营和管理活动,有效地利用组织的人力、物力和财力资源,取得最佳的经济效益和社会效益的组织活动过程。

（三）计划是合理配置资源、减少浪费、提高效益的手段

　　计划可以使组织的有限资源得到合理配置,通过各种方案的技术分析,选择最有效的方案,使未来的组织活动均衡发展。计划工作的重要任务就是消除不必要活动所带来的浪费,避免在今后的活动中由于缺乏依据而进行轻率判断所带来的损失。通过计划,还可以使组织成员共同努力合成一种组织效应,提高工作效率,从而带来经济效益。

（四）计划是管理者制定控制标准的依据

　　组织目标是计划的重要内容,也是制定控制标准的主要依据。有了控制标准才能发现偏差并及时纠正,使组织活动不脱离管理者所期望的发展方向。

第二节　计划的种类

一、计划类型

　　由于人类活动的复杂性与多元性,计划的种类也变得十分复杂和多样。人们根据不同的背景,不同的需要编制出各种各样的计划。表4-2列出了按不同方法分类的计划类型。

表4-2

计 划 类 型

分 类 标 准	类　　　　型
时间的跨度	长期计划 中期计划 短期计划
内容的广度	战略计划 行动计划

（续表）

分 类 标 准	类 型
应用的范围	综合计划 部门计划 项目计划
对执行者的约束力	指令性计划 指导性计划
灵活性	应变计划 弹性计划

（一）长期计划、中期计划和短期计划

计划根据时间的跨度，可以分为长期计划、中期计划和短期计划。习惯上把时间跨度在 5 年以上的计划称为长期计划，时间跨度在 1 年以上、5 年之内的计划称为中期计划，时间跨度在 1 年及 1 年以内的计划称为短期计划。

长期计划主要围绕发展方向和如何达到组织的长远目标两方面来制订，要明确提出企业的经营目标、经营方针和经营策略等。长期计划以问题和目标为中心，中、短期计划则以时间为中心，具体说明各计划年应达到的目标和应开展的工作；短期计划比中期计划更为具体和详尽，它主要说明计划期内必须达到的目标，以及具体的工作要求，能够直接指导各项活动的开展。

（二）战略计划和行动计划

计划根据内容的广度，可以分为战略计划和行动计划。战略计划体现了组织在未来一段时间内的总体发展目标和寻求组织在环境中的地位以及实施的途径，具有长远性、全局性和指导性；行动计划是在战略计划所规定的方向、方针、政策框架内，确保战略目标的落实和实现，确保资源的取得与有效运用的具体计划。

（三）综合计划、部门计划和项目计划

计划根据应用的范围，可以分为综合计划、部门计划和项目计划。综合计划涉及的内容是多方面的，它关联整个组织和组织中的许多方面。部门计划是在综合计划的基础上制订的，它的内容比较专一，局限于某一特定部门或职能。项目计划是针对组织的特定活动所做的计划。

（四）指令性计划和指导性计划

计划根据对执行者的约束力，可以分为指令性计划和指导性计划。指令性计划是由上级下达的具有行政约束力的计划，它规定了计划执行单位必须执行的各项任务，其规定的各项指标没有讨价还价的余地；指导性计划是由上级给出一般性的指导原则，具体如何执行具有较大灵活性。

标 杆 管 理

　　计划制订者往往对事情目前的发展方式感到满意,并且过于自信地认为:过去是未来的很好的指标器。而成功的计划制订者必须持挑战现状,不能仅满足于事物原有的状态。标杆管理(benchmarking)就是解决这一问题的一种方法,它可以通过与外部情况的比较来更好地评估企业当前的绩效,从而确定未来的行动方案。标杆管理的目的在于发现其他人或组织在哪些方面做得比较好,然后将这些做法运用到本组织的运营中。

　　(五)应变计划和弹性计划

　　计划根据灵活性,可以分为应变计划和弹性计划。应变计划是指发生偶然事件或未预期事件出现时的计划,一般可以预先制订几种计划,以应付可能出现的各种结果。弹性计划是考虑到计划在执行中可能发生变化的因素而制定的,能适应变化的组织内外环境并有一定弹性的计划。

二、影响计划有效性的权变因素

　　在有些情况下,长期计划可能更重要,而在其他情况下可能正相反。类似地,在有些情况下指导性计划比具体计划更有效,而换一种情况却未必如此。那么决定不同类型计划有效性的因素有哪些呢?

　　(一)组织的层次

　　图4-1表明了组织的管理层次与计划类型之间的一般关系。在大多数情况下,基层管理者的计划活动主要是制订作业计划,当管理者在组织中的等级上升时,他的计划角色就更具战略导向。而对于大型组织的最高管理者,他的计划任务基本上都是战略性的。

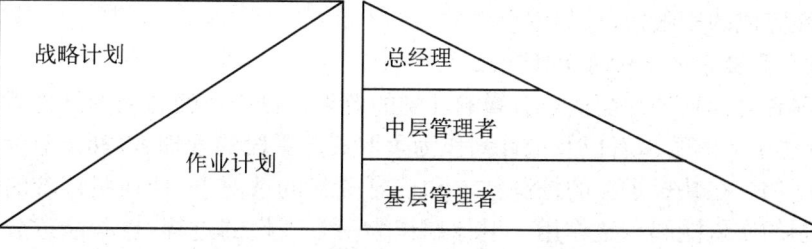

图4-1　组织等级结构中的计划示意图

（二）组织的生命周期

组织要经历一个生命周期(life cycle)，开始于形成阶段，然后是成长阶段、成熟阶段，最后是衰退阶段。如图4-2所示。

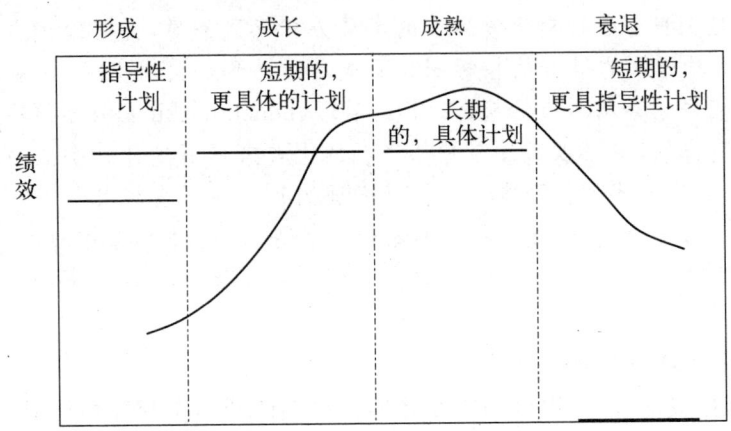

图4-2　计划和组织的生命周期示意图

计划的期限应当与组织的生命周期中所处的阶段相适应。短期计划具有最大的灵活性，故应更多地用于组织的形成期和衰退期；成熟期是一个相对稳定的时期，因此更适合制订长期计划。

（三）环境的不确定性程度

如果组织所处的环境正在发生着迅速的变化，精确规定计划实施路线，会成为组织取得绩效的障碍。变化越大，计划越不需要精确，管理越应当具有灵活性。一般来说，环境的不确定性越大，计划应当是指导性的，计划期限也应越短；反之，在相对稳定的环境中，往往采用指令性计划，计划的期限可以相对加大。

（四）未来许诺的期限

由于计划工作要求现在为不确定的将来做出承诺，要完成计划就是要完成承诺。因此承诺的大小就与计划的期限，即未来许诺的期限有关。这就是说，计划的期限应延伸到足够远，以便在此期限中，能够实现当前的许诺。如果计划的期限比其许诺能完成的期限短，计划就会失败。

（五）管理者对计划的态度和经验

管理者对计划的片面认识会影响计划的效果。过于依赖计划的管理者或疏于计划、专注事务的管理者以及把计划作为争取资源手段的管理者，都是对计划怀有错误态度的。在缺少足够的控制技术和信息资料的情况下，计划制订者的经验对计划编制的质量能起一定作用。但计划作为一个理性的过程，也不能过分地依赖制订者的经验。

第三节　计划的体系和编制

一、计划的体系

由计划的含义可知,面向未来和面向行动是计划的两大显著特征。从这点我们可以理解,计划的表现形式具有多层次性。哈罗德·孔茨和海因·韦里克从抽象到具体,把计划分为八个层次,即使命、目标、战略、政策、程序、规则、方案、预算。如图 4-3 所示。

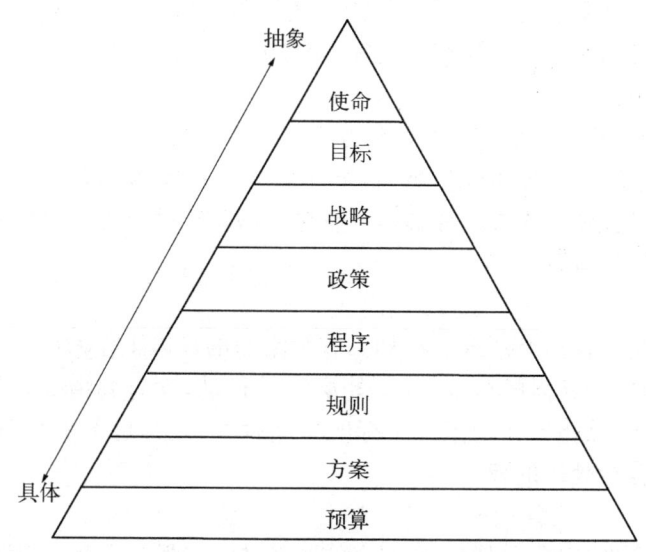

图 4-3　计划的层次体系示意图

（一）使命

使命描述组织的价值观和核心目标,阐述组织的抱负和组织存在的原因。使命着重表明社会对该组织的基本要求。简单地说,使命就是明确组织是干什么的,应该干什么和最终要达到的目的是什么。使命一般包括定义本组织区别于其他类似组织的基本业务范围,其内容常常指向市场、顾客和识别经努力可以达到的领域。一个好的使命是组织目标和计划的基础。如果没有明确的使命,组织的目标和计划可能就是随意决定的,并且不能使组织朝着正确的方向前进。

（二）目标

使命需要通过目标的具体化才能成为行动的指南。所谓目标,是指一个组织在未来一段时间内要实现的目的。它着重表明组织一定时期的活动所针对的最终结果,一般需要定量表述并按时间和部门分层次设立。高一级的、宏观的目标支配着低一级的目标,但不如低一级的目标具体。

（三）战略

战略是着重为实现组织长远目标所选择的途径。战略并不确切地概述组织怎样达到目标,而是为组织提供指导思想和行动框架。它决定并传达一个组织期望自己成为什么样的组织。

（四）政策

政策指明组织的活动范围和方针,为组织规定范围和界限。它表明组织鼓励什么和限制什么,是保证行动同目标一致的导向性规定。政策的实质在于自主权。政策的作用是为组织活动建立一般指南。政策具有统一性、持久性、连续性、稳定性等特征。政策的表述力求规范和准确,避免使人产生曲解。

（五）程序

程序是制定处理未来活动的必需方法,规定了处理问题的例行方法和步骤。它是指导如何采取行动的工作步骤,而不是指导如何思考问题。一般是对大量例行的日常工作过程及工作方法的提示。程序一般按照例行方法和步骤的时间顺序对必要的活动进行排列。

（六）规则

规则通常是一种简单形式的计划。它为组织的具体工作做出一系列限制和规定,详细阐明哪些是必需的行动,或者非必需的行动,没有酌情处理的余地。规则不是程序,规则虽然指导行动但却不标明时间顺序,规则也不是政策,它虽然起指导作用却没有自行处理的权力。

（七）方案

方案是综合性计划,包括目标、政策、程序、规则、任务分配、采取的步骤、使用的资源以及为完成既定行动方针所需要的其他因素。方案可能很大,也可能很小。一个主要的方案可能需要很多的支持计划,在主要计划进行之前就必须把这些支持计划制订出来并付诸实施。所有的计划都必须相互协调。

（八）预算

用数字表示预期结果,是一种"数字化"的计划。在许多组织中,预算是基本的计划工作手段,它通常是为规划服务的。同时,预算也是一种控制手段。不同的预算在精确性、详细性和目的性上是不同的。

二、计划的编制

编制计划本身是一个过程。为了保证计划的合理,能实现决策的组织落实,编制计划必须采用科学的方法。虽然可以用不同标准把计划分成不同类型,计划的形式也多种多样,但管理人员在编制任何完整的计划时,实质上都遵循相同的逻辑和步骤。这个逻辑可以用图4-4表示。

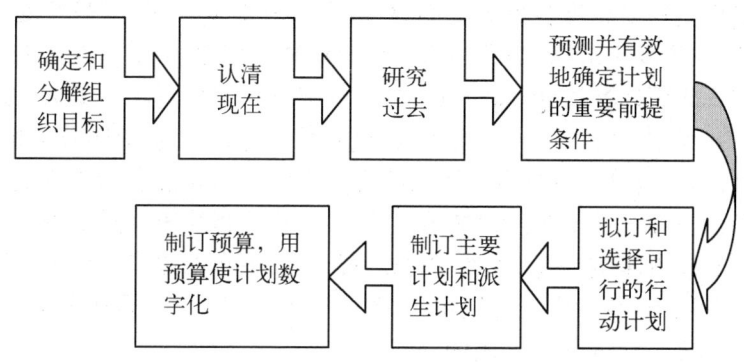

图4-4 计划编制的步骤示意图

(一)确定和分解组织目标

确定目标是决策工作的主要任务,是制订计划的第一步。目标是指期望的成果。目标为组织整体、各部门和各成员指明了方向,描绘了组织未来的状况,并且作为标准可用来衡量实际的绩效。计划工作的主要任务是将决策所确立的目标进行分解,以便落实到各个部门、各个活动环节。企业的目标指明主要计划的方向,而主要计划又根据企业目标,规定各个主要部门的目标。主要部门的目标又依次控制下属各部门的目标。沿着这样的一条线依次类推,从而形成了组织的目标结构,包括目标的时间结构和空间结构。

(二)认清现在

计划是连接组织所处的此岸和要去的彼岸的一座桥梁。目标指明了组织要去的彼岸。因此,制订计划的第二步是认清组织所处的此岸,即认清现在。认识现在的目的在于寻求合理有效的通向彼岸的路径,即实现目标的途径。

(三)研究过去

"现在"不是必然在"过去"的延长线上,但"现在"毕竟是从"过去"走来的。研究过去不仅可以从过去发生的事件中得到启示和借鉴,更重要的是探讨过去通向现在的一些规律。

(四)预测并有效地确定计划的重要前提条件

前提条件是关于计划环境的假设条件,是关于由所处的此岸到达将去的彼岸的过程中所有可能的假设情况。对前提条件认识越清楚、越深刻,计划工作越有效,而且组织成员越彻底地理解和同意使用一致的计划前提条件,企业计划工作就越容易协调。因此,预测并有效地确定计划前提条件具有重要意义。最常见的预测方法是德尔菲法。

(五)拟订和选择可行的行动计划

"条条道路通罗马"、"殊途同归",都描述了实现某一目标的途径是多条的。拟订和选择行动计划包括三个内容：拟订可行的行动计划、评估计划和选定计划。拟订可行的行动计划要求拟订尽可能多的计划。可供选择的行动计划数量越多，对选中的计划的相对满意程度就越高，行动就越有效果。因此，在计划拟订阶段，要发扬民主，广泛发动群众，充分利用组织内外的专家，产生尽可能多的行动计划。具体的方式有头脑风暴法（brainstorming）、提喻法。评价行动计划时，要注意考虑以下几点：① 认真考察每一个计划的制约因素和隐患。② 要用总体的效益观点来衡量计划。③ 既要考虑到每一计划的有形的可以用数量表示出来的因素，又要考虑到无形的不能用数量表示出来的因素。④ 要动态地考察计划的效果，不仅要考虑计划执行所带来的利益，还要考虑计划执行所带来的损失，特别要注意那些潜在的、间接的损失。评价方法分为定性和定量两类。这一阶段的最后一步是按一定的原则选择出一个或几个较优计划。

（六）制订主要计划和派生计划

制订主要计划就是将所选择的计划用文字形式正式表达出来，作为管理文件。主要计划还需要派生计划的支持。比如，一家公司年初制订了"当年销售额比上年增长 15％"的销售计划，与这一计划相连的有许多计划，如生产计划、促销计划等。再如，当一家公司决定开拓一项新的业务时，这个决策是要制订很多派生计划的信号，如雇佣和培训各种人员的计划、筹集资金计划、广告计划等。

（七）制定预算，用预算使计划数字化

在做出决策和确定计划后，最后一步就是把计划转变成预算，使计划数字化。编制预算，一方面是为了计划的指标体系更加明确；另一方面是使企业更易于对计划执行进行控制。定性的计划往往在可比性、可控性和进行奖惩方面比较困难，而定量的计划则具有较硬的约束。

第四节　计划编制的方法

计划工作的效率高低和质量的好坏在很大程度上取决于所采用的计划方法。计划的方法很多，不同的方法适合于不同的计划项目。在实际的计划工作中我们应根据具体问题具体分析，选择适合解决自己所面对问题的计划方法。这里仅简要介绍现代计划的一般方法，主要有滚动计划法、网络计划法和投入产出法。

一、滚动计划法

滚动计划法是一种定期修订未来计划的方法。这种方法根据计划的执行情况和环境变化情况定期修订未来的计划,并逐期向前推移,将短期计划、中期计划和长期计划有机地结合起来制订计划。由于在计划工作中很难准确地预测影响未来发展各种因素的变化,而且计划期限越长,这种不确定性就越大。因此,若硬性地按几年前制订的计划实施,可能会导致重大的损失。滚动计划法则可避免这种不确定性可能带来的不良后果。

滚动计划法的具体做法是:在计划制订时,同时制订未来若干期的计划。计划内容采用近期细远期粗的办法,即近期计划尽可能地详尽,远期计划的内容则较粗;在计划期的第一阶段结束时,根据该阶段计划执行情况和内外部环境变化情况,对原计划进行修订,并将整个计划向前滚动一个阶段,以后根据同样的原则逐期滚动。如图 4-5 就是一个 5 年的滚动计划制订方法。

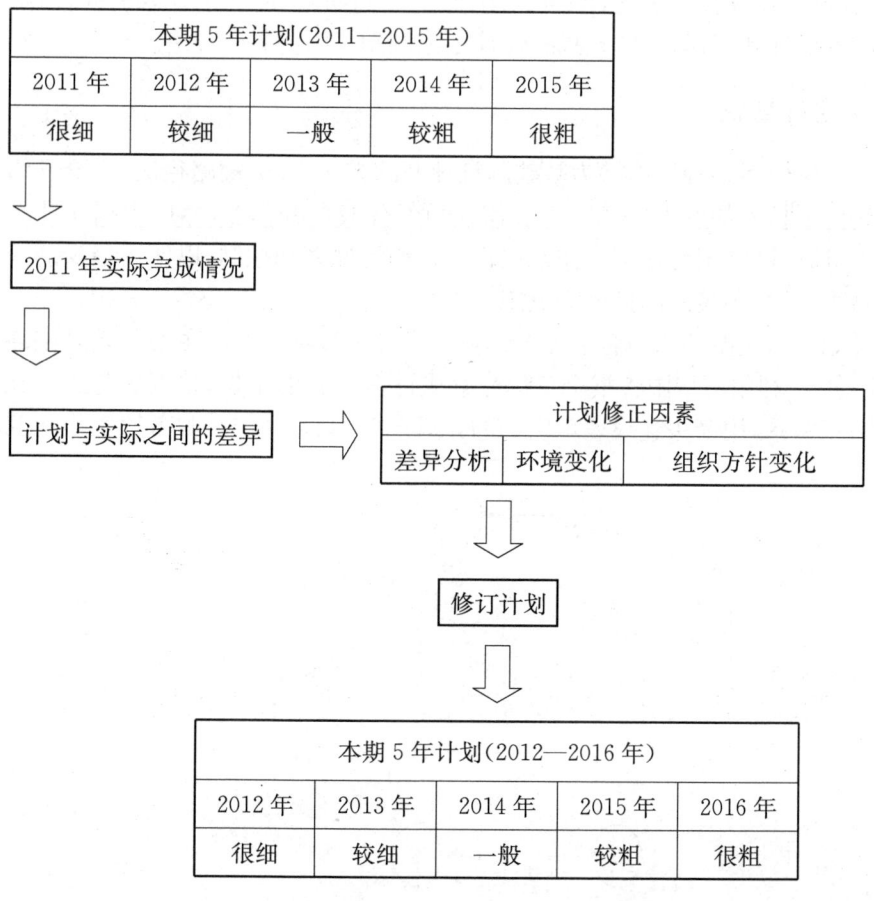

图 4-5　滚动计划法示意图

滚动计划法适用于任何类型的计划。其缺点是计划编制的工作量较大。其优点是：

（1）计划切合实际。由于滚动计划相对缩短了计划时期，加大了对未来估计的准确性，能更好地保证计划的指导作用，从而提高了计划的质量。滚动计划法最突出的优点是计划更加切合实际，并且使战略性计划的实施更加切合实际。

（2）长期、中期和短期计划相互衔接。滚动计划可以使长期计划、中期计划和短期计划相互衔接，短期计划内部各阶段相互衔接。这就保证了滚动计划能根据环境的变化及时地进行调节，并使各期计划基本保持一致。

（3）增强了计划的弹性。战略性计划具有应用于整体组织、为组织未来较长时期（通常为 5 年以上）设立总体目标和寻求组织在环境中的地位的特征。因为人们无法对未来的环境变化做出准确的估计和判断，所以计划期限越长，不准确性就越大，其实施难度也越大。滚动计划相对缩短了计划期限，增强了计划的弹性，加大了计划的准确性和可操作性，是战略性计划编制和实施的有效方法。

二、网络计划法

网络计划法包括各种以网络为基础制订计划的方法，如关键路径法、组合网络法等。网络计划技术的原理是把一项工作或项目分成各种作业，然后根据作业顺序进行排列，通过网络图对整个工作或项目进行统筹规划和控制，以便用最少的人力、物力、财力资源，用最高的速度完成工作。

网络计划技术主要适用包含上万个作业的大型工程项目。其主要工具是网络图（见图 4 - 6）。利用网络图将整个工程分解成许多步骤的工作，根据这些工作在时间上的衔接关系，用箭头连线表示它们的先后顺序，画出一个反映各项工作相互

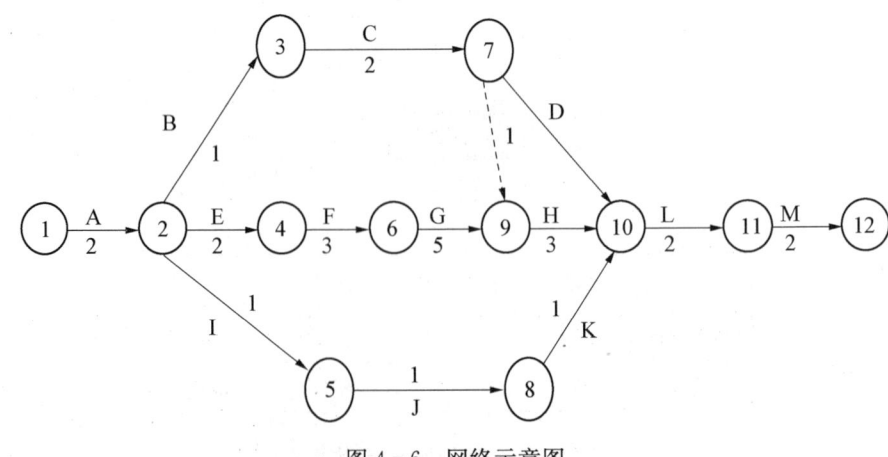

图 4 - 6　网络示意图

关系的箭线图,并标出完成任务的关键环节和路线。管理者在制订计划时既可以统筹安排,全面考虑,又不失重点。

网络计划技术虽然需要大量而繁琐的计算,但在计算机广泛运用的时代,这些计算大都已程序化了。这种技术之所以被广泛地运用,是因为它有一系列的优点:

(1)该技术能清晰地表明整个工程的各个项目的时间顺序、相互关系、关键环节和路线,以便管理者对实施过程进行重点管理。

(2)可对工程的时间进度与资源利用实施优化。在计划实施过程中,管理者可以调动非关键路线上的人力、物力和财力,对关键作业进行综合平衡。这样既可节省资源,能加快工程进度。

(3)可事先评价达到目标的可能性。该技术指出了计划实施过程中可能发生的困难点,以及这些困难点对整个任务产生的影响,准备好应急措施,从而减少完不成任务的风险。

(4)便于实施与控制。管理者可以将工程,特别是复杂的大项目分成许多支持系统来分别组织实施与控制。这种化整为零、聚零为整的管理方法,可以达到局部和整体的协调一致。

(5)易于操作,并具有广泛的应用范围,适用于各行各业以及各种任务。

三、投入产出法

投入产出法是20世纪40年代美国经济学家里昂惕夫首先提出来的,为此他获得了1973年的诺贝尔经济学奖。投入产出法是用数学方法从数量方面对国民经济各部门或组织内各组成部分各环节之间的相互依存、相互制约关系进行研究的一种方法。它认为任何系统的经济活动都包括投入和产出两部分。所谓投入,就是将人力、物力和财力投入生产过程,在其中被消耗,这是生产性的消费;所谓产出,是指生产活动的结果,主要包括物质产品和服务产品。

投入产出法是一种综合计划方法。首先,要根据某一年份的实际统计资料求出各部门之间的投入与产出的一定比例,编制投入产出表。其次,计算出直接消耗系数和间接消耗系数(合计便是完全消耗系数)。然后进一步根据某些部门最终产品的要求(供居民消费、政府使用和出口的最终消耗),算出各部门应达到的状况,并以此作为依据来进行综合计划。这种方法的主要特点是:

(1)反映了各部门(或各类产品)的技术经济结构,可用于合理安排各种比例关系,特别是可作为综合平衡方面的一种有效工具。

(2)在计划编制过程中,不仅能充分利用现有的统计资料,而且能建立各种统计指标之间的内在关系,使统计资料系统化。编制的投入产出表则是一个比较全面反映经济过程的数据库,可用来做多种经济分析和经济预测。

（3）由于通过表格形式反映经济现象,涉及的数学知识不深,因而易于理解,并易于为计划工作者所接受。

（4）适用范围较广,不仅可用于国家、部门或地区等宏观层次的计划制订,而且可用于企业的计划安排。

第五节　目标管理

任何社会活动都有自己的目标,目标是活动的最终结果。确定目标是计划工作的第一步。没有目标,组织也就失去了存在的意义。组织的工作只有围绕着目标展开才能取得预想的成果。长期以来,人们在管理实践中不断探索着运用目标进行管理的方法。

一、目标管理的由来

目标管理(management by objectives)创始于 20 世纪 50 年代的美国。尽管准确地指明谁是目标管理的创始人并不容易,但公认为彼得·F·德鲁克(Peter F. Drucker)对目标管理的发展和使之成为一个体系做出了重大贡献。1954 年,德鲁克在《管理实践》一书中对目标管理进行了具体的介绍,并在其后的论述中提出了"目标管理与自我控制"的主张。同年,美国通用电气公司进行改组。在分散化的管理决策中,使用客观标准去衡量管理绩效并进行工作评价,丰富了目标管理的内容,使目标管理很快成为工作评价的主要方法。1957 年,美国著名的行为科学家道格拉斯·麦格雷戈在《哈佛商业评论》上发表文章,就工作绩效的评价问题批判了传统的主观评价法——把评价的焦点放在人的个性特征和品格上,主张应在目标的基础上进行客观的工作评价。而随着理论和实践的发展,目标管理也在逐步地完善。

二、目标管理的概念及特点

（一）目标管理的概念

综合各类学者对目标管理概念的描述,可以得出:目标管理是一种综合的以工作为中心和以人为中心的管理方法。它首先由一个组织中上级管理人员同下级管理人员以及同职工一起共同制定组织目标,并由此形成组织内每一个成员的责任和分目标,明确地规定了每个人的职责范围,最后用这些目标来进行管理、评价和决定每个部门和成员的奖惩。

（二）目标管理的特点

1. 目标管理是以目标为中心的管理

目标管理强调明确的目标是有效管理的首要前提。明确的目标使组织有了协同行动的准则，可使每个成员的行动统一，以最经济有效的方式实现组织的目标。因此，在目标管理中，应注重目标的制定，各分目标都必须以总目标为依据，分目标是总目标的有机组成部分，计划的制订和执行以目标为导向，计划执行完成后又以目标的完成情况来进行考核。同时，由于目标管理把重点放在目标的实现上，克服了只注重工作而忽略目标的日常管理的弊端，有助于克服管理的盲目性、随意性，能够收到事半功倍的效果。

2. 目标管理强调系统性

任何组织都有不同层次、不同要求的多个目标，如果各目标之间不能协调一致，组织规模越大、人员越多，发生冲突和浪费的可能性就越大。同时，组织总目标的实现有赖于组织各分目标的实现，这要求组织各目标之间应相互支持、相互联系和相互协调，形成相互支援的目标网络体系，从而保证目标的整体性和一致性。

3. 目标管理强调人的因素

目标管理是一种参与式、民主式、自我控制的管理制度，也是一种把个人需求与组织目标结合起来的管理制度。目标管理强调以人为中心，通过目的性的、自我控制式的、个人创造性的目标进行管理。目标管理强调由管理者和下属共同确定目标和建立目标体系。下属不再只是机械地执行根据最高层管理者确定的目标而编制的计划，他们本身就是制定目标的参与者；目标是上下级人员共同协商研究的结晶，这不仅能使组织目标更符合实际、更具有可行性，而且能激发各级人员在实现目标时的积极性和创造性，能使员工发现工作的兴趣和价值，享受工作的满足感和成就感。在这种制度下，上下级之间是平等、尊重、信赖和支持的关系。下级在承诺目标和被授权后是自觉、自主和自治的。

三、目标管理的实施步骤

一般而言，目标管理可以分为以下三个步骤。

（一）建立一套完整的目标体系

实行目标管理，首先要建立一套完整的目标体系。这项工作总是从企业的最高主管部门开始的，然后由上而下逐级确定目标。上下级的目标之间通常是一种"目的-手段"的关系；某一级的目标，需要用一定的手段来实现，这些手段就成为下一级的次目标，按级顺推下去，直到作业层的作业目标，从而构成一种锁链式的目标体系。如图4-7所示。

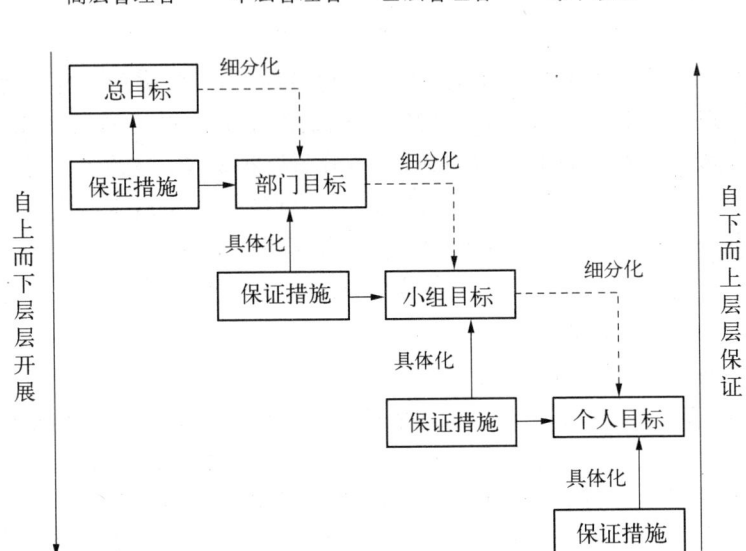

图 4 - 7　目标展开示意图

（二）目标的实施

通过各级授权，使每个人都明确在实现总目标的过程中自己应承担的责任，实行职责范围内的自主管理、自我监督、自我调整，以保证全面实现预定的绩效目标。

在此过程中要把握以下几个要点：一是实行充分授权。根据权责一致原则，若承担某一任务，必须拥有完成这一任务所需要的权力。管理者要实行充分授权，创造个人自由完成目标任务所需要的条件。二是实行自我管理。管理者授权以后，员工按照自己所承担的目标责任，在实施目标中进行自我管理。自我管理的最大成效就是使员工感到工作是出自内心愿望，从而能够发挥最大的积极性。三是要保持定期或经常的成果反馈或检查。在目标实施的过程中，必须定期地检查各项任务的进展情况。下级定期地向上级汇报实施目标的进展情况，上级则不断地将衡量的结果反馈给下级，以便他们能够调整自己的行动，与组织的整体目标保持一致。

（三）对成果进行检查和评价

当目标管理一个周期结束时，上级必须与有关的下级或个人逐个地检查目标任务完成的情况，并与原定的目标进行比较。完成好的，要充分肯定成绩，未能完成任务的，要分析和找出原因并根据各人完成任务的情况给予相应的报酬和各种奖励，以便为以下一周期的目标管理提供宝贵的经验，把以后的工作做好。

四、对目标管理的评价

目标管理以相信人的积极性和能力为基础,企业各级领导对下属人员的指导不是简单地依靠行政命令强迫他们去干,而是运用激励理论,引导职工自己制定工作目标,进行自我控制,自觉采取措施完成目标任务,自动进行自我评价。目标管理通过诱导、启发职工自觉地去干,其最大特征是通过激发员工的生产潜能、提高员工的效率来促进企业总体目标的实现。

（一）目标管理的优点

它与传统管理方法相比有许多优点,概括起来主要有几个方面:

（1）采用目标管理最突出的优点在于能调动广大管理人员和员工的积极性、主动性,提高士气。由于参与了讨论并做了许诺,有了授权并受到支持,目标是经过商定的,所以自己的工作在整体工作中的地位和作用非常明确。通过目标和奖励,将组织利益和个人利益紧密联系在一起,这时员工不再是只听从命令等待指示和决定的盲目的工作者,而是一个主动的自己能够掌握命运的可以在一个领域内施展才华的积极工作者。目标管理评价企业和个人的标准是目标的达成程度。这种评价比较公正、客观。目标完成后及时给予奖励和升迁,无形中也提高了士气。总而言之,目标管理实现了"三全"——全员参与、全员保证、全员管理,由压制人的管理变成以自我控制为主的管理,显著地提高了管理成效。

（2）目标管理是比较科学、周密和有效的管理方法,往往会带来良好的绩效,起到立竿见影的效果。目标管理使各项活动的目的性很明确,有利于避免形式主义。目标锁链是由于对目标进行了分解,而目标分解是为了目标相互支持。如此环环扣紧,把各方面的力量、积极性和可能采取的措施都汇集起来了,从而使目标切实可行,易见成效。

（3）目标管理有助于改进组织结构和职责分工。在建立完整的目标体系时,目标体系应与组织结构相吻合,从而使组织每个部门都有明确的目标,每个目标都有人明确负责。然而,组织结构与职责分工往往不是按组织在一定时期的目标而建立的,因此,在按逻辑展开目标和按组织结构展开目标之间,时常会存在差异。有时从逻辑上看,一个重要的分目标却找不到对此负全面责任的管理部门或员工,而组织中的有些部门或员工却很难为其确定重要的目标。这种情况的反复出现,可能最终导致对组织结构的调整和职责的重新分工。从这个意义上说,目标管理还有助于合理调整组织机构和职责分工。

（二）目标管理的局限性

目标管理看起来简单,但要把它付诸实施,管理者必须对它有很好地领会和理解,否则在目标管理执行时也会遇到很多困难,处理不好,可能会造成流于形式,达

不到应有效果。常见的局限性主要有:

(1) 目标难以设定。德鲁克在《管理实践》中说:"真正的困难不是确定我们需要哪些目标,而是决定如何设立这些目标。"人们在设置目标时,真正可考核的目标很难确定,许多岗位难以使目标量化。另外,由于过分强调定量化目标,可能导致忽视一些定量性不明显的目标。

(2) 目标期限短。在多数实行目标管理的组织中,管理人员所确定的目标一般都是短期的。只追求短期目标极有可能是以牺牲长期目标为代价。因此,为防止短期目标所导致的短期行为,上级主管人员必须从长期目标的角度提出总目标和制定目标的指导方针。

(3) 目标管理的哲学假设不一定都存在。目标管理对于人员的动机作了过分乐观的假设:认为多数人都有发挥潜力、承担责任、实行自治和富有成就感的需要,都有事业心和上进心,而且只要有机会,他们就会通过努力工作来满足这些需要,把工作中取得成就看得比金钱更重要。这就是"自我实现人假设",即 Y 理论。而现实并不完全如此,特别是目标的考核和奖励搞在一起后,往往指标要低,出力要少,奖励要多。这样会破坏信任的气氛,形不成承诺、自觉、自治与愉快的感觉。

(4) 缺乏组织内最高级领导人的支持。总目标、总战略虽然由最高管理层做出,但是他们常常把任务交给较低级的管理人员去负责执行,这样一些高层领导人实际上就没有为此而承担起自己的真正责任,其积极性自然也就没有得到发挥,这就必然会影响到目标管理的效果。

(5) 目标的商定很费时间。目标的商定需要几上几下,统一思想。而有些采用目标管理的公司过分强调了数量目标,要求报表和总结过多,造成费时、费力,效率低下的结果。另外,有些管理人员忙于写总结、填报表,对下级只是分派任务或提提建议,很少坐下来与下级共同研究问题,结果就造成个别人缺乏责任心。

(6) 不灵活的危险。目标管理要取得成效,就必须保持其明确性和肯定性。如果目标常变,就难以说明它是经过深思熟虑和周密计划的结果,这样的目标是没有意义的。但是,计划是面向未来的,而未来存在许多不确定因素,这又使得必须根据已经变化了的计划工作前提对目标进行修正。然而,修订一个目标体系与制定一个目标体系所花费的精力相差无几,结果可能迫使主管人员不得不在中途停止目标管理的过程。

五、目标管理推行的注意事项

推行目标管理,除了要掌握具体的方法外,应特别注意下面三个问题:

(1) 推行目标管理要有一定的思想基础和科学管理基础。所谓思想基础,是指要教育员工确立全局观念,长期利益观念,要正确处理好社会、组织、个人之间的关系。这是因为目标管理容易滋长急功近利本位主义倾向，如果没有一定的思想基础，目标的设定就可能出现不顾整体利益和长远利益的现象。科学管理基础指各项规章制度比较完善，信息比较通畅，能够比较准确地度量和评估工作成果。

两类目标扭曲现象

目标是制定行动方案的基础，这句话并不表明只要有了被称为"目标"的东西，组织就会产生正确的行动。事实上，组织中制定的各式各样的目标常常有不合理、不真实的成分。以下两类目标扭曲现象就是现实中普遍存在和需要引起管理者特别注意的。

第一，脱离实际的目标。目标就是关于组织想要达到的状态的描述，它反映了人们的一种向往，但这种向往要成为指导人们行动的准则，所制定的目标就应该具有可行性，不应脱离客观实际，尤其是组织当前的实际情况。但由于对组织现实状况的反思有时不免令人沮丧，这使许多管理人员在考虑目标问题时会有意无意地回避这一点，从而导致了许多目标的扭曲，这又给组织的资源配置和相应的工作安排造成了许多问题。

第二，不真实的目标。组织对外宣称的目标与它实际追求的目标不一致，是另一类的目标扭曲现象。在许多场合，组织宣称的目标被当成了改善和提升自身形象的手段。企业为了迎合投资者、顾客、协作者、一般公众以及政府的偏好，会宣布一些经过选择和修饰的目标，而企业真正追求的目标可能是另一些东西。了解这类目标扭曲是有意义的，它可以帮助我们理解企业"言行不一"背后的原因。

（2）能否推行目标管理关键在于领导。目标管理制度中的领导不是在原则上领导，而是具体、实际的领导。要求对各项指标心中有数。因此，实行目标管理不是对领导要求低了而是更高了。目标管理中的领导者与被领导者之间不是命令与服从的关系，而是平等、尊重、信赖和相互支持的关系。因此，要求领导者改进作风，提高水平，发扬民主，善于沟通。目标管理中领导者应善于授权。因为没有分权就不可能创造个人自由地达到目标的条件，也必然导致目标管理的失败。

（3）目标管理要逐步推行，长期坚持。推行目标管理需要许多配套工作作为基础，如提高员工的素质、健全各种机制、做好其他管理的基础工作和制定一系列有关的政策等。推行目标管理应先试点，在试点的基础上总结经验，逐步推广。目标管理的推行需要长期坚持,不断发展和完善,这样才能收到良好的效果。

知 识 测 试

一、概念辨析

计划　　滚动计划法　　目标管理

二、即问即答

1. 计划工作的性质是什么?
2. 计划职能与管理的其他职能有什么联系?
3. 实施目标管理应该具备哪些基本条件?
4. 选定目标时应注意哪些问题?
5. 试述影响计划类型的权变因素。

技 能 训 练

『训练目标』

◇ 理解计划的结构体系
◇ 熟悉计划工作的方法
◇ 正确运用计划编制方法

一、管理定律应用

弗洛斯特法则

要筑一堵墙,首先就要明晰筑墙的范围,把那些真正属于自己的东西圈进来,把那些不属于自己的东西圈出去。实际上,做任何事情之前,我们都要有一个清晰的界定:什么能做,什么不能做;接受什么,拒绝什么……做人如此,办企业也是如此。我们一定要清楚我们适合做什么,不适合做什么。要是盲目跟风,轻则会竹篮打水,重则会全军覆没。

在现实生活中,没有一个企业能够获得整个市场,至少不能以同一种方式吸引住所有的购买者,因为购买者实在太多、太分散,而且他们的需要和购买习惯各不相同。此外,企业在满足不同市场竞争能力方面也有巨大差异。因此,每个企业都必须寻找到最适合自己的市场,而不是试图满足整个市场。做自己擅长做的事,你才能取得成功。

要想在竞争中立于不败之地,企业就一定要对自己有一个明确的定位。该干什么,不该干什么,心里一定要有底。要是不顾自己的实际情况,什么都想做,什么都想上马,还美其名曰规模经济、赢家通吃,那么到时苦的只会是自己。

[举例]　　　　　　　　　一　日　厂　长

　　韩国精密机械株式会社实行着一种独特的管理制度,即让职工轮流当厂长管理厂务。一日厂长和真正的厂长一样,拥有处理公务的权力。当一日厂长对工人有批评意见时,要详细记录在工作日记上,并让各部门的员工查阅。各部门、各车间的主管,依据批评意见随时核正自己的工作。这个工厂实行"一日厂长制"后,大部分员工都当过"厂长",工厂的向心力增强。工厂管理成效显著,开展的第一年就节约生产成本300多万美元。

　　[点评]　开始就明确了界限,最终就不会做出超越界限的事来。

二、管理案例分析

乔森家具公司5年目标

　　乔森家具公司是乔森先生在20世纪中期创建的,开始时主要经营卧室和会客室家具,取得了相当的成功。随着规模的扩大,自20世纪70年代开始,公司又进一步经营餐桌和儿童家具。1975年,乔森退休,他的儿子约翰继承父业,不断拓展卧室家具业务,扩大市场占有率,使得公司产品深受顾客欢迎。到1985年,公司卧室家具方面的销售量比1975年增长了近两倍。但公司在餐桌和儿童家具的经营方面一直不得法,面临着严重的困难。

一、董事长提出的5年发展目标

　　乔森家具公司自创建之日起便规定,每年12月份召开一次公司中、高层管理人员会议,研究讨论战略和有关的政策。1985年12月14日,公司又召开了每年一次的例会,会议由董事长兼总经理约翰先生主持。约翰先生在会上首先指出了公司存在的员工思想懒散、生产效率不高的问题,并对此进行了严厉的批评,要求迅速扭转这种局面。与此同时,他还为公司制定了今后5年的发展目标。具体包括:

　　(1)卧室和会客室家具销售量增加20%。

　　(2)餐桌和儿童家具销售量增长100%。

　　(3)总生产费用降低10%。

　　(4)减少补缺职工人数3%。

　　(5)建立一条庭院金属桌椅生产线,争取5年内年销售额达到500万美元。

　　这些目标主要是想增加公司收入,降低成本,获取更大的利润。但公司副总经理托马斯跟随乔森先生工作多年,了解约翰董事长制定这些目标的真实意图。尽管约翰开始承接父业时,对家具经营还颇感兴趣。但后来,他的兴趣开始转移,试图经营房地产业。为此,他努力寻找机会想以一个好价钱将公司卖掉。为了能提高公司的声望和价值,他准备在近几年狠抓一下经营,改善公司绩效。托马斯副总经理意识到自己历来与约翰董事长意见不一致,因此在会议上没有发表什么意见。会议很快结束了,大部分与会者都带着反应冷淡的表情离开了会场。托马斯有些垂头丧气,但他仍想会后找董事长就公司发展目标问题谈谈自己的看法。

二、副总经理对公司发展目标的质疑

公司副总经理托马斯觉得,董事长根本就不了解公司的具体情况,不知道他所制定的目标意味着什么。这些目标听起来很好,但托马斯认为并不适合本公司的情况。他心里这样分析道:

第一项目标太容易了。这是本公司最强的业务,用不着花什么力气就可以使销售量增加20%。

第二项目标很不现实。在这个领域的市场上,本公司就不如竞争对手,绝不可能实现100%的增长。

第三项目标亦难以实现。由于既要扩大生产,又要降低成本,这无疑会对工人施加更大的压力,从而也就迫使更多的工人离开公司,这样空缺的岗位就越来越多,在这种情况下,怎么可能降低补缺职工人数3%呢?

第四项目标倒有些意义,可如何改变本公司现有产品线都是以木材为主的经营格局呢?未经市场调查和预测,怎么能确定5年内我们的年销售额达到500万美元呢?经过这样的分析后,托马斯认为他有足够的理由对董事长所制定的目标提出质问。除此之外,还有另外一些问题使他困扰不解,即:一段时期以来,发现董事长似乎对这公司已失去了兴趣;他已50多岁,快要退休了。他独身一人,也从未提起他家族将由谁来接替他的工作。如果他退休以后,那该怎么办呢?托马斯毫不怀疑,约翰先生似乎要把这家公司卖掉。董事长企图通过扩大销售量,开辟新的生产线,增加利润收入,使公司具有更大的吸引力,以便在出卖中捞个好价钱。"如董事长真是这样的话,我也无话可说了。他退休以后,公司将会变成什么样子,他是不会在乎的。他自己愿意在短期内葬送掉自己的公司,我有什么办法呢?"

[分析问题]

1. 你认为约翰董事长为公司制定的发展目标合理吗?为什么?你能否从本案例中概括出制定目标需注意哪些基本要求?

2. 约翰董事长的目标制定体现了何种决策和领导方式?其利弊如何?

3. 假如你是托马斯,如果董事长在听取了你的意见后同意重新考虑公司发展目标的制定,并责成你提出更合理的公司计划发展目标,你将怎么做?

[分析思路]

1. 约翰董事长为公司制定的发展目标存在着各种问题,因为从副总经理托马斯的分析中,可以看出约翰并不了解企业经营的基本情况。

2. 托马斯对约翰董事长所制定的公司发展目标的分析是有一定道理的,但这也是个人见解,未必全部正确。制定目标需注意的基本要求有:首先要对企业经营环境进行充分调查;其次,要明确企业的宗旨和战略目标,再进行目标分解;再

次,发展目标要在上下级的交流沟通和相互作用中反复循环修订,最终趋于一致。

3. 按前面提到的制定目标需要注意的基本要求来制定详细的目标,设置工作计划并组织实施。

[**实施建议**]

(1) 教师先将训练目的和要求清楚地传达给学生,强调计划的制订过程与方法。

(2) 分组讨论,课下认真准备,课堂讨论,时间限制在 20 分钟内。

(3) 由小组抽签决定各小组出场次序。

(4) 其他小组给出评价成绩,由教师对评价成绩综合后给出最后成绩。

三、管理技能训练

[**训练项目**] 如何制订市场营销计划①?

[**训练内容**] 市场营销计划的制订一般有以下步骤。

第一步:制订计划必要的市场状况分析	第二步:分析你的主要竞争对手
营销计划的制订是每个企业营销工作者所必需的工作,也是令他们感到头痛的工作,常常因为制订的方案不切合实际而导致计划实施的失败,原因何在呢? 1. 先从市场的宏观经济状况分析。 1) 需要应用的指标。 2) 各指标的情况介绍。 3) 常见问题解答。 2. 正确的市场容量与空间计算方法。 1) 城市家庭年购买总量计算方法。 2) 城市家庭年购买总额计算方法。 3) 商业流通总额计算方法。	了解你的对手才能了解自己的不足,不能忽视竞争对手的情况,制订计划时,要首先从竞争对手身上发现问题,再及时调整自己的计划,三个分析竞争对手的步骤让你很清晰的规划你的战略营销计划。 1. 竞争对手分析。 市场占有率/销售额品牌知名度/铺货率/尝试率。 2. 主要竞争对手的市场策略分析。 目标市场/价格/产品/促销/渠道。 3. 主要竞争对手的市场状况分析。 销售区域分布/广告/媒体状况/销售人员素质/客户服务质量。
第三步:进行前期业绩及策略检讨,发现问题	第四步:企业资源能力进行分析
要善于从总结中得到提高!善于将前一阶段的工作进行总结和反省,才能明确自己最终的营销目标,才能知道下一步应该怎样去改善,切记避免"一股脑地往前冲"的思考模式。 前期业绩及策略检讨,发现问题所在: 1) 是否找到业绩未达到的真正原因? 2) 克服问题的能力或可能性。 3) 是否允许制定新的营销策略? 4) 是否明确知道各产品所处的市场地位? 5) 决策层是否存在效率问题?	将营销目标转换成为具体的策略,这就需要对企业现有的资源进行综合考虑,如此才能更加全面详细地制订出一套完整的营销计划。 1) 信贷能力。 2) 生产力量。 3) 营销费用。 4) 人力资源。 5) 客户忠诚度。 6) 销售能力。 7) 分销能力。

---

① 资料来源:http://blog.gxsky.com/blog.php? id=49698。

（续表）

第五步：绘制 SWOT 表，进行总汇分析	第六步：衍生出整体战略思想
最后将前边所收集到的所有基础数据绘制到 SWOT 表格内，生成出来的两份图表则已经详细罗列出我们下一步该做些什么了？ 1. 绘制 SWOT 分析表格进行分析。 1) 表格模型介绍。 2) 演示填写方法，解答问题。 2. 绘制市场机会点表格分析图。 1) 模型图表介绍。 2) 演示填写方法，解答问题。	营销策略是市场发展计划的重点，提纲挈领地表达出市场的战略发展思想，并且统一全体人员的思想，以有利于提出营销方案。 1. 市场状况汇总。 总结企业的市场状况及市场机会点。 2. 市场营销的整体战略。 1) 未来发展的设想以及营销的方向。 2) 期望值及论述。 3. 财务成果。 1) 销售收入，构成比例及获利状况。 2) 营销费用控制的方式。 4. 计划的假设及前提。 1) 未来可能面对的问题。 2) 不可控制前提下的假设及前提。
第七步：衍生出营销组合策略思想	第八步：制订未来一年的营销计划的 标准模型
由战略思想的递进生成的营销系统和策略思想，不仅涵盖了未来营销方案中所出现的种种可遇见问题，也通盘分析了企业现有的情况，更好地帮助企业找到营销侧重点。 1) 产品策略。 2) 价格策略。 3) 促销宣传策略。 4) 销售渠道策略。	所有的问题都通盘思考完毕，就可以开始周密的制订未来一年的市场营销计划了。完整的计划将包括以下的八个方面，而每个计划我们都有一个完整的模型。熟悉掌握了模型方法，就可直接，快捷，正确的将各类计划制订好。 1) 新产品上市方案。 2) 全年广告计划方案。 3) 销售渠道的建设方案。 4) 对消费者的促销方案。 5) 对经销商的促销方案。 6) 对销售人员的促销方案。 7) 市场调研方案。 8) 大型促销活动方案。

假定你是某公司销售经理助理，在公司业绩连续多月下滑的情况下，你临危授命，升任销售经理一职，为扭转乾坤，如何制订下一年市场营销计划？

[训练要领] 训练开始前，以团队的形式进行，将学生分成若干小组，指定组长。团队通力合作，注重方案运筹，形成基本合理的可行方案。一方计划提出后，其他组成员对该计划进行评论，指出其合理之处，存在的问题和不足；制订一方本组人员可对计划做进一步补充和解释说明。依此循环实施。对于通过制订计划较好的学生团队，在平时成绩上给以适当加分。

第五章 战略管理

 **本章网络结构图**

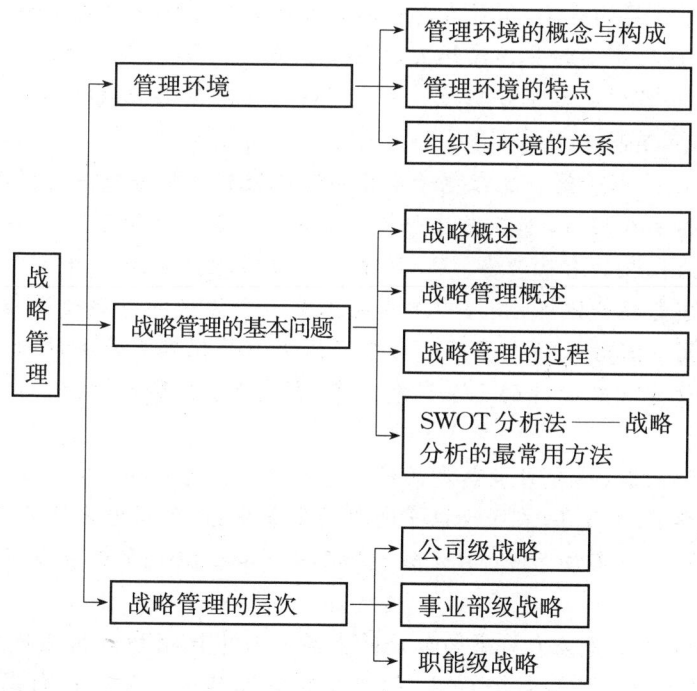

本章学习目的

☆ 掌握管理环境的构成及特点
☆ 了解组织与环境的关系
☆ 掌握战略管理的概念、特征及实施过程

☆ 掌握 SWOT 分析法
☆ 了解战略管理的层次、类型

【引导案例】 <center>环境变化与 LG 的战略转型</center>

21 世纪初的 LG 电子一直实施的是物美价廉的中低端战略，这种战略适应了当时外部市场环境的特点。因为当时处于大众化电子消费品行业的成长和发展阶段，市场容量一直在扩展，市场没有饱和。此时，企业的竞争优势在于实现规模优势和低成本生产，更大的市场份额意味着更高的利润。

而近年来，电子消费品行业进入成熟期，市场容量相对稳定，随着生活水平的提高和电子消费品的普及，消费者对产品的设计和个性化需求越来越多样化，变化也越来越快，这种市场的非连续性发展使企业单凭规模优势和低成本生产很难跟随市场变化，而且利润率越降越低。因此，LG 电子决定实施战略转型，完全撤出中低端市场，树立起高端品牌形象。

2005 年，LG 电子第一次在电子消费品领域提出"蓝海战略"，投入 90 亿美元巨资用于尖端技术领域，重点发展平板电视和 3G 新一代移动电话等中期业务及以网络家电为代表的未来业务。2008 年 2 月，LG 电子率先在中国市场推出了全高清地面数字电视一体机，成为中国市场上第一个为迎接奥运会而推出高清数字一体机的厂商。同时，LG 电子开始在中国强化差异化领先产品的研发和推广，带有"盛唐纹"独特时尚设计的 LG 家电上市，引发"艺术家电"风潮，众多企业纷纷效仿。

战略转型之前，消费者最熟悉的是 LG 电子的家电产品，其部分产品价格甚至低于国产品牌。2005 年，在 LG 电子的中国业务中，白色家电占比为 60%，转型之后的 2007 年，只占不足 20%，且价格大幅攀升，其余 80% 的销售额来自手机和数字平板电视。

总之，LG 电子正努力将时尚设计的产品融入中国消费者的生活中，并力图在中国树立起"时尚设计与智能科技"相融合的高端品牌形象。走向高端，使得 LG 电子的利润不断上升。

战略是最高层次的计划，是组织高层管理者所需担负的重要职责，它对组织的生存和发展起着决定性的作用。组织在制定和实施战略时要考虑哪些因素？环境与战略之间存在着什么关系？战略是否一成不变？一个组织拥有多个管理层次，战略是否也是分层次制定和实施？本章将就战略管理的相关问题展开讨论。

第一节 管理环境

一、管理环境的概念与构成

(一)管理环境的概念

任何组织都不是独立存在的。组织的生存与发展必将与环境发生千丝万缕的联系。所谓管理环境,是指存在于一个组织内外部的影响组织业绩的各种力量和条件因素的总和。这些力量和条件不断变化,必然会制约组织活动方向和内容的选择。

(二)管理环境的构成

任何组织的管理环境均包括外部环境和内部环境两部分。根据各种因素对组织业绩影响程度的不同,管理外部环境又可分为一般环境和特殊环境。一般环境是指某一特定社会中对所有组织都发生影响的环境因素,包括经济、技术、自然、文化、政治和法律环境等各方面因素。一般环境的影响常常是广泛的,在多数情况下,一般环境是特定组织的管理者所无法影响和控制的。为此,企业应采取有效的策略去适应和利用一般环境。组织不仅在一般环境中生存,而且在特殊环境内活动,这个特殊环境即指行业竞争环境,是指与特定组织直接发生联系的一些环境因素。与一般环境相比,特殊环境对特定组织的影响更为明显,也更容易为组织管理者所识别和控制。特殊环境的特点直接影响着企业的竞争能力。(见图5-1)。

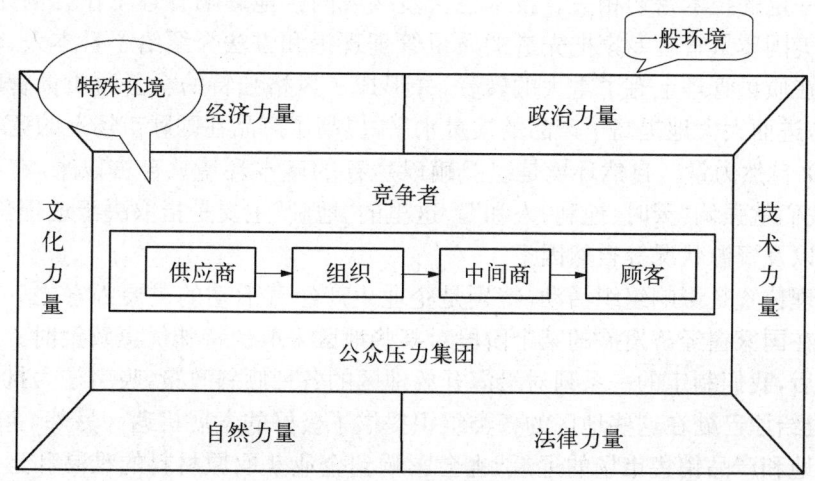

图5-1 组织外部管理环境示意图

管理内部环境包括组织内部的物质环境和文化环境。内部物质环境主要指组织内部的人力资源、物力资源和精力资源的拥有状况和利用能力。任何组织活动都必须借助一定的资源来进行，对这些资源的拥有和利用情况，影响甚至决定着组织的效率和规模。内部文化环境主要指组织文化的构成要素及其特点。

1. 外部环境的构成

1）一般环境

（1）经济力量。经济力量是指组织从事各种活动所面临的外部社会经济条件，包括国民经济发展规划与发展速度、经济结构、消费者收入的变化、消费者支出的变化和消费者储蓄和信贷变化等方面的情况。

经济力量能够给管理者带来众多的机会，也能够造成威胁。如：高国民经济发展速度、低失业率意味着更多的人手头宽裕，企业出售自己产品和服务的机会增多。但是经济环境随时间变化难以预测，强劲的经济增长后可能面临着经济衰退。宏观经济环境的恶化会给企业带来威胁，因为这限制了管理者获取企业所需各种资源的能力。经济力量是影响组织行为诸多因素中最关键、最基本的因素。成功的管理者应该密切关注全球范围、全国范围及地区范围的经济变化，以便未雨绸缪，及时做出适当的反应。

（2）技术力量。科学技术是第一生产力，技术的含义很广，它既包括生产技术（如劳动手段、工艺流程的改进、发展与完善，特别是新技术、新设备、新工艺、新材料、新能源的生产与制造等），也包括管理技术（如管理方法、计划决策方法、组织方法及推销方法的改进与更新等），还包括生活技术、服务技术等内容。

任何企业为了达到其预定目标，都必须进行生产经营活动，而任何生产经营活动都与一定的技术密切相关。技术也会直接或间接地影响管理工作。例如，由于戴明等美国质量管理专家把先进的质量管理理论和方法介绍给了日本人，使得日本企业在质量管理上有了重大的转变，并形成了风格独特的全公司质量管理理论和方法，进而大大地提高了产品的质量水平，提高了产品在国际市场上的竞争力。

（3）自然力量。自然环境是组织赖以生存的基本环境。自古以来，在各项活动中，我们就强调"天时、地利、人和"。这里的"地利"主要是指取决于地理位置、气候条件以及资源状况等自然因素。

地理位置是影响组织活动，特别是企业生产经营活动的重要因素之一。这尤其体现在国家在经济发展的某个阶段对某些地区采取的特殊优惠政策时。比如改革开放后，我们制定的一系列对沿海开放地区的各种倾斜政策，吸引了大批外商的投资，也给原已处在这些地区的各类组织提供了极好的发展机遇。另外，企业与原材料产地和产品销售市场的远近，也会影响到企业获取原材料的难易和运输成本的高低。气候条件及其变化也会影响到组织活动。许多产品的销售都与气候有直接关系,如空调、服装等。自然资源状况会影响到企业原材料的供应,如在煤炭资源丰富的地区企业可以大力发展煤炭加工业务。

（4）文化力量。文化环境包括一个国家或地区的居民教育程度和文化水平、宗教信仰、风俗习惯、审美观点、价值观念等。文化水平会影响居民的需求层次;宗教信仰和风俗习惯会禁止或抵制某些活动的进行;价值观念会影响居民对组织目标、组织活动以及组织存在本身的认可与否;审美观点则会影响人们对组织活动内容、活动方式以及活动成果的态度。

（5）政治力量。政治环境包括一个国家的社会制度,执政党的性质,政府的方针、政策、法令等。组织必须通过政治环境研究,了解国家和政府目前禁止组织干什么,允许组织干什么,鼓励组织干什么,从而使组织活动符合社会利益,受到政府的保护和支持。

（6）法律力量。法律环境是指那些与组织运行有关的法律、法令、条例、规章制度等法规和制度。法律环境对组织的活动起到约束和限制的作用。法律环境主要分析的因素有:① 法律规范,特别是和企业经营密切相关的经济法律规范,如《公司法》、《合同法》等。② 国家司法行政机关。与企业关系密切的司法行政机关有工商管理机关、税务机关、政府审计机关等。③ 企业的法律意识。企业的法律意识是法律观、法律感和法律思想的总称,是企业对法律制度的认识和评价。企业的法律意识,最终都会物化为一定性质的法律行为,并造成一定的行为后果,从而构成每个企业不得不面对的法律环境。

2）特殊环境

以上述及管理的外部特殊环境及行业竞争环境。美国著名管理学家迈克尔·波特提出了五种竞争力量模型,从行业结构分析入手,研究行业竞争环境。按照迈克尔·波特的观点,一个行业中的竞争,远不止在原有竞争对手中进行。影响行业内竞争的结构及其强度主要有五种因素,它们是潜在的进入者、替代品制造者、购买商(产品用户)、原材料供应商以及行业内现有竞争者,如图5-2所示。这五种基本竞争力量的状况及其综合强度,决定着行业的竞争激烈程度,从而决定着行业中获利的最终潜力。

（1）现有竞争对手。组织面对的环境通常是一个竞争的环境,有众多同业竞争者在其中,他们生产的产品基本属同类产品,因而竞争最为激烈。对竞争对手的分析主要包括以下内容:

一是基本情况的研究。基本情况的研究主要包括竞争对手的数量有多少? 分布在什么地方? 他们在哪些市场上活动? 各自的规模、实力如何? 对现有竞争对手的研究,主要是要找出主要竞争对手。

二是主要竞争对手的研究。一般地说,反映主要竞争对手实力的指标有三个:

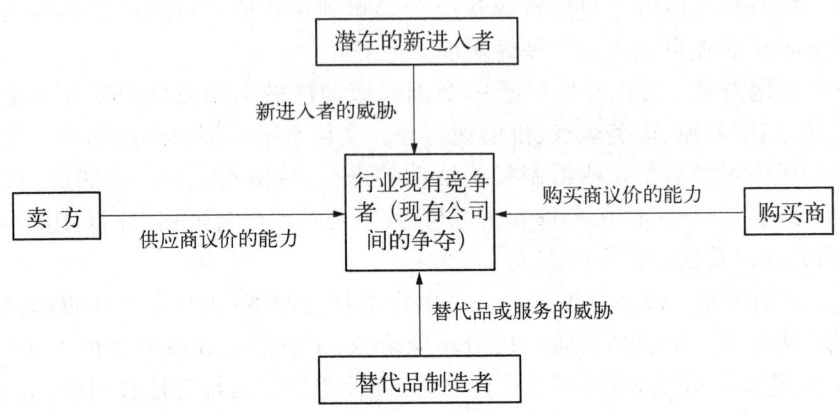

图 5-2　迈克尔·波特的五种基本竞争力量模型示意图

① 销售增长率,即其销售额与上年相比的增长幅度。② 市场占有率,即在总市场容量中主要竞争对手的市场占有份额。占有份额高,显然其竞争实力就强。③ 产品获利能力,即主要竞争对手获得利润的能力,可用利润总额或销售利润率来表示。

三是竞争对手的发展方向。在研究主要竞争对手时,还要研究他的发展动向,即市场发展或转移动向与产品发展方向。根据波特的观点,分析主要竞争对手的发展方向,主要是分析其退出某一产品生产或市场的难易程度,这涉及资产专用性、退出成本的高低、心理因素的影响、政府和社会的限制等因素。

(2) 潜在竞争者。任何一种产品或市场的成功经营,必然会招来新的组织的进入,这些新进入者既可能给行业经营注入新的活力促进市场的繁荣,但也势必给现有组织带来竞争压力,威胁其市场地位。因此,分析潜在竞争者也是必要的。

分析潜在竞争者主要是分析进入某一特定市场或行业的难易程度,如果进入很容易,则新的进入者可能会大量进入该行业或市场;如果进入较难,则新进入者会大大减少。进入某个市场或行业的难易程度通常受下列因素影响:

一是进入壁垒。进入壁垒指一个企业在进入一个市场或产业时遇到的各种障碍,这些障碍直接影响甚至阻碍企业进入一个新的市场或行业。如果进入壁垒高,则企业进入一个市场或行业就很难;反之,则就相对容易。构成进入壁垒的因素主要有规模经济、绝对成本优势、产品差别和政策法律制度四种。

二是现有企业可能做出的反应。行业中原有的企业可能对新进入者产生反应,即采取降价等措施阻止其进入。如果原有企业的反进入措施比较严厉,则新进入者在进入一个新行业时往往就比较慎重,从而可能使新进入者数量减少。

(3) 替代品制造商。具有相同功能或使用价值的不同种类的产品,如果能够满足消费者的同种需要,这种产品即可被称为替代品。如飞机、火车、汽车,尽管外形都不同,但都具有帮助人们完成从此地到彼地的功能。因此,从提供运输这个角度来说,三者之间即为替代品。生产替代品的企业,在市场上就可能形成相互间的竞争。因此,行业环境分析还应包括生产替代品企业的分析。

对替代品的分析主要从两个方面进行:一是分析哪些产品是本企业产品的替代品,这实际上是确认具有同类功能产品的过程;二是判断哪些类型的替代品可能对本行业和本企业的经营造成威胁。相对而言,前一方面内容的分析较为简单,而后一方面内容的分析较为复杂。为此,需要比较这些产品的功能实现能够给使用者带来的满足程度与获取这种满足所需付出的费用。如果两种相互可以替代的产品,其功能实现可以带来大致相当的满足程度,但价格却相差悬殊,则低价格产品可能对高价格产品的生产和销售造成很大威胁;相反,如果这两类产品的功能——价格比大致相当,则相互间不会造成实际的威胁。波特认为,替代品设置了产业中公司可谋取利润的定价上限,从而限制了一个产业的潜在收益。也就是说,由于替代品的存在,即使行业内只有少数生产厂商,几乎垄断该行业市场,也不能为所欲为地控制价格,获取高额垄断利润。

(4) 产品用户。用户对企业经营的影响在于两个方面:一是买方的需求总规模决定着行业的市场潜力,从而影响行业内所有企业的发展边界;二是买方的讨价还价能力会影响到提供这种产品或服务的企业的获利状况。前者属于市场需求潜力研究,而后者属讨价还价能力研究。

需求潜力研究主要包括三个方面:一是总需求研究,即分析市场容量的大小、总需求中有支付能力的需求有多少、潜在需求有多少等;二是需求结构研究,主要研究需求的类别及构成情况、买方的类型(是团体还是个人)、买方的地区分布及比重;三是购买力研究,即研究购买力水平、购买力变化及影响因素等。

买方的讨价还价能力的研究,主要是分析讨价还价能力的大小及影响因素。一般来说,买方的讨价还价能力的大小主要取决于三个方面:一是购买量的大小,购买量越大,讨价还价能力越强;二是企业产品的性质,如果企业提供的是一种无差异的标准化产品,买方可以在别的渠道购买到,则买方的讨价还价能力就强;三是企业产品在买方产品形成中的重要性,这是对用于生产消费的买方来说,如果产品在购买方的产品形成中有重要地位,则买方的讨价还价能力就弱,反之讨价还价能力就强。

(5) 供方。供方即供应商,它在企业的生产经营中也起着重要作用。一是能否根据需求按时、按量、按质地提供所需要的生产要素,影响着企业生产规模的维持和扩大;二是供方所提供的生产要素的价格决定着企业的生产成本,进而影响利润水平。对供方的研究主要在于两个方面:一方面要研究供方的供应能力及企业寻找其他供货渠道的可能性;另一方面是供方的讨价还价能力。综合地讲,要分析以下四个内容：

一是企业是否有其他货源渠道。企业如果长期从一个供方进货，则对之依赖性就强，可能受制于某一供应商。因此，企业应选择分散进货，或在必要时建立后备进货渠道，这样便可在一定程度上遏制供方提高价格的倾向。

二是供方所处行业的集中度。如果该行业集中度较高，由一家或几家供方控制，则该行业供应商的讨价还价能力就强；反之，讨价还价能力就弱。

三是寻找替代品的可能性。如果行业的集中度高，分散进货的可能性也小，则企业应考虑寻找替代品，以降低供应商的讨价还价能力。

四是企业后向一体化的可能性。后向一体化即向产业链的上游推进，自己生产原来由供应商提供的原材料。企业如果能够后向一体化，建立自己的原材料生产企业，则可以很大程度地降低供方的讨价还价能力。

2. 内部环境的构成

1) 物质环境

(1) 人力资源。人力资源是指一定时期内组织中的人所拥有的能够被组织所用，且对价值创造起贡献作用的教育、能力、技能、经验、体力等的总称。根据不同的标准可以将人力资源划分成不同的类型，比如生产工人、技术工人、管理人员等。组织是由人所组成的，组织拥有人力资源的数量、质量及其使用状况直接影响和制约着组织活动及绩效。对人力资源的分析就是要综合分析组织中不同类型人员的数量、质量及使用情况。科学合理的人力资源管理可以通过改善员工治理，提升员工能力，牵引员工思维，从而构建企业高效的组织能力，支持企业战略目标的实现。如果企业计划开发一种新产品，就必须拥有充分掌握这种新产品知识的研发人才；如果其仅仅只打算扩大生产规模，也必须保证有充足的一线工人可使用。

(2) 物力资源。物力资源是指企业生产经营活动过程中所需使用的物质资料的总和。企业物力资源包括两大类：一类是作为劳动手段的固定资产，主要包括厂房、建筑物、机器设备等；另一类是作为劳动对象的流动资产，主要包括原材料、辅料、燃料等。企业对物力资源的拥有和利用情况，也直接影响着企业的经营活动。对企业物力资源的分析，就是要分析在组织活动过程中需要运用的物质条件的拥有数量和利用程度。如厂房的大小限制着企业的生产规模、机器设备的效率影响着生产效率的提升、原材料的质量影响着产品质量等。

(3) 财力资源。财力资源是一种能够获取和改善组织其他资源的资源，因此可以认为是反映组织内部环境的一项综合因素。对组织财力资源的分析主要包括分析组织的资金拥有情况、构成情况、筹措情况和利用情况，分析组织是否有足够的财力去进行新的投资、是否还能更大程度地节约资金等。

2）文化环境

企业文化，或称组织文化，是一个组织在长期活动中形成的，为全体成员所认同并遵守的，带有本组织特点的使命、宗旨、价值观和经营理念，以及由这些理念所形成的仪式、符号、处事方式等外在体现的总和。企业文化是企业的灵魂，是推动企业不断进步的动力。

企业文化环境具有丰富的内容，主要由三个层次构成：① 企业理念。它是企业文化最核心的层面。企业理念是指企业发展的定位和未来的愿景，如苹果公司追求偏执创新和精英人才的发展定位。② 企业的核心价值观。它是指企业明确的做事原则，也就是企业要求员工对待客户、对待工作的准则，以及企业对待员工的价值导向和行为态度等内容，如苹果公司的核心价值观是鼓励创新、勇于冒险。③ 企业的形象与标识。其主要包括企业对外的形象，员工工作时着装、用语等一系列行为形象的规范。

对组织内部文化环境的分析主要包括识别特定组织的文化特点，分析组织价值观、理念等是否被全体成员所接受，比较组织所宣传的企业文化与实际表现是否相吻合，判断组织文化是否影响到员工行为，从而提高组织的绩效等。

二、管理环境的特点

环境是组织生存的土壤，它既为组织活动提供条件，同时也必然对组织活动产生制约作用。而且，随着生产力水平的不断提高、科学技术的不断进步、市场经济的不断发展，环境因素的变化也越来越快，从而会越来越影响甚至决定组织的生存和发展。为了更好地适应复杂多变的管理环境，企业必须首先了解其特征。

（一）管理环境的不确定性

不断变化的环境使得企业的经营充满了不确定性，绝对稳定的环境是不存在的。环境的变化既可能给企业带来环境机会，也可能给企业带来一定的环境威胁。组织经常面临环境的变化，如突然出现的竞争者、竞争对手新技术的突破及出人意料的经营决策等。

（二）管理环境的差异性

环境的差异性不仅表现在不同的企业受不同环境的影响，而且还表现在同一种环境因素的变化对不同企业的影响程度也不相同。由于环境因素对企业作用的差异性，导致企业为应对环境变化所采取的决策各有不同。

（三）管理环境的相关性

管理环境不是由某个单一因素所决定的，而是受一系列相关因素的影响。例如，某种商品的价格不仅受到市场供求关系的影响，而且还受到国家经济政策和科学技术进步等因素的影响。当然，环境因素相互影响的程度也是不同的，有的可以通过调查、分析进行评估，有的则难以估计和预测。

三、组织与环境的关系

任何组织都是在一定的环境中从事活动的。组织是一个开放系统，一方面组织需要从环境中获取必要的信息、人力、物力等资源，另一方面组织需要向环境输出自己的产品或服务，并获得信息反馈。组织离不开环境，需要时刻与环境发生互动，环境的特点及其变化必然会影响组织活动的方向、内容以及方式的选择。因此，要更好地保证组织的生存与发展，必须关注组织与环境的关系。

组织与环境的关系表现为两方面：一是环境对组织的作用；二是组织对环境的反应。

（一）环境对组织的作用

1. 环境对组织的决定作用

环境对组织的决定作用主要表现在环境为组织活动及生存和发展提供必要的条件。以企业为例，企业经营所需的各种资源都需要从属于环境的原料市场、能源市场、资金市场、劳动力市场等去获得。与此同时，企业用上述各种资源生产出来的产品或劳务，也要在市场上进行销售。没有市场的存在，企业就无法从出售产品中获得销售收入，以补偿生产经营中的各种消耗，从而企业无法生存下去，也就更谈不上更大发展了。

2. 环境对组织的制约作用

环境对组织的制约作用主要表现在环境对组织的限制与约束。比如对企业来说，任何企业，无论生产什么产品或提供什么服务，它们只能根据环境能够提供的资源种类、数量和质量来决定其生产经营活动的具体内容和方向。同时，既然企业的产品要通过环境中的市场才能实现，那么在生产之前和生产过程中，企业就必须考虑到这些产品能否被用户所接受，是否受市场欢迎。因此，环境对企业实际上起了一种限制作用。再如，企业在市场经营活动中，要时刻受各种法律的制约，企业的生产经营活动如果违反了这些法律就要受到制裁。这些法律实际上构成了企业经营行为规则。显然，任何组织的生存发展都必然要受到环境的制约。

（二）组织对环境的反应

一般来说，组织对环境的反应有三种方式：适应环境、影响环境和选择新的环境。

1. 适应环境

适应环境即完全按照环境的特点和要求来调整自己的行为内容和行为方式，利用自身条件去适应现实环境，而不对环境有任何影响和改变。

2. 影响环境

除了适应环境外，组织可以主动出击，改变那些给企业带来麻烦的要素，从而影响环境，使企业经营得以顺利进行。

3. 选择新的环境

组织也可以通过选择新的环境来适应环境的不确定性。例如，公司可以转移到新的经营领域，也可以进入新的市场，还可以实行多角化经营，以减少对单一市场或技术的依赖。

第二节 战略管理的基本问题

面对由外部管理环境的剧烈变化带来的新机会和新威胁，组织高层管理者必须选择组织的正确发展方向、确定行动方针以及各类资源的优化配置，这就是战略管理所要解决的内容。要明确战略管理的基本问题，首先要明确战略的概念。

一、战略概述

（一）战略的概念

战略原为军事用语，应用于军事领域。"战略"一词来源于希腊语 strategos，其含义是指"将军指挥军队的艺术"。克劳塞维茨在其理论巨著《战争论》中指出：战略是为了达到战争的目的而对战斗的应用。毛泽东同志在《中国革命战争的战略问题》中提出：战略问题是研究战争全局的规律性的东西。尽管不同的军事家或战略学家对战略这一概念的表述有所不同，但主要含义是指"对战争全局的筹划和谋略"。现在"战略"一词已广泛应用于政治、经济、社会、文化、教育、科技等领域。

战略的重要性

哈佛商学院终身教授、战略管理大师迈克尔·波特曾经说过："战略是一个企业成败的关键"。

管理大师德鲁克曾经说过这样一段话来描述战略的重要性："我们走在一片丛林中，开始清除矮灌木林。当我们千辛万苦，好不容易清除完这一片灌木林，直起腰来，准备享受一下成功喜悦的时候，却猛然发现，旁边的一片灌木林才是我们要去清除的丛林！"

"战略"一词与企业经营联系在一起最初出现在巴纳德的名著《经理的职能》一书中。将战略思想运用于组织的经营管理之中,便产生了管理学中战略这一概念。而在管理学界,对战略概念的阐述也是众说纷纭,至今没有形成一个公认统一的定义。我们这里列举几种常见的具有重大影响的定义。明茨伯格认为战略是一种事先的计划,是对未来行动方案的说明和要求。德鲁克强调:战略是一种统一的、综合的、一体化的计划,用来实现企业的基本目标。钱德勒认为战略应该定义为:确定企业基本的长远目标和为了实现这些目标所采取的相应的措施、行动以及必要的资源分配。

综合以上管理学家的定义,我们将战略定义为:战略是指带有全局性、长远性和根本性的重大谋划与对策研究,它反映了组织在一个较长时间内所要达到的主要目标和实现这些目标的主要措施、部署、步骤的设想,并着眼于组织长期目标和宗旨的实现。

（二）战略的构成要素

一个构思良好的战略通常应由四个基本要素组成:经营范围、资源配置、竞争优势和协同作用。

经营范围:经营范围指组织经营领域的表述。组织的经营范围是战略制定的首要问题。

资源配置:战略应包括组织设计的资源配置,如何在各领域中分配极有限的资源。组织在制定战略时,必须使自身资源与外部机会达到优化配置。

竞争优势:战略应规定由组织的范围及资源配置所导致的竞争优势。必须考虑组织的资源与外部环境的配置会给组织带来什么样的竞争优势的问题。

协同作用:协同作用是指整体效用要大于各单个部分之和,对战略而言,应考虑预期的协同作用(期望取得的目标成果)以及经营范围、资源配置的决策与竞争优势协同发挥作用将会取得怎样的目标成果。

二、战略管理概述

（一）战略管理的概念

战略管理是围绕着战略的制定、决策、实施和评价而采取的一系列手段和措施的动态过程。战略的制定是指战略计划的形成过程;战略决策是指战略的选择和批准过程;战略实施是组织日常业务决策和战略决策相结合而形成的一系列活动;战略评价是对战略的实施效果与预期目标进行比较与分析。战略管理对于组织的发展方向有着长远的、全局的影响。

（二）战略管理的特征

与一般管理相比,战略管理主要具有以下五个方面的特征。

1. 全局性

组织的战略管理是以组织全局为对象，根据组织总体发展需要而制定的。它所管理的是组织的总体活动，所追求的是组织的总体结果。战略的实施需要组织各部门的协同努力，所以作为一种覆盖整个组织的管理行为，战略管理具备着统筹全局的特征。

2. 长远性

战略管理中的战略决策是对企业未来较长时期(5 年以上)内，就企业如何生存和发展等问题进行统筹规划，规定着组织为之奋斗的长远目标，实现这些目标需要较长时间。因此，作为实现战略目标的战略管理也具有长远性的特征。

3. 动态连续性

战略管理是一种不间断的活动过程，从战略制定、选择、实施到评价，是一个动态连续的过程。

4. 涉及组织大量资源的配置问题

组织的资源，包括人力、物质、资金和信息等资源。在任何情况下，战略管理都必须在相当长的一段时间内致力于一系列的活动，而实施这些活动需要大量的充足的资源作保证。因此，为了保证战略目标的实施，必须对企业的资源进行统筹规划，合理配置。

5. 主体是组织的高层管理人员

战略决策涉及组织活动的各个方面，所以它也需要组织中、下层管理人员和全体员工的参与和支持，但是企业的高层管理人员必须成为战略管理的主体。这主要是因为他们具有对战略实施所需资源进行分配的权力。此外，他们比其他人员更能够统揽组织全局，了解组织的全面状况。

战略管理决定着组织的生死存亡，对于提高组织经营绩效起着极其重要的作用。主要体现在：战略管理有利于组织明确方向，有利于组织内部的协调和业绩评价，有利于组织资源的合理配置，有利于管理者增强战略意识，有利于组织扬长避短。管理学发展到战略管理是一次重大飞跃。从 20 世纪 70 年代中期开始，西方发达国家(主要是美国)的大中小型企业越来越多地实行战略管理，并取得了很好的效果。

（三）战略管理的意义

对一个组织或企业来说，战略管理的成功是最大的成功，战略管理的失败也是最大的失败。战略管理的核心问题是使企业自身条件与环境相适应，实现预期目标，求得企业的生存和发展。企业实行战略管理有下述四点意义：

（1）战略管理是面向未来的管理，能够明确企业发展方向。

（2）战略管理是企业全部管理活动的总纲领，能够加强对管理的指导作用

（3）战略管理是一种整合性管理，有利于充分利用各种企业资源，并提高协同作用。

（4）战略管理是企业高层管理者最重要的活动和技能，能够促进企业和管理的创新。

三、战略管理的过程

总体上看，战略管理过程包括战略计划、战略实施和战略评估三个阶段，将三个阶段进行分解可得到九个步骤，如图 5-3 所示。战略计划包括了前面七个步骤，看来非常重要。但即使是最好的战略计划，如果管理者不能适当地实施或者不能适当地评估实施的结果，也照样不会成功。

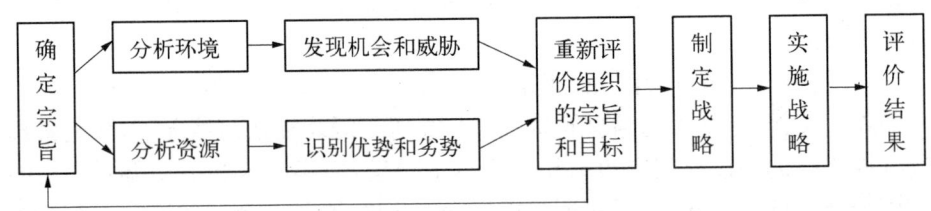

图 5-3　战略管理过程示意图

（一）确定宗旨

每个组织都有自己的宗旨，或称使命。它规定了组织的经营目的，也是组织经营哲学的一种体现。定义组织的宗旨与目标可以促使管理层仔细确定组织的产品和服务范围。

（二）分析环境

环境作为管理行动的主要制约因素，环境分析是战略过程的关键要素。每个组织在进行战略管理时，必须分析组织内外部环境，如了解消费者需求有何变化，市场上竞争对手的动向以及拟出台的相关行政法规对组织有什么影响等，在很大程度上规定了管理层可能的选择。

（三）分析资源

任何组织的资源都是有限的。所以组织在采取战略行动利用外部环境机会之前，必须分析组织的资源能力问题。例如，有没有充足的资金完成这项计划？组织的市场调研能力如何？组织在制定战略时，必须使自身资源与外部机会达到优化组合。

（四）发现机会和威胁

对组织的外部环境进行分析之后，管理层需要根据自己所控制的资源，评估有

哪些机会可以利用,以及组织可能面临哪些威胁。

（五）识别优势和劣势

从对组织资源的分析中,可以引出对组织的优势和劣势的明确评价,从而,管理层能够识别出什么是组织与众不同的竞争能力,即决定作为组织竞争武器的独特技能和资源,也就是组织的优势。

（六）重新评价组织的宗旨和目标

将第三个步骤和第五个步骤合并在一起,对组织机会进行再评价,通常称为SWOT分析(SWOT analysis)。它将组织的优势(strengths)、劣势(weaknesses)、机会(opportunities)和威胁(threats)结合在一起进行分析,以便发现组织可能发展的细分市场。按照SWOT分析的结果,管理层需要重新评价公司的宗旨和目标,确定它们是否适合,是否需要修正。如果需要改变组织的宗旨和目标,战略管理的过程就要从头开始。如果不需要的话,管理层就应当着手制定战略。

（七）制定战略

组织的宗旨和目标重新评价后,接下来的工作就是如何实现战略目标,而要实现战略目标就得制定相应对策,即为实现战略目标应采取相应的措施和手段,从而使组织获得最有利的竞争优势,并使这种优势能长期保持下去。

（八）实施战略

无论战略计划制定得多么有效,如果不付诸实施,或者实施不当,还是不能成功。战略实施要遵循三个原则:适度合理性、统一领导与统一指挥、权变的原则。

（九）评价结果

战略管理过程的最后一个步骤是评价结果。战略的效果怎么样?需要做哪些调整?这一阶段主要做以下工作:衡量实际绩效、将实际绩效与标准进行比较、采取管理行动来纠正偏差或不适当的标准。

四、SWOT分析法——战略分析的最常用方法

（一）SWOT分析法的概念

对组织来说,要取得预期的运营成果,必须在组织目标、外部环境和内部条件这三者之间取得动态的平衡,组织不能孤立地看待外部环境的机会与威胁,而必须结合自己的经营目标和内部条件来识别适合于本组织的机会。环境中存在的机会,只有在与本组织自身所拥有或将拥有的资源以及与众不同的能力相匹配的情况下,才能变为组织的机会。因此,组织必须对外部环境的机会与威胁、组织自身的优势及劣势有一个清醒的认识。

SWOT分析法是由安索夫于1956年提出的,后来经过多人的发展成为一个

用于企业和战略分析的实用方法。SWOT 分析的目的就是考察某个行业是否适合企业进入,企业是否能够建立持久的竞争优势。它把所有的内部因素(包括公司的优势和劣势)都集中在一起,然后用外部的力量来(包括机会和威胁)对这些因素进行评估。

（二）SWOT 分析的基本程序

1. 分析企业优势与劣势

优势与劣势分析是指将企业自身的实力和竞争对手的情况相比较。当两个企业处在同一市场或者它们都有能力向同一顾客群体提供产品和服务时,如果其中一个企业有更高的盈利率或盈利潜力,说明这个企业比另外一个企业更具有竞争优势。

2. 分析企业的机会与威胁

机会的实质是指外部环境的有利因素。随着消费者需求不断变化和产品生命周期的缩短,旧产品不断被淘汰,要求开发新产品来满足消费者需求,从而市场上出现了许多新的机会。

威胁是指对企业营销活动不利或限制企业发展的因素。环境威胁主要来自两方面:一方面是直接威胁企业经营的环境因素,如政府颁布《环境保护法》;另一方面是企业的目标、任务及资源可能同环境机会相矛盾。例如,随着消费者收入的提高,更多的人倾向于以车代步,这就给自行车生产企业带来了很大的威胁。

3. 制定战略

企业通过对外部环境和内部条件进行对比分析,形成应对环境的战略设想,并进行持久竞争优势检验,最后形成企业战略,以改进企业的地位,谋求企业的发展（见表 5 - 1）。

表 5 - 1

SWOT 战 略

外部因素 内部条件		企业外部环境	
		机会(O)	威胁(T)
企业自身资源	优势(S)	(1) SO 战略: 依靠内部优势。 利用外部机会。	(2) ST 战略: 依靠内部优势。 回避外部威胁。
	劣势(W)	(3) WO 战略: 克服内部劣势。 利用外部机会。	(4) WT 战略: 克服内部劣势。 回避外部威胁。

（三）SWOT分析的四种组合

（1）优势-机会（SO）战略是发展企业内部优势与利用外部机会的战略，是一种理想的战略模式。例如，良好的产品市场前景、供应商规模扩大和竞争对手有财务危机等外部条件，配以企业市场份额提高等内在优势可成为企业收购竞争对手、扩大生产规模的有利条件。

（2）劣势-机会（WO）战略是利用外部机会来弥补内部劣势，使企业改变劣势而获取优势的战略。例如，若企业弱点是原材料供应不足和生产能力不够，在产品市场前景看好的前提下，企业可利用供应商扩大规模、新技术设备降价等机会，重构企业价值链，以保证原材料供应，同时可考虑购置生产线来克服生产能力不足及设备老化等缺点。

（3）优势-威胁（ST）战略是指企业利用自身优势，回避或减轻外部威胁所造成的影响的战略。如：竞争对手利用新技术大幅度降低成本，给企业造成很大成本压力；同时材料价格可能上涨；消费者要求提高产品质量等，这些都会导致企业在竞争中处于非常不利的地位。但若企业拥有充足的现金、熟练的技术工人和较强的产品开发能力，便可利用这些优势开发新工艺、新产品，提高原材料利用率，从而降低生产成本，提高产品质量，回避外部威胁。

（4）劣势-威胁（WT）战略是一种克服劣势、回避外部环境威胁的防御性战略。例如，欧债危机爆发，使以欧盟为主要市场的企业面临严重威胁，企业内部则生产能力不够，成本状况恶化，无法实现规模效益时，企业可以采取集中化或差异化战略，以回避成本劣势。

总之，通过SWOT分析，公司可以形成四种不同的战略选择。其中，最有潜力的成功战略应该是SO战略。近年来，备受企业界和管理学界重视的蓝海战略就相似于SO战略，而与之相对的红海战略则类似于ST战略。此外，某些企业的蓝海战略还可以看做是WO战略。

第三节 战略管理的层次

绝大多数组织的业务是多元化的，分成多个事业部或者子公司，而且这些多元化组织都拥有多种职能部门，如生产设计和质量监督，这些部门为公司的每一种业务提供支持。上至组织总部，下至每一个职能部门和业务部门，都需要战略管理，因此，必须区分战略管理的层次。一个组织的总战略通常由三个层次的战略组成，即公司级战略、事业部级战略和职能级战略（见图5-4）。

一、公司级战略

公司级战略也称为组织整体发展战略，或主体战略，或总战略，是组织高层管

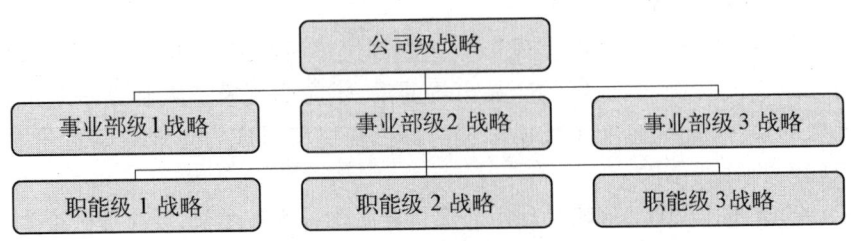

图 5-4 战略的层次示意图

理部门为实现组织目标而为整个组织制定的总方向和计划。它应用于一项以上业务的组织中,是确定公司参与竞争的领域和资源如何分派的战略。公司级战略考虑的主要问题是:组织应当从事一组什么样的业务? 应当在什么业务上进行经营活动? 在各项业务部门之间如何进行资源分配,以实现组织整体的战略意图?

(一) 公司级战略的类型

从战略管理的实践来看,许多经营成功、获利丰厚的著名公司,采取了不同的企业生存与发展的方式。这些方式亦即公司级战略的基本类型:稳定战略、增长战略、收缩战略以及某几种战略的组合运用。

1. 稳定战略

稳定战略的特征是很少发生重大的变化,这种战略包括持续地向同类型的顾客提供同样的产品和服务,维持市场份额,并保持组织一贯的投资报酬率纪录。当组织的绩效令人满意而环境看上去将保持稳定的时候可以采取稳定性战略。最典型的如诺基亚。诺基亚通过从手机这种单一产品获取高额的利润,即使遇到众多强有力的竞争对手如三星、摩托罗拉等的围攻,一直以来仍然维持着最高的市场占有率。因此,最高管理层很少有兴趣改变这种状况,维持现状是一种最好的选择。

2. 增长战略

增长战略是指提高组织经营的层次,如更大的规模、更多的雇员、更高的市场份额、更多的业务和更高的销售额等。增长战略可以通过直接扩张、合并同类企业或多元化经营的方式实现。当外部环境发生了有利于组织发展的变化,而且组织的资源能够充分适应这种变化时可以采取增长战略。著名的零售连锁巨头百胜集团在全球范围内不断地增加其门店数时,就是以直接扩张的方式追求增长,当其收购了中国的小肥羊连锁店,开辟了火锅连锁业务后,就是在寻求多元化经营。当初联想收购 IBM 个人电脑业务的方式,就是一种合并同类企业的增长方式。

3. 收缩战略

收缩战略是指组织有时迫于竞争激烈、追求利润、企业制度失调等形势,不得不减小经营规模或是多元化经营的范围。20世纪90年代,多元化的增长方式受到了质疑。众多致力于扩大公司规模、实施多元化经营的企业如韩国的大宇、我国的巨人集团,都遭到了破产的命运。众多公司纷纷采取收缩战略。通用电气的总裁杰克·韦尔奇认为,公司所经营的产品中,不能达到市场占有率前三名的,都应该被出售或转让。之后,通用电气采用了这种收缩战略,取得了成功。

4. 组合战略

组合战略是指同时实行两种或多种前面提到的战略。例如,公司的某种事业可能实行增长战略而另一种事业可能实行收缩战略。1992年,通用汽车公司迅速扩展它的电子数据系统分公司,而大幅度削减它的美国国内汽车制造业务。麦当劳公司在拉丁美洲一些国家的经营业绩不佳时,选择了关闭多家门店的收缩战略。而与此同时,却积极寻求在中国内地的市场扩张。这两个公司都是在实行组合战略。

(二)公司级战略的分析方法

竞争战略的三角模型

迈克尔·波特的企业竞争理论在国内学界和企业界影响深远。但是,如果你仔细观察当今成功企业的战略,就能够发现有些是波特理论不能解释的。很多人对波特的理论进行了补充,其中麻省理工学院的阿诺德·哈克斯的"竞争战略的三角模型"颇具价值。

阿诺德·哈克斯和他的团队调查了上百家公司,提出了竞争战略的三角模型,代表企业战略选择的三个方向:最佳产品、客户解决方案和系统锁定。

最佳产品战略的思路基于传统的低成本和产品差异化的策略。企业通过简化生产过程、扩大销售量来获得成本领先地位,或者通过技术创新、品牌或特殊服务来强化产品的某一方面特性来增加客户价值。

客户解决方案战略的出发点是:通过一系列产品和服务的组合,最大限度地满足客户的需求。这种战略的重点是锁定目标顾客,提供最完善的服务,实施手段是学习和定制化。

系统锁定战略的视角突破了产品和客户的范围,考虑了整个系统创造价值的所有要素。这些要素中除了竞争对手、供应商、客户、替代品之外,还包括生产补充品的企业。实施系统锁定战略的要义在于,如何联合补充品厂商一道锁定客户,并把竞争对手挡在门外,最终达到控制行业标准的最高境界。

制定公司级战略最流行的方法之一是公司业务组合矩阵。这一方法由波士顿咨询集团（Boston Consulting Group，简称 BCG）开发，所以又称为波士顿矩阵。这种方法假定企业由两个以上的经营单位组成，每个单位的产品有明显差异，并具有不同的细分市场。这种方法尤其适用于多种经营的大公司。在拟订每个产品发展战略时，主要考虑它的相对竞争地位（相对市场占有率）和预计的业务增长率（销售增长率）。前者作为横坐标，后者作为纵坐标，分为四个象限，企业各经营单位的产品按其相对市场占有率和业务增长率高低填入相应的位置。所以，BCG 矩阵可区分出四种业务组合，企业针对每一种业务采取的策略都不同，关于波士顿矩阵本教材第三章管理决策已经做了详细阐述，这里不再赘述。

二、事业部级战略

事业部级战略又称为经营层战略或企业层战略，有时也称为竞争战略，处于战略结构中的第二个层次。它主要涉及如何在所选定的经营领域内与对手展开有效的竞争。近年来，战略计划方面最重要的思想是迈克尔·波特提出的竞争战略理论。按照波特的观点，没有一家企业能够成功地通过为所有的人做所有的事达到超过平均水平的绩效。他认为，管理层必须选择一种能给他的组织带来竞争优势的战略。管理层可以从三种基本的战略中进行选择：成本领先战略、差异化战略和集中化战略。选择哪一种战略，取决于组织的长处和竞争对手的短处。

（一）成本领先战略

成本领先战略又称为低成本战略，是指企业打算使自己成为行业中低成本的生产者。这种战略的指导思想是：要在较长时期内使企业产品成本保持同行业中的领先水平，并按照这一目标采取一系列措施，使企业获得同行业平均水平以上的利润。成本领先战略可以使企业在保证质量和维持合理利润的前提下，与竞争对手开展价格竞争。

（二）差异化战略

差异化战略又称为别具一格战略，是指组织寻求行业中与众不同的特色。这种战略强调高超的质量、非凡的服务、创新的设计、独有的技术优势以及不同凡响的商标形象。实施差异化战略的核心是取得某种对顾客有价值的独特性，关键之处在于选择的特色必须有别于竞争对手，并且收入的增长超过追求差异化的成本。差异化战略将增加公司在产品设计、研发等方面的投入，使产品的成本上升，但是顾客由于对产品的偏爱而愿意接受较高的价格，这将弥补成本上升带来的损失。

（三）集中化战略

集中化战略又称为专一化战略，是指组织将业务集中在狭窄的细分市场中寻求成本领先优势（成本专一化）或者差异化优势（差别专一化）。具体做法是：管理层选择产业中的一个或一组细分市场（如产品品种、最终顾客类型、分销渠道或地理位置),制定专门的战略,向这个细分市场提供与众不同的服务,目标是独占这个市场。

三种基本竞争战略的优缺点、适用条件及实施方式见表5-2。不论采取哪一种基本竞争战略,组织要获得长期的成功必须能够保持竞争优势。这就要求组织能够阻挡来自竞争对手的进攻,或者能够跟上产业演变的趋势。

表5-2

三种竞争战略的优缺点、运用条件和实施方式

	成本领先战略	差异化战略	集中化战略
优 点	1. 低成本优势带来的低价格可以夺取竞争对手的市场,扩大销量,赚取更多利润。 2. 低成本优势带来的大量需求可以帮助企业和供应商建立稳定的协作关系,提高与供应商的砍价能力。 3. 低成本优势带来的低价格提高了行业进入壁垒,使潜在进入者不敢贸然进入。 4. 低成本优势带来的低价格可以稳定现有顾客的需求,使之不被替代产品所替代。	1. 利用顾客对产品或服务特色的注意和信任,建立起高度的顾客忠诚,降低了其对价格变化的敏感性,在特定领域形成独家经营的市场,避免与竞争对手的正面竞争,保持了优势地位。 2. 企业生产的是名牌产品,因而增强了对原料供应商的砍价能力,产生了较高的边际收益。 3. 经销商缺乏可以比较的商品,降低了其对价格的敏感度,削弱了砍价能力。	1. 企业经营目标集中,可以集中企业资源,降低管理难度。 2. 使企业有条件深入钻研有关的专门技术,熟悉产品的市场、用户及竞争者方面的情况,获得产品及市场方面的优势。 3. 生产高度专业化,可以达到规模经济效益,降低成本。
缺 点	1. 企业必须拥有先进的生产设备,才能提高劳动生产率,实现低成本,因此要求企业具有极强的投资能力。 2. 一旦竞争对手由于产品生产工艺有了新的突破导致成本更低,企业过去大量投资和由此产生的高效率就会丧失优势。 3. 企业大量投资于现有技术及现有设备,因而对新技术的采用及技术创新反应迟钝,从而很难保持长久的低成本优势。	1. 差异化的实行要增加研发费用以及采用高档原材料等,因此往往以成本的提高为代价。 2. 顾客对差异化所支付的额外费用是有一定支付极限的,如果超过支付极限,就不具备吸引力和竞争力。 3. 由于产品价格较高,很难扩大销量,因此实施该战略不能带来高的市场占有率。	当市场发生变化,尤其是新的竞争产品出现时,企业会受到严重的冲击,因此其经营风险很大。

（续表）

	成本领先战略	差异化战略	集中化战略
适用条件	1. 组织必须是成本的领导者，而不仅仅是竞争成本为领导地位的企业之一。 2. 提供的产品或服务必须是能与竞争者同类产品相比的，或至少是顾客愿意接受的。	1. 企业要有很强的研究开发能力、强烈的市场意识和创新眼光，及时了解市场需求，不断地在产品及服务中创造出独特性。 2. 企业在产品或服务上要具有独特的领先地位。 3. 企业内部的研究开发、生产制造、市场营销等职能部门之间有很好的协调性。	1. 产品在细分市场的规模、成长速度、获利能力、竞争强度等方面有较大差别，使得部分细分市场有一定吸引力。 2. 没有其他竞争对手在同一细分市场中采取专一化战略。
实施方式	1. 简化产品。 2. 改进设计。 3. 降低材料成本。 4. 降低人工费用。 5. 创新生产工艺。	1. 产品差异化。 2. 服务差异化。 3. 人员差异化。 4. 形象差异化。	1. 产品线重点集中。 2. 用户重点集中。 3. 地区重点集中。

三、职能级战略

职能级战略是组织的各个职能部门为支持经营层战略而制定的战略。它主要解决的问题是如何使企业的不同职能部门，如市场营销、财务管理、研究与开发、人力资源、采购和生产等，能更好地为各级战略服务，从而提高组织的效率。职能级战略是针对范围较狭窄而又密切关联的活动而制定的。例如，市场营销战略包括目标市场策略、产品策略、定价策略、分销渠道策略和促销策略等，财务管理战略包括编制预算、会计记账、筹资投资决策等。关于职能级战略的具体运作，在管理的各个分支学科中都有介绍，此教材不作详细论述。

公司级战略、事业部级战略以及职能级战略构成了一个企业的战略层次，它们之间相互作用，紧密联系。如果企业或者组织整体要想获得成功，必须将三者有机地结合起来。企业中每一层次的战略构成下一个层次的战略环境；同时，低一级的战略为上一层次的战略目标的实现提供保障和支持。

蓝 海 战 略

蓝海战略(blue ocean strategy)最早由钱·金和勒妮·莫博涅于2005年2月在《蓝海战略》一书中提出。如果把整个市场想象成海洋,这个海洋由红色海洋(以下简称红海)和蓝色海洋(以下简称蓝海)组成。红海代表现今存在的所有产业,在这些产业内部竞争激烈,这是已知的市场空间;蓝海则代表当今还不存在的产业,一个企业通过差异化手段得到的崭新的市场领域,这就是未知的市场空间。那么所谓的蓝海战略,其实就是企业超越传统产业竞争、开创全新市场的企业战略。

用简单的话来解释:红海就是红色的大海,防鲨网的范围之内,水质混浊,营养贫乏,但是鱼很多,竞争激烈;而与之相对,蓝海就是蓝色的大海,防鲨网之外海之深处,水质和营养物都很好很丰富,范围也相当广泛,竞争的鱼也少。因此,蓝海竞争的获胜者将得到比红海多得多的利益。

可见,蓝海战略要求企业突破传统的血腥竞争所形成的"红海",拓展新的非竞争性的市场空间。蓝海战略考虑的是如何创造需求,突破竞争。企业只有在当前的已知市场空间的"红海"竞争之外,构筑系统的、可操作的蓝海战略,并加以执行,才能以明智和负责的方式拓展蓝海领域,同时实现机会的最大化和风险的最小化。

知 识 测 试

一、概念辨析

管理环境　一般环境　任务环境　战略　战略管理　SWOT 分析法　公司级战略　事业部级战略　成本领先战略　差异化战略　集中化战略

二、即问即答

1. 管理环境的构成要素有哪些?
2. 组织和环境的关系如何?
3. 战略管理的特征及作用是什么?
4. 战略管理的过程包括哪些步骤?
5. SWOT 分析法的实施步骤有哪些?

6. 战略管理包括哪几个层次?

7. 成本领先战略、差异化战略、集中化战略的实施途径和优缺点分别有哪些?

技 能 训 练

『训练目标』

◇ 深刻领会战略管理的理论与现实意义

◇ 掌握战略管理的实施过程

◇ 学会分析和构建组织的共同意愿

一、管理定律应用

快 鱼 法 则

当今市场竞争不是大鱼吃小鱼,而是快鱼吃慢鱼,这就是快鱼法则。这个法则是美国思科公司总裁约翰·钱伯斯总结出来的,他在谈到新经济的规律时说,现代竞争已"不是大鱼吃小鱼,而是快的吃慢的",在商战中也同样适用。在当今市场经济的激烈竞争中,几乎所有的经营型、服务型企业都在用尽全身解数抢占市场、扩大销量。

[举例]　　　　　　青岛海尔的"吃"鱼哲学

青岛海尔集团老总张瑞敏认为,在市场经济发达的国家,企业的兼并经过三个阶段:第一个阶段是大鱼吃小鱼,亦即弱肉强食;第二个阶段是"快鱼吃慢鱼",技术先进的企业吃掉落后的企业;第三个阶段是鲨鱼吃鲨鱼,亦即强强联合。而在目前的中国,国企之间的兼并却不会出现这三种情况,因为是国有的,企业只要有一口气,就不会被吃,且"小鱼不觉其小,慢鱼不觉其慢,各得其所"。"死鱼"就根本不能吃,这是由中国的国情决定的。张瑞敏认为,既不能吃活鱼,又不能吃死鱼,唯有吃"休克鱼",也就是处于休克状态的鱼。企业的表面死了,但是肌体还没有坏,企业的管理有严重问题,停滞不前,只是处于休克状态。张瑞敏所说的"休克鱼",事实上也就是对带有中国国情的"慢鱼"的更传神称呼。中国市场经济中的"快鱼"海尔,迄今已经进行了近20起兼并案,被收购的这些企业的亏损总额超过5亿元人民币,但是重组之后盘活的资本总额超过15亿元人民币,可以说是吃得其所,吃得其法!

[点评]　钱伯斯在谈到新经济的规律时说,现代竞争已"不是大鱼吃小鱼,而是快的吃慢的"。

二、管理案例分析

春秋航空公司的低成本优势

2005年7月15日,一架印着春秋航空"China-SSS"标记的空客A320客机飞抵虹桥国际机场,这意味着中国第一家低成本航空公司——春秋航空,有了第一架自己的飞机。首航日开出了烟台、桂林两条航线,最低票价仅199元。春秋航空开始了自己的低成本战略之旅。

作为全球低成本航空公司的追随者,春秋航空一直坚持这样的做法:从一点直接飞往另一点,不绕行;用一种型号的飞机(空客A320)以减轻维修、保养负担;千方百计地避免高价机场费和尽其所能地缩短起飞和降落的时间;机上服务能省则省,尽量做到"无花边服务";不断地降低票价,甚至于票价可以只有1元钱。这些做法,必然惹恼老牌的航空公司,它们用"控制飞行员流动"和"价格战"的狠招来驱逐这位胆大包天的闯入者。

然而,在中国的航空管制环境下,要做低成本航空公司,仿效美国西南航空公司是何等之难。40年前,美国西南航空公司从美国的二类机场做起,在那里它们可以得到很少甚至全免的机场起降费,而在中国,一些二类机场的起降费甚至比北京和上海还要高。而且在中国,航油是一家垄断,在价格谈判和延期付款上春秋航空毫无优势。这些占到总成本80%是刚性成本,不可能改变。而余下的20%的成本中,还有人力成本省不了,尤其是低成本航空的人力成本,都要比传统的航空公司高50%左右。"低成本"从何而来呢?

王正华才不管刚性成本这套理论,他固执地在这里面做起文章——建立了独立于中航信之外的售票系统,仅此一项节约了6%～8%的成本,让老牌的航空公司和新兴的民营航空公司惊讶不已。

此外,口碑式的广告宣传方式在春秋航空尤被推崇,这也是春秋航空节约成本的一个重要战术。王正华和他的团队鼓动那些满意公司服务的旅客去宣传搭乘春秋航空的愉快经历。在接受《中国企业家》采访时,王正华清楚地记得一个叫阿斌的乘客在博客上写的一篇体验性文章,王正华给他留言道:你是一个伟大的乘客。类似于这样口碑式的宣传很快产生了效果,越来越多的旅客开始选择了春秋航空。

航班上没有免费的食品供应、没有壁挂电视或者耳机享用等服务内容,却换来了节约七八百元的机票费用,凭借这样一笔明细账春秋航空成为国内大众自费出行的首选,由此春秋航空航班的客座率也一直保持在95%以上,高出老牌航空公司近2成。

"有旅游业支撑,春秋航空是当年所有申请航空公司最有底气的。"奥凯航空公司一位高管在接受记者采访时评价道。旅游+低成本航空,再加上成熟的B2C电子商务,春秋航空成为PE投资基金竞相追逐的对象。

5年前,春秋航空一切从零起步,发展到今天已拥有20架空客A320飞机,开飞了国内50多条航线,年年盈利,安全、服务、诚信等各项行业指标等均处于行业领先水平。各项指标连续5年快速增长,低票价惠及12 653 664旅客人次。春秋航空在实现社会价值的同时,给自己也带来较好的收益。2010 年上半年,春秋航空营业收入 14.7 亿元,实现比上年同期增长 60%,利润 1.6 亿元,实现比上年同期翻番。

[分析问题]

1. 在节约成本方面,春秋航空做了哪些出色的工作?

2. 春秋航空公司的低成本运营模式为什么能获得成功? 请结合相关战略理论进行全面分析。

[分析思路]

1. 在节约成本方面,春秋航空做得最出色的工作有:直飞,不绕行;用一种型号的飞机;建立了独立于中航信之外的售票系统;口碑式的广告宣传方式;"无花边服务"等。

2. 春秋航空低成本运营模式获得成功的原因有:借鉴了国外成功经验;飞机票的价格弹性很大;有春秋旅游的支持;竞争对手难以模仿春秋航空降低成本的做法。

[实施建议]

(1) 教师在讲述战略理论后安排此案例,并将训练目的和要求清楚的传达给学生。

(2) 分组讨论,课下认真准备,课堂讨论,时间限制在 20 分钟内。

(3) 由小组抽签决定各小组出场次序。

(4) 其他小组给出评价成绩,由教师对评价成绩综合后给出最后成绩。

三、管理技能训练

[训练项目]　专业化与多元化,哪个更适合企业发展?

[训练内容]　三星创始人李健熙提倡:不能把鸡蛋放到一个篮子里,他强调的是公司发展的多元化。但更多的企业认为,应该专注于一个行业的发展,即专业化。"地产大哥"——万科曾经涉足多个领域:录像机贸易、扬声器厂、怡宝蒸馏水,但其壮士断腕,坚决地砍掉与房地产不相关业务,取得了在地产业发展的大哥地位。而复星旗下所涉及的行业包罗万象,从医药、房地产,到钢铁、矿业、零售业、服务业、战略投资等。面对如此多元化的投资布局,复星集团却始终牢牢地把握着旗下产业的发展方向,保证了在各行业内细分市场始终处于领先地位。2010 年,复星位列福布斯全球 2 000 强第 1 264 位、中国民营企业 500 强利润第 2 位、资产第 4 位、纳税第 4 位、营收第 14 位。

选择一家当地知名的企业进行分析,它是实施什么战略的? 为什么?

[训练要领]　根据学生的意愿,将学生分为两组,一组是主张多元化的,一组是不主张多元化的,两组各派出 4 名代表,进行现场辩论,其他学生和老师可以做评委,分析哪方理由更充分,最后老师对整个辩论过程加以评述。

第三部分
组织与人事

第六章 组织与变革

 本章网络结构图

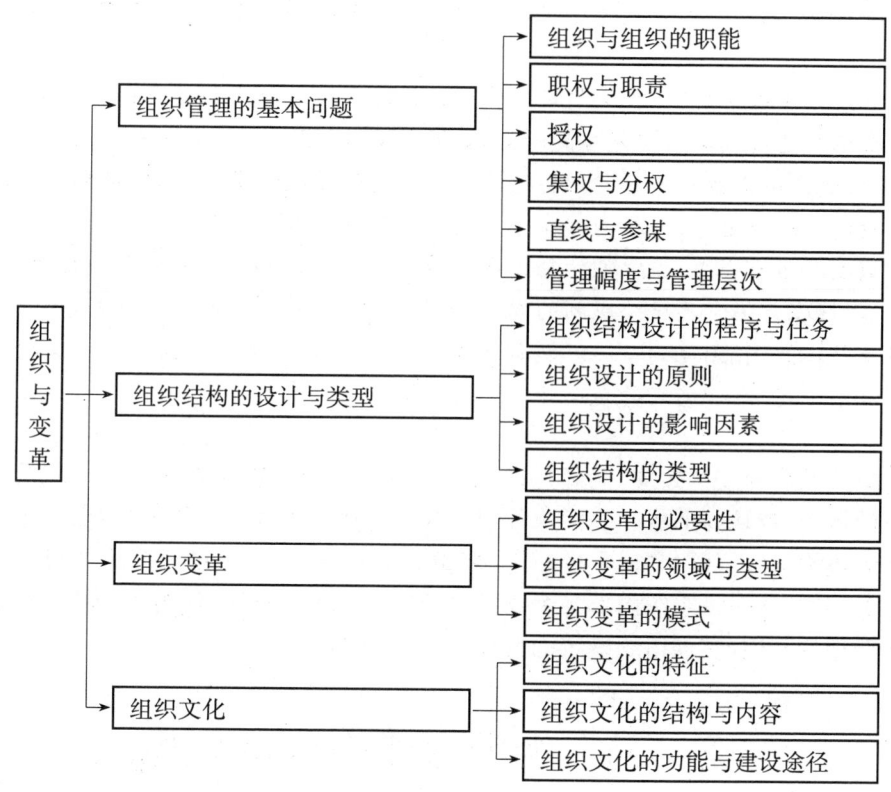

 本章学习目的

☆ 完整理解组织管理的基本概念及相互关系

☆ 认识组织结构设计的一般原则和组织运行的机制
☆ 了解组织设计的内容和主要影响因素
☆ 了解组织变革的内容和模式
☆ 认识组织文化特征、内容及功能

【引导案例】 **蚂蚁组织的秘密**

蚂蚁的世界一直为人所关注，它们的组织体系和快速灵活的运转能力是人类学习的楷模。蚂蚁有严格的组织分工和由此形成的组织框架，并且这种组织框架在完成具体工作任务时又有相当大的弹性。比如，它们在工作场合的自组织能力特别强，不需要任何领导人的监督就可以形成一个很好的团队，从而有条不紊地完成工作任务。

蚂蚁做事很讲流程，但它们对流程的认识是直接指向工作效率的。比如，蚂蚁发现食物后要回到巢穴叫同伴的时候，如果有两只蚂蚁，它们会分别走两条路线回到巢穴，边走边释放出一种它们自己才能识别的化学激素做记号，先回到巢穴的蚂蚁释放的气味会更重，这样同伴就会走最近的路线去搬运食物。

蚂蚁做事有分工，但它们的分工是有弹性的。一只蚂蚁搬食物往回走时，碰到下一只蚂蚁，会把食物交给碰到的蚂蚁，自己再回去，碰到前面的蚂蚁时，会将食物接过来往回搬，直到碰到下一只蚂蚁再交给它。蚂蚁在哪个位置把食物交给下一只蚂蚁不一定，唯一固定的是起始点和目的地。

蚂蚁的这种蚁群效应，无疑是现代企业组织管理中梦寐以求的。组织管理和变革的目的，就是要形成和发挥这种蚁群效应优势。管理的组织职能，就是通过设立组织机构、确定部门与成员的职能、职责和职权，建立一种能产生有效分工合作关系的结构，从而将组织内部各个要素联结成一个有机整体，使组织的资源得到最充分合理的利用，实现组织既定的目标。

第一节 组织管理的基本问题

一、组织与组织的职能

所谓组织，是指由两个人以上的群体为了达到一项共同的目标而构成的一个有机体或实体，在这个实体中人们彼此形成了一定的正式关系，有一定的共同的协调力量。

组织与一般的团体是有区别的。组织有四个方面的基本特征或构成要素：

第一，组织有一个共同的目标。组织成员是为了这个共同目标而结合在一起的，共同目标的实现要靠组织成员的共同努力。组织成员的个人目标要服从于组织的共同目标，组织机构的建立、撤销、调整等都必须服从于组织的目标。

组织职能的三个作用

第一，组织是实现决策的基础，是实现管理目标的保证。

第二，组织是综合发挥人、财、物和技术、信息等组织资源，以实现管理综合效益的合理结构体系。

第三，组织可以提供一种让组织每个成员充分发挥自己潜能、为组织目标做出最大贡献的良好的工作环境。

第二，组织成员之间的关系是正式的、强制确定的。领导与被领导的关系、分工协作关系、信息沟通关系等，在组织中是非自然的，是人为设定的。这种关系具体体现为组织成员的职位的指定、职责的明确。每个组织成员对这种关系都必须明确了解并接受。

第三，组织成员有一个共同的行为规范。为了保证组织共同目标的实现，就需要适当限制、约束组织成员的个人行为，要求每个成员自我克制，遵循组织内部共同的、且区别于其他组织的行为规范，与其他组织成员真诚合作，协调关系。

第四，组织有通畅合理的信息交流渠道。组织内的信息交流，是协调组织成员关系的必要途径，否则就难以将组织的共同目标与各成员的协作意愿有效联系起来。信息交流的渠道分成两大类：一类是固定渠道，如规章、制度、手册等；另一类是非固定的，如命令、指示、报告、请求、会议等。

建立一个组织，根本的目标是为了能有效实现组织的目标，提高工作效率。孔茨认为："建立组织结构的目的就是要建立一种能使人们为实现组织目标而在一起最佳地工作，履行职责的正式体制。"组织作为管理的一项基本职能，是一个为了有效实现组织共同目标，合理地进行组织结构设计与职务设计，并配备相关人员，确定各自的职责与职权，以及组织内部成员之间的相互关系的过程。

组织职能有两个方面的含义：一是静态地组织人们分工协作的结构系统；二是动态地集中资源以实现组织目标。这两个方面的有机联系，形成管理实体的组

织运动。具体来说,组织作为管理的一项基本职能,它有以下六大基本任务,即:
① 组织设计。② 职务设计和确定职责范围。③ 授予相应的职权。④ 配备相应的人员。⑤ 建立有效的信息沟通渠道。⑥ 组织变革与创新。

二、职权与职责

职权是指因职位或职务所赋予的权力,即管理者所拥有的、要求下属服从执行的权力。职权是组织的核心部分,是由组织层级由上往下授予各个层级的管理者的。在赋予管理者特定的权力的同时,也对管理者行使其职权有一定的限制规定。职权与管理者在组织中的职位有关,而与管理者的个人性格与特性无关。一个人如果离开某一职位,该职位的职权也就相应地丧失了。

职责是指为完成某项任务或行使某种职权所必须履行的义务。职责与职权是联系在一起的,担任某种职位除了赋予一定的职权外,同时也必须承担起相应的职责。权责相等是管理的最基本原则。

在这里,需要区别这样两组概念,一个是职责与责任,另一个是职权与权力。

(一)职责与责任

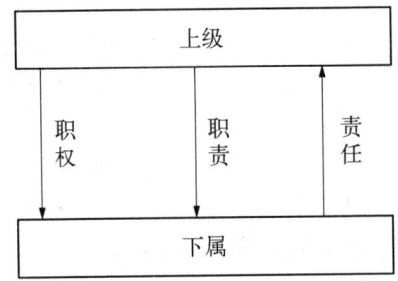

图6-1　职权、职责与责任三者关系示意图

责任是指下级在授权的范围内,对上级负责,它是下级对上级承担的义务;而职责是上级赋予下级的。责任将职权与职责联结了起来,它们的关系如图6-1所示。

(二)职权与权力

职权是权力的一种,权力比职权含义更广泛。所谓权力,是一个人影响他人采取或不采取某种行为的能力,或者说权力是一个人影响决策的能力。职权也是一个人影响决策的能力,这种能力是一种与所居职位相联系、相对应的合法权力。而权力不仅包括合法的权力(职权),还包括其他一些权力:① 强制的权力。这是指通过使用或威胁使用某种手段来实现某种权力,如主管通过对违反命令的员工扣发资金或威胁要扣发资金,强迫员工服从自己的命令。② 奖赏权力。这是指通过奖赏手段来对下属施加影响而产生的权力,如主管对表现良好的员工给予加薪鼓励以服从自己。③ 专家权力。这是指来自专长、特殊技能或者知识而拥有的影响力。④ 感召权力。这是指基于某人所具有的特质而使别人对他产生仰慕、佩服、认同。比如,有些人因具有很强的个人魄力或可依赖感,而为其他人所追随;有些人在组织中的职位不高,但权力或者说对决策的影响力却很大,如公司的秘书、有着重要技术的员工、电影明星、专家教授等。

权力的类型与来源

职位权力：来自管理者在组织中的职位

奖赏权力：来自奖赏他人的权力

强制权力：来自惩罚他人的权威

个人权力：来自管理者本人的能力、素养

专家权力：来自特殊的技能、知识等

依附权力：来自特殊的历史原因、个人魅力等

三、授权

组织是依靠指挥链来运行的。职权在组织中的各个职位上的分配或配置，或者说指挥链的建立，是通过授权来实现的。

授权是指管理者将自己的部分决策权或职权转授给下属的过程。授权意味着在上下级之间建立起某种形式的职权关系。一般授权是组织规模扩大的结果。职权既可以授出，也可以收回，因此授权不会使管理者丧失自己的职权。

授　权　给　谁?

有句老话说得好："如果你有件工作必须做，把它交给最忙的那个人准没有错。"

——罗伯特·卢比

授权是个过程。进行授权的第一步是分派职责，即将任务委派给接受授权的下属，并明确下属应当完成什么任务，这些任务应完成到什么程度或取得什么结果。第二步是委任职权，即将完成任务所必需的职权授予下属。第三步是建立责任，也就是使下属认可或同意接受所授的任务和职权，并对完成任务做出承诺。授权的这三个步骤是不可分割的，否则都算不上是真正的授权。

授权需要遵循以下主要原则。

（一）责任不可委任原则

在授权过程中，责任是不可下授的，这是授权的绝对性原则。上级管理者即使授权给下属去完成某项任务，但仍然负有对该项任务的最终责任。这是许多管理者不愿授权或不敢授权的原因之一。当然，下级也必须负起与被授职权相等的责任，该责任不能推诿。

（二）统一指挥原则

授权必须遵循统一指挥原则，这样才有利于管理者的有效控制。

权责对等的重要

徒有责任而没有权力，会摧残一个人的自尊。

——美国企业家 M·K·阿什

（三）权责对等原则

所授予的权力应当与下属承担的职责相对等，保证被授权者既有权有职，又要有责。

（四）授权明确原则

授权可能是具体的，也可能是一般性的；可以是书面的，也可以是口头的。不管哪种授权方式，都必须使下属充分理解所授职责的性质、内容、所要达到的结果，明确自己所拥有的职权和责任。

四、集权与分权

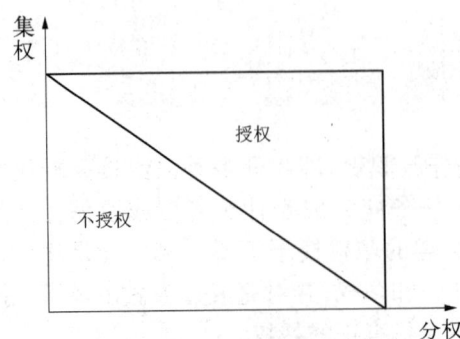

图6-2　集权与分权趋势示意图

集权与分权是授权后的结果。集权是指组织将决策的权力大部分集中在较高的管理层，而分权则是将决策的权力有系统地分散到较低的管理层。在现代组织管理中，已经没有绝对意义上的集权与分权了，集权与分权不是一个非此即彼的绝对概念，而是一个程度高低的相对概念。集权与分权只是两种趋势或倾向，它们的关系如图6-2所示。

组织的集权与分权的程度高低要根据具体情况而定,没有统一的标准。集权与分权的程度一般取决于这样几个因素:① 外界环境。外界环境是影响集权与分权程度的重要因素之一。当外界环境的不确定性高、变动性大时,组织倾向于分权;而外界环境比较稳定、不确定性低的时候,组织就倾向于集权。② 决策的重要性。如果决策的成本很大或者决策的风险很高的时候,组织就倾向于集权;反之,则倾向于分权。③ 管理者能力。如果高层管理者的管理能力很高,而且低层管理者的能力比较低,组织就倾向于集权;如果高层管理者能力有限,而且低层管理者的管理能力很高,则组织就会倾向于分权。④ 组织的规模。组织规模越大需要做出的决策就越多,协调起来就越困难,这会降低决策的速度,增加决策的成本。解决这种问题的选择就是分散决策,即分权。

在集权与分权问题上,一些国际大公司对不同部门、不同岗位的一般做法如下:

计划:目标集中决定而实现目标的具体途径由各部门决定。

生产:权力分散,因为一般日常生产发生的问题,基层了解得最清楚。

销售:权力分散,一般只有市场调研和广告等权力集中。

财务:一般都集中,它被认为是最少下放的权力。

统计:收集统计资料分散,但汇总、分析工作集中。

人事:劳资谈判合同及其实施高度集中,人事政策、骨干人员的任免、选拔等集中;而招工、升级、开除、调职和实施劳动纪律则分散进行。

采购:集中的情况居多,占成本很大比例的主要材料的采购几乎总是集中办理的,个别部门及分散的分部、分厂则大多数分散采购。

五、直线与参谋

直线与参谋的概念可以泛指部门的设置,也可以专指职权关系。随着组织的发展、规模的扩大,管理人员尤其是高层管理人员普遍感到力不从心,同时由于专业分工的结果,管理人员的专业技能和知识也不够用。为此,需要在组织中建立咨询部门与机构,从而形成直接指挥与辅助参谋相结合的体制。

所谓直线关系,是一种上下层级之间命令与服从的关系,比如厂长与车间主任之间、总经理与部门经理之间的关系就是直线关系。销售总经理-营销经理-销售代表-销售员之间的关系也是直线关系。直线关系是循着组织等级链或指挥链发生的职权关系,指挥链上的人员之间就是直线关系。直线管理人员所拥有的指挥直接下属的权力属于直线职权,而由下至上也相应地有各自的直接责任。

参谋关系是适应直线关系的需要而产生的,它是指组织内的各级专业技术管理者向直线管理人员提供信息、咨询和建议,支持与协助直线主管工作的关系。

参谋部门与职能职权

在直线职权和参谋职权以外,组织中还有一类职权,就是职能职权。

职能职权是直线组织的上级主管人员向参谋机构和人员的授权,允许其按照规定的程序和制度,在一定的职能工作范围内,向下一线直线部门和人员发出指令、提出要求的权力。其实质是主管人员将本属于自己的一部分直线权力授予参谋机构和人员,从而使参谋职权得以扩大了。因此,职能部门是指拥有了职能职权的参谋部门,与纯粹的参谋部门是不同的。

在绝大多数的组织中,通常将对实现组织的目标有直接贡献的部门称为直线部门。比如,一个制造企业里,总经理—厂长—车间主任—工段长—班组长—作业员工指挥链上的各个部门;一所大学里,校长—院长—系主任—教研室主任—教师教学科研链上的各个部门。相应地,采购、财务、人事、设备维修、质量管理、教务管理、图书情报等就是企业或大学里的参谋部门。虽然采购、财务、人事、教务管理等参谋部门内部也存在着上下级关系,有直线职权发生,但从企业或大学这个组织来看,它们是为直线部门提供辅助服务的,这种跨部门发生的辅助关系统称为参谋关系。如图6-3所示。

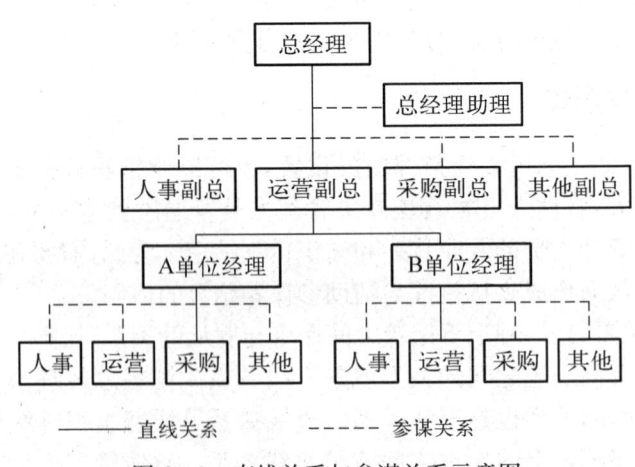

图6-3 直线关系与参谋关系示意图

参谋人员所拥有的为直线人员提供支持、协助、建议的权力称为参谋职权。参谋职权是进行思考、筹划和建议的权力,仅限于一种顾问的性质,拥有参谋职权的管理人员一般不单独做出决策和向下一级管理层次发布命令。他们的主要任务是向同层次直线主管提供各种专门服务与对策建议。一个小规模、工作任务简单的组织，参谋职权往往不被重视。但组织规模大、组织运作复杂的情况下，参谋职权就成为直线主管有效地解决问题、做出决策不可缺少的参考与支持。直线职权与参谋职权的分工与联系请参见图 6-3。

六、管理幅度与管理层次

任何一名管理人员能够直接有效指挥与控制下属的数量总是有限的，超过了这个限度，管理的有效性会下降。所谓管理幅度，就是指一名管理人员直接有效地管理下级人员的数量。管理幅度是一个组织水平结构扩展的表现。当一名主管人员的下属数量超过了他能够有效管辖的限度时，为了保证组织的正常运转与协调有序，他就会委托一些人来分担其工作，这样就增加一个新的管理层次。

管理层次是指组织内部纵向管理系统所划分的等级数，是一个组织纵向结构扩展的表现。依此类推，直到基层主管能够有效地安排、指导和协调一线作业人员具体业务活动，整个组织便形成了由最高主管到一线员工之间的等级层次结构。

一个组织管理层次的多少受组织规模与管理幅度的影响。当管理幅度已定时，管理层次与组织规模成正比。组织规模越大，组织成员越多，则管理层次相应增多。在组织规模已定的情况下，管理层次与管理幅度成反比。管理幅度越大，一个主管直接领导与控制的下属人员多，管理层次数就可以减少；反之，管理幅度越小，管理层次数就会越多。例如，一个企业有 4 096 名作业人员，有 A、B、C 三个组织结构方案，A、B、C 的管理幅度分别按 4、8、16 进行组织设计（这里假定各层次的管理幅度相同），那么其管理层次相应地依次为 6、4、3，所需要的管理人员分别为 1 365 人、585 人和 273 人（见图 6-4）。

那么管理幅度究竟多宽才能实现有效的管理呢？这个问题至今管理界没有一致的意见，早期的管理者认为管理幅度不应超过 6～8 人。现在大多数人认为，管理幅度的宽窄取决于多种因素，并没有一个统一的数量标准或模式。一般而言，高层管理人员由于要处理的问题复杂，管理幅度应小一些，基层管理人员的管理幅度可以大一些。

管理幅度与管理层次它们共同决定了组织结构的基本形态。人们一般将管理幅度宽、管理层次少的组织称为扁平结构，比如上例中的结构 C；而将管理幅度狭窄、管理层次多的组织称为直高结构，比如上例中的结构 A。扁平式组织的优点是有利于授权，决策速度快，节约管理费用和有利于培养下属；缺点是管理幅度过宽，主管人员管理负担重，容易出现决策失误。而直高式组织的优缺点正好相反。其优点是便于上级监督和控制，上下级沟通简便；缺点是管理层次过多，信息传递缓

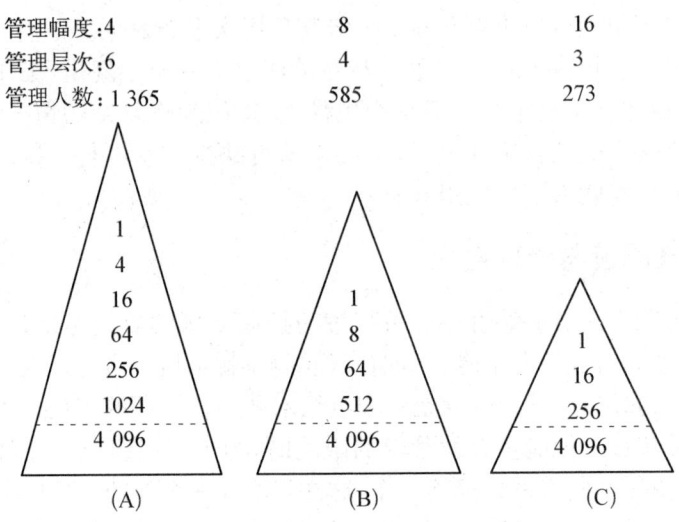

图 6-4 管理幅度与管理层次的关系示意图

慢,管理成本高和上层对下属的工作参与过多等。

摩西和管理幅度的故事

摩西的岳父乔叟看到摩西从早到晚整天坐在那里,以色列人在他面前排起了长队,耐心地等着见他,表达自己的愿望和倾诉心中的不满。乔叟对摩西说:"你这样做不太好。你和那些等着见你的人都受不了,你们会累坏的。你不应该自己一个人做这件事。"然后乔叟建议摩西在每 1 000 人中选出 1 位代表,再在其中每 100 人选出 1 位代表,每 50 人及每 10 人选出 1 位代表。重大事项仍然由摩西自己来决定,但琐碎的事情就由那些选出的代表来做出裁决。摩西接受了建议。从那之后,他带领以色列人向迦南进发的任务就轻松了许多。

——《圣经·旧约》第二章 出埃及记

一般来说,管理人员总是希望发展扁平式组织结构,以减少管理层级、降低管理费用。但管理幅度的扩大并非可以随心所欲。管理幅度加大会引起人际关系增多,管理工作的复杂程度亦大大增加,使管理人员的压力过大,甚至出现失控的风险,降低管理的有效性。

第二节　组织结构的设计与类型

　　组织结构是组织的基本架构,是组织内部各级各类职务职位的范围、排列顺序、联系方式和分工协作关系的整体框架,是实现组织目标的制度性安排。组织结构犹如人体的骨架,人体的206块骨头组成的骨架保证了消化、呼吸、循环等系统正常发挥生理功能。组织结构在一个管理系统中也起着同样的"框架"作用,关系到组织内部人员、资金、物资、信息的流程,影响着组织目标的实现。

　　组织设计是组织工作中最重要的核心环节,是组织职能的主要工作。所谓组织设计,是对组织的结构和活动进行规划、创建、创新和变革。具体来说,就是设计一个有效的组织结构,对组织成员在实现组织目标中的分工协作关系做出正式的、规范的安排,并根据内外环境的变化对组织结构不断进行调整。

一、组织结构设计的程序与任务

(一)组织结构设计的一般程序

　　组织结构的设计是一个动态的工作过程,虽然每个组织或每次组织结构设计的具体过程不尽相同,但总体看是按着一套既定的步骤进行的。组织结构设计的一般程序是:

组织设计程序

　　所有的事物都是为着一个目的而具有某种秩序。

——亚里士多德

　　(1)确定组织设计的基本方针和原则。这就是要根据计划的任务、目标以及外部环境和内部条件,确定设计的基本思路。

　　(2)进行职能分析和职能设计。

　　(3)设计组织结构的框架,即承担各项管理职能和业务的各个管理层次、部门、岗位及其职责。这是组织设计的主体工作。

　　(4)联系方式的设计,即上下管理层次之间、左右管理部门之间的协调方式和控制手段。

(5) 管理规范的设计。确定各项管理业务的工作程序、工作标准和管理人员应采用的管理方法等,并使之成为各管理层次、部门和人员的行为规范。

(6) 人员配备和训练管理。

(7) 各类运行制度的设计,如绩效评价和考核制度、激励制度、人员补充和培训制度等。

(8) 反馈和修正。将组织结构运行中出现的各种信息反馈到前述各个环节中去,定期或不定期地对原有组织设计做出修正,使之不断完善,不断符合新情况。

(二) 组织结构设计的任务

组织设计的基本任务包括以下几个方面的内容。

1. 职务分析与设计

职务分析与设计是组织设计的基础性工作。进行组织设计首先要对组织的总的任务目标进行逐级分解,根据组织的规模和工作任务性质,分析完成组织任务需要哪些工作岗位及相应的职务,并具体确定所需设置职务的类别和数量、每个职务的任职人的素质要求以及权力范围和应负的职责。

因事设职与因人设职

组织设计首先要做到因事设职,因职用人。但这并不意味着组织设计可忽视人的特点和人的能力。因为通常组织的设计是因环境、任务等因素变化而需要重新调整组织的结构和机构,即组织结构的再设计,这时就不能不考虑现有成员的特点。另外,组织设计的目的不仅是保证"事事有人做",而且还要考虑"人人有事做",并保证有能力的人有机会去做他们真正胜任的工作,做到因人设职。

一定要注意为有能力的人设置相应的空间,提供舞台让其能力发挥,否则,必然会导致人才的流失或枯萎。

职务分析与设计可以由基层开始,自下而上地进行。比如,一个企业可以根据完成组织目标所需要的生产工人的情况,先分析需要设置哪些班组长职位,然后分析需要设置多少工段长职位,再分析车间主任职位的设置,在包含多个工段的车间,除车间主任外,可能还需要设置协助和分担车间主任管理工作的专职的会计、统计、调度、物料员等职务。由此向上逐级考虑厂长职位的设置,以及负责技术的总工程师、分管财务、行政的副厂长职位的设置等,最终确定组织的全部职务类别、数量。职务分析与设计也可以根据组织的目标和内外环境条件,自上而下地确定组织运行所需要的部门、职位及相应的权责。

2. 部门划分与设计

部门是指由若干性质相同或内在联系紧密的职务组合成的管理单位。部门划分是组织发展的必然结果和组织设计的一个重要内容。所谓部门划分,就是在同一级管理层中,根据组织职能、工作任务的性质、工作联系的程度,将各个职务进行归类,形成易于管理的组织单位,如处、科、室、组等部门,并确定其权责界限及其相互关系。部门划分是提高管理人员的工作效率、避免组织规模扩大受个人管理能力限制的有效方法。每个组织最高管理层以下的各个层级都可以进行部门的划分,即每一个部门又可以划分为若干下级部门。

虽然一个组织的不同部门其职责范围不同,但都应该是任务明确、职责清楚、权力对应的相对独立单位。在进行部门划分时,要对部门的任务、职责、权力做出明确的规定,并用制度明确各部门之间的沟通方式与协作关系。

部门划分常用的方法有多种,如按职能划分、按产品划分、按生产过程或设备划分、按地区划分、按顾客划分等,具体的划分依据或标准千差万别。组织活动的特点不同、环境条件不同,划分部门的依据标准也就不同。

3. 层级设计与划分

组织层级指组织在纵向结构设计中需要确定的层级数目。

职务设计与部门划分已经包含了层级划分的内容。职务设计不管是从基层开始,自下而上地进行,还是自上而下地进行,都已经涉及层级的划分问题。部门划分也是一样,划分的部门可以按一定的方式组合成上一层级更大的部门,或者可以进一步划分为下一层级更小的部门。层级设计与划分,就是在职务设计以及部门划分的基础上,根据组织的内外资源条件,尤其是人力资源情况,对初步设计的职务和划分的部门进行调整。

经过职务设计与部门划分,组织结构的框架已成雏形,但要使组织结构能有效运转,还必须明确每个职务的权限与职责是什么?向哪位上级负责?自己的下属有哪些?各个职务之间的相互关系是什么?通过何种途径与有关部门建立工作联系等。组织设计是个分化与整合的过程。在把组织的整体活动分解成职务、部门、层次等组织部分后,需要通过职责权限的分配和各种联系手段的设置,使组织中的各个部门构成一个有机联系、协同运作的完整系统。

4. 业务流程与运行规范设计

业务流程也称作业操作流程,指一组相互关联的活动,组织的每一类、每一部门的活动都可以也需要进行业务流程设计。业务流程设计的内容通常包括流程步骤的确定、各个步骤工作开展的先后顺序、各个步骤的具体内容以及相应的负责岗位或部门等。对业务流程进行合理设计，可以促进组织各个方面、各个部门的工作规范化、标准化、正常化。

较大规模组织除了业务流程这一基本制度规范外，还需要制定指导组织运行的其他规章制度，保证组织能够有序、规范地运行。

5. 职务说明书的编写

组织设计任务完成的工作成果，是组织结构图和职务说明书。

组织结构图是对组织结构的静态描述，是作为规范化组织结构设计的一个管理文件。组织结构图用图形形象标明管理层次，表示组织的框架体系，通过该图组织的层次关系和职务分工可一目了然。

职务说明书是用文字说明每一个管理职务的工作任务、职责与权限，尤其是与上下级和同级其他部门、其他职务的关系的文件。

职务说明书的编写，使组织的工作任务在全体成员间的合理分配以及各自分散的工作最终结合成整体得到保证。

二、组织设计的原则

在中外长期的管理实践中，积累了一些成功与失败的组织设计的经验教训，在此基础上形成了组织设计应该遵循的最基本的原则。

（一）统一指挥原则

有效的组织必须有统一的指挥，在上下级之间形成清晰的指挥链。组织内的每个成员都只服从本部门主管的直接指挥与命令，只向这一个上级主管汇报工作并向他负责，其他更高级别的主管或者其他部门的主管不允许越级指挥或越权发布指令。

（二）目标明确原则

组织设计是从职位设置开始的，而职位是根据组织的目标确定的。因此，组织设计一定要从组织的目标出发，在明确组织目标是什么、部门目标是什么、个人工作任务是什么的基础上考虑组织的构建，体现一切设计为目标服务的宗旨。

（三）权责对等原则

权责对等就是说每个职位拥有的权力与承担的责任大体相等。职位权力是完成工作任务的必要条件，组织中的每个职位有其特定的工作任务，完成这种工作任务需要有相应的权力或资源条件。组织设计在明确规定各个职位要完成的任务与承担的责任同时，必须对不同职位拥有的权力做出明确规定。

（四）管理幅度原则

管理者能直接有效管理的下属人数都是有限的。组织设计必须要确定合理的管理幅度要求，既要考虑充分发挥管理者的工作能力，又要考虑如何使管理效率保持在最佳水平。

（五）管理层次原则

由于存在着有效管理幅度的要求，规模较大的组织必须合理划分组织层次，因而组织设计时就需要考虑管理层次原则的要求。一般来讲，应该在通盘考虑决定管理幅度的因素后，再根据具体情况确定管理层次。

（六）弹性原则

组织设计中，考虑到给组织的各个部门、各个人员根据内外环境变化而进行灵活调整和变动的空间或余地。组织设计完成后，由于环境的变化和组织发展的要求，迟早会发生新的组织变革。组织的结构保持一定的弹性，能减少组织变革所带来的冲击和震荡，降低组织变革的成本，提高组织的适应性。

三、组织设计的影响因素

组织运作效率的高低是受多方面因素影响的，组织设计还必须充分考虑内外环境因素的影响。管理学者西拉季认为，影响组织设计的因素有四个，即战略、环境、技术与组织规模。

（一）组织战略

组织结构必须服从组织所选择战略的需要。适应战略要求的组织结构，是战略得到有效实施的必要前提，是组织目标得以实现的基础。与战略不适应的组织结构会成为阻碍战略发挥作用和产生效力的巨大抑制力量。

知 识 窗

公司战略与组织结构

管理学者钱德勒对数十家大公司的实证研究认为：公司战略的变化先行于并导致了组织结构的变化。组织战略分成四个阶段，每个阶段组织面临的任务不同，对组织结构的要求也不同。

战略从两个层面上影响组织设计：一是战略任务的影响。不同的战略决定组织的业务活动内容与特点不同，从而就会对组织的管理职务设置和部门的划分提出不同的要求。二是战略调整的影响。组织的战略重点改变以后，就会引起组织工作重点的相应变化，从而会影响不同部门及职务在组织中的重要程度发生变化，要求部门与职位的设置以及部门之间、职务之间的关系进行相应的调整。比如，选择专一化战略的组织，其组织结构会是较为简单、精干的；而一个将战略重点转向海外市场的公司，不只是新增一个国际业务部，还会要求其他部门的相应改变并提供支持。

（二）组织环境

组织作为存在于一定社会环境之中的开放系统，会受到各种环境力量的影响。组织环境大致分为内部环境与外部环境。对外部环境组织是无法控制的，组织只能调整自身结构来适应不同的环境。环境从两个方面对组织产生影响：一是给组织提供资源和发展机会；二是造成威胁和约束。

组织环境的不同会影响到组织结构的整体特征。在相对稳定的环境中，组织结构更多地具有等级关系严格、规章制度详细刻板、职责分工明确、工作程序固定的"机械式"组织特征；而在竞争激烈、存在多种不确定因素的环境中，组织结构就具有更多灵活性，体现出强调合作与横向沟通、等级关系和权责界限相对模糊的"有机式"组织特征。

组织环境也会影响到组织内部的机构设置和部门间的关系。比如，在垄断程度较高的行业，企业面临的问题主要是如何生产尽可能多的产品。相应地，组织结构中生产部门居于中心地位，而销售部门处于次要地位。在商品供过于求的买方市场环境中，营销成为企业至关重要的部门，销售部门不仅人员和机构都会增加，而且与其他部门的关系也发生变化。

（三）技术因素

科学技术的飞速进步对组织结构的影响是极其深刻的，只有与组织的技术状况相适应的结构，才有助于提高组织的效能。

技术因素对组织结构的影响从两个层面展开：第一个层面是组织用于自身管理活动的技术水平高低，将直接影响组织中的职务设置、结构特点和对管理人员的素质要求。第二个层面是组织生产经营的技术水平高低，会对组织结构产生重要影响。

（四）组织规模

组织规模除了影响等级层次的多少外，也影响到组织结构类型的选择。小型组织一般是优先考虑按职能划分部门，形成一种决策管理权力较集中的简单型结构。而一个经营着多种产品系列、有着成千上万员工的大型企业，则需要考虑的是如何设置具有相对独立性的分支机构，并增加协调分支机构运作的专门职位。大型组织通常比小型组织有更细化的分工和更多、更严密的规则条例，以加强标准化，便于统一管理。但这种关系并非是严格线性的，组织扩充到一定程度后，规模对于结构的影响度逐渐减弱。

四、组织结构的类型

（一）集权型组织结构

集权型组织结构的形成较早，当时的企业规模一般都不太大，经营环境相对稳定，虽然集权型组织结构的具体形式存在着明显的区别，但在制度安排上都是以高层管理者大权独揽为基本特征，各职能部门和直线部门都只具有执行权力。集权型组织结构主要有直线制、职能制和直线职能制三种组织结构。

1. 直线制组织结构

直线制组织结构是最古老也是最简单的组织结构形式，最初广泛应用在军队中，后来推广到企业中。这种组织结构的基本特点是组织中只有一套纵向的指挥系统，即所有的职位都依据直线职权组成等级层次分明的垂直系统，不设专业化分工的职能部门，各种管理职能集中由主管人员承担，每个组织成员只接受其直接主管的命令并向他负责。一般生产简单的小规模企业、发展初期的小企业、创业型的企业大多采取这种组织形式。以小型工厂为例，这种组织结构就是厂长下设几个车间主任，车间主任下又设工段长，工段长下再设班组长（见图6-5）。

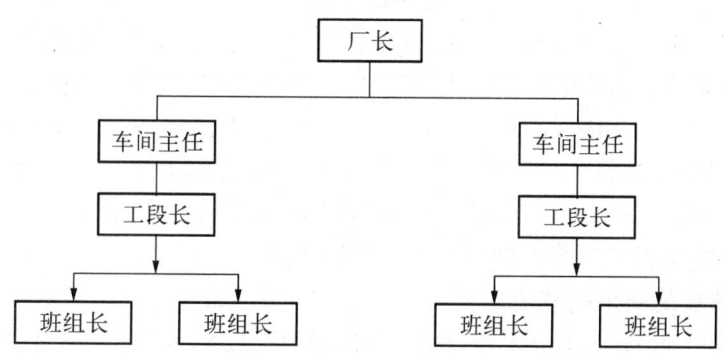

图6-5　直线制组织结构示意图

直线制组织结构的主要优点是简单明确、权责清楚、统一指挥，领导从属关系简单，命令与指挥统一，上呈下达准确，解决问题迅速，业务人员比重大，管理成本低。直线制组织结构的缺点是没有专业管理分工，缺乏横向协调的渠道，对领导的技能要求高，当组织规模扩大或主管人员的能力不足以有效控制时，则难以适应业务发展的要求。

2. 职能制组织结构

直线制组织结构一般不能适应规模较大、管理工作较复杂的组织，这些组织大多采取职能制组织结构。所谓职能制，是一种以职能分工为基础的分级管理结构，每一层级都设有相应的职能机构，这些职能机构在自己的业务范围内，都有权向下级下达命令指示。也就是说，下级负责人除了要服从行政上级的指挥外，还要服从上级职能机构的指挥（见图6-6）。

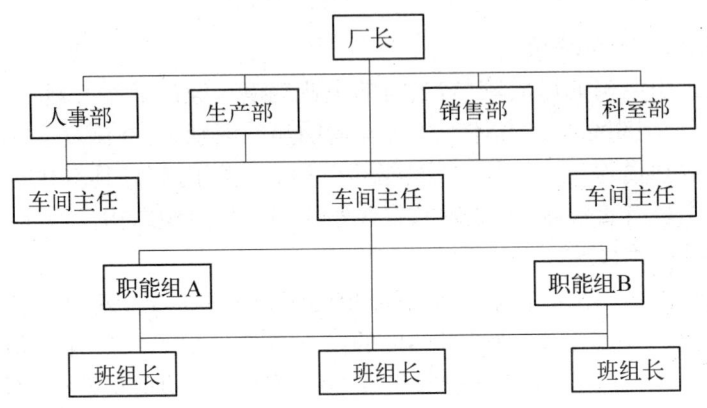

图6-6 职能制组织结构示意图

职能制最早是由泰罗在《工厂管理》一书中提出。这一组织结构的优点是各专业管理部门在其职责范围内对下级行使管理职权,责任明确,能够充分发挥专业化分工的优势,解决了管理人员的品质技能与管理任务不相适应的矛盾,有利于高层主管从日常繁琐的业务中解脱出来,集中精力思考重大问题。职能制组织结构最大的缺点是破坏了命令统一的原则,形成多头领导,往往使基层无所适从。同时企业各个职能部门相互协调困难,有可能对实现组织的总体目标产生消极影响。另外还容易造成高层管理者与基层脱节,信息不通畅,影响上层管理的有效性。一般来说,职能制结构对中小型组织有一定适用性,特别是处于发展初期或者外部环境比较稳定的组织大多采用简单明了的职能制结构。

3. 直线职能制组织结构

直线职能制组织结构既吸收上述两种结构的优点,又克服了它们的缺点。其特点是同时设置了两套系统:一套是依照直线指挥关系层层负责的垂直系统,另一套是按照职能分工关系设置的参谋系统。直线主管在其管辖范围内拥有对下属工作实行指挥命令、监督奖惩的职权。参谋部门的人员对下级机构和同级主管只有提供咨询建议和业务指导的权力,不能直接指挥和发布命令(见图6-7)。

直线职能制组织结构适应了管理职能分工的要求,使参谋部门分担了直线主管的管理工作,又保证了集中统一的指挥管理,命令统一,避免了政出多门、多头指挥造成的混乱。两套系统各司其职、各负其责,整个组织的运作稳定有序,效率较高。其主要缺点是过于强调集权、统一,过于刻板,应变性较差。同时,参谋部门与直线部门间缺乏正式的沟通渠道。这种组织结构比较适合于中型组织,但对参谋部门众多、又拥有多种产品系列的大型组织不大适合。

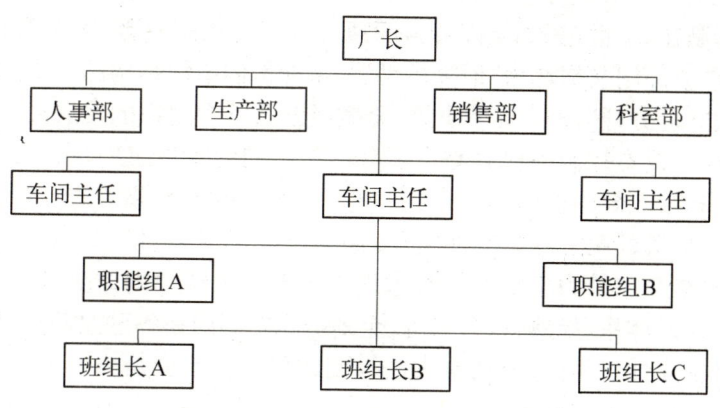

图 6-7　直线职能制组织结构示意图

（二）分权型组织结构

随着企业规模的扩大和竞争的日益激烈,组织经营环境变动性加大,集权型组织结构日益不能够适应企业的发展需要,一些在多个业务领域和不同地区经营的大型企业开始产生分权型组织结构。分权型组织结构主要有事业部制与矩阵制两种组织结构类型。

1. 事业部制组织结构

事业部制的本质是集中指导下的分权管理体制,它是在职能制和直线职能制结构的基础上,为克服两者的缺点而发展起来的组织形式。事业部制结构指在大公司里按产品、地区或经营部门,分别成立若干自主营运的分公司或事业部,每个事业部都拥有独自的利益和对总公司的责任。一个部门能否作为独立的事业部,必须具备三个基本条件:一是有相对独立的市场;二是有相对独立的利益;三是有相对独立的自主权。图 6-8 是典型的事业部制组织结构。

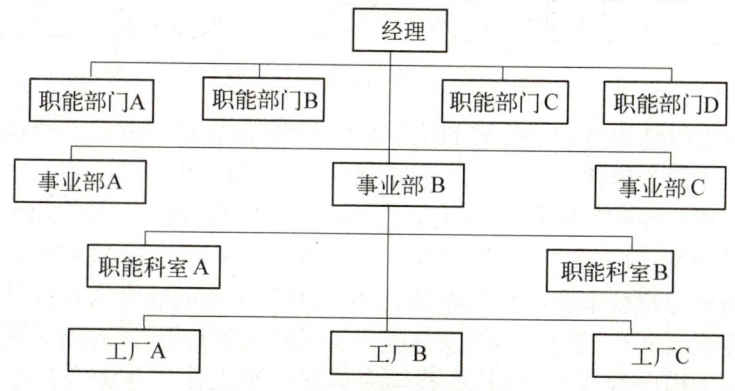

图 6-8　事业部制组织结构示意图

事业部制在20世纪20年代由美国通用汽车公司副总裁、著名管理学家斯隆创立,所以事业部制又被称为"斯隆模型"。事业部制组织结构的基本原则是"政策制定与行政管理分开",即:集中决策,分散经营。整个组织的发展战略选择、经营运作方式、生产成本控制等权力与责任分散在不同的管理层中。它最主要的优点是建立了一种绩效导向型的体制,总公司关注和考核各事业部的经营效果而不是营运过程,这样既鼓励了各事业部经理的主动进取精神,又使总公司主管摆脱了日常管理事务,能集中精力于组织的长远发展方向和战略规划的决策。其缺点主要是各事业部自成体系,导致营销、财务、企划等职能部门在各事业部重复设置,并且如果事业部独立性过强,总公司有失去控制的可能。这也是一些大公司对事业部制实施有所顾忌的主要原因。

2. 矩阵制组织结构

矩阵制组织结构在横向上按专业化分工设置各职能部门,纵向上依照产品或项目设置产品组或项目组,纵、横两个系列结合,就形成了一个类似数学里的矩阵形式。所以这种组织形式借用数学术语称之为"矩阵结构"。图6-9是某建筑公司的矩阵制组织结构图。

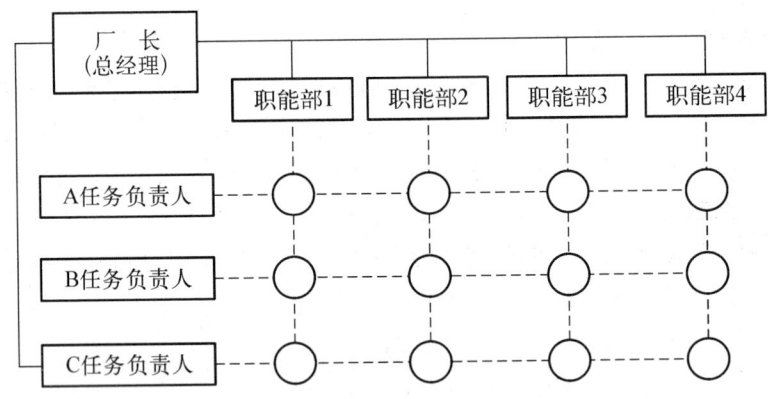

图6-9　矩阵制组织结构示意图

矩阵制组织结构打破了传统的统一指挥原则,建立起一种双重指挥系统,组织成员同时处于两个集体之中——他所从属的职能部门和他在其中工作的项目组,项目经理和职能经理都拥有指导他工作的职权。显然,两个经理必须保持经常的沟通,并协调他们对有关共同员工的要求,才能使矩阵制组织结构有效地运作。从实现组织目标的角度来看,矩阵制组织结构既有助于各职能专家发挥其技术专长,促进各种专业资源在组织内不同项目或产品间的共享共用,又有助于职能专家、职能部门之间的横向沟通与协调,在共同完成同一项工作任务的合作中加深了解。明确各项职能在特定项目或产品的生产中所承担的责任,职能专家专业技能的进一步提高和长远发展主要由职能部门负责。

管理实践中矩阵制组织结构大多是为了完成某个项目而设立的临时性组织，通常又被称为"非长期固定组织"。比如，为了完成某攻关项目，从各职能部门临时抽调所需各类专业人员组成项目组，配备项目经理或组长负责工作。被抽调人员在行政关系上仍隶属原所在部门，但工作过程中要同时接受项目经理或组长的指挥，即有两个上级。项目完成后项目组便解散，被抽调人员回到原来所属部门。

组织形式发展的趋势

化大为小，分而治之；

化刚为柔，增加弹性；

化繁为简，减少层次；

化零为整，协调合作；

化实为虚，集中优势。

矩阵制组织结构最主要的缺点是有可能造成混乱，双重职权关系的指令不同时，会使项目组成员无所适从，而项目组成员工作位置不固定，也会影响其责任心。此外，对于项目组成员的业绩考核、职称晋升与年度评价、薪酬标准等决策权在两个经理间如何分配，也会影响组织成员的行为取向。

（三）创新型组织结构

20 世纪 80 年代以来，随着经济全球化的发展，企业的经营规模和资源配置范围都大大扩展，跨国公司和特大型企业发展迅速，适应这种新的经营环境的需要，组织结构形式也有了创新发展，这里对主要的新型组织结构形式进行简要的介绍。

1. 网络型组织结构

网络型组织结构是在业务外包的基础上发展起来的新型组织结构，也称为"虚拟组织"，因为组织中的许多部门是虚拟存在的，管理者最主要的任务是协调和控制好组织的外部关系。网络型组织结构是一种以项目为中心，通过与其他组织建立研发、生产制造、营销等业务合作网，有效发挥核心业务专长的协作型组织形式。

这种组织结构最大的优点是具有更大的灵活性和适应性，以项目为中心的合作可以更好地整合各种资源，并且这种组织结构简单，组织结构可以进一步扁平化，效率可以更高。其缺点是可控性太差，存在很大的外部资源风险。

彼得·德鲁克论"未来组织"

20年之后,典型大企业的管理层次将会不到现在的一半,管理人员不会超过现在的1/3。它的结构、管理问题和关心的主题都与我们教科书上标准的典型制造企业没有多少相似性。相反,它更可能像那些务实的经理们和管理学家们今天都没有特别注意到的组织:医院、大学、交响乐团等。那样的话,典型的企业将会是以知识为基础的、主要由专家组成的组织。他们通过来自同事、顾客和总部的有机反馈来指导和控制自己的绩效。因此,这种组织就是我所说的"以信息为基础的组织"。企业,尤其是大企业,除了成为以信息为基础的组织,几乎别无选择。

——彼得·德鲁克

2. 团队组织结构

所谓工作团队,是指一种为了实现某一目标而由相互协作的个体组成的正式群体,当管理人员运用团队作为协调组织活动的主要方式时,其组织结构就是团队结构。这种结构形式主要特点是打破部门界限,可能快速地组合、重组和解散,提高决策速度和工作绩效。

团队是一个整体,每个成员都应始终对整个团队的产出和成绩负责,而不是只对自己的工作负责。在小型公司,可以把团队结构作为整个组织的结构形式,团队对日常的操作性工作全部负责。在大型组织中,团队结构可以作为典型的职能结构的补充,这样既能得到职能结构标准化的好处,提高运行效率,又能因团队而增强组织的灵活性。一些知名的国际公司,如摩托罗拉、惠普、施乐等,都广泛采用自我管理的团队结构。

3. 无边界组织

"无边界组织"这一名词是由通用电气公司(GE)总裁韦尔奇提出的一种组织结构设想。按照韦尔奇的设想,无边界组织首先要通过引入跨等级团队、让员工参与决策等手段,取消组织垂直界限,使组织扁平化,将等级关系降到最低限度。其次是以多功能团队取代职能部门,消除因为职能部门带来的组织水平界限。再次是打破组织与客户之间的外在界限和地理障碍,建立顾客与组织间的固定联系。

无边界组织能够得以正常运行的技术基础是计算机网络化,这使得人们有可能超越组织内外的界限进行交流,使商品供应商可能及时查看经营自己商品的商店的存货情况。

4. 学习型组织

学习型组织是指由于所有组织成员都积极参与到与工作有关问题的识别与解决,从而使组织形成了持续适应变革能力的这样一种组织。

学习型组织的主要特征表现在四个方面:

一是组织设计上有利于协作和学习。在学习型组织中,组织成员必须在整个组织范围内跨越不同职能专长及不同组织层级共享信息和工作活动自主协调,而这通常需要通过削弱或取消已有的结构以及组织的边界才能实现。团队是学习型组织结构设计上的一个重要特征。

二是在组织信息上有利于共享。没有信息就不可能产生学习。学习型组织能够学习,是通过信息共享使组织所有成员都参与到知识管理中。

三是在组织领导上有合格的领导者。学习型组织中的领导者是在企业内形成组织未来愿景,并使组织成员朝着这个愿景努力的促进者,是鼓励组织中建设一种有利于学习的相互协作和配合氛围的支持者。如果缺乏这样强有力、尽责的领导人,是很难建成学习型组织的。

四是在企业文化上有自由、坦诚、开放、舒畅的氛围。学习型组织有着这样的企业文化特征:每个人都赞同某一共同的愿景,每个人都认识到在组织工作过程、活动、职能及外部环境之间所存在的固有的内在联系,彼此都有很强的团体意识,相互之间充满关爱和信任。

在学习型组织里,不管管理者选择何种结构设计,这一设计都应该能帮助员工以他们所能做到的最好方式,最有效率地完成工作任务。

第三节 组织变革

组织是一个开放的、动态的系统,组织与周围的环境存在着广泛的联系,有着大量的物质交换。组织只有适应环境的变化,进行主动的变革和进行组织文化建设,才能充满活力,应对未来的挑战。

一、组织变革的必要性

所谓组织变革,是指组织根据外部环境和内部条件的变化,对组织进行调整、改进和革新的过程,这种改造涉及组织的方方面面,并将影响组织成员的职权、职责以及组织内部的信息沟通等。从本质上讲,组织变革就是根据变化了的条件对组织结构进行一次重新设计。哈默和钱皮曾在《公司再造》一书中把三"C",即顾客

(customers)、竞争(competition)、变革(change)看成是影响市场竞争最重要的三种力量,并认为三种力量中尤以变革最为重要,"变革不仅无所不在,而且还持续不断,这已成了常态"。

组织变革

一个组织不是一台静止的机器,而是一个演变着的社会系统。

——法国组织学家 N·D·卡那

随着经济全球化进程的加快和知识经济的出现,企业所处的环境前所未有的多变和复杂。现代企业面对市场多样复杂的变化,必须经常地对组织进行调整与变革,致力于提高组织的整体绩效、提升组织的系统产出、增强组织反应速度,才能求得生存和发展。当竞争对手推出了新的产品或服务、政府施行了新的政策法规,使得重要的供给来源或者诸如此类的环境发生变化的时候,都需要组织去积极应对。

在当今世界上,针对变化的环境进行相应的组织变革已经成为管理工作的一个重要组成部分。早在 20 世纪 60 年代,管理学家丹尼尔对美国企业的调查发现,美国 100 家最大的工业企业中至少有 2/3 在 3 年内进行了重要的组织调整。目前大大小小的企业都在建立新的团队、分散决策权和形成新的组织文化等,这些都是针对环境变化而实施有计划变革的内容。近年来,扁平化组织的普及、学习型组织的出现都体现了组织对现代环境逐渐适应的过程。美国管理学家钱德勒"结构随着战略变"的著名观点,说明在企业战略发展的每个阶段,都需要有与之相应的管理组织。这也就是说,在市场环境迅速发展变化的当今时代,变革是企业组织唯一不变的主题。如果我们稍微留意一下今天的《财富》杂志排名的话,就会发现 30 年前跻身于财富 100 强的企业有 1/3 已被淘汰出局。同样是巨型企业,为什么有的企业能够长久不衰,有的企业却风光不再? 一个很重要的原因就在于变革,能够根据环境的变化不断变革的企业才是长寿的企业。

组织不仅仅要根据环境变化不断进行变革,而且必须有强烈的紧迫感。先前人们把组织比作一般大轮船,它常年越过平静的海洋,驶向预定的港口。在每次都完全相同的航线上,船长与他的一帮老水手已经航行了不下几百次了。每次当暴风雨就要来临的时候,水手都会有相应的反应,由船长对航线做出适当的调整,也就是对组织实施变革,使船躲过暴风雨的袭击,并重新回到平静的水面。也就是说,组织中的变革,是被看做对组织现状的打破,是一种偶然性的情况。而现在人们把组织比作是40只桨的漂流筏,而不是巨大的轮船。它不是航行在平静的水面,而是穿梭在奔腾怒吼的急流中,汹涌的白色激浪永无休止。在今天虽然还不能说每一个管理者所面对的都是这样一个充满着连续的、纷乱的变革环境,但越来越多的行业确实是这样,比如计算机软件行业就确实是长期置身在这样的"白色激流"的竞争环境里的行业。现在不能再把组织变革看成是偶然出现的干扰因素,组织的管理者时刻面临着组织变革的问题,保持一个组织相对稳定所持续的时间越来越短了。在当代环境下,已经没有时间和机会让你按程序去停下来进行大修了,管理者必须做到"开着飞机修飞机"、"汽车行驶中换轮胎",只有这样,才能保持一个组织的活力和竞争力。

二、组织变革的领域与类型

(一)组织变革的领域

管理者推动变革的目的是为了提高组织成效,组织变革方案和措施是根据影响组织成效的因素决定的。通常人们认为,影响组织成效的因素来自人员、结构与技术,因此管理者所能变革的领域或对象也就不外乎三个方面。

1. 人员变革

人是组织变革最主要的影响因素,人既可能是推动变革的积极力量也可能是变革的反对力量。一般而言,当人的因素成为制约组织成效的主要因素时,就有必要采取相应的人员变革措施。人员变革是从改革组织成员的角度出发的,但它经常包括一些结构变革和技术变革的内容。

人员变革的内容包括员工的态度、技能、期望、认知和行为上的改变。变革的主要任务是组织成员之间在权力和利益等资源方面的重新分配。人员的变革过程也就是组织发展的过程。组织发展(organizational development,简称OD),是近年来西方组织行为学和管理心理学研究领域中发展起来的一个新的热门话题。组织发展的目标是在特定的方向上进行组织变革,主要侧重于对人的变革,通过改变知识和技能来提高组织的成效。人员变革的常见方法有敏感性训练、调查反馈、过程咨询、团队建设、组际发展等。

2. 结构变革

组织管理者的任务就在于确定如何选择组织设计模式、如何制订工作计划、如何授予权力以及授权程度等,这些决策都涉及结构设计问题。一般当组织原有的结构设计不利于或有碍于管理者的上述决策时,或者有足够的信息表明现有结构的不合理已经成为制约组织成效的主要因素时,就需要进行结构变革了。

结构变革旨在通过改变现有组织的结构使得组织的工作内容与目标进一步明确,信息传递进一步通畅,部门之间的协作能力进一步提高,沟通成本尽可能减少,从而使员工的积极性提高,组织柔性增大。结构变革的内容所涉及的领域比较宽,包括组织结构的变革、组织整体设计的变革和其他变革(见表6-1)。

表6-1

结构变革涉及的领域

变革领域	变革项目	变 革 内 容
组织结构的变革	分权程度变革	提高分权化程度,加快决策制定过程。
	管理幅度变革	拓宽管理幅度,精简组织层次,组织扁平化。
	协作方式变革	加强协作。
	职务设计变革	职务轮换、职务扩大化、职务丰富化、工作团队。
	工作进度变革	更合理的计划与安排。
组织整体设计的变革	机械型组织与有机型组织的选择。	
	直线型、矩阵型、网络型、任务小组等组织形式的选择。	
其他变革	报酬制度变革	关于工资、福利、奖励等制度的变革。
	考绩制度变革	对工作业绩做出更正确的评价。
	控制系统变革	财务、投资、消费、预算等控制指挥系统方面的变革。

3. 技术变革

技术变革的直接结果是生产效率的提高。它强调的是提高管理系统的技术水平,包括工作流程、技术设备、信息处理系统、自动化等方面的内容。科技的不断创新和信息革命的发展,要求管理者注重吸收、利用当代最新最先进的技术对组织的流程和设备系统进行技术改造,并相应地对组织中有关的部门或层级的工作任务进行重新组合,如工作任务的丰富化、工作范围的扩大化等。

(二)组织变革的类型

组织变革的类型可以从变革的内容和变革的程度两个角度划分。

1. 从变革的内容角度划分

从变革的内容看,组织变革可以分为战略性变革、结构性变革和流程主导性变革三种类型。

（1）战略性变革。这是指组织对其长期发展战略或使命所做的变革。比如在决定进行业务收缩时对如何剥离非关联业务的考虑；决定进行战略扩张时对购并策略的谋划等。

（2）结构性变革。这是指根据环境的变化适时对组织的权力和责任重新进行分配，使组织变得更为柔性灵活、易于合作。

（3）流程主导性变革。这是指围绕组织的关键目标和核心能力，充分应用现代信息技术对业务流程进行重新构造。

2. 从变革的程度角度划分

从变革的程度看，组织变革可以分为创新性变革、渐进性变革和计划性变革。

（1）创新性变革。即彻底改变现状，抛弃旧的一套而断然采用新的方法。如：大刀阔斧地对组织结构和人员进行调整，实施股份制改造。这种变革往往具有较高的复杂性和不确定性，容易引起员工的思想波动和担忧，因而变革遇到的阻力比较大，变革的代价也很大。

（2）渐进性变革。即采用逐步演变的方式，引入已经经过试点的比较熟悉的管理实践，或在原有的结构与框架中进行一系列小的改变。如：为协调几个部门的关系，新成立一个委员会。这种变革复杂性程度较低，确定性较高，对员工的影响较少，潜在的阻力较小。但由于不能触及组织的根本问题，进展缓慢，把握不好的话收效不大。

（3）计划性变革。即自上而下地、有系统地研究问题、制订方案、实行有计划有目标的改革。这是一种参与式的变革，其阻力较小，比较理想。为了有计划地进行组织变革，需要注意专家诊断、制定长期规划、员工参加等几个重要环节。

不管哪种类型的变革，都要以人为中心。组织中人的因素最为重要，组织如若不能改变人的观念和态度，组织变革就无从谈起。

三、组织变革的模式

国外许多学者对组织变革提出了不同的模式，其中最基本的模式是库尔特·卢因（Kurt Lewin，也有人译为科特·勒温）的"卢因模式"。这个模式提出了渐进的三步骤变革过程（见图 6-10）。

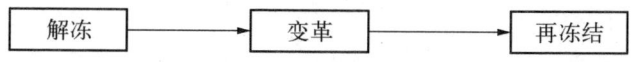

图 6-10　卢因模式对变革过程的描述示意图

第一阶段：解冻——打破现状。

"解冻"是指激发变革的动机，即刺激人们改变习惯和传统，接受新的观念，这是组织变革前的心理准备阶段。解冻首先要求否定员工的既有态度和行为，使他们认识到维持现状的不利后果。其次要向员工说明组织的现状与问题，分析问题的症结所在，取得员工对变革的理解与支持，并产生变革的欲望。此外，还要通过减少变革的障碍或对失败的恐惧来创造一种心理上的安全感，坚定组织成员变革的信心。

解冻的一个重要内容是对变革阻力的克服。克服的方式主要有教育与沟通、参与、促进与支持、协调、操纵和收买、强制等。

第二阶段：变革——实施变革，改变成员态度和行为。

"变革"是指在接受新的观念和更新认识的基础上形成新的态度和行为，这是组织变革的行为转换阶段，它主要是通过认同和内在化的方式来实现的。认同是组织给组织成员提供态度和行为的新模式，使员工不断地对照自己，模仿新的模式，修正旧的模式。内在化是组织成员用心去解决问题和学会如何与这些问题相处的一种方法。组织成员在反复的实践中，将所学到的态度和行为转化为自己在解决问题时采取的态度和行为，融入个人的品德之中。

第三阶段：再冻结——稳定变革。

"再冻结"是用一定的强化方式，使被员工接受和完全融入员工品德的态度和行为长久地保持下去，这是变革后的行为强化阶段。强化有两种方式，即连续性强化和间断性强化。连续性强化是在被改变的人每次接受新的行为方式时，就予以强化，如当即给予员工以肯定和鼓励。间断性强化是间隔一定的反应次数予以强化一次，如有规律性的奖励和环境认同活动。此外，群体内部组织成员之间互相强化，对于稳定和维持新的态度和行为也有积极的作用[①]。

在卢因模式基础上，有人发展出其他步骤细化的模式，如美国学者凯利的"三段式模式"和伯克的"行为研究模型"。

凯利从组织变革的操作实务角度，把组织变革的过程也分成三个阶段：诊断、执行（进行组织决策）和评估。这三个阶段又由九个具体的内容组成[②]（见图6-11）。

---

①、②　竺乾威等主编：《组织行为学》，复旦大学出版社2002年版。

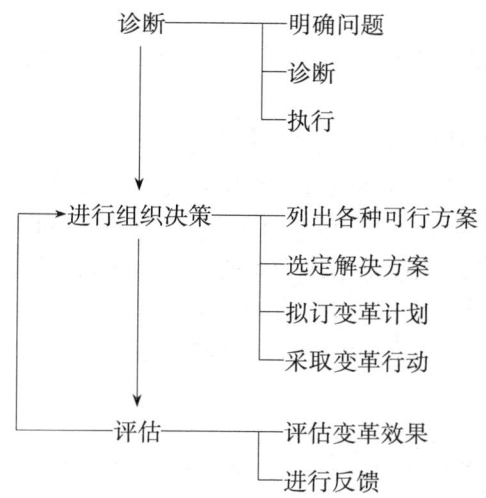

图 6-11 凯利的组织变革三段式模式示意图

　　而伯克的行为研究模型认为,组织变革的实施过程分为八个步骤。尽管实施中,每一步骤长短和程度可能会有所不同,但这些步骤通常会以某种形式存在(见图 6-12)①。

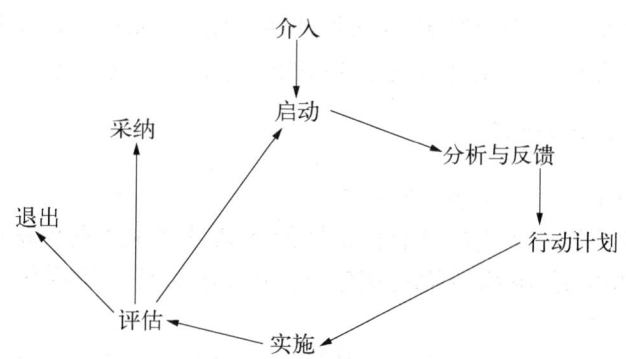

图 6-12 伯克的组织变革过程模型示意图

　　(1)介入:组织中变革的需要变得很明显,出现了一个或几个需要解决的问题。组织中的一些人开始寻找一个能够研究这个问题或进行变革的人。

　　(2)启动:变革代理人(咨询公司或其他方面的专家)进入角色,围绕问题进行工作并获得进行变革的认可。

　　(3)分析与反馈:变革代理人收集有关问题的信息并向决策制定者和变革参

---

① 威廉·J·罗思韦尔等著,吕峰、张静梅译:《组织发展的实践》,南开大学出版社 2002 年版。

与者提供信息反馈。

（4）行动计划：变革代理人与决策者和变革参与者共同制定矫正性的行动计划。

（5）实施：实施行动计划，推进变革的过程。

（6）评估：变革代理人帮助决策者和变革参与者评价变革带来的进步。

（7）采纳：组织成员接受变革，并将变革推广到整个组织范围内。

（8）退出：变革代理人准备退出变革的实施。作为程序的一部分，当变革代理人确定其退出后变革将继续进行时，代理方退出。由于变革代理人已将工作所需的知识和技术传授给了组织的部门成员，他们的退出不影响组织变革的继续进行。

第四节　组 织 文 化

在管理实践中，人们越来越多地感觉到在组织中存在着一种系统变量，虽然难以对其准确地描述或定义，然而它确实存在着，这种变量就是组织文化。就像部落文化中以图腾和禁忌来指示每一个部落成员应如何行事一样，组织也有自己的文化来规范其成员的行为，以无形的"软约束"力量构成组织有效的驱动力。一个组织的成败经常可以归因于组织文化，根据外在环境变化适时变革组织的文化，是组织成功的基础。从组织文化这样较深的层次上考虑组织变革，变革才会成功。

一、组织文化的特征

组织文化具有以下几个主要特征：

（1）稳定性。组织文化是组织在长期的活动过程中逐渐积累形成的，不会因为企业领导人的变更、组织结构的调整、经营战略的转变而变化，具有相对的稳定性。

（2）社会性。企业作为进行生产技术经济活动的社会细胞，它需要直接或间接地依赖其他企业和单位的协作配合，组织文化也正是通过社会生产技术经济协作得以继承和发展。

（3）继承性。每个组织都是在特定的文化背景下形成的，因此组织文化必然会接受和继承本组织优良文化的积累，通过文化的继承性，把组织精神灌输给下一代。

（4）融合性。组织文化的融合性除了表现为组织过去的优良文化与现代新文化的融合外，还表现为吸收其他组织和其他国家的优秀文化，吸收现代科技文明，形成历史性和时代性相统一的组织文化。

（5）创新性。所谓创新性，是指随着科学技术的发展，组织都会产生一种追求更高的、更好的物质文化和精神文化的冲动。组织文化有随着社会进步、环境变化以及组织变革而逐步演进和升华的趋势。

二、组织文化的结构与内容

组织文化是一个有着丰富内涵、包括多种相互联系相互制约要素的体系。从现代系统论的观点看，组织文化由表层文化、中介文化和深层文化三个层次构成。组织文化的这种结构的表现形态有物质文化、管理文化、制度文化和精神文化。这些文化的构成要素有组织精神、组织价值观、组织行为、组织制度和组织形象等。从最能体现组织文化的内涵来看，组织文化的基本要素包括组织文化的精神层、行为层和物质层等内容[①]。

（一）组织文化的精神层

组织文化的精神层也叫组织精神文化，它是组织文化结构中的核心层次。作为深层文化，它是相对于中层的制度文化、浅层的行为文化和表层的物质文化而言的，是组织物质文化、行为文化的升华，是组织的上层建筑。具体来说，组织文化的精神层指的是组织在生产经营过程中，受一定的社会文化背景、意识形态影响而长期形成的一种精神成果和文化观念。它包括组织精神、经营哲学、组织道德、组织价值观、组织风貌等。

文 化 的 内 涵

"文化"一词在西方来源于拉丁文"cultura"，原义是指农耕及对植物的培育。自15世纪以后，"cultura"一词逐渐引申使用，把对人的品德和能力的培养也称为"cultura"。

在中国的古籍中，"文"既指文字、文章、文采，又指礼乐制度、法律条文等。"化"是"教化"、"教行"的意思。从社会治理的角度而言，"文化"是指以礼乐制度教化百姓。

（二）组织文化的行为层

组织文化的行为层也叫组织行为文化。组织行为文化既包括组织的生产行

---

① 芮明杰主编：《管理学教程》，首都经济贸易大学出版社2004年版。

为、分配行为、交换行为和消费行为所反映的文化内涵与意义,也包括组织形象、组织风尚和组织礼仪等行为文化因素。对企业组织来说,生产行为文化的建设是组织文化建设的最重要最基础的文化建设。

（三）组织文化的物质层

组织文化的物质层也叫物质文化,它是由组织员工创造的产品和各种物质设施等构成的器物文化,是一种以物质形态为特征的表层组织文化。物质文化的特点就是看得见、摸得着、很直观。比如,企业生产的产品和提供的服务这些经营成果,就是组织物质文化的首要内容。

三、组织文化的功能与建设途径

（一）组织文化的功能

组织文化具有很多特定的、传统管理不能完全替代的功能。

1. 凝聚功能

组织文化通过培育组织成员的认同感和归属感,建立起成员与组织之间的相互信任和依存关系,形成一种"群体意识",把员工个人的追求与组织的追求有机地联系在一起,形成相对稳固的文化氛围,产生一种内在的凝聚力和感召力。

2. 适应功能

组织文化具有某种程度的强制性和改造性,其功能是帮助、引导员工快速地适应外部环境因素的变化。组织文化作为组织的自我意识,所构成的精神文化体系,它所提倡的价值观念和行为规范一旦被成员所接受和认同,成员就会自觉不自觉地做出符合组织要求的行为选择,会因为违背组织的价值观和行为规范而内疚、自责,从而自动修正自己的行为。

3. 导向功能

组织文化的导向功能主要表现在组织价值观念对组织领导人和员工行为的引导上。由于组织文化是组织共同的价值观,因此这种导向功能是建立在自觉的基础上的。与组织成员必须强行遵守的、以文字形式表述的明文规定不同,它只是一种软性的理智约束。

4. 激励功能

组织文化强调信任、尊重、理解,这就能最大限度地激发员工的积极性和创造性,有效地对员工产生一种内在的激励作用,增强他们对组织的归宿感,主动关心组织的发展,贡献自己的才智。

5. 持续功能

组织文化的持续功能为:一方面,表现在组织素质的提高上,组织文化能为组织营造一种追求成就、提高成效的氛围,这会给员工素质的提高带来非常积极的影响;另一方面,组织文化的形成是经过长期的倡导和培育,正如任何文化都有历史继承性一样,组织文化一经形成,便会具有持续性,并不会因为组织战略或领导层的人事变动而立即消失。

（二）组织文化的建设途径

组织文化建设是一项系统工程,可以分为以下几个步骤:

（1）诊断——总结现有组织文化状况。在掌握了现有组织文化状况的翔实资料基础上,要对组织文化现状进行诊断,分别对组织中已有的组织价值观、组织精神、道德风尚、组织制度等因素进行评价,判断出哪些是恰当的,哪些是不恰当的,哪些是符合时代要求的,哪些是将为时代所淘汰的,等等。

（2）定格——确立组织价值观及整个组织文化体系。由于组织价值观是整个组织的核心和灵魂,因此,选择正确的组织价值观是组织文化建设的首要问题。选择组织价值观有两个基本前提,一是要立足于把握本组织的具体特点,二是要注意组织价值观与组织文化之间的相互协调。在确立了未来的组织价值观后,还要围绕所确立的价值观建立相应的组织目标、组织制度、组织道德、组织文化礼仪等,从而将组织文化的整个体系构建出来。为了便于广大职工记忆、流传和推广,应该把组织价值观及组织精神用简明扼要、精炼确切的语言表述出来。

（3）强化——大力推进组织文化建设。选择并确立了组织价值观和组织文化模式后,就应该把基本认可的方案通过各种途径、利用各种方式的宣传对员工进行强化灌输,让员工了解、认识和接受新的组织文化意识,力求使组织新文化、新观念家喻户晓,深入人心。

（4）提炼——积极完善组织文化体系。组织文化建设经过强化性完全灌输、为员工基本认识和接受后,还要有计划、有针对性地对组织文化进行评价和提炼,看看它起了哪些作用,尚存在哪些不足,然后结合实际对其进行调整、丰富和补充,以便使组织文化体系日趋成熟,日渐完善。

（5）丰富——组织文化都是特定历史的产物,当组织内外环境发生变化时,就必须不失时机地充实、丰富和完善组织文化,在不断的循环往复中发展和提升。

知 识 测 试

一、概念辨析

组织结构 管理幅度 管理层次 集权 分权 直线制结构 职能制结构 组织变革 卢因模式 组织文化

二、即问即答

1. 怎样评价一个组织结构的好坏?

2. 在设计组织结构时应遵循什么原则？

3. 管理幅度与管理层次是什么关系？

4. 授权的含义是什么？

5. 组织中为什么要存在参谋机构？直线机构与参谋机构的角色应如何区别？

6. 组织结构设计的基本任务是什么？其工作成果是什么？

7. 为什么要进行组织变革？

8. 组织变革有哪些领域和类型？

9. 组织变革的一般过程与总体模式是怎样的？

10. 组织文化具有什么功能？如何进行组织文化的建设？

技 能 训 练

『训练目标』

◇ 掌握组织设计的基本原则

◇ 学会设计组织系统图和职务说明书

◇ 掌握组织变革的方式

一、管理定律应用

帕金森定律(又称"官场病"或"组织麻痹病")

1958 年，英国历史学家、政治学家西里尔·诺斯古德·帕金森通过长期调查研究，出版了《帕金森定律》一书。帕金森经过多年调查研究，发现一个人做一件事所耗费的时间差别是如此之大：他可以在 10 分钟内看完一份报纸，也可以看半天；一个忙人 20 分钟可以寄出一叠明信片，但一个无所事事的老太太为了给远方的外甥女寄张明信片，可以足足花一整天：找明信片一个钟头，寻眼镜一个钟头，查地址半个钟头，写问候的话一个钟头零一刻钟……特别是在工作中，工作会自动地膨胀，占满一个人所有可用的时间，如果时间充裕，他就会放慢工作节奏或是增添其他项目以便用掉所有的时间。

由此得出结论：在行政管理中，行政机构会像金字塔一样不断增多，行政人员会不断膨胀，每个人都很忙，但组织效率越来越低下。这条定律又被称为"金字塔上升"现象。

他在书中阐述了机构人员膨胀的原因及后果：一个不称职的官员，可能有三条出路。第一是申请退职，把位子让给能干的人；第二是让一位能干的人来协助自己工作；第三是任用两个水平比自己更低的人当助手。

这第一条路是万万走不得的，因为那样会丧失许多权力；第二条路也不能走，因为那个能干的人会成为自己的对手；看来只有第三条路最适宜。于是，两个平庸的助手分担了他的工作,他自己则高高在上发号施令。两个助手既无能,也就上行下效,再为自己找两个无能的助手。如此类推,就形成了一个机构臃肿、人浮于事、相互扯皮、效率低下的领导体系。

帕金森这个公式揭示了各部门用人越来越多的秘密:部门负责人宁愿找两个比自己水平低的助手也不肯找一个与自己势均力敌的下属。这样必然陷入机构越多越大、扯皮越多、人员增加也越多的恶性循环之中。如此恶性循环,就会形成机构重叠,人浮于事,扯皮推诿,效率低下的行政管理体系。

[举例]　　　　　　　企业经营者的遴选

有一个私营企业主(他公司的土地、产权全部属于企业主所有。随着企业规模的不断扩大,这个公司有些名气了),现在越来越感到在管理上力不从心了。显然,此时需要有人来协助他。于是企业主向各种媒体发了征聘广告,应征而来的人络绎不绝。其中有这样的人才:在美国一所著名的大学读完了MBA课程,而且有长达10年的管理经验(姑且不论他为何来这样企业的原因,假设就是自己愿意来这里效力),业绩良好,显然是十分得力的人选。这个私营企业主会不会聘任他呢?这个老板可能会飞快地想:公司的土地是我的,所有产权都是我的,这就意味着这个人来我这里是"无产阶级",他纯粹是为我打工,干得好我可以继续留他,给他很高的待遇,干得不好我可以辞退他,无论他如何出色和卖力地工作,他不能坐我的位置,老板永远是我。一番盘算以后,这个高智商、高素质、高能力的人才就被留下来,老板可以说是言听计从,完全不受帕金森定律的影响。这是一个拥有绝对权力人的做法。接着,这个企业继续发展,终于实现了企业经营的突破,业务范围扩大了。然而,新的问题层出不穷,高材生由于所学已经过时,又没有找时间很好的"充电",离退休只有5年了,现在感到力不从心,需要助手协助他。于是他向各种媒体发出征聘广告,各种人才络绎不绝涌来。其中有两个老板比较看重,一个是某名牌大学的公共管理专业刚刚毕业的研究生,写了很多的文章,理论功底极为深厚,实践经验却非常匮乏;另一个颇有实干家的手腕和魄力,拥有先进的管理观念和操作经验。老板拿不定主意,叫他选择。最后的结果是:选择了那个刚出校门的研究生。

[点评]　要想解决帕金森定律的症结,必须把管理单位的用人权放在一个公正、公开、平等、科学、合理的用人制度上,不受人为因素的干扰。最需要注意的是,不将用人权放在一个可能直接影响或触犯掌握用人权的人的手里,问题才能得到解决。

二、管理案例分析

变化中的管理实践

当今成功的组织是日益精干、快速和灵活的。

大约30年前,成功的管理者都看重稳定性、可预见性和由规模经济取得的效率性。但许多昨天的"明星"已经消失。表6-3是对20世纪60年代和90年代各行业的高绩效组织进行的对比。

表6-3

20世纪60年代和90年代各行业的高绩效组织比较

行　　业	20世纪60年代的"明星"	20世纪90年代的"明星"
航空	潘安公司	西南航空公司
汽车	通用汽车公司	丰田汽车公司
广播	哥伦比亚广播网(CBS)	有线新闻网(CNN)
计算机	国际商用机器公司	戴尔计算机公司
金融服务	梅里尔-林奇公司	查尔斯-施瓦布公司
百货零售	西尔斯公司	沃尔玛公司
专卖零售	梅西公司	利米蒂德公司
医疗服务	马萨诸塞综合医院	快克诊疗院
钢铁	美国钢铁公司	纳科公司
电讯	美国电话电报公司	金属陶瓷信息中心

20世纪90年代的"明星"有什么共同的结构特征? 那就是精干、快速和灵活。具体地说,它们与60年代的"明星"组织相比,一般人员更少;相对扁平而不是高耸,以团队结构取代层次结构;根据过程或顾客而不是职能进行组织。

大的并不注定是低效率的。像明尼苏达采矿制造公司、强生公司、通用电气公司、沃尔玛公司、惠普公司、利米蒂德公司和微软公司已经将大规模和灵活性协调起来。但它们的做法通常是,将组织划分为若干较小的、更灵活的单位。很少有管理者今天还认为,大组织因为具有规模经济,所以能自动地进行低成本的生产。以钢铁行业为例,纳科公司的许多炼钢厂就比美国钢铁公司和伯利恒钢铁公司等大工厂的效率高出20%~60%。

管理当局正努力精简它们组织的层次并拓宽管理的跨度。例如,丰田汽车公司在首席执行官与工厂之间只有7个层次,而通用汽车公司却有21个层次,福特汽车公司也有17个层次。纳科公司总部的职员,包括董事会主席和秘书在内,只有21个人,他们控制着遍布全美的22家钢铁厂。

管理者正在以跨职能的项目小组结构取代僵硬的部门设置,指导组织设计的思想也侧重在顾客需要或工作过程方面。在生产黑白和彩色胶片的伊士曼-柯达公司,1 500名员工现在都按水平方向进行组织。这些员工不是在部门中工作,而是工作在他们称为"流程"的地方。监视流程的是一个由25人组成的领导小组。流程下面是按顾客定义的活动过程(柯达经营单位)。在活动过程单位内,大多数员工都以半自治的团队方式开展工作。

[分析问题]

1. 你认为20世纪90年代"明星"企业之所以成为"明星",主要是什么原因?

2. 你认为现在的公司应该进行怎样的组织变革就可以成为"明星"企业?

[分析思路]

1. 进入20世纪90年代以来,企业生存与发展的外部环境发生了巨大变化。权力从厂商向消费者转移,竞争空前激烈,技术进步迅猛,产品更新换代加快。竞争制胜的关键是及时甚至是超前预测到消费者的需求,并开发新的产品,以最快的速度做出响应,满足消费者的需求。那些成功的"明星"企业就是以精干、快速、灵活的组织为依托,能够迅速采取行动来满足消费者的需求的企业。原因在于:① 管理层次少,信息传递及反馈及时、准确。② 以顾客为中心组织流程。③ 规模与灵活性相协调。"明星"企业并不会因为其规模庞大而失去灵活性。它们的做法是将组织划分为若干个较小的、灵活的单位,各单位拥有较大的自主权,总部施以必要的集权与控制,协调各单位之间的配合与协作,保证达到战略一致性。④ 为学习型组织,适应性强。

2. 现在的公司要成为"明星"企业,应该:

(1) 推动组织结构的扁平化。促进上下级双向的沟通及横向和斜向的沟通,增强组织快速获得和处理信息的能力,调动员工积极性,提高组织对环境变化的适应性。

(2) 以顾客为中心进行流程再造。要从根本上对原有的基本信念和业务流程进行重新思考和重新设计,将与顾客打交道的第一线员工放在主导地位,企业其他人员为他们提供支持性服务,从而加快组织对市场的反应速度。

(3) 以团队为核心建立过程化管理组织模式。

(4) 简政放权与严格管理相结合。

(5) 充分利用现代信息技术,尤其是Internet与Intranet,不断调整组织边界,整合优化组织内部系统。

[实施建议]

(1) 教师讲完组织变革后开始安排此案例,强调组织变革的必要性与模式。

(2) 课下认真准备,并收集相关资料,准备发言稿。

(3) 课堂分组讨论,时间限制在20分钟内。

(4) 由小组抽签决定各小组出场次序。

(5) 其他小组给出评价成绩，由教师对评价成绩综合后给出最后成绩。

三、管理技能训练

［训练项目］ 组建模拟公司

［训练内容］ 以班级为单位，组建一个模拟公司，同学们自己决定公司名称、类型、规模、经营范围，体验虚拟公司的组建与运作。实训主要从以下几个方面展开。

一、制定公司基本制度

公司基本制度主要有企业领导制度，总经理选举（竞聘）制度，组织结构模式及组织系统图，公司名称与管理人员组成情况，各职位岗位权责制度，公司管理方针、经营战略和公司考核制度等。具体制定哪几项制度，由各公司依本公司实际，自行决定。

二、分别制定各领导人员的岗位权责制度

要分别各职位制定，内容应包括两大方面：工商企业中该职务应负的责任和拥有的权力；就本次模拟而言，担任不同职务的学生在模拟过程中应负的责任和拥有的权力。

三、制定本公司的管理方针和经营战略

（一）管理方针

应注意本公司的实际，要有自己的特点。

（二）经营战略

总体确定，到后面进行模拟游戏时再详细制定。

四、管理制度编写要领提示

（一）内容结构

(1) 标题，应反映出内容与性质。

(2) 目的。

(3) 适用范围。

(4) 正文。

(5) 实施日期及有关问题。

（二）要领把握

(1) 所规范的领域范围必须明确，标题与内容必须相符。

(2) 有可操作性的规范或约束。

(3) 结构合理，条理清楚，要点突出。

(4) 用语要严肃、规范、准确、简练。

五、设置公司组织机构

运用所学知识，根据所设定的模拟公司的目标与业务需要，研究设置所需的模

拟公司组织机构,并画出组织结构框图。同时,建立公司的制度规范,包括公司的企业专项管理制度、部门(岗位)责任制和生产技术标准、生产技术规程等。

[**训练要领**] 训练开始前,教师要充分调动大家的积极性,制定模拟公司基本制度与结构。同时,通过调研并参考其他相关类型或同类管理较规范企业的组织结构、组织文化与部门设置情况,并对模拟公司相关内容进行修改。与此同时,引导并培养学生分析与解决问题的能力。

第七章　人力资源管理

本章网络结构图

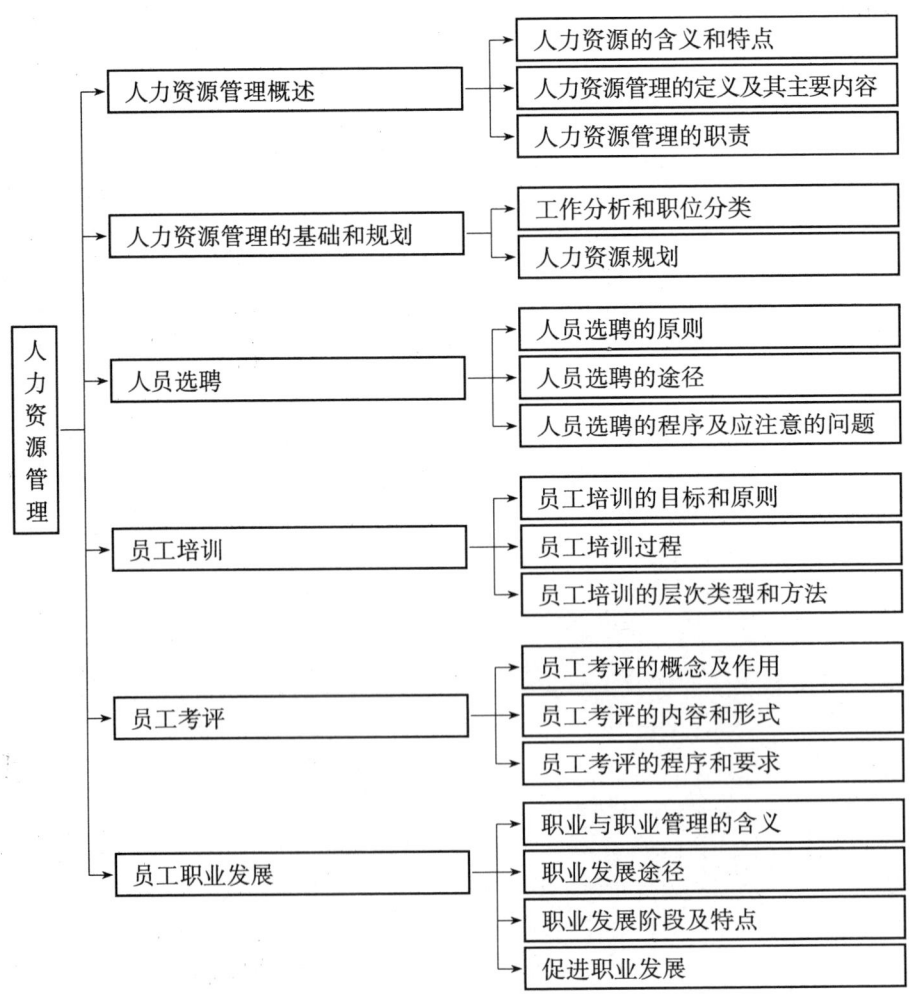

本章学习目的

☆ 了解人力资源的含义和特点
☆ 掌握人力资源管理的概念、主要内容和基础工作
☆ 掌握人力资源培训和考核的主要形式和方法
☆ 了解职业发展计划和设计

【引导案例】 　　　　　　　　**企业怎样留住人才**

B公司,某日化产品生产企业。几年来,公司业务一直发展很好,销售量逐年上升,每到销售旺季,公司就会到人才市场大批招聘销售人员,一旦到了销售淡季,公司又会大量裁减销售人员。就这件事,B公司销售经理陈鸿飞曾给总经理蒋明浩提过几次意见,而蒋总却说:人才市场中有的是人,只要我们工资待遇高,还怕找不到人吗? 一年四季把他们"养"起来,这样做费用太大了。不可避免,B公司的销售人员流动很大,包括一些销售骨干也纷纷跳槽,蒋总对销售骨干还是极力挽留,但没有效果,他也不以为然,仍照着惯例,派人到人才市场中去招人来填补空缺。

终于出事了,在去年B公司销售旺季时,跟随蒋总多年的陈鸿飞和公司大部分销售人员集体辞职,致使B公司销售工作一时近乎瘫痪。这时,蒋总才感到问题有些严重,因为人才市场上可以招到一般的销售人员,但不一定总能找到优秀的销售人才和管理人才。在这种情势下,他亲自到陈鸿飞家中,开出极具诱惑力的年薪,希望他和一些销售骨干能重回B公司。然而,这不菲的年薪,依然没能召回这批曾经与他多年浴血奋战的老部下。

直到此时,蒋明浩总经理才有些后悔,为什么以前没有下工夫去留住这些人才呢? 同时,他也陷入了困惑,如此高的薪金,他们为什么也会拒绝,到底靠什么留住人才?

人力资源,特别是人才资源,是组织的最重要资源或第一资源,也是核心竞争力的源泉。现代企业竞争,从根本上说是人才的竞争。从某种意义上来说,企业的竞争就是人才的竞争。谁拥有企业发展所必需的优秀人才,谁就掌握了竞争中制胜的法宝。因此,在人才竞争十分激烈的今天,吸引和留住优秀人才,就成为企业领导者们所面临的一个至关重要的问题。

第一节 人力资源管理概述

一、人力资源的含义和特点

(一)人力资源的含义

什么是人力资源？人力资源又称劳动力资源，是指能够推动整个经济和社会发展、具有劳动能力的人口总和。人力资源如果从现实的应用形态来看，包括体力、智力、知识和技能四个方面。

人力资源包括自然性人力资源和资本性人力资源。自然性人力资源是指未经过任何开发的遗传素质与个体。资本性人力资源也称人力资本，是指经过教育、培训、健康与迁移等投资而形成的人力资源，是可以投入经济活动并带来新价值的资本性的资源。人力资本存在于人力资源中。人力资源是未经开发的资本，多考虑寻求与拥有；而人力资本是开发利用了的资源，会更多地考虑如何使其增值生利。因此，仅将人力作为资源还不够，还应将人力变成资本，使其成为组织的财富，让其为组织所用，并不断增值，给组织创造更多的价值。

(二)人力资源的特点

人力资源与其他资源相比，具有以下几方面的特点：

(1)主导性。在人力资源与物力资源的结合运用中，人力资源是活的，居主导地位。对物的利用要靠人去发现、认识、设计、运用、创造。

(2)社会性。人力资源的利用具有社会属性，要受到社会环境、文化等因素的影响和制约。

(3)主动性。人力资源能适应环境、改变环境和创造环境。

(4)自控性。人力资源的利用程度由自身控制，积极性高低决定其作用和潜能的发挥程度。

(5)成长性。通过教育、培训、实践不断进步，人力资源的潜力无限。

二、人力资源管理的定义及其主要内容

(一)人力资源管理的定义

人力资源管理是指运用现代化的科学方法，对一定物力、财力相结合的人力进行合理的培训、组织和调配，使人力、物力和财力经常保持最佳比例，同时对人的思想、心理和行为进行适当的诱导、控制和协调，充分发挥人的主观能动性，使人尽其

才,事得其人,人事相宜,以实现组织目标的过程①。

（二）人力资源管理的主要内容

人力资源管理的内容很丰富,主要包括以下几方面的工作:

（1）基础业务。人力资源管理的基础业务主要有工作分析与职位分类。工作分析是对组织中同类岗位特征及要求的客观描述。职位分析是对组织的全部岗位进行多层次的级别划分。

（2）战略规划。人力资源战略规划是组织为适应内外环境的变化依据组织总体发展战略并充分考虑人员的期望而制定的人力资源开发与管理的纲领性长远规划。

（3）核心业务。人力资源管理的核心业务,包括选聘、培训、考评、职业发展管理。招聘是组织吸纳人力资源的过程,培训是组织提升人员素质的保障,考评是实施人员激励的重要基础,职业发展是确保在需要时可以得到合适的人员的重要措施。

（4）其他工作。人力资源管理的其他工作主要有人事统计、人员健康与安全管理、人事考勤、人事档案管理、人员合同管理、退休人员管理等。

三、人力资源管理的职责

人力资源管理的职责是在正确的时间、正确的地点,通过正确的激励手段,让正确的人做好正确的事情。在某种程度上都少不了要涉及以下六种职能:吸引、录用、保持、发展、评价和调整。这些职能之间相互关联,并构成整个人力资源管理系统。人力资源管理部门和组织中每一个直线指挥人员共同承担着人力资源管理的职责,而职责的行使是通过人力资源管理的具体内容来实现的(见表7-1)。

表7-1

人事部门的人力资源管理活动和职能责任

职 能	直线指挥的责任	人事部门责任
吸 引	提供工作分析、工作说明、最低合格要求的资料,使各个单位(部门)人事计划与分部门战略计划相一致。	工作分析。人力资源计划。招聘、赞助性行动。
录 用	对工作申请人进行面试,综合人事部门收集的资料,做最终录用的决定。	按照相关规定,发、收申请表,笔试,考查背景,身体检查。

---

① 关淑润主编:《人力资源管理》,对外经济贸易大学出版社2001年版。

（续表）

职　能	直线指挥的责任	人事部门责任
保　持	公平对待员工,疏通联系,面对面解决争端,提倡协作,尊重人格及按贡献评奖。	报酬及福利,劳工关系,健康安全以及员工服务。
发　展	在职培训,工作丰富化,师带徒活动,激励方法的应用,给下属的反馈。	技术培训,管理发展与组织发展,职业规划,咨询。
评　价	工作评价,士气调整。	研究工作绩效系统和士气评价系统,人事研究与审核。
调　整	纪律、解聘、提升、调动。	临时性解聘,退休咨询以及解聘前代谋新职的方针。

第二节　人力资源管理的基础和规划

一、工作分析和职位分类

（一）工作分析

工作分析的具体内容包括职务名称分析、工作任务分析、工作职责分析、工作关系分析、职位劳动强度分析和劳动环境分析、职位对员工的要求分析。

（1）职务名称分析是用简洁的文字对本岗位进行概括,包括工种、职务、职称等。

（2）工作任务分析,即分析各岗位的任务性质、内容、形式、执行任务的方法、使用的设备等。

（3）工作职责分析是对岗位责任大小、重要程度的分析。

（4）工作关系分析是指本岗位与上下左右有联系的岗位的关系。

（5）职位劳动强度和劳动环境分析,包括劳动强度的大小、工作地的温度、湿度、照明、通风、噪声等。

（6）职位对员工要求的分析是指岗位对员工的知识、技能、经验、体格、体力等必备条件的分析。

以上第（1）至第（5）项综合分析构成了职务说明,又称工作描述;第（6）项单独构成了上岗资格,又称工作规范,其实就是任职资格。职务说明书与任职资格书形式上有些相似,但两者是有着明确区别的。从编制的直接目的来看,职务说明是以"事"为中心,对工作进行全面、系统、深入的说明,为开展整个人力资源管理提供依据；而任职资格则是以"人"为中心，在岗位说明的基础上，解决"什么样的人员才能胜任本岗位的工作"的问题，为组织进行员工招聘、培训、考核、选拔、使用提供标准。从内容涉及的范围来看，职务说明的内容广泛，既包括对岗位工作性质、特征等方面的说明，又包括对承担该岗位工作人员要求的说明；任职资格的内容则比较简单，主要是对承担该岗位工作人员要求的说明。从这个意义上来说，职务说明包含了任职资格，或任职资格是职务说明的一个重要部分。

职务说明书和任职资格书不是一成不变的，要随着工作岗位的内容变化做适时调整，否则它们在实际工作当中起不到相应的作用，甚至起到适得其反的作用。

（二）职位分类

职位分类是以职位为对象进行的分类，在工作分析的基础上，采用一定的科学方法，按照工作的性质、特征、难易程度、工作责任大小和人员必须具备的资格条件，对组织的全部岗位所进行的多层次的划分。职位分类为员工的录用、考核、晋升、培训、工资待遇等各项管理提供了依据。

职位分类包括横向的分类与纵向的分类。

横向分类是根据工作的性质和特征，对岗位所进行的多层次的划分。横向分类将职位划分为：

大类，也称职门，如干部、工人。

中类，也称职组，如干部可以分为党务、业务、管理、技术人员，工人可以分为基本、辅助、生活服务人员。

小类，也称职系，如技术人员可以分为科研、设计、工艺、理化分析、质量检验人员，基本工人可以分为车工、铣工、刨工、磨工、镗工、钻工、钳工。

纵向分类是在横向分类的基础上，分别对性质相同的一个小类岗位（职系）内的每一个岗位按其工作难易和复杂程度、责任大小以及上岗人员所需要具备的资格条件等因素进行评价，然后根据评价结果将各个职系的所有岗位划分为若干个职级。如车工是个职系，车工可以分为八个职级（最高为八级）。

二、人力资源规划

人力资源规划是对人力资源的需求和这种需求得以满足的可能性进行分析和确定的过程。具体地说，人力资源规划就是以组织发展战略为基础，以预测组织对人员的未来供需为切入点，把需求和组织中储备培养对象相对照，为组织在需要的时间和需要的岗位配备合格的人员（见图 7-1）。

预测主要依据组织的战略计划未来实施过程中的职位变化和所需的人员数

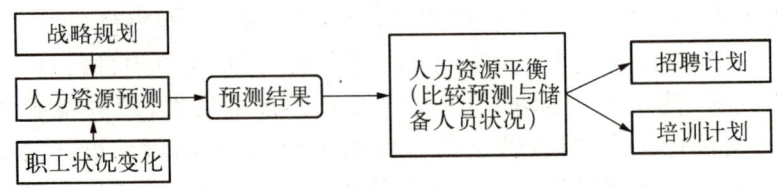

图 7-1 人力资源规划工作的过程示意图

量、质量、结构方面的变化,以及各类决策对组织中的人力资源产生不同影响的估计。把预测结果和人员储备情况做比较,确定人员的净需求量,制定人员选拔、录用政策,在组织的中期规划和年度计划的指导下制定出不同时期不同人员的补充规划、调配计划、晋升计划等人力资源计划。

人力资源规划的主要内容包括晋升规划、补充规划、培训开发规划、调配规划和工资规划几个方面。晋升规划实质上是组织晋升政策的一种表达方式,一般用指标来表达。例如,晋升到上一级职务的平均年限和晋升比例;补充规划与晋升规划是密切相关的,其目的是合理填补组织中、长期内由于晋升规划等因素的影响可能产生的职位空缺;培训开发规划是为组织中、长期所需弥补的职位空缺事先所做好充分的准备,将培训开发规划与晋升规划、补充规划联系在一起考虑,以明确培训的目的,提高培训的效果;调配规划是通过有计划的内部流动对组织内的人员进行未来职位的分配;工资规划是在保证对员工起到一定激励作用的情况下,未来的人工成本不超过合理的支付限度而预先做好的安排。

在规划内容具体设计时,往往要借助人力资源储备图来对组织内成员加以分析,如图 7-2 所示。

编制人力资源规划应注意以下几个方面:

(1) 充分考虑组织内部、外部环境的变化。内部变化主要指组织发展战略的变化、销售政策的变化、开发方向的变化和员工流动的变化等;外部变化指社会消费市场的变化、政府有关人力资源政策的变化、人才市场的变化等。为了更好地适应这些变化,在人力资源计划中应该对可能出现的情况做出预测和风险变化,最好能有面对风险的应对策略。

(2) 确保组织的人力资源供给。组织的人力资源保障问题是人力资源计划中应解决的核心问题。它包括人员的流入预测、流出预测、人员的内部流动预测、社会人力资源供给状况分析、人员流动的损益分析等。只有有效地保证了对企业的人力资源供给,才可能进行更深层次的人力资源管理与开发。

(3) 使组织和员工都得到长期的利益。人力资源计划不仅是面向企业的计划,也是面向员工的计划。企业的发展和员工的发展是互相依托、互相促进的关

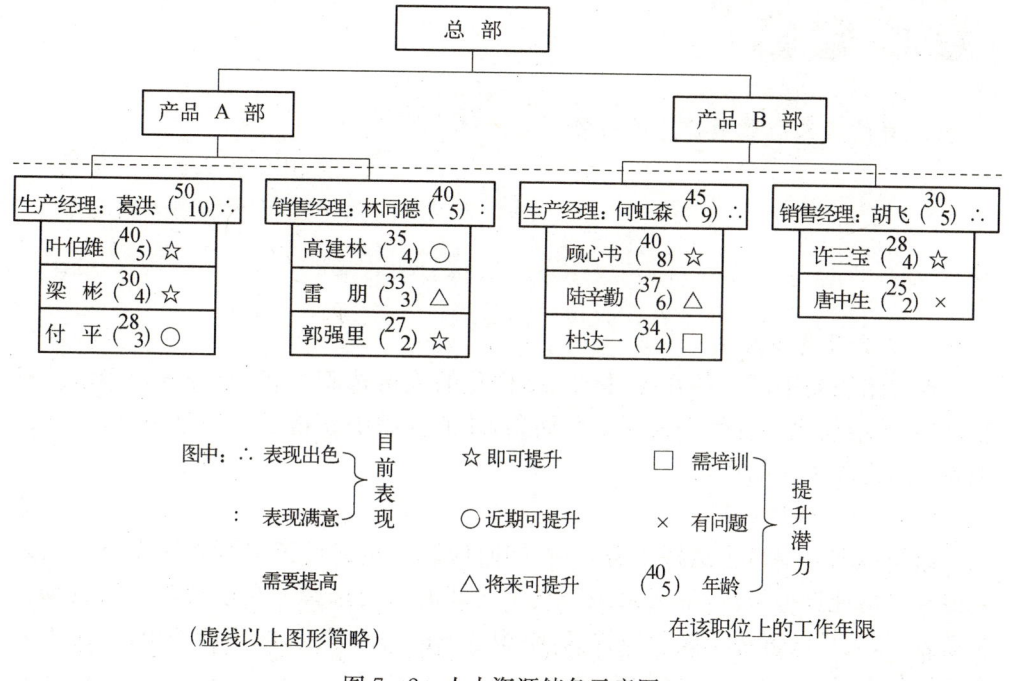

图 7-2　人力资源储备示意图

系。如果只考虑企业的发展需要，而忽视了员工的发展，则会有损企业发展目标的达成。优秀的人力资源计划，一定是能够使企业每个员工达到长期利益的计划，一定是能够使企业和员工共同发展的计划。

第三节　人 员 选 聘

企业经营的目的不在于追求眼前的利益，而在于长期利益。要想达到长期经营目标，就要尽可能挑选优秀人才。选择最佳人选是人力资源管理最重要的工作，无论如何强调也不过分。

人员选聘是组织配备员工和吸引人才的过程。通过这项工作，为特定的岗位配备符合一定要求的工作人员，以确保各项活动的正常进行。

一、人员选聘的原则

人员选聘包括内部人员选拔和外部人员招聘。人员选聘工作是组织人力资源管理活动的一部分，而人力资源管理活动离不开组织和社会环境的框架。为此，人员招聘与选拔应遵循以下几项基本原则。

把适当的人选配到最适当的位置上去。

——美国百事可乐公司总裁
唐纳德·简道尔

（一）公开竞争原则

现代组织要采用一种开放、科学、多样化的人员选聘方式，充分鼓励竞争。只有这样，才能使更多的优秀人才脱颖而出，才能使组织获得更多的可用之才，真正提高人员选聘工作的质量。

（二）双向选择原则

组织根据需要自主选择所需人员，同时应聘人员或员工也可以根据自己的兴趣专长自由地选择组织，形成组织与员工之间的双向选择。在这种双向的鼓励和策动之下，人员的素质不断得以提高，组织各方面得以发展，既不浪费资源，还为人力资源创造了一个自由发展的空间。

（三）效率优先原则

组织的各项活动都离不开提高效益这一核心。人员选聘也要以效率为中心，即以尽量少的选聘成本，获取高素质、符合组织需要的人员。这就要求组织在人员选聘中，采取灵活的方式，利用适当的招聘，做出合理的安排，以提高人员招聘与选拔的效率。

（四）因事择人原则

因事择人是指人员招聘与选拔要以组织和岗位的实际需要为标准，不能以讲人情和面子代替人员的真才实学和能力。要真正从职位的实际要求为出发点，做到人和事的有机配合。

（五）全面考核原则

人力资源管理部门在进行人员选聘工作时要注意对候选人在德、智、体等多方面进行考察。仅仅在某个方面胜任而其他一些方面不足的人员，常常不易在组织中顺利发展，也不能满足组织长期发展的需要。

二、人员选聘的途径

人力资源规划是组织招聘人员的基本前提，规划的结果决定了组织是通过内部来满足人员需求，还是通过外部招聘补充人员不足，规划还决定了外部招聘人员的数量、结构和类型。

（一）内部选聘

内部选聘主要采用内部提升、横向调用等途径。

1. 内部提升

内部提升是指从组织内部提拔那些能够胜任的人员来充实组织中的各种空缺职位。它意味着组织中的一些人将从较低的职位被选拔到较高的职位，担负更重要的工作。

2. 横向调用

如果说内部提升是从低一级选拔人员来填补高一级的职位空缺的话，横向调用则是指在相同或相近的级别间调动人员进行组织岗位空缺的补充。这一方式能使员工扩展兴趣范围，掌握多种技能，对组织来说也是不断增强竞争力的一个方面。

内部选聘一般通过查阅员工档案资料、发布招募广告、管理层决策者指定以及推荐等方式来完成。

（二）外部招聘

当现有人员不足以胜任出现的空缺职位时，就要考虑到组织外部去寻找合适的人选进入组织承担一定的职位。外部招聘可以通过一定的媒体广告等形式向特定的人群传播有关组织空缺职位的消息，并以此吸引他们。借助广告进行招聘，组织需要考虑如何选择媒体，也就是说要决定是在报刊、杂志上刊登广告还是利用广播、电视或网络进行招聘宣传。

从外部聘任人员，还可以采用熟人介绍的方法，或者利用一些中介机构，如职业介绍所、猎头公司等，还可以直接到大中专院校去进行招聘，甚至更加广泛地利用一些特殊群体，如退休人员、转业军人、残疾人等。在利用各种途径进行外部聘任时，一定要考虑各种方法的利弊之处，加之空缺职位的具体特点综合进行权衡。

（三）两种选聘途径的比较

1. 内部选聘的优缺点

许多组织都赞成从内部选拔提升人员，认为从内部选聘有利于组织目标的实现。其优点主要是：① 组织对候选人的长处和弱点都看得比较清楚，人选比较准确。② 被选聘者对组织的历史、现状、目标以及现存的问题比较了解，能较快地胜任工作。③ 可激励组织成员的上进心，努力充实提高其本身的知识和技能。④ 组织成员感到有升迁的机会，可提高员工的兴趣和士气。⑤ 可使组织对其成员的培训投资获得回收，获得比当初投资更多的培训投资效益。

尽管内部提升有许多优点，但也存在一些不可忽视的缺点：① 组织内部的人才储备或者是在数量上或质量上不能满足需要,采用内部选聘,就会使组织失去得到一流人才的机会。② 容易造成"近亲繁殖",不易带来新的观念,而不断创新则是组织生存与发展的不可缺少的因素。③ 提升的人员数量毕竟有限,若有些人条件大体相当,但有的被提升,而有的仍在原来的岗位,这样,没有被提升的人的积极性将会受到一定程度的挫伤。

2. 外部招聘的优缺点

从外部招聘是指从组织外部得到急需的人员,尤其是那些起关键作用的人才。外部招聘的长处和优点是:① 有较广泛的人才来源满足组织的需求,并有可能招聘到第一流的人才。② 可避免"近亲繁殖",能给组织带来新的思想、新的方法,防止组织的僵化和停滞。③ 可避免组织内没有提升到的人的积极性受挫,避免造成因嫉妒心理而引起的情绪不快和组织成员之间的不团结。④ 大多数应聘者都具有一定的理论知识和实践经验,因而可节省在培训方面所耗费的大量时间和费用。

外部招聘的缺点是:① 从外部招聘会使组织中能胜任的员工感到不公平,对前途失去信心,积极性将会受到影响,还可能产生与外来聘任者不合作的态度。② 应聘者对组织的历史和现状不了解,需要有一个了解和熟悉的过程。③ 由于不太了解应聘者的实际工作能力,因而在招聘过程中不可避免地会过多地注重其学历、文凭、资历等,有时将会导致对应聘者产生很大的失望。

从以上对人员选聘途径的讨论来看,人员的选聘无论是从内部选拔,还是从外部招聘,都不是十全十美,而是各有其优缺点。但在实际工作中,还是有规律可循。一般来说,当组织内有能够胜任空缺职位的人选时,应先从内部提升;当空缺的职位不很重要,并且组织已有既定的发展战略时,应当考虑从内部提升。然而,当组织急缺一个关键性的专业人员,而组织内又无能胜任这一重要职位的人选时,就需要从外部招聘。

三、人员选聘的程序及应注意的问题

为了保证员工选聘工作的有效性和可靠性,应当按照一定的程序并通过竞争来组织选聘工作。具体的步骤如图 7 - 3 所示。

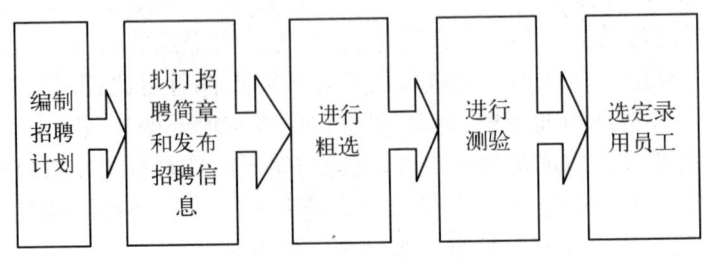

图 7 - 3　人力资源选聘程序示意图

在选聘过程中,有一些问题需要给予充分的注意。这些问题主要包括以下几个方面。

（一）选聘的条件要适当

在人员的选聘工作中,决定选聘的依据和条件,一定要切实根据组织的目标和这一目标对人员配备职能的要求,根据所需配备人员的职位的性质、该职位对候选人的要求等进行客观的设计,这样才能既不浪费大量的时间、精力和费用,又能够得到组织所需的合适的主管人员。

（二）对主持选拔工作人员的要求

不同的主持选拔人员可能对同一个候选人有不同的看法。为了保证评价与选拔的客观性和准确性,具体主持选拔的人员自己应该首先具有较高的素质和能力,并且还要具有伯乐的慧眼,这样才能既做到对候选人不偏不倚,评价公正客观,又能慧眼识真才,从而为组织选聘到一流的人才。

（三）注意候选人的潜在能力

按照"彼得原理"的说法,如果一个主管人员在其职位上有成就,那么正是这种成就导致他提升到更高的地位,以致这人终于"被提升过头"。只有既考察他在现有职位中表现的才能高低,又考察他有无胜任更高一级工作的潜能,我们才能既避免那种"提过头"的危险,也不至于浪费人才。

彼 得 原 理

在一个等级制度中,每个职工趋向于上升到他所不能胜任的地位。彼得指出,每一个职工由于在原有职位上工作成绩表现好（胜任）,就将被提升到更高一级职位;其后,如果继续胜任则将进一步被提升,直至到达他所不能胜任的职位。由此导出的彼得推论是：每一个职位最终都将被一个不能胜任其工作的职工所占据。层级组织的工作任务多半是由尚未达到该阶层的员工完成的。

（四）敢于大胆起用年轻人

在人员的选聘和利用上,要根据德才兼备的标准,大胆地提拔年轻人,这对一个组织是不是充满活力,尤其是对组织的发展有非常重要的战略意义。一般来讲,德才兼备的年轻人保守思想少,接受新思想、新观念、新技术、新方法既快也多,他们思维敏捷,精力充沛,是组织生存与发展的不可缺少的力量。

第四节 员 工 培 训

对任何一个组织来说,无论是主管人员,还是一般员工,只有不断地学习、培训、充实和提高,才能适应组织内外环境日新月异的变化,才能胜任各项工作。

一、员工培训的目标和原则

（一）员工培训的目标

培训是指组织通过对员工有计划、有针对性的教育和训练,使其能够改进目前知识和能力的一项连续而有效的工作,具体目标有以下四个方面。

1. 补充新知识,掌握新技能

随着科学技术进步速度的加快,人们原先拥有的知识与技能在不断老化。为了防止组织中各层级人员工作技能的衰退,组织必须对员工不断地培训,使他们掌握与工作有关的最新知识和技能。

2. 发展综合能力,提高竞争力

员工培训的一个主要目的,便是根据工作的要求,努力提高他们在决策、用人、激励、沟通、创新等各方面的综合能力。特别是随着工作的日益复杂化和非个人行为化,培训对组织变得越来越重要。

3. 转变观念,提高素质

员工培训的重要目标就是通过对组织中成员,特别是对新聘人员的培训,使他们能够根据环境和组织的要求转变观念,逐步了解并融于组织文化之中,形成统一的价值观念,按照组织中普遍的行动准则来从事管理工作,与组织目标同步。

4. 交流信息,加强协作

组织培训员工的基本要求是要通过培训,加强员工之间的信息交流,特别是使新员工能够及时了解组织在一定时期内的政策变化、技术发展、经营环境、绩效水平、市场状况等方面的情况,熟悉未来的合作伙伴,准确而及时地定位。

（二）员工培训的原则

1. 补充教育与正规教育并重

应对新进人员和初任人员进行任职前的培训,使其了解必要的工作方法与常识。在任用之后,为业务发展的需要,经过一定时间后,也应给予员工进修培训或业务技术培训的机会,补充员工的知识。

2. 通才教育与专才教育并重

通才教育应特别注意培养其担任经理人员所需的组织能力与领导能力;专才

教育应特别注意培养其担任专家、技术员所需的专门学识与专门技能。

3. 理论与实务相结合

有理论而忽略了实务,可能使培训流于空泛。只重实务而忽略了理论,也很难培养创造发展能力。理论与实务并重,才会对业务的执行与改进有所帮助。

4. 培训与考核相结合

培训应服务于组织内的晋升、调职工作,对培训成绩优良者应给予较高职务或较重要责任。只有如此,才能激发员工重视培训,真正发挥培训的功能,使其随时补充因环境变化所需的新知识。

二、员工培训过程

员工培训过程的第一步是评估培训需要。例如,员工不会操作工作中必须用到的设备,显然就需要为他们安排相应的培训项目。另外,如果有一组人员表现不佳,培训恐怕未必是好的办法。问题可能是出在激励不当、设备老化、领导不力、工作效率低下或技能与知识缺乏。其中只有最后一条可以用培训来弥补。在安排培

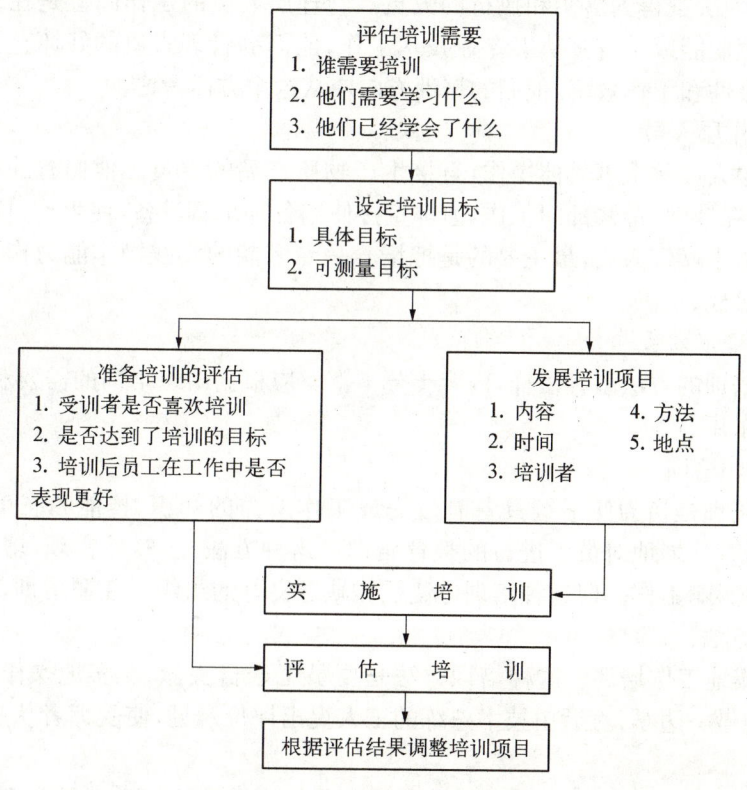

图 7-4 员工培训过程示意图

训项目之后,管理者应当为受训者规定通过培训必须学会的具体的和可测量的目标,而且还要准备在完成后评估培训项目。因此,培训的过程包括培训需求分析、培训计划制订、培训活动组织实施以及培训效果评估,如图 7 - 4 所示。

三、员工培训的层次类型和方法

（一）培训的层次类型

按照组织对各层次、各方面人员不同的能力要求,培训方式和培训内容有所不同。

1. 决策层人员

决策层人员,即高层管理人员。由于决策层人员决定组织的经营方向、生产规划、分配制度以及重大的人事安排等,因此对决策人员的培训首先必须保证其具备领导决策者的素质,使其具备决策能力,能科学地决策企业重大战略和实施方案。

2. 管理层人员

管理层人员,即中、下层管理人员。管理层人员是具体指挥、调配和组织企业各种资源,使决策得到落实和执行的人员。管理层人员的工作岗位是在生产第一线执行管理职能或是直接从事专业技术工作,他们的管理素质的好坏直接影响到员工的积极性和工作效率,他们的培训方向应从这个方面考虑。

3. 操作层人员

操作层人员是从事具体操作,直接生产物质产品的人员。他们有的在生产第一线,有的在辅助、维修部门工作,但都直接使用各种工具设备,使生产过程得以最终完成。对于操作人员,最主要的是把培养一专多能的实践操作能力作为培训方向的首选目标。

（二）培训方法

员工培训的方法多种多样,内容十分丰富。应根据组织培训的需要和可能,合理地选择采用。

1. 在职培训

在职培训是指为使下级具备有效完成工作所需的知识、技能和态度,在工作中,由上级有计划地对员工进行的教育培训。这种方法经济,易实现,培训对象身不离岗,不影响工作。但这种培训方法往往缺乏良好的组织。在职培训,主要包括以下几种方法:

（1）实地工作培训。这种培训方法是要员工亲自去做,从实地操作的过程中学习,一边做一边学,然后由技术熟练的工人提出评价意见,使受训者从中得益,事半功倍。

（2）学徒培训。参加学徒培训的人员要经过长期的连续性督导和实地操作训练,受训完毕,学徒的技术必须达到一定的水平。这种方法可以使培训对象集中注意力,很快适应工作要求。

（3）工作轮换。让接受培训的员工有机会被安排到不同的部门实地工作,亲自体验和了解组织的整个情况。这样,可以拓展员工的知识和技能,激发员工的工作兴趣,增进相互交流。

2. 离职培训

离职培训是指在专门的培训现场接受履行职务所必需的知识、技能和态度的培训。离职培训的方法很多,可采用传授知识、发展技能以及改变工作态度的培训等多种培训方式。

第五节　员工考评

一、员工考评的概念及作用

所谓员工考评,是指组织定期对个人或群体小组的工作行为及业绩进行考察、评估和测度的一种正式制度。

在人力资源管理中,员工考评的作用体现在以下几个方面:

（1）员工考评为最佳决策提供了重要的参考依据。员工考评的首要目标是为组织目标的实现提供支持,通过考评,管理者及其下属能够在制订下期计划过程中纠正偏差,减少工作失误,为最佳决策提供重要的行动支持。

（2）员工考评为组织发展提供重要的支持。员工考评另一个重要目标是提高员工的业绩,引导员工努力的方向,使其能够跟上组织的变化和发展。员工考评可以提供相关的信息资料作为激励或处分员工、提升或降级、职务调动以及进一步培训的依据,这是员工考评最主要的作用。

（3）员工考评为员工提供有益的"镜子"。员工考评使员工有机会了解自己的优缺点以及其他人对自己工作情况的评价,起到了有益的"镜子"作用。特别是当这种评价比较客观时,员工可以在上级的帮助下有效发挥自己的潜能,顺利执行自己的职业生涯计划。

（4）员工考评为确定员工的工作报酬提供依据。员工考评的结果为确定员工的实际工作报酬提供了决策依据。实际工作报酬必须与员工的实际能力和贡献相结合,这是组织分配制度的一条基本原则。为了鼓励员工出成绩,组织必须设计和执行一个公正合理的员工考评系统,对那些最富有成效的员工和小组给予明确的加薪奖励。

（5）员工考评为员工潜能的评价以及相关人事调整提供依据。组织通过考察员工在一定时间内的工作业绩,评估他们的现实能力和发展潜力,看其是否符合现任职务所具备的素质和能力要求,是否具有担负更重要工作的潜能。根据员工在工作中的实际表现,对组织的人事安排进行必要的调整。

二、员工考评的内容和形式

(一)考评的内容

员工考评内容主要包括以下几个方面。

1. 态度考评

态度考评首先要考核其纪律性与责任心,这是成为一名合格员工的基本条件。如按时上班、遵守规章制度、工作认真负责等。其次是主动性与积极性,在实际工作中观察员工在遇到特殊情况和意外事件时,是否能在职务范围以外主动协助他人完成对组织有益的工作,或者超过岗位要求的标准自觉改善自身工作。

2. 能力考评

能力考评可以从基本能力和经验能力两个方面进行。基本能力是指那些完成工作任务所需要的一些共同的能力素质。如知识、技能、体力、文字表达、沟通协调等。基本能力可以通过学习和训练得到提高,但基本能力很强却对从事的工作完全陌生、经验不足同样难以完成工作任务。对本职工作的熟悉程度及实际工作经验的积累成为经验能力,如对实际问题的理解分析判断、对工作进度的计划安排、对组织成员的指导建议等,两者结合构成了员工的实际能力。显然,态度和能力共同制约着员工的工作业绩。工作业绩是员工的努力程度、工作能力和实际成果的综合反映,业绩考评也就成为员工考评的主体部分。

3. 业绩考评

业绩考评的内容包括两部分:一是直接的可量化的绩效成果;二是反应能力的可衡量的绩效特征。组织内不同类别的工作其考核要素应有所区别,如开发类工作重点考核项目进度与质量、营销类工作重点考核销售额及市场潜力、专业类工作重点考核目标的达成情况和事务类工作重点考核日常工作的数量和质量等。业绩考核的主要指标要力求简化、重点突出,具有较高的可衡量性便于评价比较。通常那些可衡量的工作目标数量、比率等可在考核前由考核双方共同确认标准,而产品质量等客观指标可以由相关职能部门提出明确、规范的标准数据。

(二)考评的形式

按照组织内岗位性质的不同,可以分为可标准化作业岗位和非标准化作业岗位。如:操作工岗位为可标准化作业岗位,生产经理属非标准化作业岗位。对可标准化作业岗位可制定一套岗位标准,作为衡量岗位员工工作业绩的标尺。而对非标准化员工进行考评时,没有标准衡量员工的表现和业绩,一般采用以下形式和方法考评。

胜任特征评价法

　　胜任特征评价法是一种新型的人力资源评价分析技术，胜任特征是指"能将某一工作（组织或文化）中有卓越成就者与表现平平者区分开来的个人的深层次特征"，它可以是动机、特质、自我形象、态度或价值观、某领域知识、认知或行为技能，任何可以被可靠测量或计算的并且能区分优秀与一般绩效的个人特征。

　　1. 自我考评

　　被考评者根据组织的要求定期对自己工作的各个方面进行评价。这种方式有利于被考评者自觉地培养和提高自己的政治素质、业务水平和管理能力，增强工作的责任感，其评价结果还可作为上级对下级评价时的参考，从而减少被考评者对考评的不信任感。一般而言，自我总结是自我考评方式常采用的一种形式。

　　2. 上级考评

　　这是对被考评者的考评中最常见的一种方式。一方面，由于被考评者的直接上级与被考评者的直接联系较多，因而能够从对被考评者经常性的接触和观察中了解其各方面的状况；另一方面，作为上级来讲，一般比较理解考评的目的，熟悉考评的标准，而且责任心也比较强。这两方面结合起来，就使得上级考评一般能够对被考评者做出比较客观和公正的评价。

　　3. 同事考评

　　同事考评，即与被考评者一起工作的同事对其进行考评。由于工作关系，同事之间是互相最了解的人。因此，同事考评的结果也较为客观和可信，这种方式常用的形式是小组评议。

　　4. 下级考评

　　下级考评是从另一个角度对被考评者进行评价。即他们更熟悉被考评者的领导方式、领导作风等方面，因而在这些方面的评价也是比较客观和准确的。我们常说的"民意测验"，就是这种考评方式的一种具体形式。

　　以上四种考评方式各有优点，但也各有其不足之处。例如，自我考评很易受个性的强烈影响，此外被考评者由于担心上级考评不能客观地评价自己，因而会过多地谈论自己的成绩，而较少涉及自己的不足；上级考评有时也不免带有主观成分；同事考评受人缘的影响比较大，容易出现重视情面、不讲真话的现象。以上各种方式的缺陷,足以使考评工作的质量受到很大的影响。因此,在具体的考评工作中,除了各种方式的自我完善外,最好的办法,就是采取多种评价方式,从不同的角度进行考评,以避免只采取某一种方式可能引起的以偏概全,从而使考评工作真正做到公正、客观、全面、准确。

360 度反馈法

360 度反馈法是指综合运用上级、员工本人、同事、下属、客户等的意见对员工进行全面的考评。这种方法采用了多个考评人,涵盖了不同信息来源,考评结果最为全面,主要缺陷是耗时。需要注意的是,它是进行职业指导的一种有效方法,能帮助员工认清自己的长处和短处,但不适于将其用于报酬、提升等人事决策。

三、员工考评的程序和要求

(一)考评的程序

员工考评不仅要明确考评的定义、要求和方式,还要遵循科学的程序。科学的考评程序对于员工考评结果是非常重要的。员工考评的程序就好像是"直线之于尺子",科学的程序是员工考评的重要途径。在员工考评中比较常用的方法是绩效考评方法,主要包括考查、评估、测度、评价等内容。

绩效考评主要包括以下几个步骤。

1. 确定考评者

考评者即组织与参与考评的人员、部门。考评者的确定应满足以下三个方面的要求:首先,考评者应该有足够长的时间和足够多的机会观察被考评员工的工作情况。其次,考评者有能力将观察结果转化为有用的评价信息,并能够使可能出现的考评偏差最小化。最后,考评者有动力提供真实的员工评价结果。所以,应该将考评结果的质量与给予考评者奖励结合起来,这样评价者才会有动力去做出精确和客观的评价。

2. 确定考评基准

考评基准即用于衡量员工职责履行的绩效和能力的尺度或标准。组织可以员工的个人品质特征为基准,也可以员工应完成的目标为基准,还可以管理的基本原理和原则为基准。不同的评价标准各有其优缺点,组织应根据员工考评的目的,建立起以某种考评基准为主、其他考评基准为辅的综合考评基准。

3. 确定考评时间

考评时间即何时进行考评和间隔多长时间进行考评的规定。组织必须合理地规定考评时间,这一时间不能太短,也不能太长,而应根据员工工作性质、考评目的和考评成本等因素加以综合考虑。

4. 实施人员考评方案

实施人员考评方案即根据考评内容、考评方法等由考评者在规定的考评时间内实际开展员工考评活动。

5. 传达考评结果

考评者应将考评结果及时告诉给有关当事人。让被考评员工了解考评的结论,知道组织对自己能力的评价和贡献的承认程度,以及组织所认为的自己的缺陷,从而明确改进的方向。如果认为考评不公正和不全面,则可以有充分补充和弥补的机会。

新 观 点

　　GE前首席执行官杰克·韦尔奇凭借科学实践规律,绘制出了著名的"活力曲线"。他按照业绩以及潜力,将员工分为 A、B、C 三类。三类比例为:A 类 20%;B 类 70%;C 类 10%。对 A 类这 20% 的员工采用"奖励奖励再奖励"的方法,提高工资、股票期权以及晋升职务。A 类员工所得到的是 B 类员工的 2~3 倍;对于 B 类员工,也根据情况,确认其贡献,并提高工资。但是,对于 C 类员工,不仅没有奖励,还要从企业中淘汰出去。

6. 根据考评结论,建立员工档案

建立组织的员工档案,可以使组织有规律地、定期地了解员工成长过程和特点,可以帮助组织根据不同的标准将全体员工分类管理,从而为组织制定人事管理政策、组织员工培训提供依据。

(二)考评的要求

做好考评工作,明白对考评工作本身的要求很重要,因为它直接关系到考评结果的质量。主要要求有:

(1)考评指标要客观。指标的含义要准确、具体,不能含糊不清;指标尽可能定量化,以避免定性指标的较大程度上的主观随意性的缺点。

(2)考评方法要可行。考评项目要适中,符合全面考评的要求;考评的结果要客观可靠,使人信服;要使员工明确所采用的方法的目的与意义,接受它并自觉地配合,不使之流于形式。

(3) 考评时间要适当。因为组织各层次人员的活动和要求不同,考评的时间也不可能相同。一般来说,大部分组织为了方便起见,对组织各级主管人员的正式考评多是一年1~2次,对新选聘上来担任主管职务的人的考评次数要多一些,这是为了尽快了解他们的能力。

(4) 考评结果要反馈。考评的结果应该告诉被考评者,这是为了使被考评者能够及时知道自己的优缺点,知道自己在哪些方面做得比较好,在哪些方面还有欠缺,以便能在今后的工作中发扬长处,克服不足。

当然,考评结果的反馈需要较高的信息沟通技巧。一般来说,对一个人的评价既有优点也有缺点。优点的信息比较容易传递,而缺点的信息就不太容易传递。因此,在考评结果的反馈中,一定要讲究沟通艺术,注意方式方法,使反馈能真正起到它应有的作用。

第六节 员工职业发展

依据马斯洛的需要层次理论,物质需要是人类较低层次的需要,而自我实现才是人的最高层次的需要。职业发展设计就是要为每一位员工提供一个不断成长和建立成功职业的机会,属于满足人的自我实现需要的范畴。所以现代组织越来越重视员工的职业发展。

一、职业与职业管理的含义

所谓职业生涯,根据美国组织行为专家道格拉斯·霍尔的观念,是指一个人一生工作经历中所包括的一系列活动和行为。也有人把职业生涯定义为:以心理开发、生理开发、智力开发、技能开发、伦理开发等人的潜能开发为基础,以工作内容的确定和变化、工作业绩的评价、工资待遇、职称职务的变动为标志,以满足需求为目标的工作经历和内心体验的经历。职业是社会与个人、整体与个体的联结点,职业反映了一个人在社会中的位置,人通过职业与特定人群建立联系,职业往往同个人的权力和经济利益相伴随。很显然,职业的选择与职业范围内的个人发展,对于个人的社会需要、经济需要的满足有着十分重要的意义。

职业发展包括职业管理和职业计划。

"职业管理"一向被看成员工个人的事情,但随着"人力资本是企业最重要的资本"这一概念的明确,人们发现,加强员工的职业管理,跟公司的目标相一致,是实现组织目标的有效管理手段。所谓职业管理，是指组织帮助员工制订职业生涯计划和帮助其生涯发展的一系列活动。其目的在于把员工的个人需要与组织的需要统一起来，做到人尽其才并最大限度地调动员工的积极性，使他们感到在组织中能有所作为，从而极大地提高其对组织的归属感。职业生涯管理是组织为实现每位员工自主开发精神资源的有效管理方式，它能有效抑制企业与员工个体在目标整合上的偏差，并避免由此造成的员工工作的主动性、积极性等因素的丧失。

员工个人所承担的职业发展活动称为职业计划，它包括了一系列职业生涯中重大转折的选择，如专业发展方向的选择、就业单位的选择、职务的选择等。职业发展计划是要在做好自我分析的基础上，在本人价值观的指导下，确立职业发展目标、最终拟订具体职业发展道路的规划。

新观点

　　全球 500 强中的大部分企业都在员工职业管理方面独树一帜。美国微软公司人力资源部制定有"职业阶梯"文件，其中详细列出了不同职务须具备的能力和经验。日本丰田公司实行"事业在于人"的经营理念，形成了独特的"丰田式"职业管理模式。

二、职业发展途径

员工在进行了较为正确的自我评价后，就可以设计自己在组织中的职业道路。传统的职业道路总是集中于某一特定职业内的升迁上，但目前的情况发生了很大变化，各种网状的、横向技术的以及双重职业道路都为员工提供了更多的可能。

（一）传统的职业道路

这是员工在组织里，从一个特定的工作到下一个工作纵向上发展的一条途径，具体表现为职务的晋升，同时也伴随着待遇的提高。它的最大优点是它一直向前，但随着组织结构的变化，管理职位大量减少，使一些人走这条途径的可能性大大减少。

（二）网状职业道路

它包括纵向的工作序列和一系列横向的机会，是纵向与横向的结合。一般来说，一个人很难完全走纵向的道路，在上升到一定层次后在横向上做一些积累，将更可能胜任纵向的下一个目标。对于大部分人来说，这种职业道路可能是最为现实的选择。这种纵向和横向的选择，减少了堵塞的可能性。

（三）横向职业道路

这是跨职能边界的工作变换。例如，从生产制造部门转到采购供应或销售部门。这种变化有利于员工扩大知识面，增长见识。积累工作经验。许多组织常采取横向调动来促使员工激发新的活力，迎接新的挑战。

（四）双重职业道路

这条道路的基本思想是，技术专家不必成为管理者而同样可以为组织做出贡献。一个人完全可以选择只是做一个技术专家，他既不必在纵向上提升，也不必在横向上调动。他可以凭借自己的提高而为组织做出更大的贡献，同时也得到更好的待遇和应有的承认。随着高新技术发展和现代组织的革新改造，双重职业道路日益流行，专业知识和管理技能同样重要。

三、职业发展阶段及特点

每个人的职业都要经过几个阶段，一个人所处的职业阶段将会影响他的知识水平以及对各种职业的偏好程度。组织要把握成员每个阶段的职业发展特点，帮助成员实现职业发展计划。一般来说，员工职业发展将经历如下阶段。

（一）成长阶段

成长阶段大体上界定为从出生到 18 岁这一年龄段。这一阶段个人通过对家庭成员、朋友和老师的认同以及与他们之间相互作用，开始独自进行对外部事物的分析和判断，逐渐形成了自我的概念，以及对自己兴趣和爱好的基本看法。建立起了基本的世界观和价值观，开始了对各种可供选择的职业的现实性思考。

（二）探索阶段

探索阶段大约发生在 18～24 岁这一年龄段。这一时期，个人将试探性地选择自己的职业。他们试图将自己的职业选择与他们对职业的了解，以及通过学校教育、休闲活动和业余工作等途径中获得的个人兴趣和能力匹配起来。

（三）确立阶段

确立阶段大约发生在 24～44 岁的年龄段，这是大多数人职业生命周期的核心部分。在此阶段，个人首先审视当前所选择的职业是否适合自己，并做出必要的调整，而后选定职业目标和晋升路径，最后会根据自己最初的理想和目标对自己的职业情况做一次重新评价和审视，衡量职业在人生中的地位。

（四）维持阶段

从 45 岁到退休前，许多人进入了维持阶段。在这一职业阶段的后期，人们一般都已经在自己的工作领域中为自己争取了一席之地，因而他们的大多数精力就放在保持这一位置上了。

（五）下降阶段

当退休临近时，人们就不得不面临职业生涯中的下降阶段。在这一阶段，许多人都面临着接受权力和责任减少的现实，因此，学会成为年轻人（或继任者）的良师益友，并为适应退休后的环境而学习或培养自己某些方面的爱好。

四、促进职业发展

职业计划的主要责任在于个人，但作为组织应积极参与员工的职业计划并促进员工职业计划付诸实施，使组织成员在个人发展的同时组织也得到发展。

（一）设计职业计划表

组织的职业计划表就是一张工作类别结构表，即通过将组织中的各项工作进行分门别类的排列，而形成的一个比较系统地反映组织人力资源配置状况的图表。借助这张表，公司的普通员工、中低层管理人员以及专业技术人员就可以瞄准自己的目标，在经验人士、主管经理的指导下正确选择自己的职业道路。

（二）为员工提供职业咨询

职业咨询就是与员工讨论他们当前的工作情况和表现及其个人岗位、职业目标、个人技能以及合适的职业发展目标的过程。职业咨询可由人力资源部的职员、监督员、专门的人事咨询员或外部的专家来进行。

LIFO 系统

LIFO 系统又称长处管理策略，它根据每个人的人生取向（life orientation），也就是个人在各种情境中的基本行为偏好及目标、态度与感受，通过专业问卷方式，将人的风格偏好分为卓越、行动、理性与和谐四种基本取向。每一种风格都有其价值，每一种风格也都有其优缺点，因此如何使各种风格的人都能发挥长处，就是长处管理策略的目的。

（三）促使员工实现职业计划

1. 提供职业信息

在制订职业计划前，员工必须得到有关职业选择的机会和信息。这些信息往往从组织的工作说明中传播出来。职业信息十分有用，因为它具有如下几方面的功能：① 给每个员工展示其工作如何与其他工作相关联。② 给出职业选择。③ 描述职业改变对教育和经历的要求。④ 提出其他工作的定位。

2. 重视员工的职业兴趣，并为其提供较为现实的发展机会

了解员工的职业兴趣和对未来的职业发展计划，这是组织正确地使用和培养人才的基本条件。

3. 进行阶段性的工作轮换

所谓工作轮换，也就是在组织内进行横向调动。虽然地位和工资保持不变，但却得到了发展新技能的机会，为将来承担更重要的工作打下基础。

4. 提供职业发展机会

职业发展是使一个人既能满足公司现在的需要，又能满足未来需要的一切准备活动。当今的员工充分认识到，如果他们不能持续地更新知识，提高能力和水平，为公司创造更多的财富，那么他们很有可能随时被公司解雇。职业发展一般由公司人力资源部制订培训和开发计划，并付诸实施。职业发展项目可在组织内部进行或者依靠外部进行，如专业组织或大专院校。

知 识 测 试

一、概念辨析

人力资源　人力资源管理　工作分析　职位分类　离职培训　员工考评　职业发展计划

二、即问即答

1. 人力资源管理的概念及其主要内容？

2. 什么是招聘？主要招聘形式有哪些？试比较他们的优缺点。

3. 列举并评价员工培训的主要方法。

4. 简述员工考评的主要方法。

5. 组织有义务考虑员工的职业发展计划吗？该如何去做？

6. 试述人员选聘的原则和依据。

技 能 训 练

『训练目标』

◇ 深入理解人力资源管理的主要内容及过程

◇ 提高从事人力资源规划、选聘与配置、培训与绩效管理等技能水平

◇ 有意识地培养自己的管理能力

一、管理定律应用

特雷默定律

英国管理学家 E·特雷默提出特雷默定律：每个人的才华虽然高低不同，但一定是各有长短，因此在选拔人才时看重的是他的优点而不是缺点，利用个人特有的才能再委以相应责任，这样才会使诸方矛盾趋于平衡。否则，职位与才华不能适合，使应有的能力发挥不出，彼此之间互不信服，势必造成冲突的加剧。在一个团队中，每个人各有所长，但更重要的是领导者能将这些人的专长运用到最适当的职位，发挥其特长，进而让整个企业更加强大。

[举例]　　　　　　　　**唐太宗的用人法则**

在一次宴会上，唐太宗对王珪说："你善于鉴别人才，尤其善于评论。你不妨从房玄龄等人开始，都一一做些评论，评一下他们的优缺点，同时和他们互相比较一下，你在哪些方面比他们优秀？"

王珪回答说："孜孜不倦地办公，一心为国操劳，凡所知道的事没有不尽心尽力去做，在这方面我比不上房玄龄。常常留心于向皇上直言建议，认为皇上能力德行比不上尧舜很丢面子，这方面我比不上魏徵。文武全才，既可以在外带兵打仗做将军，又可以进入朝廷搞管理担任宰相，在这方面，我比不上李靖。向皇上报告国家公务，详细明了，宣布皇上的命令或者转达下属官员的汇报，能坚持做到公平公正，在这方面我不如温彦博。处理繁重的事务，解决难题，办事井井有条，这方面我也比不上戴胄。至于批评贪官污吏，表扬清正廉署，疾恶如仇，好善喜乐，这方面比起其他几位能人来说，我也有一日之长。"唐太宗非常赞同他的话，而大臣们也认为王珪完全道出了他们的心声，都说这些评论是正确的。从王珪的评论可以看出在唐太宗的团队中，每个人各有所长。但更重要的是唐太宗能发挥他们的特长，进而让整个国家繁荣强盛。

[点评]　每个人的才华虽然高低不同，但一定是各有长短，因此在选拔人才时看重的是他的优点而不是缺点，利用个人特有的才能再委以相应责任，只有这样，才能充分发挥每个人的潜能，化解各方矛盾。

二、管理案例分析

美国空军所采用的考评制度

美国空军所采用的考评制度是美国许多公共事务机构绩效评价的典型代表。这套考评制度要求，每位官衔在将军以下的军官的直接上级，每年一次为各位军官做出书面报告。评估报告的格式设计是统一的，适用于不同的军种和级别。表格留出的空白处较小，评估人员只能用精练的语言总结各个军官的业绩。20 世纪 70 年代中期，这套评估制度受到了广泛的批评，因为它对员工的工作指派缺乏专业化的定义，导致了评估的主观性和不合理性，如对参谋人员领导才能的评估，这种方法的作用就不大。

　　评估问题导致了评估制度的修改。在每个单位内部，对业绩高低的评价比例进行了硬性规定，而且对评估程序也做了修改，每位军官要接受其主要上司以及一位附加评估人和一位审核人的共同评估。

　　[分析问题]

　　1. 分析本案例的考评制度有什么问题？检讨什么因素会影响员工的表现和绩效？

　　2. 提出员工业绩评估的注意事项。

　　3. 给出评估员工的工作表现的项目及评分，请填入表7-2。

表7-2

员工表现评估表

项　目	内　容	实际表现	绩效原因	改进意见	计　分
否决项目					
行为性项目					
结果性项目					
管理性项目（管理人员）					
成长性项目					

　　[分析思路]　人员考评的实质是通过对员工过去一段时间内工作的评价，判断其潜在发展能力。美国空军的考评制度强调直接上级的考评，群众未直接参与考评，使考评成果受到一定的影响，且评估的主观性的存在，降低了评估质量。可

以从考评的作用、考评的原则和考评的方法分析案例所提问题,结合自己对案例所提要求的理解,给出拓展性答案。

[**实施建议**]

(1) 教师先将训练目的和要求清楚地传达给学生,强调员工评价的作用和原则。

(2) 在课下准备,课堂讨论,时间限制在 20 分钟内。

(3) 由小组抽签决定哪几个组给出讨论意见。

(4) 其他小组给出评价成绩,由教师对评价成绩综合后给出最后成绩。

三、管理技能训练

[**训练项目**] 怎样制定员工测评方案①?

[**训练内容**] 360 度人员测评考核体系方案的主要内容包括以下几个方面。

一、制定测评目标

1. 了解员工队伍的工作态度、个性、能力、工作绩效等基本状况。

2. 为公司的人员选拔、晋升、考核、调动、任免工作提供决策依据。

3. 为干部后备队伍的建设提供基础。

4. 为员工的职业生涯规划、人职匹配、培训、奖惩等提供参考依据。

5. 为公司的人员招聘提供系统科学的现代工具。

6. 为公司在用人筛选上提供参考资料。

7. 形成公司 360 度人员考评系统。

二、制定测评指标结构体系

测评内容侧重从工作态度(敬业精神)、人员素质测评和绩效考评三个方面进行。

1. 工作态度评价指标。对公司的认同感,对在公司发展前景的信心,工作积极性,对同事工作的促进,团队的协作努力程度等。以上项目由其上级经理、同事、下级和客户分别用相关的评议表格进行主观评定。

2. 素质测评结构体系。依据公司各岗位工作分析的职位要求,含人格特点、管理风格等项。

3. 绩效考评结构体系。每月工作完成率;季度、年度评议;特别业绩与贡献。

三、明确测评方法

1. 人事测评量表。人事测评量表包括以下几个方面:

(1) 心理测验问卷:了解各级员工的职业兴趣、职业人格、管理风格等心理素质。适用于全体员工,包括中高层管理者。

---

① 资料来源:http://community.chinahrd.net/forum.php? mod=viewthread&tid=179064&highlight。

（2）综合知识测验：用纸笔形式的测验来考察基层干部、普通员工和新招聘人员的科技知识、人文知识、外语及生活常识等方面的知识面。

（3）一般职业能力测试：选用纸笔形式、操作形式的测验，来考察基层干部、普通员工和新招聘人员的基本认知能力和动手能力。

（4）民主评议：由上级、同事、下级、客户对被评议人工作是否称职、是否优秀等进行打分评议。适用于全体员工，包括中高层管理者。

2. 测评活动。以下几种测评模式应用于公司的人员测评。

（1）结构化面试：通过精心设计的具有一定应变结构的问题，以一对一或多对一的问答方式，即时考察测评对象的语言表达、人际沟通、思维反应能力。

（2）行为事件访谈：通过专业的谈话内容分析技术，定量评价管理干部的各个胜任特征。

（3）评价中心：通过多种方式如结构化面试、公文处理、工作情景模拟、管理游戏等，来全面考察干部候选人的综合管理能力。

（4）讨论推荐：由各部门组织、总结讨论部门内每个员工的工作态度、工作完成情况、称职与否等，按一定比例评出先进个人。

假定你是某公司人力资源管理助理，你该如何为公司制定员工测评方案？

［训练要领］　以团队的形式进行，将学生分成若干小组，指定组长。团队通力合作，注重方案运筹，形成基本合理的可行方案。一方计划提出后，其他组成员对该方案进行评论，指出其合理之处，存在的问题和不足；制定一方本组人员可对方案做进一步补充和解释说明。依此循环实施。对于制订计划较好的学生团队，在平时成绩上给予适当加分。

第四部分
领 导 与 沟 通

第八章 领 导

本章网络结构图

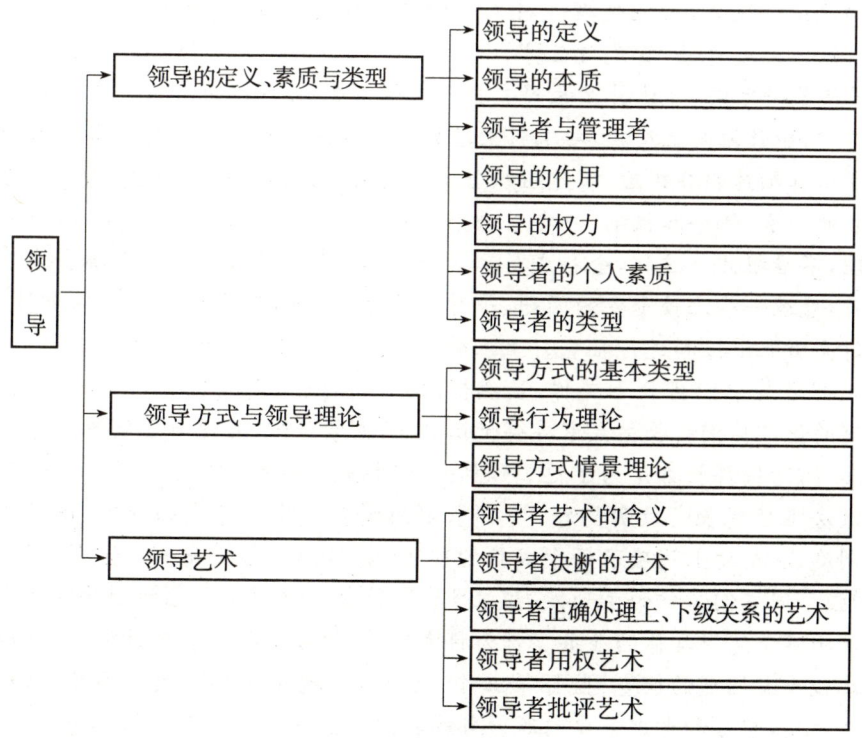

本章学习目的

☆ 理解领导职能在管理中的地位和作用、领导的定义
☆ 掌握领导方式行为理论与情景理论的主要内容

☆ 了解领导的分类、几种典型的领导方式
☆ 明确领导在工作中应具备的几种领导艺术

【引导案例】　　　　　　　**应该向哪位科长学习**

某县县委办公室领导班子调整，两位副科级秘书被提拔，分别担任两个业务科室的科长。其中，C科长看到科里任务繁重，心急如焚。每天都早上班晚下班，忙忙碌碌，晚上一般都在办公室加班，许多时间还要拉科里的同志一起干。他对工作十分认真，每次工作安排下去，总是不断地催问，唯恐别人办不好。能自己动手干的，他尽量不让其他同志去做。科里的同志不论大小事情，从不自作主张，都是及时地向他请示报告，由他处理。科里的同志们私下谈论，有的说，"跟着科长干工作，既轻松，又没责任，真是自在。"

F科长一上任，就让科里的同志把工作情况做了详细的汇报。很多人吆喝工作任务重，想让他向上反映，要求科里增加人员。他对科里的工作任务和人员情况进行了认真细致的分析后，首先组织全体同志制定出各种规章制度，明确了每个工作人员的职责、任务和权限，并要求每个工作人员在自己的职责范围内，遇事要大胆处理，不准推诿。这样，全科成员都紧张地工作起来了。F科长只抓科内外的协调工作，处理一些比较重要的问题，平时对每个同志的具体工作一般很少过问，只是定时间听取汇报和进行抽查。上班时间也不显得很忙。科里的同志私下议论，有的说，"跟着咱们科长干工作，虽然忙，但心情舒畅，因为他相信我们，对我们放手。"有的说，"咱们科长把大家搞得忙忙碌碌，紧紧张张，可他自己倒清闲。"

其实，两位科长都是为了把工作搞好，目标是一致的，只是工作方法不同，F科长的做法比C科长的做法要好。F科长针对科室人少任务重的情况，制定了许多规章制度，从制度上明确了每个成员的职责，使职、权、责相统一，遇事能够大胆处理，增强了同志们工作的主动性、积极性。F科长认识到了自己的领导职责在于组织协调而不是从事具体的业务。作为科室领导，他重点抓制度建设和内外协调，负责对比较重大问题的检查、监督等工作。这样，他就能够摆脱琐碎事务，抽出时间搞调查研究，学习和考虑重要问题。当然我们也应该肯定C科长工作积极、认真负责、吃苦耐劳、处处以身作则的"老黄牛"精神，这是十分难能可贵的。但是，从整体上评价，我们只能说他是一位好干部，因为他只知道自己干，不善于领导和管理，不能算是一个有效的管理者。

在实际领导工作中，如果同时具有C科长的工作态度和F科长的工作方法，既善于组织协调和分派他人从事具体工作，又能有兢兢业业、勤勤恳恳的工作态度，那就是我们所称道的好干部、好领导。

管理的领导职能是指管理者通过对下属实施影响,使下属成员的个体目标与组织目标有机地统一起来。它是使组织目标得以有效实现的关键,也是联结其他各个管理职能的纽带。那么,到底怎样才能成为一名好的领导? 管理者的领导力量是怎样来的? 管理者与领导者之间有什么样的关系? 做好领导工作要遵循什么样的规律? 领导者的基本类型及领导者可采取的领导方式有哪些? 本章将就与领导职能相关的问题展开论述。

第一节　领导的定义、素质与类型

一、领导的定义

在组织所拥有的各种资源要素中,人是最核心的因素,组织目标能否实现在很大程度上受人的因素所左右。因此,如何协调好组织成员的思想和行动并充分调动起他们的积极性就成为了管理中的一项核心问题。在这一方面,管理者可以通过计划、组织及控制等职能的发挥而取得一定的效果,但如果管理者能在实施各项管理职能的过程中开展有效的领导工作,则将使工作质量大大提升。

那么,究竟怎样定义领导? R·格里芬认为:"领导是使组织内的成员团结合作,以实现组织的目标和计划。"阿瑟·比德因和威廉斯·格兰克认为:"领导是影响个人或团体行为,以便努力完成企业目标的艺术。"S·色脱则指出:"领导是指导他人完成某些目标的过程。"

在这里,综合国内外多名专家学者的观点,我们认为可以从名词和动词两个角度去定义领导。名词意义上的领导是指领导者,即进行领导活动的主体。动词意义上的领导是指指挥、带领、引导和鼓励群体或组织成员以使他们为实现群体或组织目标而做出努力和贡献的过程或艺术。这一定义包含四个方面的内容:

(1)领导必须要与群体或组织中的其他人员发生联系。这些人员包括下属和组织中的其他人员,他们都心甘情愿地服从于领导的权力而接受指挥。

(2)权力在领导和组织其他成员中的分配不平等。领导者具有指挥其他组织成员的权力,但其他组织成员却不具备指挥领导者的权力。

(3)领导者能够对下属成员施加各种影响。领导者掌握着法定的权力,不仅能够指挥和指导下属成员去开展工作,而且能影响下属做事的方式,有效的领导可使下属按期望的模式去工作和表现。

(4)领导的目的是影响下属为实现组织的目标做出努力,而不是更多地体现个人权威。一个组织需要建立起领袖人物的权威,但独裁的领导方式通常并不是最有效的领导方式。有效的领导应当在下属执行工作任务时给予一定的空间,让其有适当的自由度去发挥主动性和创造性。

二、领导的本质

孔茨指出,领导的本质就是追随关系。这也就是说,领导的本质其实就是组织成员的追随和服从。

正是因为人们愿意追随和服从某人,从而使这个人成为了领导者。也正是因为有了下属及组织其他成员的追随与服从,才使领导人员在组织中的地位得以确定,并使领导过程成为可能。而下属和组织的其他成员追随和服从某些领导人的原因,就在于这些被他们所信任的领导人员能够满足他们的愿望和需求,巧妙地将个人愿望和需求的满足与组织目标的实现结合起来。这不仅在很大程度上预示出领导不可避免地要与沟通、激励之间发生关系,也揭示了领导作为一门艺术的性质。

如果所有的下属和组织的其他成员都能够满腔热情地为实现组织目标而尽最大的努力做出贡献,那么领导和领导艺术就成为多余的了。但事实上,可能由于缺乏激励或机会、工作环境的恶劣或领导人员的平庸等原因,下属和组织的其他成员不可能具有持续的工作热诚和信心,这不仅使领导在完成组织预期目标的过程中成为非常必要的一项职能,也为有效的领导者在实现组织目标、提高组织效率方面发挥更大作用提供了空间。

三、领导者与管理者

有的人认为领导就是管理。这种观点是不正确的,领导与管理不是同一回事。管理学中,领导更着重于研究在目标既定的条件下如何影响一个组织或群体的成员去实现目标的过程。领导与管理工作中其他职能的区别,主要表现在与人相联系方面的特征上。领导与管理密切相关,但它们之间的功能和作用是有明显区别的。从一般的意义上来说,管理的范围要大些,而领导的范围要相对小些。领导在组织中作用表现在为组织的活动指出方向、设置目标、创造态势、开拓局面等方面,管理则是为组织活动选择方法、建立秩序、维持运转等活动。从层次上来说,领导体现出的是管理过程的战略性,因而也就具有较强的综合性;从整个管理过程来看,如果我们把管理过程划分为计划、执行和控制三个主要的阶段,领导活动处在不同的阶段之中,集中起来就表现为独立的职能,即为了实现组织目标,使计划得以实施,使建立起来的组织能够有效运转,组织和配备人员,并对各个过程的结果进行监督检查。

为了达到有效管理的目的,一个组织不仅需要有管理的功能,也需要有领导的功能。可以说,管理的主要功能是解决组织运行的效率,而领导的主要功能是解决组织活动的效果。效率涉及活动的方式，而效果涉及的是活动的结果。有效的领导不仅使活动达到目标，而且要尽可能使达到目标的过程更有效率。管理者的作用在于通过管理在组织中建立良好的秩序，领导者的作用在于引导组织不断地进行创新和改革。两者有效地配合才能确保组织的有效运行和长期发展。管理需要领导者来领导有序的改革，领导的思想和战略则需要管理方面的有效实施和配合。两者的密切配合是保证一个组织取得良好绩效的必不可少的条件。

在理想的状态下，所有的管理者都应当成为领导者。管理者的职权是通过组织的正式任命获得的，他们拥有合法的权力实施奖惩，其影响来自他们所在的职位所赋予的正式权力。领导者既可以是任命的，也可能是在非正式群体中产生或由非正式群体成员公认的，领导者不运用正式权力也可以达到影响他人活动的目的。管理者不但应用正式职权来获得对组织其他成员的支配地位，更重要的是也应善于利用个人影响力来获得组织成员的利他主义的支持。因此，管理者成为领导者是一种较为理想的状态。

但是，并不是所有的领导者都一定具备完成其他管理职权的潜能，因此并不是所有的领导都处于管理岗位上。一个人能够影响别人并不表明他同样也能做好计划、组织和控制等管理工作。例如，一个企业技术开发部门的技术权威，并不一定是技术开发部门的管理者，尽管他在这个部门中的言行能产生十分重要的影响。实践证明，一个好的管理者不一定是个好的领导者，同样，一个好的领导者也并不一定是一个好的管理者。

四、领导的作用

从对领导定义的理解中可以看出，领导的作用主要表现在这样三个方面：指挥、协调、激励。

（一）指挥作用

在组织的集体活动中，需要有头脑清醒、胸怀全局、高瞻远瞩、运筹帷幄的领导者，帮助人们认清所处的环境和形势，指明活动的目标和达到目标的途径。领导就是引导、指挥、指导与先导。领导者应帮助组织成员最大限度地实现组织的目标。他们不是站在组织成员的后面去推动、去督促，而是作为带头人来引导前进，鼓舞人们去实现组织的目标。拿破仑·波拿巴曾说过："只有糟糕的将军，没有糟糕的士兵。"领导者只有站在群众的前面，用自己的行动带领人们为实现企业的目标而努力，才能真正起到指挥的作用。

（二）协调作用

组织的目标是通过许多人的集体活动来实现的。即使组织制定了明确的目标，但由于组织中的成员对目标的理解、对技术的掌握和对客观情况的认识因他们个人知识、能力、信念等方面的差异而不同，人们在思想认识上发生分歧、在行动上出现偏离目标的现象是不可避免的，因此，需要领导者来协调人们的关系和活动，使组织成员步调一致地朝着共同的目标前进。

（三）激励作用

一个组织是由具有不同需求、欲望和态度的个人所组成的。组织成员的个人目标与组织目标并不是完全一致的。领导活动的目的就在于把个人目标与组织目标结合起来，引导组织成员满腔热情地为实现组织目标做出贡献。领导工作的作用很大程度上表现为调动组织中每个成员的积极性，使其以高昂的士气自觉地为组织做贡献。

五、领导的权力

权力可以理解为影响别人的能力。领导的权力主要来自两个方面：一是来自领导所处职位的权力。这种权力是由上级和组织所赋予的，并由法律、制度明文规定的，属于正式的权力。这样的权力随职务的变动而变动。有职位者就有这种权力，无职位者就无这种权力。正式权力的基本内容，包括强制权、奖励权与法定权（即对组织活动的决定权、指挥权）。二是来自领导者个人的权力。这种权力不是由领导者在组织中的职位产生的，而是由于领导者自身具备某些特殊条件才产生的。例如，领导者具有高尚的品德、丰富的经验、卓越的工作能力、良好的人际关系；善于体贴关心他人，令人感到可亲、可敬、可信；不仅能完成组织目标，而且善于创造一个激励的工作环境，以满足组织成员的需要等。这种权力不随职位的消失而消失，这种权力所产生的影响是组织成员发自内心的、长时期的敬重与服从。个人权力的内容，包括个人影响权和专长权。

（一）强制权

强制权也就是惩罚权。这种权力是建立在组织其他成员认识到违背上司的行动、态度或指示的结果只能是受到惩罚的基础上的，因此强制权来自下级的恐惧感，即下属意识到不服从上司的意愿会招致惩罚。

（二）奖励权

奖励权是惩罚权的相对物。这种权力建立在组织成员意识到下属服从上司的意愿会带来积极的奖励的基础之上。这些奖励可以是金钱方面的，如提高报酬，也可以是非金钱的，如因工作做得好而受到表扬。奖励权来自下属追求满足的欲望，即下属人员感到领导者有能力奖赏他，使他产生愉快感或满足他的某些需求。

（三）法定权

法定权也即合法权。这种权力来自上司在组织机构里的地位。这是由组织中等级制度所规定的正式权力。这种权力是被组织、法律、传统习惯甚至常识所认可的,它通常因职位而产生,这种职位是人们所接受的合法地位。例如,公司经理比副经理有更多的法定权力,部门经理比下属单位的领导有更多的法定权力。

（四）个人影响权

个人影响权也即模范权。这种权力主要来自个人的人格魅力,是建立在下属对领导者的认可和信任的基础之上的。领导者由于具有一种或更多的个人好品质而受到敬佩,下属人员认可和相信领导者具有他所敬佩的智慧和品质,从而愿意模仿和追随。拥有个人影响权的人能激起人们的忠诚和极大的热忱,一些著名的政治领袖及体坛及文艺界的超级明星,都具有这种能力,他们能影响许多人的行为。

（五）专长权

具有这种权力的领导者是具有某些专门知识、特殊技能或知识的人。具有一种或多种这种能力的领导者会赢得同事们和下属们的尊敬和服从。这种权力来自下属人员对具有这种权力的领导的尊敬和崇拜。

用权贵在把握好度

司马迁在《史记·范雎蔡泽传》中写道:"欲而不知止,失其所以欲;有而不知足,失其所以有。"领导手中掌握着权力。权力是一柄双刃剑,既可能用来为人民办好事,也可能以权谋私或滥用权力,损害人民利益。

我国领导权力是人民给的,必须树立为人民掌好权,用好权,并自觉接受人民监督的思想。权力使用必须以对人民是否有利为标准。

领导人必须克制私欲,把小我的价值融进大我的价值中去,保持一种健康的心理平衡。陈毅同志说得好:手莫伸,伸手必被捉。如果个人欲望膨胀,利用权力牟取私利,则必然走到"欲而不知止,失其所以欲;有而不知足,失其所以有"的境地。

强制权、奖励权、法定权是由个人在组织机构中的职位所决定的,都来源于行政的力量;专长权和个人影响权则取决于个人的知识和品德。有效的领导不仅要依靠行政的权力,还必须具有专长权和个人影响权,这样才会使被领导者心悦诚服。

领导者必须正确地运用组织赋予的权力,才能进行有效的领导。为了正确运用权力,必须注意以下三个方面问题:

（1）慎重用权。作为企业某个部门的主管,领导者有着相当的人事、财务等管理权力。成熟的领导者必须十分珍惜国家和人民赋予自己的权力,十分珍惜自己由于多年辛勤工作在群众中形成的权威,绝不可滥用权力。但是在确实需要使用权力时,领导者又要当机立断、雷厉风行地使用权力来维护国家和人民的利益,不应为了维护个人的私利而患得患失、谨小慎微、优柔寡断、坐失良机,使国家和人民的利益遭受损失。

(2)公正用权。领导者运用权力的最重要原则是公正廉明。领导者必须用自己的实际行动使部下相信,在他运用权力时一定能做到不分亲疏、不徇私情、不谋私利。只有如此,才能服众。一个领导者在其所办的100件事中,如果有一件事由于考虑未能秉公处理,就会在群众中造成不良影响,甚至丧失个人威信。在这种情况下,他的行政权力虽然未变,但其实际的指挥、协调和激励作用都大大削弱了,伴之而来的是牢骚怪话、扯皮推诿、组织涣散、营私舞弊等现象在组织中的蔓延。所以,领导者必须充分认识公正用权的重要性。

(3)例外处理。规章制度是组织成员应当共同遵守的行为准则。领导者必须维护规章制度的严肃性,但也有权进行例外处理。例外处理不是为了破坏规章制度,而正是为了使规章制度更加合理,更能得到职工的拥护和执行。但是进行例外处理,必须有充分的正当理由,必须光明正大,并有助于树立正气、强化职工的"期望行为"。通过实施例外处理,要使职工知道领导者是通情达理的,同时又要使职工对领导者期望自己表现出何种行为产生明确的认识。

六、领导者的个人素质

很多西方管理学家长期以来一直把领导者个人性格和特征作为描述和预测其领导成效的标准。这种研究试图区分领导者和非领导者之间的不同特点,并以此来解释一部分人成功领导的原因,这种研究假设领导与非领导的差异在于具有一些基本特性。如果这些特性能够得到确认,那么有发展前途的领导者也就能被确认了。这就是所谓领导的特性理论或素质理论。然而,领导素质理论对领导行为和现象的解释是不完善的。著名领导行为专家菲德勒的研究试验结果表明,领导者与被领导者并没有多大差别,试验得分基本接近。有的领导者虽然某一件事情做得较好,但在其他事情上却完成得不理想。他总结出的基本结论是:领导者不一定具有比别人高明的品质,与被领导者也没有明显的差异。

一般认为,作为一个领导者,其政治素质、业务素质和身体素质必须符合一些基本的条件。

(一)政治素质

政治素质主要包括思想观念、价值体系、政策水平、职业道德、工作作风等方面的要求。其具体表现在以下几个方面。

（1）正确的世界观、价值观与人生观。

（2）现代化的管理思想。建设现代化的企业，必须以现代科学理论为指导，树立一系列全新的观念，主要有：系统观念、战略观念、信息观念、时间观念、人才观念、竞争观念、质量观念、创新观念、法制观念、效益观念等。

（3）强烈的事业心、高度的责任感、正直的品质和民主的作风。

（4）实事求是，勇于创新。

（二）业务素质

领导者应具有管理现代化企业的知识和技能。领导者应掌握的业务知识包括：

（1）应懂得经济学的基本原理，掌握市场经济的基本理论。

（2）应懂得组织管理的基本原理、方法和各项专业管理的基本知识。

领导能力要能转化为组织程序

领导能力过强有时不一定是好事。因为这样的领导者有时是一个"不受人欢迎"的人。一位有效的领导者必须明白：如果自己不存在了，即使若干年以后组织还应能够健康发展。所以他应将自身的领导能力转化为组织程序与文化，这样虽然企业不会常有优秀领导，但常有"领导能力"。最初带领大伙艰辛创业的领导者会给企业成员留下一种精神，当这些领导者离开企业或去世往往会意味着成员失去精神支撑力，新任领导即使如何优秀也不能摆脱成员用以前领导者的标准来判断他，这也使成员自动形成一种依赖感与更大的失望感。所以无论新老领导者，都必须努力将领导能力转化为组织程序，而不是无限加强自我领导能力以博得使人羡慕的荣誉，低调一点的领导者更能使组织长久兴盛。

（3）应懂得思想工作、心理学、人才学、行为科学、社会学等方面的知识，以便做好政治思想工作，激发职工士气，协调好人与人之间的关系，充分调动人的积极性。

（三）业务技能

领导者不仅应具有一定的业务知识，还要有较高的业务技能。业务技能主要表现为：

（1）较强的分析、判断和概括能力。

（2）决策能力。

（3）组织、指挥和控制能力。

（4）沟通、协调组织内外各种关系的能力。

（5）不断探索和创新的能力。

（6）知人善任的能力。

（四）身体素质

领导者的指挥、协调、组织活动，一般需要足够的心智，且要消耗大量体力，因此，必须有强健的体魄、充沛的精力。

应当指出的是，有关领导者素质的研究只是在实证基础上所作的一种理论上的抽象和概括。事实上，完全具备上述条件的领导者并不多见。尽管如此，对领导者素质的研究还是为我们选择领导者提供了标准，也为领导者的教育和培训奠定了基础。

七、领导者的类型

领导者的类型按不同的标准有多种分类方法，比较常用的分类方法有两类：按制度权力的集中度，可将领导者分为集权式领导者和民主式领导者；按保守与创新的程度，可将领导者分为维持型领导者和创新型领导者。

（一）集权式领导者

所谓集权，是指领导者把管理的制度权力进行收揽的行为和过程。因此，所谓集权式领导者，就是把管理的制度权力相对牢固地进行控制的领导者。由于管理的制度权力是由多种权力的细则构成的，如奖励权、强制权、收益的再分配权力等，这就意味着对被领导者或下属而言，受控制的力度较大。在整个组织内部，资源的流动及其效率主要取决于集权领导者对管理制度的理解和运用。同时，个人影响权和专长权是他行使上述制度权力成功与否的重要基础。这种领导者把权力的获取和利用看成是自我人生价值的实现。

虽然这种领导者的优势在于，通过完全的行政命令，管理的组织成本在其他条件不变的情况下，要低于在组织边界以外的交易成本。这对于组织在发展初期和组织面临复杂突变的变量时是有益处的。但是，长期将下属视为可控制的工具，则不利于他们职业生涯的良性发展。

（二）民主式领导者

和集权式领导者形成鲜明对比的是民主式领导者。这种领导者的特征是向被领导者授权，鼓励下属的参与，并且主要依靠其个人影响权和专长权影响下属。从管理学角度看，意味着这样的领导者通过对管理制度权力的分解，并通过对激励下属的需要，去实现组织的目标。但是，由于这种权力的分散性，使得组织内部资源的流动速度减缓。这是因为权力的分散性会导致决策速度降低,进而增大了组织内部的资源配置成本。但是这种领导者对组织带来的好处也十分明显。通过激励下属的需要,组织发展所需的知识,尤其是意会性或隐性知识,能够充分地积累和发展,员工的能力也会得到迅速提高。因此,相对于集权式领导者,这种领导者更能为组织培育未来发展所需的智力成本。

(三)维持型领导者

维持型领导者一般也称为事务型领导者。这种领导者通过明确角色和任务要求,激励下属向着既定的目标活动,并且尽量考虑和满足下属的社会需要,通过协作活动提高下属的生产率水平。他们对组织的管理职能推崇备至,勤奋、谦和而且公正,将把事情理顺、工作有条不紊地进行引以为自豪。这种领导者重视非人格的绩效内容,如计划、日程和预算,对组织有使命感,并且严格遵守组织的规范和价值观。

(四)创新型领导者

1. 魅力型领导者

魅力型领导者有着鼓励下属超越他们的预期绩效水平的能力。他们的影响力来自以下几方面:① 有能力陈述一种下属可以识别的、富有想象力的未来远景。② 有能力提炼出一种每个人都坚定不移赞同的组织价值观系统。③ 信任下属并获取他们充分的信任回报。④ 提升下属对新结果的意识,激励他们为了部门或组织而超越自身的利益。这种领导者不像事务型领导者那样不擅长预测,而是善于创造一种变革的氛围,热衷于提出新奇的、富有洞察力的想法,并且还能用这样的想法去刺激、激励和推动其他人勤奋工作。此外,这种领导者对下属有某种情感号召力,可以鲜明地拥护某种达成共识的观念,有未来眼光,而且能就此和下属沟通,激励他们持续朝既定工作方向努力。

2. 变革型领导者

变革型领导者鼓励下属为了组织的利益而超越自身利益,并能对下属产生深远而且不同寻常的影响,如美国微软公司的比尔·盖茨。这种领导者关心每一个下属的日常生活和发展需要,帮助下属用新观念分析老问题,进而改变他们对问题的看法,能够激励、唤醒和鼓舞下属为达到组织或群体目标而付出加倍的努力。

3. 战略领导者

战略领导者的特征是用战略思维进行决策。战略,本质上是一种动态的决策和计划过程,追求的是长期目标,行动过程是以战略意图为指南,以战略使命为目标基础。因此,战略的基本特征,是行动的长期性、整体性和前瞻性。对战略领导者而言,是将领导的权力与全面调动组织的内外资源相结合,实现组织长远目标,把组织的价值活动进行动态调整,在市场竞争中站稳脚跟的同时,积极竞争未来,抢占未来商机领域的制高点。战略领导者认为组织的资源由有形资源、无形资源和有机地整合资源的能力构成。他们的焦点是经常超越传统的组织边界的活动，进入组织之间的相互关系地带，并将这种区域视为组织潜在的利润基地。

战略领导行为是指有预见、洞察、保持灵活性并向他人授权，以创造所必需的战略变革的能力。战略领导行为是多功能的，涉及通过他人进行管理，包含整个企业的管理，并帮助组织处理随着竞争环境的巨变带来的变化。管理人力资本的能力是战略领导者最重要的技能。能干的战略领导者有能力创造产生知识资本的社会结构，能提出组织创新的思想。现代社会的竞争，将不只是产品之间或组织之间的竞争，更多的是组织管理人员思维方式之间和管理框架之间的竞争。战略领导者行为的有效性，取决于他们愿意进行坦荡、鼓舞人心但却是务实的决策。他们强调同行、上级和员工对决策的价值的反馈信息，讲究面对面的沟通方式。战略领导者一般是指组织的高层管理人员，尤其是首席行政长官。其他战略领导者还包括企业的董事会成员、高层管理团队和各事业部的总经理。不管头衔和组织的功能怎样，战略领导者一般具有不可授权的决策责任。没有战略领导者，也就无所谓战略的提出与实施。

第二节　领导方式与领导理论

一、领导方式的基本类型

所谓领导方式，是指领导者对所获权力的用权方式，也可称为领导风格。通常有以下三种较典型的领导方式。

（一）独裁式领导方式

这种方式主要靠权力和强制命令来进行管理。这种领导方式的主要特点是：

（1）独断专行，从不考虑别人的意见，完全由领导者自己做出各种决策。

（2）不把更多的消息告诉下级。

（3）主要靠行政命令、纪律约束、训斥惩戒来维护领导者的权威，很少或只有偶尔的奖励。

（4）领导者预先安排一切工作的程序和方法，下级只能服从。

（5）领导者与下级保持相当的心理距离。

（二）民主式领导方式

民主式领导者的主要特征是将所要采取的行动和决策同下属商量，并且鼓励下属参与决策。这种领导方式的具体特点是：

（1）各种决策都是由领导者和下属共同商定的，决策是领导者和其下属共同智慧的结晶。

（2）分配工作时，尽量照顾到组织每个成员的能力、兴趣和爱好。

（3）对下属工作的安排不具体，个人有相当大的工作自由，有较多的选择性与灵活性。

（4）主要运用个人权力与威信，而不是靠职位权力和命令使人服从。

（5）领导者积极参加团体活动，与下级无任何心理上的距离。

（三）放任式领导方式

实行这种领导方式的领导者的主要特点是极少运用其权力，而是给下属以高度的独立性。

以上三种领导方式各有其优缺点，放任式领导方式工作效率最低，只能达到组织成员的社交目标，但完不成工作目标；独裁式的领导者虽然通过严格管理能够达到目标，但组织成员没有责任感，情绪消极，士气低落；民主式领导方式工作效率最高，不但能够完成工作目标，而且组织成员之间关系融洽、工作积极主动、有创造性。

领导者倾向于采用何种领导方式，往往同他们对人性的认识有关，也要视具体情况而定。一名领导者在紧急状态下可能是十分武断的，如在抓捕罪犯的临时性行动中，行动组长很难花较多时间同队员商量最佳抓捕方式；而同科研人员打交道的领导者，则可能在研究和试验过程中给科研人员以充分的自由。

二、领导行为理论

从 20 世纪 50 年代起，许多管理学家对领导者的研究开始从领导者的内在特质转移到外在行为上，这就是领导行为理论。这种理论的基本观点认为：领导行为可以依据个人进行领导的方式来进行分类。

（一）利克特四种典型的领导方式

美国密执安大学社会研究所的伦西斯·利克特教授及相关研究人员提出了一种领导理论，认为在四种较典型的领导方式中，充分信任下属并积极鼓励下属参与决策的领导方式是最有效的。这四种典型的领导方式如下。

1. 专权命令式

在这种领导方式中，领导者非常专制，所有决策都由领导者做出。高层领导者很少信任下属，主要采用自上而下的沟通方式，但下属的意见却很难与上级沟通。惩罚是激励的主要方式，一旦下属工作出现失误，就会被严厉警告或处罚。这种领导方式反映的是一种传统的管理观念。

2. 温和的命令式

在这种领导方式中，决策主要由上级制定，但下级偶尔也能参与决策，且下级在执行决策时有一定的自由度和灵活性。上级对下属有一定的信任度但很不充分,激励时奖励和惩罚方式并用。上级自上而下地进行沟通的同时也采用一定的自下而上的沟通方式。

3. 协商式

这种领导方式中上级允许下属参与具体的决策,有时上下级会开展协商。上级对下级抱有较大的信任度,经常主动征求下属意见,下属一般可自由发表看法。激励时主要采用奖励的方式,但偶尔也进行惩罚。上下级之间进行双向的沟通。

4. 群体参与式

这种领导方式中上级对下级充分信任,积极鼓励下属参与到决策中来,上下级之间平等相待,一起协商问题。平时上下级及同事之间沟通频繁,强调组织成员的自我控制与对待问题及工作的责任感。

利克特发现采用第四种管理方式的领导者是最有成效的领导者。根据他们所做的调查,凡是实行群体参与领导方式的企业,其生产效率一般要比其他企业高出10%～40%。利克特将这种成效归因于员工参与管理的程度,以及在实践中相互支持的程度。利克特发现:① 在部门中领导对员工关心程度越高(即不但关心员工的工作情况,而且关心员工的需要和愿望),部门的生产效率越高;领导对员工关心程度越低(即主要关心工作任务,而不大考虑员工需求与愿望),部门的生产效率越低。② 一定时期内部门领导与员工接触时间越长生产效率越高,接触时间越短,生产效率越低。③ 部门领导越是信任员工,让员工参与到决策中来,生产效率越高;反之,部门领导越是独裁专权,生产效率越低。

(二) 管理方格理论

美国的管理学家布莱克和穆顿 1964 年提出了管理方格理论。他们用一个方格图组成两维矩阵,其中矩阵的横坐标代表管理者对生产的关心程度,纵坐标代表对人的关心程度。矩阵的纵横都有 9 个方格,共计 81 个方格,每一个方格都代表一种领导风格,这就是管理方格图(见图 8 - 1)。根据对某位领导者关心生产和关心人的程度的评价,可以确定该领导的领导风格在图中所处的位置。

在图 8 - 1 中,有五种典型的领导风格,分别是:

(1) 贫乏型(1, 1):领导者在领导过程中既不关心员工,也不关心工作任务的完成,领导者本人只以最低限度的努力来对待工作。这是一种效果最差的领导方式。

(2) 乡村俱乐部型(1, 9):领导者在领导过程中非常注重对员工的理解和支持,体谅关心人的工作做得非常周到,但对所要完成的工作任务及工作的计划、制度和效率很少关心。

(3) 任务型(9, 1):领导者全神贯注于工作任务的完成,非常注重工作的效

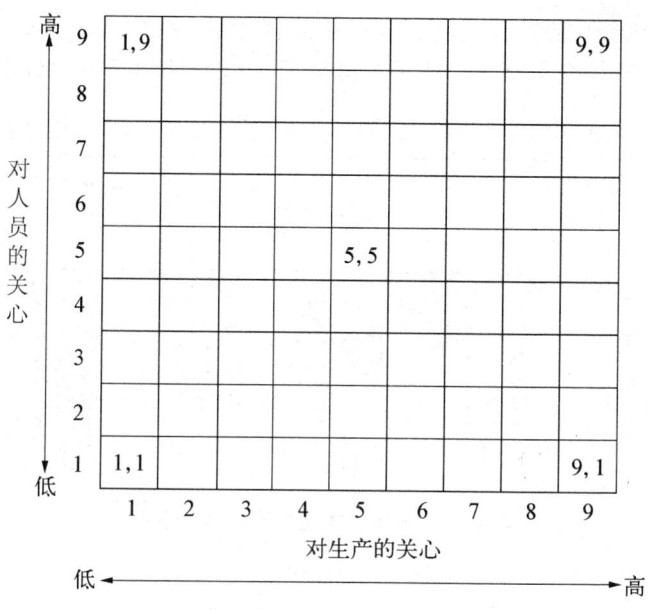

图 8-1　管理方格图

率,但却很少关心下属人员的需求及下属的士气。在工作中领导者更多的是依靠手中掌握的职权来达成工作目标。

(4)中间型(5,5):领导者在关心人与关心工作之间取得折中,追求正常的员工士气及工作效率。

(5)协作型(9,9):领导者既非常关心工作,又非常关心人,既注重完成工作任务的效率,又注重提高员工的士气与满意度,能够很好地将个人需求与组织目标结合起来。

很明显,(9,9)型是一种最佳的领导方式,其不但效率高,而且能产生很强的凝聚力,为组织今后的长远发展注入了活力和动力。布莱克和穆顿指出,原则上不能达到(9,9)型层次的管理者,必须接受如何成为该种类型领导者的培训。但管理方格理论并未就如何培养最佳类型的领导者提供现成的答案,而只是为领导方式的概念化提供一种框架。

(三)领导行为连续统一体理论

管理学家坦南鲍姆和施密特在1958年提出了"领导行为连续统一体"的理论。他们认为领导方式是有连续性的,从极端的独裁式的领导风格到极端的民主式的领导风格之间,包含了多种领导方式,它们组成了一种领导方式的"连续统一体"。这使得领导行为有很大的灵活性和选择空间。这种理论较好地说明了领导风格的多样性及领导方式所具有的独特性。

如图 8-2 所示,从独裁式的领导风格到民主式的领导风格,共计有七种有代表性的领导方式,形成了领导行为的"连续流"。这七种领导方式分别是:

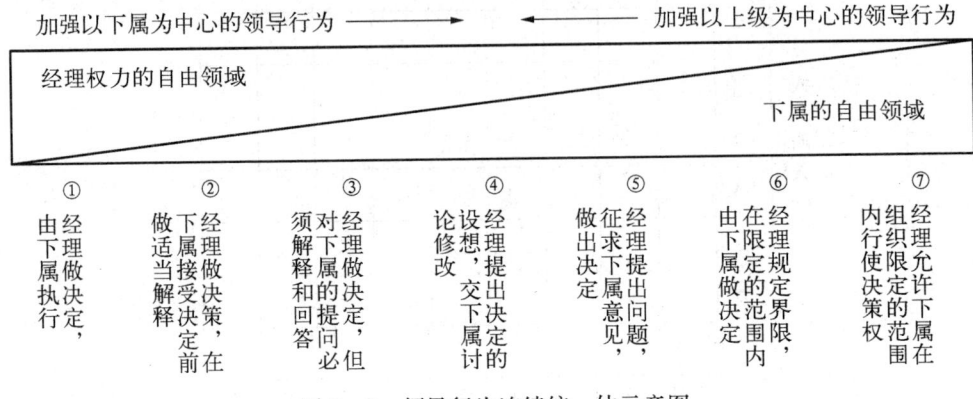

加强以下属为中心的领导行为 ——————→ ←—————— 加强以上级为中心的领导行为

经理权力的自由领域

下属的自由领域

① 由下属做执行,

② 经理做决策,在下属接受决定前做适当解释

③ 经理做决定,但对下属的提问必须解释和回答

④ 经理提出决定的设想,交下属讨论修改

⑤ 经理提出问题,征求下属意见,做出决定

⑥ 经理规定界限,在限定的范围内由下属做决定

⑦ 经理允许下属在组织限定的范围内行使决策权

图 8-2 领导行为连续统一体示意图

(1) 经理做决定,由下属执行。

(2) 经理做决策,在下属接受决定前做适当解释。

(3) 经理做决定,但对下属的提问必须解释和回答。

(4) 经理提出决定的设想,交下属讨论修改。

(5) 经理提出问题,征求下属意见,做出决定。

(6) 经理规定界限,在限定的范围内由下属做决定。

(7) 经理允许下属在组织限定的范围内行使决策权。

领导行为连续统一体所描述的从主要以领导为中心到主要以下属为中心的一系列领导方式,是按照领导者把权力授予下属的程度来分类的。在这一系列的领导方式中,不能说哪一种领导方式总是正确的,而另一种领导方式总是错误的。领导者应当根据客观条件与要求,把独裁与民主两种方式结合起来。有效的领导者应当是那些考虑到自己的能力、下属的能力和需要完成的任务而能够将权力有效下放的人。有效的领导方式取决于环境和个性。

三、领导方式情景理论

情景理论认为,某种领导方式在实际工作中的有效性不单纯取决于领导者的个人行为,而主要取决于具体的情景和场合。领导是一个动态的过程,其有效性将随着领导者的特点及环境的变化而异。

(一)菲德勒的权变领导理论

菲德勒提出的权变领导理论被许多人认为是一种较完整的情景领导理论。菲德勒认为并不存在一种普遍适用于各种情景的领导模式,然而在不同情况下都可以找到一种与特定情境相适应的领导模式。他提出了一个"有效领导的权变模型",其中包含了两种领导风格和三种情景因素,三种情景因素又可分别组成八种明显不同的环境。领导方式应与环境类型相适应,才能获得领导的有效性。

1. 两种领导风格

菲德勒确定了两种领导风格,一种是任务导向型(类似于以工作任务为中心),另一种是关系导向型(类似于以员工为中心)。他认为,领导行为的方式是领导者个性的反映,基本上不易改变。所以,某个领导者的领导风格究竟是任务导向还是关系导向是可以确定的。菲德勒使用了一种LPC问卷来判断某个人的领导风格。所谓LPC,意即你最难与之共事的人。根据某个领导者对LPC的描述可以判断其领导风格。

2. 三种情景因素

影响领导效果的"情景因素"有三种,即领导者与被领导者的关系、任务结构、职位权力。

(1)领导者与被领导者的关系。它是指在领导者与其下属成员之间,如果双方是高度信任、互相尊重、互相支持和友好的,则相互之间的关系是好的;反之,关系是差的。

(2)任务结构。它是指组织中任务规定的明确程度。如果任务是例行的、明确而容易理解的,或是有章可循的,则任务结构是属于明确的或高的;反之,任务结构如是既复杂又无先例可循,甚至含糊不清,则是属于不明确的或是低的。

(3)职位权力。它是指赋予领导者的与职务相关联的权力。这种权力来自组织的授权。手中有较大且明确的职位权力的领导者更容易受到下属的追随。如果领导者对下属员工的工作分配、奖惩及职务升迁有决定权的话,则其职位权力是强的;反之,则弱。

3. 理论模型

菲德勒及其助手根据三种情景条件的不同组合,形成了八种不同的环境类型(见图8-3)。菲德勒认为,对各种情景来说,只要领导风格能与之相适应,都能取得良好的领导效果。处于有利情景(1,2,3)及最为不利的情景(8)时,采用"任务导向型"的领导方式效果较好;而处于中间状态的情景(4,5,6,7)时,则采用"关系导向型"的领导方式效果较好。

根据菲德勒的观点,由于领导行为是和该领导者的个性相联系的,所以领导者的风格或领导方式基本是固定不变的。当一个领导者的领导风格与情景不相适应时,解决的方法应是改变环境,使之与领导者的风格相适应,或者相反。

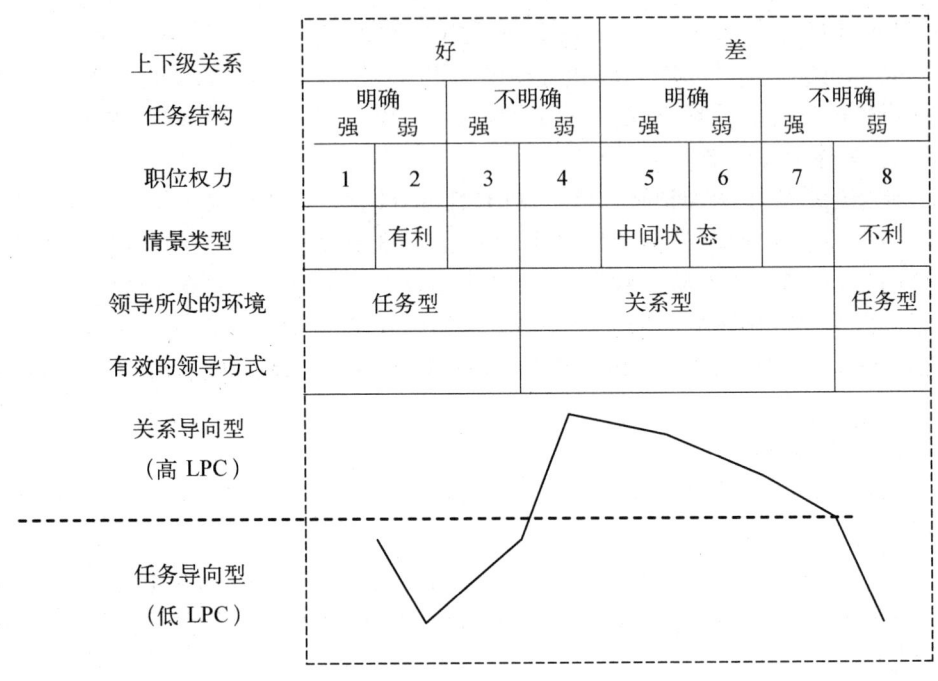

图 8-3　菲德勒权变领导模型示意图

（二）途径-目标理论

途径-目标理论是由加拿大多伦多大学的教授埃文斯及其同事豪斯等人提出的。这种理论是以期望理论和领导行为四分图（见图 8-4）为依据而建立起来的。

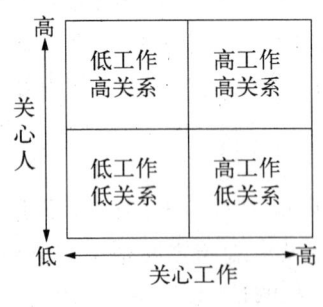

图 8-4　领导行为四分图

该理论认为，领导者是使下属获得更好的激励、更高的满意程度和工作成效的关键人物，指出领导的主要职能是为下属在工作中提供获得满足需求的机会，并使下属清楚哪些行为能导致目标的实现并获得有价值的奖励，也即领导应为下属指明达到目标的途径。

途径-目标理论把领导行为分为四种类型：

（1）指令型。这种类型的领导者明确指示下属应当做什么、怎样做，安排好工作日程，决策完全由领导者做出，下属不参与决策。

（2）支持型。这种类型的领导者与下属友好相处，考虑下属的需要，关心下属的福利，努力营造出一种愉快的组织气氛。

（3）参与型。这种类型的领导者做决策时会征询下属的建议，允许下属对决策施加影响，并以此来激励下属。

（4）成就型。这种类型的领导者时常为下属设置富有挑战性的目标，要求下属有高水平的表现，同时也希望下属最大限度地发挥自己的潜能，对下属能够达成目标抱有充分信心。

与菲德勒的权变理论有所不同，途径-目标理论认为领导人的风格和行为是可以改变的，关键是必须适应具体的情景，那种高组织和高关心人的组合不一定是最有效的领导方式，必须补充进环境因素。一般在选择领导方式时应考虑以下因素：① 员工个人特点。如教育水平、灵敏性、对成就的渴望、责任心等。自我评价较高且能对周围人或事物产生影响的组织成员，会更乐于接受参与型的领导方式，而那些少主见的人则喜欢指令性领导方式。② 环境的因素。如工作性质、权力结构情况以及工作小组状况等。当工作任务明确时，要强调"高关心人"；反之，则应强调"高组织"的领导方式，也即一切要以工作任务为中心。

（三）领导生命周期理论

1966 年，科曼提出了领导生命周期理论，后来赫西与布兰查德对其进一步进行了发展。该理论认为，有效的领导者应当根据下属的不同成熟程度而采用不同的领导风格。下属的成熟程度不是指其年龄或生理状态，而是指成就动机、承担责

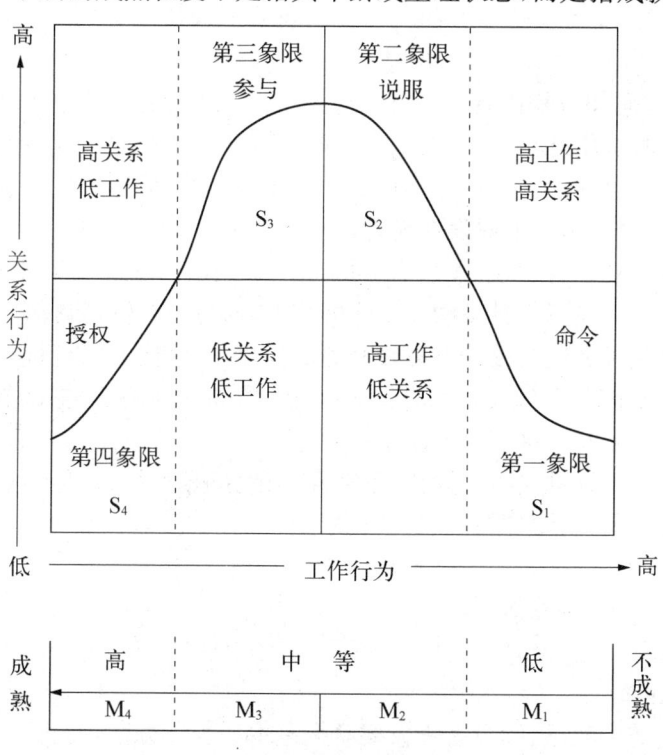

图 8-5 领导生命周期理论模型示意图

任的意愿与能力以及与工作相关的学识与经验等。领导行为应随下属"成熟"程度不同而进行适当调整,如此才能开展有效的领导工作。根据这一理论,"高工作、高关系"的领导方式不一定有效,"低关系、低工作"的领导方式也不总是无效,领导方式的有效性应根据下属"成熟"程度的具体情况来分析。

在图8-5中,横坐标表示以抓工作任务为主的工作行为,纵坐标表示以关心人为主的关系行为,第三个坐标表示下属的成熟度。在工作行为、关系行为与成熟度之间并非是一种直线关系,而是一种曲线关系。下属的成熟程度有四种情况:M_1、M_2、M_3、M_4。与此相对应,领导风格也逐步转移,分别为:S_1、S_2、S_3、S_4。

在图8-5中,四个象限分别代表四种领导方式:

(1)第一象限S_1,命令型。特征:高工作低关系。这适用于那种下属低度成熟的情况。此时下属既无意愿也无能力担负工作责任。领导者对这种低度成熟的下属可采取单向沟通的方式,明确规定其工作目标和规程。

(2)第二象限S_2,说服型。特征:高工作高关系。这适用于那种下属较不成熟的情况。此时下属具有担负工作的意愿,但因暂时还缺乏足够的工作技能而不能完全胜任工作。领导者应当与他们双向沟通并直接指导,对他们的意愿加以支持,以进一步增加其工作热情。同时应进行解释和说服工作,并充分信任下属,给其提供鼓励。

(3)第三象限S_3,参与型。特征:高关系低工作。这适用于那种下属比较成熟的情况。此时下属有胜任工作的能力,但却不满领导者对其过多地指责和干预。领导者应当减少过多的工作行为,以双向沟通和耐心倾听的方式与下属交流接触,鼓励下属参与决策,支持下属发挥能力。

(4)第四象限S_4,授权型。特征:低工作低关系。这适用于那种下属高度成熟的情况。此时下属不仅具备独立工作的能力,而且具有较高自信心,希望承担更大工作责任。领导者应当授予下属较充分的权力,放手让下属自行其是,让其自己决定做什么以及何时、何地、如何去做等问题。领导只需在旁进行必要的监督,这本身对下属来说就是一种很大的激励。

领导的生命周期理论再次说明,不存在一种普遍适用于各种情景的领导方式,领导方式须依据具体情景的不同灵活地采用。

第三节　领导艺术

要实行有效的领导,领导者不仅要掌握基本的领导方法,而且要有高超的领导艺术,这样才能创造性地完成各项领导任务,达到预期的目的。讲究领导艺术是提高领导效能的重要途径。

一、领导艺术的含义

所谓领导艺术,就是领导者在一定知识、经验和辩证思维的基础上,富有创造性地运用领导原则和方法的才能。也可以说,领导艺术是领导者的一种特殊才能。这种才能表现为创造性地灵活运用已经掌握的科学知识和领导方法,是领导者的智慧、学识、胆略、经验、作风、品格、方法、能力的综合体现。

领导艺术的这个定义包含有五层含义:

(1) 领导艺术的条件离不开领导者的个人素质,一个满足现状、不求上进的人不会成为一个成功的领导者。

(2) 领导艺术与实践密切联系,单靠书本永远培养不出有用人才,实践是领导艺术的基础。

(3) 领导艺术的主要特征是创造性以及能够给人以美感的领导才能,不能给人以美感的领导者,谈不上领导艺术。

(4) 领导艺术的表现形式是程序化和非程序化,模式化和非模式化,呆板教条的人是掌握不了领导艺术的。

(5) 领导艺术的主要内容是解决领导工作中的各种复杂矛盾。

二、领导者决断的艺术

决断就是领导者依据自己的知识、经验,直接对非规范性事件及重大问题所做的决定和判断。

(一) 决断和决策的关系

从广义上来说,决策包含决断,但决断又不是一般意义上的决策。决断和决策既有区别,又有联系。其联系在于决策的每一个过程都贯穿着一系列的决断,如目标的提出、方案的筛选等。

其区别主要有以下几个方面:

(1) 含义不同。决策是指对方案的选择;决断是对非规范性事件或问题的一种判断和回答。

(2) 对象不同。决策的对象一般是重大问题和战略性问题;决断的范围很广,既有决策中的问题,又有日常生活中的具体问题,而大量的是非规范性的日常生活中的问题。

(3) 程序不同。决策严格按照程序进行,比较复杂;决断没有那么多的程序,甚至分不清程序。

(4) 谋和断不同。决策的谋和断是分开的,如专家论证、调查分析、信息筛选,都属于谋的过程,拍板的时候才是断。而决断时,既有谋又有断,断中有谋,谋中有断,两者相融合。

决断的基本要求是及时和明确。在实际工作中,领导者常会遇到一些非程序性问题和下属的请示,而且往往都是事情比较急迫,有的问题还比较棘手,对这些问题领导者既不能回避也不能推脱,必须运用自己的知识和经验,果断地定下决心,及时明确地答复处理。这就要求领导者具有高明的决断艺术。

(二)正确决断的要求

怎样才能使决断及时、明确呢?应注意掌握以下十点,概括起来为"十要十戒":① 要博采众议,戒主观武断。② 要权衡利弊,戒好大喜功。③ 要顺势而断,戒逆理而为。④ 要是非分明,戒模棱两可。⑤ 要断之在独,戒疑虑重重。⑥ 要顾大抓本,戒琐碎过细。⑦ 要深思熟虑,戒草率匆忙。⑧ 要善择时机,戒过迟失机。⑨ 要留有余地,戒处置过头。⑩ 要标新立异,戒墨守成规。

三、领导者正确处理上、下级关系的艺术

领导者权力的行使是在上级和下级的交往中实现的。因此,作为正职,在行使权力过程中,必须处理好与上级和下级的各种关系。

(一)正确处理与上级的关系

正确处理好与上级的关系,就是要坚持原则,服从领导,做到以大局为重,而兼顾本单位、本部门的利益。为此,要做到两点:

(1)必须正确认识自己的角色地位,努力做到出力而不越位。也就是说,不该决断的不擅自决断,不该表态的不胡乱表态,不该干的工作不执意去干,不该答复的问题不随便答复,不该突出的场合不喜欢"抢镜头"等。

(2)要适当调整期望、节制欲望,学会有限度的节制。但这并不是说唯上级和领导者之命是从就好,关键要看上级政策和领导者的决策是否正确合理,如有不当或严重错误之处,也要学会合理斗争,坚持原则。实现这一点,前提条件是要加强与上级的信息沟通和反馈,尽可能了解事情的真相,以免出现判断的失误。

(二)正确处理与下级的关系

下级是领导者行使权力的主要对象。因此,公正、民主、平等、信任地处理与下级的关系,对搞好领导工作具有重要的意义。为了实现这一要求,领导者必须讲究对下级的平衡艺术、引力艺术和弹性控制艺术。

(1)平衡艺术,就是在公正、平等的基础上建立与下级的和谐平衡关系,实现心理的可接受性和利益的相容性,达到行为的一致性。

(2)引力艺术,就是领导者缩小自己与下属的距离,使之紧密地团结在自己周围与自己一道工作的过程,简单说,领导者应具有一定的吸引力,上下级之间在目

标、情感、心理、态度、利益等方面一致起来,这样的领导才有威望。

（3）弹性控制艺术,就是领导者通过具有一定弹性空间或弹性范围的标准检查,控制被领导者行为的过程。实现弹性控制既能使下属感到充分的自由,又能约束以必要的法度。所以,它是领导者行使权力的一门重要艺术。

四、领导者用权艺术

领导者在行使权力的过程中,会遇到来自各方面的阻力。这时要注重研究和排除阻力,使手中的权力用得恰当、畅通、顺利。这样,权力所产生的效力才会大。主要应注意以下几点。

（一）行使权力要适应下属的心理承受力

领导对下级行使权力,表现在工作中,就是给下属交职责、限权力、限时间、要数量和质量、要效益。这会给下属造成一定的精神压力。要根据下属的实际情况,充分估计下属的心理承受力。期望值适应了他的承受力,结果会好;期望值超过他的承受力,下属经过努力也难以完成,结果就不好,还会产生逆反心理。排除下属的这种逆反心理,要靠领导行使权力的正当性、科学性和可行性。

（二）行使权力要克服班子内耗

领导行使权力的最大障碍,是内部特别是班子不团结。领导与领导之间不团结,下属与下属之间不团结,相互拆台,搞小动作。在这样的情况下,领导行使权力就是句空话。克服内耗,搞好内部的团结是领导行使权力畅通无阻的关键。

（三）行使权力要疏通

疏通权力的运行渠道是行使权力的一个重要的方面。这就要用沟通、疏通的方法。领导在行使权力之前、过程中以及用权之后都需要与有关人员沟通。行使权力的阻力,一是来自用权不正确,或不完全正确,二是来自人们对正确用权的不理解。通过沟通,也可以排除下属的心理压力和因内耗不团结带来的阻力。

五、领导者批评艺术

（一）批评的含义

批评和自我批评是去掉不良作风的锐利武器,是领导者推动工作的重要手段。批评,作为领导者的普遍行为,包含着很强的艺术性。领导者高明的批评,能给人以美感,使人接受批评中所传输的情感和真理,受到深刻的教育。

（二）批评的几种方式

常用的批评方式可以有以下十种。

1. 公开式

公开式,是一种间接地或直接地在大庭广众下进行的批评。如大会批评、通报批评等。其对群众影响大,对受批评者触动深,不仅使受批评者受到教育,而且对其他人也有教育作用。

2. 个别式

个别式也叫单独式,就是单独地针对那些有缺点和错误的个人进行批评,如个别谈话、通信等。这种批评方式,是领导者常用的一种方式。主要运用于对那些影响范围小,性质轻微的人和事,以及适用于在道德和思想领域里必须清除的问题。这种批评便于敞开思想,进行情感交流,容易产生批评的美感效应。

3. 直接式

直接式,就是对存在的问题,一针见血,单刀直入,不需要婉转,也不需要迂回。无论是群体还是个体,对那些事理比较明白,是非曲直比较清楚,耻辱性比较小的问题,都可以采取直接式的批评方式。

4. 启发式

启发式,就是通过灌输道理,激发感情达到批评目的,它主要适用于批评那些思想认识问题,以及情操格调不高等问题,这种批评有利于被批评的人从根本上提高辨别是非的能力和思想觉悟。

5. 震撼式

震撼式或者可称为激烈式批评,是对那些错误较严重,影响较坏,涉及面较广的问题,进行比较严厉的批评。这种方式的特点,是措词比较尖锐,语调比较激烈,情感表露比较严肃,领导者的气势比较严厉。

6. 商讨式

商讨式,就是以商量、讨论的方法对有缺点错误的人进行批评教育,它通过发挥领导者的智慧、知识与被批评者展开理论和思想交谈,在共同探讨真理的过程中,启发其理智,纠正其错误思想,提高其觉悟,气氛比较宽松。

7. 反复式

反复式,就是认识错误和纠正错误是一个实践过程,不可能一次完成。因此,领导者的批评不能力求一次成功,一劳永逸。要善于对受批评者进行反复的批评教育。它包含着两层意思:一是批评次数的反复;二是批评程度的深入。

8. 暗示式

暗示式,就是对要批评的人和事,用一种比较含蓄深刻的语言,进行旁敲侧击,使受批评者在思考中接受到一种批评的信息,效促其省悟。

9. 对比式

对比式,在实施批评时,用良好的行为和不良行为进行比较,对好人好事进行表扬,对坏人坏事进行批评。

10. 承担式

承担式,就是在批评中通过主动承担责任来教育部属。一般用于下属非主观犯错的情况。

(三)批评的时机与场合

把握时机是一种"艺术"。时机和场合是批评艺术的一个重要环节。时机、场合掌握得好不好,直接影响到批评的效果。这里主要应把握以下四点。

1. 要注意批评的及时性

注意批评的及时性,就是说下属发生了问题,领导者应及时批评,一定要趁热打铁。既要有批评的坚决性和果断性,又要有分析判断问题的细致性。

2. 要把握批评的拖延性

人们通常把这称为"冷处理",是指批评部属的缺点和错误的条件还不成熟,要有段时间缓冲,等待水到渠成的时机,再进行批评。

3. 要把握好批评的弹性

批评的弹性也就是批评的伸缩性、灵活性。有些问题一下子没有搞清楚,但又必须及时点出,只能先警告式地、提醒式地批评,之后再逐步加以解决。

4. 要注意批评的场合

主要应把握好两个问题:一是批评的范围大小;二是批评的氛围。氛围主要是指部属们觉悟的高低与心理承受能力的强弱因素。

知 识 测 试

一、概念辨析

领导 战略领导者 领导者的权力 领导风格 领导艺术 决断

二、即问即答

1. 领导的作用主要体现在哪几个方面?为什么?
2. 领导者在运用权力时应注意哪些方面的问题?
3. 管理方格理论的主要观点是什么?
4. 菲德勒权变理论的主要理论是什么?
5. 领导者与管理者两者之间的关系是怎样的?

技 能 训 练

『训练目标』

◇ 理解领导的本质及作用

◇ 正确分析和识别领导方式

◇ 提高对不同工作环境采用不同领导方式的能力

一、管理定律应用

"南风"法则

"南风"法则,源于法国作家拉封丹写过的一则寓言:北风和南风比威力,看谁能把行人身上的大衣脱掉。北风首先来一个冷风凛冽寒冷刺骨,结果行人把大衣裹得紧紧的。南风则徐徐吹动,顿时风和日丽,行人因为觉得春意上身,始而解开纽扣,继而脱掉大衣,南风获得了胜利。

"南风"法则也叫做"温暖"法则,它来源于法国作家拉·封丹写的这则寓言。它告诉我们:温暖胜于严寒。运用到管理实践中,"南风"法则要求管理者要尊重和关心下属,时刻以下属为本,多点"人情味",多注意解决下属日常生活中的实际困难,使下属真正感受到管理者给予的温暖。这样,下属出于感激就会更加努力积极地为企业工作,维护企业利益。

[举例] 松下公司以人为本的做法

与其他日本公司一样,松下尊重职工,处处考虑职工利益,还给予职工工作的欢乐和精神上的安定感,与职工同甘共苦。1930 年年初,世界经济不景气,日本经济大混乱,绝大多数厂家都裁员,降低工资,减产自保,百姓失业严重,生活毫无保障。松下公司也受到了极大伤害,销售额锐减,商品积压如山,资金周转不灵。这时,有的管理人员提出要裁员,缩小业务规模。这时,因病在家休养的松下幸之助并没有这样做,而是毅然决定采取与其他厂家完全不同的做法:工人一个不减,生产实行半日制,工资按全天支付。与此同时,他要求全体员工利用闲暇时间去推销库存商品。松下公司的这一做法获得了全体员工的一致拥护,大家千方百计地推销商品,只用了不到 3 个月的时间就把积压商品推销一空,使松下公司顺利渡过了难关。在松下的经营史上,曾有几次危机,但松下幸之助在困难中依然坚守信念,不忘民众的经营思想,使公司的凝聚力和抵御困难的能力大大增强,每次危机都在全体员工的奋力拼搏、共同努力下安全渡过,松下幸之助也赢得了员工们的一致称颂。

[点评] 得人心者得天下!只有真正俘获了员工的心灵,员工才会为企业的发展死心塌地地工作。

二、管理案例分析

ABC 公司领导方式案例

ABC 公司是一家中等规模的汽车配件生产集团。最近,对该公司的三个重要部门经理进行了一次有关领导类型的调查。

安西尔:安西尔对他本部门的产出感到自豪。他总是强调对生产过程、出产量控制的必要性,坚持下属人员必须很好地解决生产指令以得到迅速、完整、准确的反馈。安西尔遇到小问题时,会放手交给下级去处理,当问题很严重时,他则委派几个有能力的下属人员去解决问题。通常情况下,他只是大致规定下属人员的工作方针、完成怎样的报告及完成期限。安西尔认为只有这样才能形成更好的合作,避免重复工作。

安西尔认为对下属人员采取敬而远之的态度对一个经理来说是最好的行为方式,所谓的"亲密无间",会松懈纪律。所以安西尔说,在管理中的最大问题是下级不愿意接受责任。他讲到,他的下属人员可以有机会做许多事情,但他们并不是很努力地去做。他表示不能理解以前他的下属人员如何能与一个毫无能力的前任经理相处。他说,他的上司对他们现在的工作运转情况非常满意。

鲍勃:鲍勃认为每个员工都有人权,他偏重于管理者有义务和责任去满足员工需要的学说。他说,他常为他的员工做一些小事,如给员工两张下月在伽利略城举行的艺术展览的入场券。他认为,每张门票才15美元,但对员工和他的妻子来说却远远超过15美元。这种方式也是对员工过去几个月工作的肯定。

鲍勃说,他每天都要到工厂去一趟,与至少25％的员工交谈。鲍勃不愿意为难别人,他认为安西尔的管理方式过去死板,安西尔的员工也许并不那么满意,但除了忍耐别无他法。鲍勃说,他已经意识到在管理中有不利因素,但大都是由于生产压力造成的。他的想法是以一个友好、粗线条的管理方式对待员工。他承认尽管在生产效率上不如其他单位,但他相信他的雇员有高度的忠诚与士气,并坚持他们会因他的开明领导而努力工作。

查理:查理说他面临的基本问题是与其他部门的职责分工不清。他认为不论是否属于他们的任务都安排在他的部门,似乎上级并不清楚这些工作应该谁做。查里承认他没有提出异议,他说这样做会使其他部门的经理产生反感。他们把查里看成是朋友,而查里却不这样认为。查里说过去在不平等的分工会议上,他感到很窘迫,但现在适应了,其他部门的领导也不以为然了。

查理认为纪律就是使每个员工不停地工作,预测各种问题的发生。他认为作为一个好的管理者,没有时间像鲍勃那样握紧每一个员工的手,告诉他们正在从事一项伟大的工作。他相信如果一个经理声称为了决定将来的提薪与晋职而对员工的工作进行考核,那么,员工则会更多地考虑他们自己,由此而产生很多问题。他主张,一旦给一个员工分配了工作,就让他以自己的方式去做,取消工作检查。他相信大多数员工知道自己把工作做得怎么样。如果说存在问题,那就是他的工作范围和职责在生产过程中发生的混淆。查理的确想过,希望公司领导叫他到办公室听听他对某些工作的意见。然而,他并不能保证这样做不会引起风波而使情况有所改变。他说他正在考虑这些问题。

[分析问题]

1. 这三个部门经理各采取了什么领导方式？这些模式是建立在什么基础上？

2. 试预测这些模式各将产生什么结果？

3. 是否每一种领导方式在特定的环境下都有效？为什么？

[分析思路]

1. 以领导方式理论分析三个部门经理属那一类领导方式,各类领导方式的特点。

2. 依据相关领导理论,结合案例中三位经理的领导方式,对比分析各类领导的领导绩效。

3. 按照领导的权变理论,对按照领导环境的不同要素,提出言之有理、有独到见解的改进意见。

[实施建议]

(1) 本章内容讲述完,要求学生阅读并给出自己的意见。

(2) 对所有答案分类,给不同意见分组。

(3) 各组对自己的意见进行辩论。

(4) 选择出评判人员,给出各小组成绩。

三、管理技能训练

[训练项目]　建立信任。

[训练内容]　带眼罩行走,两人一组。

第一阶段：一个人带眼罩行走,另一人手牵手,可以提示。

第二阶段：一人带眼罩行走,另一人在其左右,但不能身体接触,也不能使用语言提示。

第三阶段：一人带眼罩行走,另一人与你保持一定距离,不能使用语言提示。

[训练要领]

1. 体会领导行为、观点的连续性、一致性,理解保持沟通是信任建立的根本保障。

2. 手把手教—引导—建立信任,授权,同时不断给予指导。

第九章 激 励

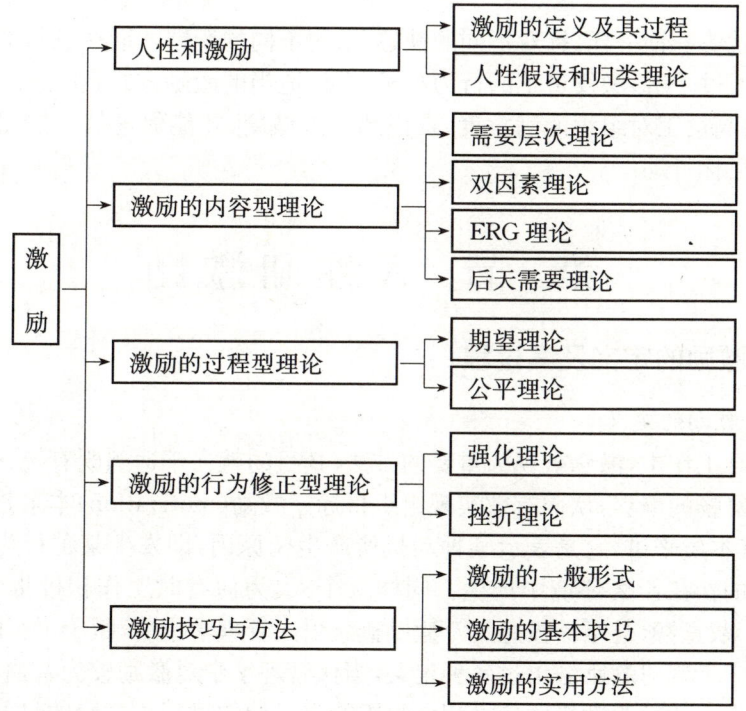

☆ 了解人性假设的各种学说

☆ 理解人的行为产生的原因和激励机制

☆ 掌握并能综合运用主要的激励理论
☆ 能采用相应的激励方法和技巧分析并解决现实问题

【引导案例】　　　　　　　**开锁的故事**

　　有这样一个小故事：一把坚实的大锁挂在铁门上，铁杆费了九牛二虎之力，还是无法将它撬开。钥匙来了，它瘦小的身子钻进锁孔，只轻轻一转，那大锁就"啪"的一声打开了。铁杆奇怪地问：为什么我费了那么大力气也打不开，而你却轻而易举地就把它打开了呢？钥匙说：因为我最了解他的心。同样，管理者要调动员工的积极性，最大限度地挖掘员工的能量，就需要用配套的钥匙去开每个员工心里的那把锁。

　　激励就像开锁一样，针对不同的锁芯，采用不同的钥匙才能达到目的。在组织中就是要通过了解，激发员工的行为动机，设计适当的激励方式，让员工有安全感、归属感，提高员工对组织的满意度、责任感和忠诚度，才能促进员工按照组织所期望的最佳目标行动。

第一节　人性和激励

一、激励的定义及其过程

　　（一）激励的定义

　　在领导工作中，激励被视为重要的方法，其目的就在于达到既有统一意志又有个人心情舒畅的境界，从而有效实现组织目标。激励（motivation）本来是心理学的概念，就其本质来讲，它是表示某种动机所产生的原因，即发生某种行为的动机是如何产生的？在什么环境中产生？同样一个人，为何有时工作积极肯干、干劲冲天；有时心灰意懒，甚至消极怠工？激励概念引入管理学中后，赋予了新的含义。

　　古今学者曾对激励做出过各种定义，当代管理学中对激励较为普遍的定义为：激励是激发人的行为动机并使之朝向组织特定目标的过程。激励的目的是为了调动组织成员工作的积极性，激发他们工作的主动性和创造性，以提高组织的效率。

　　（二）激励的过程

　　激励的基本组成因素是需要、动机和目标导向的行为。

　　"需要"在生理和心理学意义上是指个体在生存和发展所必须具备的内在要素或外在条件得不到满足时，大脑神经中枢所感知的生理失衡或心理紧张状态。"动机"则是由需要引起的、促进个体采取某种满足需要行为的内在驱动力。"动机"与

"需要"紧密相关,动机实质上是由需要驱使、刺激强化和目标诱导各种因素相互作用的一种合力。在特定的社会环境约束下,一个人的系列动机中在某一时刻最为强烈的动机即为"优势动机",该动机就会变成其"目标",目标引导人们去采取行动,这就是所谓"行为"(behavior)。行为的结果无外乎两种情况:达到目标,动机实现,需要满足,紧张心理得到松弛,从而产生"满足感"或"成就感";否则,就会产生"不满足感"或"失落感"。然后,反馈结果会影响下一周期的行为。

　　根据行为科学的观点,行为是指人们一切有目的的活动,动机又是由外界刺激和内在的需要双因素驱动的内在力量。因此,未满足的需要和外界的刺激是激励过程的起点,由此而引起个人生理上或心理上的激奋,导致个人从事满足需要的某种目标行动。达到了目标,需要得到满足,激励过程也就完成了。随后新的需要发生,又引起新的行为和新的激励过程。构成激励过程的基本模式如图9-1所示。

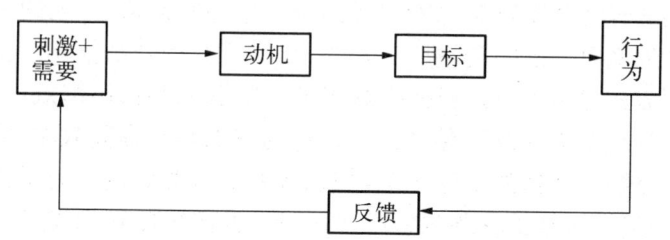

图9-1　激励过程的基本模式示意图

　　综上所述,激励的实质就是通过设计一定的机制,对人员的需要和动机施加影响,从而强化、引导或改变人的行为,使个人与组织目标最大限度地一致起来。具体来说,组织对成员的激励要从满足人的多层次、多元化"需要"出发,针对不同个体设定绩效标准和奖酬值,以最大限度地激发组织成员的工作"动机"和热情,调动个人的精神动力,使他们按照组织所要求的"行为"方式积极、能动和创造性地运用其人力资源,从而最大化地实现组织的预期目标。

　　一般来讲,员工受到三种典型的需要激励,即个体驱动力、他人推动力和环境吸引力。

　　第一,个体驱动力来源于员工自身强烈的自我发展意识、超前的持续创新理念等。

　　第二,他人推动力来源于家庭、同事、上司或下属。若他们之中的任何一人使你感到了压力,你可能将压力变成推动力。

　　第三,环境吸引力来自外部环境,包括直接接触的物质环境和人文环境。如和谐的人际关系或工作的挑战性,意味着你必须挣更多的钱、获得聘任或提升。

　　从这三种典型的需要激励可以看出,激励并不是管理者强加给员工的,员工可以自我激励。只有当员工认为管理者所提供的报酬和其他物质的、精神的刺激符合他们的需要时,这些刺激才能发挥作用,才能起到激励作用。

二、人性假设和归类理论

每一个管理者,不管他们是否意识到,心中都有一个关于人性的模式。这个模式是建立在其对人的基本性质的认识基础上的。对被管理者人性的认识和看法,决定了管理者对被管理者的态度、管理原则、方法与手段。根据心理学家和管理学家的长期研究,人们总结出了几种关于人性的假设,人性假设是管理者对被管理者实施管理的依据、基础或前提。

(一)人性假设

1. "经济人"假设

"经济人"又称"理性-经济人"(rational-economic man),也称为实利人。这种观点最早由英国经济学家亚当·斯密提出来。这种假设认为,人的一切行为都是为了最大限度地满足自己的利益,工作动机是为了获得经济报酬。基于这种假设所引出的管理方式是组织应以经济报酬来使人们服从和做出绩效,并应以权力与控制体系来保护组织本身及引导员工。管理的重点在于提高效率,完成任务。管理的特征是订立各种严格的工作规范,加强各种法规和管制。为了提高士气则用金钱刺激,同时对消极怠工者严厉惩罚,即采取"胡萝卜加大棒"政策。泰罗制就是"经济人"观点的典型代表。

2. "社会人"假设

霍桑试验研究的最大意义在于,它使大家注意到,社会性需求的满足往往比经济上的报酬更能激励人们。这种观点认为,人的行为更多受社会需要的驱使,集体伙伴的社会力量要比上级主管的控制力量更加重要。按照这种假设进行管理,领导者就应该关心和体贴下属,重视人们之间的社会交往关系,重视工作团体对员工的影响,领导者需要通过培养和形成组织成员的归属感来调动人的积极性,以此促进生产效率的提高。

3. "自我实现人"假设

随着马斯洛需要层次理论的提出,人际关系论有了进一步发展,追求自我实现开始被看做是人们工作的最根本目的。这种观点认为,人是自我激励、自我指导和自我控制的,人们要求提高和发展自己,期望获取个人的成功。从这一观点出发,企业就应当把人作为宝贵的资源来看待,通过提供富有挑战性的工作,使人的个性不断成熟并体验到工作所带来的成就感。这意味着只要工作被设计得富有意义、具有吸引力,人就可以在高度的自我激励之下,不需要借助其他外力,主动地为企业发挥自己的才智。在这种理念指导下,出现了"目标管理"等新的管理方式。

4. "复杂人"假设

沙因在 20 世纪 60 年代末 70 年代初提出一种体现权变思想的人性观,称为"复杂人"假设。他认为,现实组织中存在着各种各样的人,不能把所有的人都简单化和一般化地归类至前述的某一种假设之下。相反地,应该看到人是千差万别的,不同的人以及同一个人在不同的场合,会表现出不同的动机和需要。管理者应该灵活多变,要善于针对不同情况采取相应的领导策略。这种假设是管理权变理论的思想基础。

(二)人性的归类理论

1. X 理论与 Y 理论

在关于人性的研究中,有一个基本的分类要求,管理者需要了解人的积极性究竟是主动还是被动产生的。20 世纪 50 年代,美国心理学家道格拉斯·麦格雷戈从理论上归纳了传统管理者的人性观,提出了"X 理论"和"Y 理论"的分类方法。具体内容见表 9-1。"X 理论"和"Y 理论"由于具有不同的理论观点,因此对员工采取的激励方法和手段也是不一致的。

表 9-1

X 理论与 Y 理论

X 理论	Y 理论
多数人通常是懒惰的,他们厌恶工作,希望做尽量少的工作。 多数人没有工作责任心,需要管理者进行严密的监督。 多数人以自我为中心,不关心组织目标,多数人缺乏自制能力。 管理者应该建立严格的工作纪律,并实施一套完整的奖励和惩罚系统以控制员工,通过"胡萝卜加大棒"的手段对其行为进行控制。	工作和娱乐一样都是人的活动,人是否喜欢工作要看工作的条件。 人不仅会接受责任,而且会主动要求责任。 个体目标与组织目标没有根本冲突,条件适当,个体会自觉将两者结合起来。 人能够自我控制和自我指导,管理者的任务就是创造一个能够鼓励员工致力于组织目标,并为员工提供可以发挥其想象力、创造性以及自我管理的机会与环境。

2. Z 理论

20 世纪 80 年代,威廉·乌奇教授对日本和美国之间工作环境的差异进行了研究,将 Y 理论又推进一步提出了 Z 理论。按照 Z 理论的观点,Z 型组织对员工实行长期雇佣制(非终身制),Z 型管理者可以通过为员工个体设立目标,将个人绩效和对组织贡献的考核有机地结合起来,员工会根据对组织的贡献程度获得相应的认可和报酬。需要注意的是,Z 理论的实施需要一种具有一定弹性、能够对组织内外部环境变化做出反应的组织结构[1]。

---

[1] 顾峰:《管理学》,上海人民出版社 2004 年版。

第二节　激励的内容型理论

这类激励理论,根据对人性的理解,着重突出激励对象的未满足的需要类型。一种是从社会文化的系统出发,对人的需要进行分类,通过提供未满足的需要的框架,寻求管理对象的激励效率,称为需要层次论;另一种是从组织范围角度出发,把人的需要具体化为员工切实关心的问题,称为双因素理论。这两种激励理论形成于 20 世纪 50 年代。后期还有对需要层次重新构造的 ERG 理论和强调需要相关的后天需要理论。

一、需要层次理论

美国心理学家马斯洛(A. Maslow)在 1943 年所著的《人的动机理论》一书中,提出了最著名和经典的激励理论——需要层次理论。他将人的需要由低到高划分为五个层次(见表 9－2)。

表 9－2

需要的五个层次描述

	需　要	描　述	管理人员如何帮助人们在工作中满足这些需要的例子
高层次的需要	自我实现的需要	实现作为一个人的所有潜能的需要。	使人有最大可能发挥他们的能力和技巧的机会。
	尊重的需要	对自身和自己的能力感觉良好、被其他人尊重、获得认同和欣赏的需要。	提升和成就的认同。
	归属的需要	对社会交往、友谊和爱的需要。	促进好的人际关系,组织像公司野餐和假期餐会这样的社会活动。
	安全的需要	对安全、稳定和安全环境的需要。	提供稳定的工作、足够的医疗福利和安全的工作环境。
低层次的需要	生存的需要	对人生存所必需的诸如食物、水、住所等东西的需要。	提供能保证个体购买食物、衣服和拥有适当住所的一定水平的报酬。

马斯洛需要层次理论认为：在低层次需要得到满足之后，人才能产生更高一级的需要。

人的行为是由其当时的主导需要决定的。当一个人无所求时，也就没有什么动力与活力；反之，若一个人有所需要，就必然存在着激励的因素。五个层次的需要在不同的情况下会有不同优先考虑的某种需要。对不同的人，引导其满足不同层次的需要，对大多数人的共同需要，可以采用共同的方法来激励。

当某一层次的需要得到满足以后，下一层次尚未满足的需要就会成为人们行动的动机。高层次的需要，不仅内容比低层次需要广泛，而且实现的难度也大。

马斯洛的需要层次论第一次揭示了人类行为动机的实质。需要是人类行为的导源，需要是人类内在的、天生的、下意识存在的，满足了的需要不再是激励因素。

二、双因素理论

这种激励理论也叫"保健-激励理论"。由美国心理学家弗雷德里克·赫兹伯格于20世纪50年代后期在匹兹堡地区的11个工商业机构中，向近2 000名白领进行了调查后提出来。在调查中，他设计了诸多有关个人与工作关系的问题，要求受访者在具体情景下详细描述他们认为工作中特别满意或特别不满意的方面。结果发现，引起人们不满意的因素往往是一些工作的外在因素，大多同他们的工作条件和环境有关，能给人们带来满意的因素，通常都是工作内在的，是由工作本身所决定的。

赫兹伯格指出影响人们行为的因素主要有两类：保健因素和激励因素。保健因素是那些与人们的不满情绪有关的因素，如公司的政策、管理和监督、人际关系、工作条件等。激励因素是指那些与人们的满意情绪有关的因素，主要包括：工作表现机会和工作带来的愉快，工作上的成就感，由于良好的工作成绩而得到的奖励，对未来发展的期望，职务上的责任感。

赫兹伯格的双因素激励理论的基本观点为：

（1）保健因素与工作环境条件或外部因素有关，而激励因素则与工作本身的特点和工作内容或内在因素有关。

（2）传统的"满意-不满意"观念是不确切的。传统的观点中满意和不满意是一个单独连续体的两端。而实际上应存在两个不同的连续体，满意的对立面是没有满意，而不是不满意；同样，不满意的对立面是没有不满意，而不是满意（见图9-2）。

（3）导致工作满意的因素与导致工作不满意的因素是不同的。影响激励因素的有关工作处理得好，能够使人们产生满意情绪，如果处理不当，其不利效果顶多只是没有满意情绪，而不会导致不满情绪。保健因素处理不好，会引发对工作不满

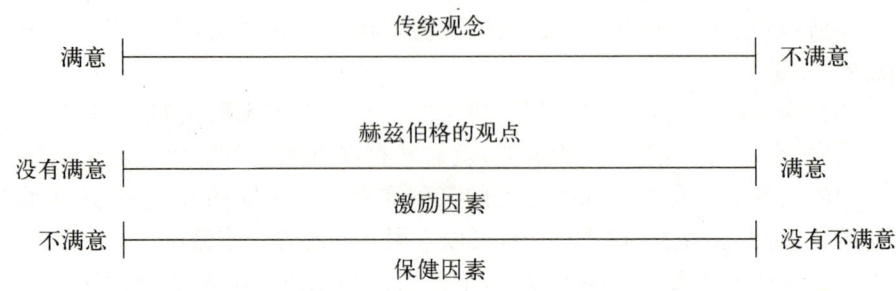

图 9 - 2　满意与不满意的比较示意图

资料来源：周健临主编：《管理学教程》，上海财经大学出版社 2001 年版。

情绪的产生，但这类因素并不能对员工起激励的作用，只能起到保持人的积极性、维持工作现状的作用。所以，保健因素又称为"维持因素"。

（4）调动人的积极性要从激励因素着手。要调动和维持员工的积极性，首先要注意保健因素，以防止不满情绪的产生。但更重要的是要利用激励因素去激发员工的工作热情，努力工作，创造奋发向上的局面。因为只有激励因素才会增加员工的工作满意感。

（5）个人对工作的态度决定着任务的完成情况。双因素理论与马斯洛的需要层次理论是相吻合的。保健因素和激励因素分别相当于马斯洛的前三个层次的需要和后两个层次的需要。不过，正如马斯洛的需要层次理论在讨论激励的内容时有固有的缺陷一样，赫兹伯格的双因素理论也有欠完善之处，如在研究方法的可靠性以及满意度的评价标准这些方面，赫兹伯格这一理论都存在不足。另外，赫兹伯格讨论的是员工满意度与劳动生产率之间存在的一定关系，但他所用的研究方法只考察了满意度，并没有涉及劳动生产率。

三、ERG 理论

在马斯洛提出需要层次理论后，耶鲁大学的著名学者奥尔德弗于 1969 年又提出了另一种需要层次论，称为 ERG 激励理论。字母 E、R 和 G 分别代表"生存"（Existence）、"关系"（Related-hess）和"成长"（Growth）三个词。该理论把马斯洛的需要层次压缩为三个层次。生存的需要包括一切物质和生理上的欲望，它和马斯洛层系中的生理和安全需要相对应；关系需要主要强调了人们和社会环境的联系，包括对感兴趣的人发展关系，它包含了马斯洛理论中的归属需要和赢得他人尊重的需要；最高层次的成长主要指所有努力改善自身及环境的需要，它包括了自尊的需要和自我实现的需要。这些需要，不仅有先天因素，也有后天因素（见表 9 - 3）。

表9-3

需要的三个层次描述

	需 要	描 述	管理人员如何帮助人们在工作中满足这些需要的例子
高层次的需要	成长的需要	对自我发展、创造性和有成果的工作的需要。	允许和鼓励人们不断提高他们的技巧和能力,从事有意义的工作。
	关系的需要	对好的人际关系、想法和感情的共享以及双向交流的需要。	促进好的人际关系,提供准确的反馈。
低层次的需要	生存的需要	对食物、水、衣服、住所及稳定和安全的生存环境的基本需要。	提供足够的报酬,使人们具有生活和安全工作环境的必需品。
	在低层次的需要得到满足后,人们会被激励去满足高层次的需要。当一个人不能满足高层次的需要时(或受到挫折),满足低层次需要的动机就增强了。		

ERG 理论假设激励行为是遵循一定的等级层次的,在这点上虽然和马斯洛提出的观点相类似,但它又有两个重要的区别:

(1) ERG 理论认为在任何时间里,多种层次的需要会同时发生激励作用。所以它承认人们可能同时受赚钱的欲望(生存的需要)、友谊(关系的需要)和学习新的技能的机会(成长的需要)等多种需要的激励。

(2) ERG 理论明确提出了"气馁型回归"的概念。马斯洛理论认为人的低层次的需要得到满足后,就会上升为更高层次的需要,受高层次需要的激励。可是奥尔德弗认为,如果上一层次的需要一直得不到满足的话,个人就会感到沮丧,然后回归到对低层次需要的追求。

ERG 理论比马斯洛理论更新、更有效地解释了组织中的激励问题。当然,管理人员不应只局限于用一两个理论来指导他们对职工的激励工作,但通过对需要层次理论的了解,应看到个人的需要重点是不同的,当某种需要得到满足后,人们可能会改变他们的行为。

四、后天需要理论

针对 20 世纪 50 年代有关激励理论的一些明显不足,美国管理学家大卫·麦克兰提出了第四种激励的内容理论——后天需要理论。麦克兰认为马斯洛过分强调个人的自我意识和内在价值,忽视了人的社会属性。他在批判吸收马斯洛理论的基础上,进一步从管理的社会性特征提出了自己的需要理论。

后天需要理论认为,在人的一生中,有些需要是靠后天获得的。换句话说,人们不是生来就有这些需要的,而是通过生活经验能够学习的。早期的生活阅历决定着人们是否获得这些需要。如果鼓励儿童做自己的事情,并且让他们接受强化培训,他们就会获得某种实现成就的需要;如果让他们加强形成温暖的人际关系,他们就会发展出某种依附的需要;如果让他们从控制别人那儿获得满足,那他们就会获得某种权力的需要。具体内容如表9-4所示。

表9-4

后天需要的描述

需 要	描 述	个 性 倾 向
成就的需要	渴望完成困难的事情、获得某种高的成功标准、掌握复杂的工作以及超过别人。	有着强烈成就感需要的人,是那些倾向于成为企业家的人。
依附的需要	渴望结成紧密的个人关系、回避冲突以及建立亲切的友谊。	有着强烈依附感需要的人,是成功的"整合者"。喜欢合作而不是竞争,希望加强沟通和理解。
权力的需要	渴望影响或控制他人、为他人负责以及拥有高于他人的职权的权威。	有着强烈权力需要的人,则经常有较多的机会晋升到组织的高级管理层。
	成就需要对工商界人士的重要作用。企业中这类人越多,其发展就越快,获利也越多。最有效的管理者通常是那些有高度权力需要、适度成就需要和低度社交需要的人。	

总的来说,激励的内容理论突出了人们根本上的心理需要,并认为正是这些需要,激励人们采取行动。需要层次理论、双因素理论、ERG理论和后天需要理论,都有助于管理人员理解是什么在激励人们。所以,管理人员可以设计工作去满足需要,并付诸适当的工作行为。

第三节 激励的过程型理论

激励的过程型理论与激励的内容型理论相比,较全面地阐述和解释了行为是如何被引发、怎样向一定方向发展并且怎样持续以及怎样终止的全过程。激励的过程理论侧重从组织目标与个人目标关联的角度,研究激励实现的基本过程和机制,探讨人的需要是通过相互作用和相互影响来产生某种行为的。激励的过程理论主要有亚当斯的公平理论、弗鲁姆的期望理论和波特-劳勒的激励模型。

一、期望理论

这一理论由美国心理学家 V·弗鲁姆在 20 世纪 60 年代中期提出。期望理论认为,只有当人们预期到某一行为能给个人带来有吸引力的结果时,个人才会采取特定的行动。

根据这一理论的研究,员工对待工作的态度依赖于对下列三种联系的判断(见图 9-3)。

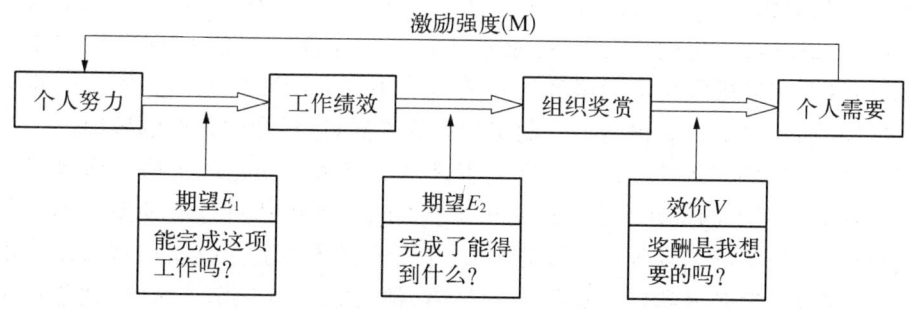

图 9-3 弗鲁姆的激励-期望理论模型示意图

资料来源:芮明杰:《管理学:现代的观点》,上海人民出版社 2005 年版。

1. 努力——绩效的联系

员工感觉到通过一定程度的努力而达到工作绩效的可能性。如需要付出多大努力才能达到某一绩效水平。

2. 绩效——奖赏的联系

员工对于达到一定工作绩效后即可获得理想的奖赏结果的信任程度。如当我达到这一绩效水平会得到什么奖赏。

3. 奖赏——个人目标的联系

如果工作完成,员工所获得的潜在结果或奖赏对他的重要性程度。如这一奖赏满足个人目标的吸引力有多大。

在这三种关系的基础上,员工在工作中的积极性或努力程度(激励力)是效价和期望值的乘积,即:

$$M = V \times E = V \times (E_1, E_2)$$

其中:M 表示激励力,是指调动个人积极性,激发人的内在潜力的强度;V 表示效价又称感知价值,是个人对某种活动可能产生的成果的主观评价。这种成果的吸引力大小因个人的主观评价而异。E 表示期望值又称期望概率,是指个人对某项活动导致某一成果的可能性大小的判断。

效价和期望值的不同结合,会产生不同的激发力量。组织管理要收到预期的激励效果,应以激励手段的效价和激励对象获得这种满足的期望值都足够高为前提。只要效价和期望值中有一项的值较低,都难以使激励对象在工作岗位上表现出足够的积极性。

弗鲁姆模型提供了一个关于激励过程的具有较大综合性和应用价值的理论框架。激励的期望理论表明:① 激励强度的大小取决于个人努力行为与组织工作绩效及吻合个人目标的奖酬三者之间的关系。② 奖酬设置应因人而异。不同人的效价维度范围和权重取值是不同的,管理者应关注大多数成员认为效价最大的激励措施,设置激励目标时应尽可能加大其效价的综合值。③ 根据效价大小的不同,适当调整期望概率与实际概率的差距以及不同人实际所得不同效价的难易程度,拉开和加大组织的期望值与非期望行为的差异,这样会增强激励效应。

管理者期望员工的行为,员工期望管理者的奖赏。期望理论假设管理者知道对员工最有吸引力的是什么;员工能依据个人的知觉判断自己的期望。即不管实际情况如何,只要员工以自己的知觉确认自己经过努力工作就能达到所要求的绩效,达到绩效后就能得到具有吸引力的奖赏,他就会努力工作。因此,期望理论的关键是,正确识别个人目标;准确判断三种联系:努力与绩效的联系、绩效与奖励的联系、奖励与个人目标的联系。

二、公平理论

与期望理论同时流传的是激励过程的公平理论。公平理论又称为"社会比较理论",由美国心理学家亚当斯在其 1965 年发表的《社会交换中的不公平》一书中提出。公平理论是基于日常生活中常见的现象,即人们通常都有一种要求受到公平对待的感觉。其基本内容是:人是社会人,一个人的工作动机和劳动积极性不仅受其所得报酬绝对值的影响,更重要的是还受到相对报酬多少的影响。每个人都会把自己所得的报酬与付出的劳动之间的比率同其他人的比率进行社会比较,也会把自己现在的投入与所得比率同过去的投入与所得比率进行历史比较,根据比较的结果增减自己付出的努力或投入的代价,来取得他们所认为的公平与平衡。这里的报酬主要包括薪酬、领导的赏识、晋升、人际社会关系的变化,以及内在心理上的报酬。得到这些报酬个人所付出的代价将是对工作的各种投入,诸如贡献自己的时间、经验、努力、知识和负责精神等。

亚当斯认为,人们是通过寻求人与人之间的社会公平(即他们所拿到的报酬与其绩效是否相称合理)而被激励的。这里所谓的公平是指人们相信相对于他人的待遇,自己也受到了公正的对待。假如当事人 A 以 B 为参考进行比较,比较可以用公式表示：

$$(O/I)A < (O/I)B$$
$$(O/I)A = (O/I)B$$
$$(O/I)A > (O/I)B$$

其中：$(O/I)A$ 表示当事人的报酬与投入；$(O/I)B$ 表示参照对象的报酬与投入。

在这里，参照对象是公平理论中的一个重要变量。员工可以选择四种参照物：

自我——内部：员工在当前组织内部其他职位的经历。

自我——外部：员工在当前组织以外的职位及经历。

别人——内部：员工所在组织中其他人或群体。

别人——外部：员工所在组织以外的其他人或群体。

因此，员工可以与自己过去在组织中或其他组织中的工作经验相比较，也可以把自己与朋友、邻居、同事或其他组织中的成员相比较。

公平理论公式表明，当个体发现自己的报酬/投入之比与他人相等时，就会认为公平，但一般不会特别兴奋或激动，而只是处于一种平静而坦然的心境。如果个体发现自己的报酬/投入之比失调，在个体高于他人时，所带来的不公平对行为没有十分显著的影响。而在个体低于他人时，就会产生强烈的不公平感和不满情绪，甚至不仅把金钱看成是单纯的经济报酬，而且通过报酬评价领导和同事对自己的态度，甚至扩大到自己与群体或他人的关系。

这种不公平、不合理的感觉会严重挫伤个人的自尊心，并且可能导致委屈、愤怒、焦虑、郁闷等强烈的情绪反应，严重影响着员工的工作行为。在这种情况下，可能会采取以下行为：

（1）减少投入或产出。当个体遭受不公平待遇时，他会减少投入，如消极怠工、出工不出力；或减少产出，如降低质量或数量，以求得某种公平与满足。

（2）减少报酬或改变结果。通过采取一定的手段来减少别人的报酬，以使自己感到公平和满足；或者，通过一定的行动来改变已有的结果，如加倍努力工作，充分显示自己的工作成就与能力，以获得公平的待遇。

（3）改变自我认知。通过自我解释、自我认识或自我解嘲等来重新看待自己的报酬与投入和他人的报酬与投入，以此来进行自我安慰。

（4）改变参照对象。通过选择另外的参照对象，来降低对报酬的要求，以得到一种假象的公平与结果。

（5）公开不满、被动忍耐或离职。一些员工会发牢骚，泄私愤，故意制造人际关系紧张的局面；或为了生存和暂时稳定而忍耐；或感到极度失望而离开组织，即辞职。

因此,公平理论说明,公平感是影响人们行为倾向和激励强度的一个极为重要的社会因素,在管理激励的过程中必须给予高度重视。首先,管理者用报酬或奖励来激励员工时,一定要使员工感到公平合理。其次,作为管理者应注意横向比较。再次,公平理论表明公平与否是源于个人的感觉。人们在心理上通常会低估他人的工作成绩,高估别人的得益,由于感觉上的错误,就会产生心态不平衡,这种心态对组织和个人都很不利。所以,管理人员应有敏锐的洞察力来体察职工的心情,如确有不公,则应尽快解决;如纯属个人主观上的认识偏差,也有必要进行说明解释,做好思想工作。

第四节　激励的行为修正型理论

一、强化理论

前面的理论主要着眼于如何激发人的动机,使其产生组织所希望的行为,强化理论则主要着眼于如何引导人的行为,使它朝组织所希望的方向进行。美国心理学家斯金纳等人提出来的强化理论认为,人类的行为可以用过去的经验来解释,人们过去的行为结果对其行为有反作用。当行为的结果有利于个体时,行为就可能重复出现;反之,则会消退并终止。这种情形在心理学中被称为“强化”,该理论也因此被称为强化理论。

（一）强化的类型

导致强化的因素主要分四类：正强化、负强化（也称规避）、惩罚和自然消退。前两类可以增强或保持某种行为,后两类则会削弱或减少某种行为。

（1）正强化。正强化是指对管理者所期望的、符合组织目标的行为及时加以肯定或奖励,从而导致行为的延续和加强。例如,当管理人员看到一个职工工作表现出色就加以表扬（包括提薪、晋升、奖励等）,这一表扬就是对工作出色的行为做了正强化。

（2）负强化。负强化是指预先告知某种不符要求的行为或不良绩效可能引起的后果,要求职工按规范的方式行事来避免令人不快的后果。如在工厂中,事先以规章制度的建立使职工知道迟到要扣奖金,这样职工为避免扣奖金这一不愉快的结果,而被激励要准时上班。

（3）惩罚。惩罚是指用某种令人不快的结果,来减弱某种行为。例如,当有的职工上班迟到,工作出错,或影响他人的工作时,管理人员可用批评、纪律处分、罚款等措施,以制止该行为的再次发生。但是,惩罚也有副作用,如会激发职工的愤怒、敌意等。因此,最好尽可能采用其他强化手段。

（4）自然消退。自然消退是通过不提供个人所愿望的结果来减弱一个人的行为。特别是祛除产生此行为的诱因，来减少某种行为的发生。例如，对职工的某种行为不予理睬，以表示对该行为的蔑视，从而使这种行为得以消除。

（二）强化的间隔安排

在运用强化手段时，不但要考虑采用何种方式，而且对实施时间、次数、间隔等问题也需认真考虑。在强化间隔的安排上有多种策略可供选择。

（1）固定间隔。固定间隔的安排是指不考虑行为怎样，以一个固定的时间间隔提供强化。如按周、按月付给的薪金即属此类型。这类强化安排提供的刺激强度最小，因为职工知道，不管他们努力与否，到时都能拿到薪酬，容易导致过早的满足感。

（2）可变间隔。这也是以时间为基础安排的强化，但每次强化的时间间隔是变动的。如职工们不知道什么时间上级会来检查，所以通常都能较为认真地工作。

（3）固定比率。这是指不考虑行为的时间间隔，在行为达到一个固定数字后即给予强化。这种强化方式通常刺激性更大，如计件工资制等就属于这类强化。

（4）变动比率。它不考虑时间因素，通常需多种行为发生后才给予一次强化。这类安排在维持要求的行为上是最有力的。由于每次绩效都会有增加所得奖酬的可能，因此职工较易激发起增加所要求行为的次数。

强化理论较多地强调外部因素或环境刺激对行为的影响，忽略了人的内在因素和主观能动性对环境的反作用。但是强化理论的一些具体做法对管理实践具有很多的借鉴作用。首先，组织对员工的行为应给予密切注意，了解员工的个性差异和行为差异，注意到人们的年龄、性别、职业和文化的不同，就会有不同的需要和行为。慎重地使用不同的强化方式对待员工，从强化的内容上应以积极强化为主。过多地使用惩罚，会有许多不良的副作用。例如，使员工产生挫折感和对管理人员的畏惧心理，士气低落，带来高缺勤率和高离职率。因此，应尽量避免使用惩罚。其次，通过制定有效的人力资源管理政策和培训措施，对员工的行为进行有计划、有目的的训练，通过不断地强化和改变，使员工的个人行为与组织目标密切地结合起来。比如，建立合理的员工考核制度，不仅可以提高工作绩效，还可以有效地降低缺勤率和离职率。最后，员工还可将强化理论运用于对自己行为的管理，即自我管理。比如，通过观察自己的行为，将自己的行为与标准进行对照，当行为达到标准时进行自我奖励。

二、挫折理论

挫折理论是由美国的亚当斯提出的。挫折是指人类个体在从事有目的的活动过程中,指向目标的行为受到障碍或干扰,致使其动机不能实现,需要无法满足时所产生的情绪状态。挫折理论主要揭示人的动机行为受阻而未能满足需要时的心理状态,并由此而导致的行为表现,力求采取措施将消极性行为转化为积极性、建设性行为。

(一) 动机受到阻碍或干扰的四种情况

个体受到挫折与其动机实现密切相关。人的动机导向目标时,受到阻碍或干扰可有四种情况:

(1) 虽然受到干扰,但主观和客观条件仍可使其达到目标。

(2) 受到干扰后只能部分达到目标或使达到目标的效益变差。

(3) 由于两种并存的动机发生冲突,暂时放弃一种动机,而优先满足另一种动机,即修正目标。

(4) 由于主观因素和客观条件影响很大,动机的结局完全受阻,个体无法达到目标。

一般在第(4)种情况下人的挫折感最大,第(2)和第(3)种情况次之。挫折是一种普遍存在的心理现象,在人类现实生活中,不但个体动机及其动机结构复杂,而且影响动机行为满足的因素也极其复杂,因此,挫折的产生是不以人们的主观意志为转移的。

(二) 挫折心理的必备条件

几乎人的行为都有受挫折的可能,但挫折心理的实际发生有三个必备条件:

(1) 个人所期望的目标是重要的、强烈的。

(2) 个人认为这种目标有可能达成。

(3) 在目标与现实中存在难以克服的障碍。事实上,如无此条件。目标就会实现,挫折就不存在了。

(三) 挫折产生的原因

引起挫折的原因既有主观的,也有客观的。

主观原因主要是个人因素,如身体素质不佳、个人能力有限、认识事物有偏差、性格缺陷、个人动机冲突等。

客观原因主要是社会因素,如企业组织管理方式引起的冲突、人际关系不协调、工作条件不良、工作安排不当等。人是否受到挫折与许多随机因素有关,也因人而异。归根结底,挫折的形成是由于人的认知与外界刺激因素相互作用失调所致。

(四) 挫折心理的态度

根据不同人的心理特点,受到挫折后的行为表现主要有两大类:

(1) 采取积极进取态度,即采取减轻挫折和满足需要的积极适应态度。

（2）采取消极态度，甚至是对抗态度，诸如攻击、冷漠、幻想、退化、忧虑、固执和妥协等。

因此，在管理工作中：第一，要培养员工掌握正确战胜挫折的方法，教育员工树立远大的目标，不要因为眼前的某种困难和挫折而失去前进的动力。第二，要正确对待受挫折的员工，为他们排忧解难，维护他们的自尊，使他们尽快从挫折情境中解脱出来。第三，要积极改变情境，避免受挫折员工"触景生情"，防止造成心理疾病和越轨行为。

第五节 激励技巧与方法

一、激励的一般形式

激励的各种理论都是突出不同激励环节的结果。在管理实践中，孤立地看待和应用它们都是不完善的，应根据实际情况加以综合应用。要使激励能产生预期的效果，就必须制定适当的激励机制。在设计奖励内容、奖励制度、组织分工、目标设置、公平考核等一系列综合指标时，既要正确识别个人目标与组织目标的一致性，注重个人满意程度在努力中的反馈，减少个人主观认识的偏差，同时还需要注意每个员工各自的特点，他们的需求、期望、目标等个体变量的不同点，针对员工的不同特点采用不同的方法。在实际工作中，常用的四种激励方式是工作激励、成果激励、批评激励和培训教育激励。

工作激励是指通过分配适当的工作来激发员工内在的工作热情；成果激励是指在正确评估工作成果的基础上给员工以合理奖惩，以保证员工行为的良性循环；批评激励是指通过批评来激发员工改正错误行为的信心和决心；培训教育激励则是通过灌输组织文化和开展技术知识培训，提高员工的素质，增强其更新知识、共同完成组织目标的热情。

二、激励的基本技巧

激励的目的是要运用各种方法激发人的内在潜力，发展人的综合能力，发挥人的积极性与创造性，从而使组织成员为有效地实现组织目标而努力工作。因此，不仅要了解和研究激励理论，还要在运用这些理论时掌握激励人的技巧。

（一）了解人们真实需要的技巧

要识别一个人的心理需要和愿望，可以通过对人的基本行为方式的全面了解和研究。通过推断其产生行为的动因，才可能有针对性地施以激励，进而引导其向组织目标努力的行为。

作为一名管理者应该知道没有两人会对同一指令做出完全相同的反应。必须确定怎样最好地鼓励每个人尽其所能地努力工作。管理者了解了每个人的行为，就会塑造出一个更加有效率的组织。

想确切知道一个人需要什么也需一定的技巧。一般采用访谈提问来了解人们的真实需要。访谈场所和方式的选择在一定程度上会影响到谈话的成效，在办公室、工作场所的谈话往往导致人们心存戒心或投上级所好来回答问题；在自然闲聊中，人们会更坦率些。在访谈中采用下列方法或许能帮助你获得有价值的信息：① 真诚地对他们的问题表示兴趣。② 耐心地倾听他们所说和想说的话。③ 提问、启发、鼓励他们说出心里话。④ 讨论别人的兴趣，从中发现他的兴趣。⑤ 诚恳地帮助他树立自信心。弄清楚人们想要什么，并帮助人们去达到他们的目的，管理者自身也会取得巨大的成功。

人们的愿望和需求随着时间的推移会不断变化，管理者的责任就是帮助人们找出特定时候最重要的需要或愿望，并帮助他们去获得。可选择运用多种管理技巧，坚持正面鼓励，用奖励和表扬的方法来提高组织成员的士气。

（二）有效实施激励

1. 先教后用激励技巧

在施以激励之前，必须先对人员进行启发、教育，使他们明白要求和规则，这样在采用激励方法时，他们才不至于感到突然，尤其是对于处罚不感到冤枉。所以，最好的管理方法是启发，而不是惩罚。

2. 公平激励技巧

充分利用激励制度就可能极大地调动企业职工的积极性，保证企业各项工作的顺利进行。为保证激励制度的顺利执行，制度中应体现不唯亲、不唯上、不唯己，只唯实，公平相待。制度的内容也应通俗、准确，不产生歧义。给员工一个明确印象，凡是能力较强而又积极工作的，必有出头之日；凡是考核成绩不好的人，绝无侥幸提升的可能，表现极差者甚至有被辞退或者开除的危险。

3. 注重现实表现激励技巧

在实施激励方法时，只注重激励对象的现实表现，将现实表现同过去的情况分开来看，当奖则奖，该罚就罚。即使是对组织有过贡献的老职工违反了工作制度，按照公司管理制度的有关条款，他应受到应有的处分，按规定办事，一点也不能例外。

4. 适时激励技巧

适时激励表现为"赏不逾时"。这么做至少有两个好处：一是当事人的行为受到肯定后，有利于他继续重复所希望出现的行为。这正如小孩学走路时，当他走出姿态不雅的第一步后，就立即鼓励他走出第二、第三步，直到他真正学会走路为止。

二是使其他人看到,只要按制度要求去做,就可以立刻受奖。只有感到制度和领导可信赖,大家才会争相努力去获得肯定性的奖赏。

5. 适度激励技巧

激励标准有个适度性问题。保持一定的度,就能使激励对象乐此不疲地努力。反之,如果激励对象的行为太容易达到被奖励和被处罚的界限,那么,这套激励方法就会使激励对象失去兴趣,达不到激励的目的。所以说:"赏罚不中则众不威。"

三、激励的实用方法

进入 20 世纪 90 年代,西方企业在多种激励理论的基础上提出了一些形式新颖的激励计划,竭力改善企业员工的满意度和绩效。这些计划主要包括绩效工资、分红、员工持股计划、年终奖金、知识工资和灵活的工作日程等。

（一）绩效工资

绩效工资又称奖励工资,是指根据员工的绩效贡献而得到的奖励。它实际上是激励的期望理论和强化理论的逻辑结果。通过调节绩优与绩劣员工的收入,影响员工的心理行为,以刺激员工,从而达到发挥其潜力的目的。

（二）分红

分红是指特定的单位或集体的员工和管理人员,在该单位或集体绩效超过预先确定的绩效目标时,获得奖金的一项激励计划。这些绩效目标可以是细化了的劳动生产率、成本、质量、顾客服务或者利润。和绩效工资不同的是,分红鼓励协调和团队工作,因为全体员工都对经营单位的利益在做贡献。

（三）员工持股计划

员工持股计划是企业以放弃股权的代价来提高生产率水平的激励方式。通过给予员工部分企业的股权,使他们分享改进的利润绩效。员工持股计划使员工成为所有者而更加努力工作,并分担企业的盈亏。

（四）年终奖金

年终奖金是以绩效为基础的年底一次性现金支付计划,旨在提高激励的效价。这种计划在员工感到他们的奖金真正反映了公司的繁荣时才有效,不然适得其反。

（五）知识工资

知识工资是指一个员工的工资随着他能够完成的任务的数量和质量增加而增加。知识工资增加了组织的灵活性和效率,因为公司某项工作所需要的人会越来越少。但要实行这项计划,组织必须有一套高度发达的员工评估程序,必须明确工作岗位,这样,工资才可能随着新工作的增加而增加。

（六）灵活的工作日程

灵活的工作日程指取消、修改每周 5 天上班、每天工作 8 小时的固定工作制的限制。修改的内容包括：4 日工作制、灵活的时间以及轮流工作。执行 4 日工作日就是每周工作 4 天，每天 10 小时，满足员工希望得到闲暇时间的需要；灵活的时间就是让员工自己选择工作日程，以增强员工工作的灵活程度；轮流工作是让两个或两个以上的人共同从事某一项 40 小时工作周的工作，这很大程度满足兼职员工或带小孩的母亲的需要，同时又消除了员工因长期从事某种工作而导致的枯燥和乏味，有利于调动员工的工作热忱。

以上激励计划，可以增强组织对高知识、高技能员工的吸引力，有效降低对员工的选聘成本和培训成本，提高组织的整体素质和综合能力。

知 识 测 试

一、概念辨析

激励　需要层次理论　双因素理论　期望理论　强化理论

二、即问即答

1. 为什么说管理人员很有必要弄懂基本激励理论？

2. 请说说在激励过程中会出现什么情况？

3. 哪种激励理论是传统激励理论？

4. 请谈谈马斯洛的需要层次理论。

5. 马斯洛的需要层次理论与赫茨伯格的理论有什么不同？

6. 有哪些因素会影响动机？

7. 在激励方面，未来应该做些什么？

8. 麦克兰的需要理论有哪些要点？

9. 何谓强化理论？简述强化的四种方法，并解释负强化与惩罚的区别？

10. 请简要说明激励期望理论。

11. 举例说明你运用了哪些激励技巧、技术在生活与工作中激发他人的干劲？

技 能 训 练

『训练目标』

◇ 掌握激励的含义、动机和心理需求层次

◇ 体会激励理论在组织中的应用及如何进行更有效的激励

◇ 感受激励的艺术,改善激励技巧

一、管理定律应用

罗森塔尔效应

美国心理学家罗森塔尔等人于 1968 年做过一个著名试验。他们到一所小学,在一至六年级各选三个班的儿童进行煞有介事的"预测未来发展的测验",然后试验者将认为有"优异发展可能"的学生名单通知教师。其实,这个名单并不是根据测验结果确定的,而是随机抽取的。它是以"权威性的谎言"暗示教师,从而调动了教师对名单上的学生的某种期待心理。8 个月后,再次智能测验的结果发现,名单上的学生的成绩普遍提高,教师也给了他们良好的品行评语。这个实验取得了奇迹般的效果,人们把这种通过教师对学生心理的潜移默化的影响,从而使学生取得教师所期望的进步的现象,称为"罗森塔尔效应",习惯上也称为皮格马利翁效应(皮格马利翁是古希腊神话中塞浦路斯国王,他对一尊少女塑像产生爱慕之情,他的热望最终使这尊雕像变为一个真人,两人相爱结合)。

[举例]　　　　　　罗森塔尔效应的实践者

通用电气的前任 CEO 杰克·韦尔奇就是罗森塔尔效应的实践者。他认为,团队管理的最佳途径并不是通过"肩膀上的杠杠"来实现的,而是致力于确保每个人都知道最紧要的东西是构想,并激励他们完成构想。韦尔奇在自传中用很多词汇描述那个理想的团队状态,如"无边界"理论、四 E 素质(精力、激发活力、锐气、执行力)等,以此来暗示团队成员"如果你想,你就可以"。在这方面,韦尔奇还是一个递送手写便条表示感谢的高手,这虽然花不了多少时间,却几乎总是能立竿见影。因此,韦尔奇说:"给人以自信是到目前为止我所能做的最重要的事情。"

[点评]　对一个人传递积极的期望,就会使他进步得更快,发展得更好。反之,向一个人传递消极的期望则会使人自暴自弃,放弃努力。

二、管理案例分析

亨利的困惑

亨利已经在数据系统公司工作了 5 年。在这期间,他从普通编程员升到了资深的程序编制分析员。他对自己所服务的这家公司相当满意,很快被工作中的创造性要求所激励。

一个周末的下午,亨利和他的朋友及同事迪安一起打高尔夫球。他了解到他所在的部门新雇了一位刚从大学毕业的程序编制分析员。尽管亨利是个好脾气的人,但他听说这新来者的起薪仅比他现在的工资少 30 美元时,不禁发火了。亨利迷惑不解,他感到这里一定有问题。

下周一的早上,亨利找到了人事部主任爱德华,问他自己听说的事是不是真的。爱德华带有歉意地说,确有这么回事。但他试图解释公司的处境:"亨利,编程分析员的市场相当紧俏。为使公司能吸引合格的人员,我们不得不提供较高的起薪。我们非常需要增加一名编程分析员,因此,我们只能这么做。"

亨利问能否相应提高他的工资。爱德华回答说:"你的工资需按正常的绩效评估时间评定后再调。你干的非常不错!我相信老板到时会给你提薪的。"亨利在向爱德华道了声;"打扰了!"便离开了他的办公室,边走边不停地摇头,很对自己在公司的前途感到疑惑。

[分析问题]

1. 本案例描述的事件会对亨利的工作动力产生什么样的影响?哪一种激励理论可以更好的解释亨利的困惑?为什么?

2. 你觉得爱德华的解释会让亨利感到满意吗?请说明理由。

3. 你认为公司应当对亨利采取些什么措施?

[分析思路]

1. 亨利产生不公平感的根本原因没有得到解决。分析亨利变得不满,工作动力会减少,工作积极性降低的原因。

2. 运用过程型激励理论中的公平理论,解释亨利的困惑,公平理论认为职工被激励的程度不仅受其所得绝对报酬的影响,而且也受到相对报酬的影响。

3. 依据激励理论,从心理上疏导,从认识上提高,正确理解公平理论,分析一定要自圆其说,切勿前后自相矛盾,最好有自己独特的见解。

[实施建议]

1. 在分析案例时,首先要仔细阅读案例内容,引导学生查询资料、比较研究、案例分析。

2. 看清题后所问问题,选准分析要用的理论,要用所学的原理去解决问题。

3. 不可以使理论与案例的实际情况相脱离。

三、管理技能实训指导

[训练项目] 为 A 公司设计薪酬激励方案。

[训练内容] A 公司的销售部门按销售区域划分,同一个区域的业务员既可以卖大型设备,也可以卖小型设备。后来,公司对销售部进行组织结构调整,将一个销售团队按两类不同的产品线一分为二,建立了大型项目和小型设备两个销售团队,他们有各自的主攻方向和潜在客户群。但是,组织结构虽然调整了,两部门的工资奖金方案没有跟着调整,仍然沿用以前的销售返点模式,即将销售额按一定百分比作为提成返还给业务员。这种做法,看似是公平,非常透明,但没能起到应有的激励作用,造成两部门之间的矛盾,于是销售人员的不满情绪开始蔓延,优秀销售员的业绩开始下滑。这种分配机制产生的不合理现象具体有:

（1）对于大型通信设备的销售，产品成本很难界定，无法清晰合理地确定返点数。同时，很多时候由于竞争激烈，为了争取客户的长期合作，大型设备销售往往是低于成本价销售，根本无利润可以返点。

（2）销售返点模式一般一季度一考核，而大型设备销售周期长，有时长达一两年，客户经常拖欠付款，这就使得考核周期很难界定。周期过短，公司看不见利润，无从回报销售人员；周期过长，考核前期销售人员工作松散，经常找不到订单。

（3）大型设备成交额很大，业务员的销售提成远远高于小型设备的销售，这导致小型设备的业务员心理不平衡，感到自己无法得到更高的收入，公司对自己不够重视，于是工作态度开始变得消极。

（4）大型项目一般是团队合作，由公司总经理、副总经理亲自领导，需要公司其他部门紧密配合，如何将利润分给所有参与项目的人，分配原则是什么，这些问题都是销售返点模式难以回答的。

假定你是该公司销售经理，在员工消极情绪日益增大的情况下，你如何扭转乾坤，为公司设计有效的工资奖金方案？

提示：首先，对两个销售团队重新进行职责定位，分别撰写部门职责和岗位职责。然后，将两个团队工资分配体系彻底分开，即为两个团队分别设计一套完整的自成一体的工资奖金方案。可以从返点模式、年薪制、个人激励、团队激励、考核周期、设备特点等方面考虑，为两类设备团队设计不同的工资薪酬方案。

[训练要领] 以团队的形式进行，将学生分成若干小组，指定组长。团队通力合作，注重方案运筹，形成基本合理的可行方案。一方计划提出后，其他组成员对该方案进行评论，指出其合理之处，存在的问题和不足；制定一方本组人员可对方案做进一步补充和解释说明。依此循环实施。对于通过制订方案较好的学生团队，在平时成绩上给以适当加分。

第十章 沟 通

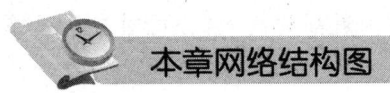

本章网络结构图

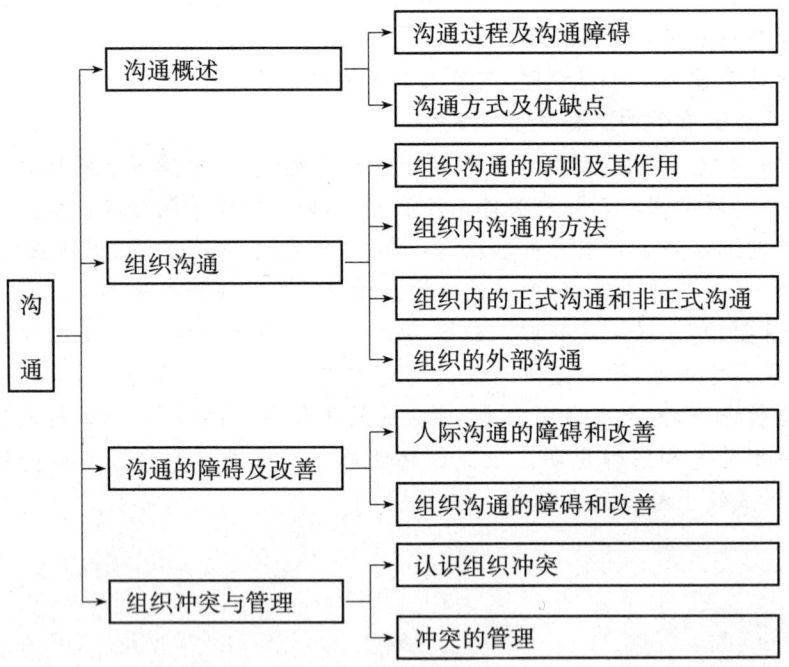

```
                              ┌──────────────────────────┐
                    ┌─────────┤    沟通过程及沟通障碍      │
         ┌──────────┤ 沟通概述 ├──────────────────────────┤
         │          └─────────┤    沟通方式及优缺点        │
         │                    └──────────────────────────┘
         │                    ┌──────────────────────────┐
         │                    │   组织沟通的原则及其作用   │
         │          ┌─────────┼──────────────────────────┤
         │          │ 组织沟通 │     组织内沟通的方法       │
  ┌────┐ │          └─────────┼──────────────────────────┤
  │ 沟 │ │                    │  组织内的正式沟通和非正式沟通 │
  │    ├─┤                    ├──────────────────────────┤
  │ 通 │ │                    │     组织的外部沟通         │
  └────┘ │                    └──────────────────────────┘
         │                    ┌──────────────────────────┐
         │          ┌─────────┤    人际沟通的障碍和改善    │
         │ 沟通的障碍及改善 ├──┼──────────────────────────┤
         │          └─────────┤    组织沟通的障碍和改善    │
         │                    └──────────────────────────┘
         │                    ┌──────────────────────────┐
         │          ┌─────────┤      认识组织冲突         │
         └ 组织冲突与管理 ────┼──────────────────────────┤
                    └─────────┤      冲突的管理           │
                              └──────────────────────────┘
```

本章学习目的

☆ 理解人员沟通的概念、过程及其作用
☆ 了解影响沟通的个人行为因素
☆ 掌握沟通的类型和方式以及如何对组织沟通进行改善

【引导案例】   救 援 故 事

有条船在海上遇难，留下3个幸存者分别游到三个相隔很远的孤岛上。第一个人没有任何工具，他只有大声呼救，但是周围几公里之内没有人。第二个人有无线电，但已受潮，一架从他头上飞过的飞机虽能听到声音，却无法听清它的呼叫内容。第三个人有一架完好的无线电，他通过无线电向外报告自己受难的情况和所处方位，并在地上做好SOS标记，救援飞机收到他发出的信号后迅速前往并成功救起他。

有效沟通需要一定的条件，有效沟通需要一定的方式。通过有效沟通才能达到个人和组织的目的。沟通是管理极为重要的部分。管理与被管理者之间有效沟通是任何管理艺术的精髓。美国著名未来学家奈斯比特曾指出："未来竞争是管理的竞争，竞争的焦点在于每个社会组织内部成员之间及其外部组织的有效沟通上。"重视组织内外人际间的信息沟通，形成完善的沟通渠道，建立规范的沟通标准，掌握良好的沟通行为，采取正确的沟通方式，是组织实现既定目标的基本保证。

第一节 沟 通 概 述

沟通，原意是发送方和接收方之间的信息交流。一般的交流形式有人-机交流、机-机交流和人-人交流。人-机交流属人体工程学的内容，机-机交流属控制论研究范畴。管理学所说的沟通是指组织内外的人际沟通，即研究人与人之间传达思想和交流情感、信息的过程。

一、沟通过程及沟通障碍

（一）沟通过程

沟通过程是指一个信息的传送者通过选定的渠道把信息传递给接收者的过程。沟通过程中的信息不仅有消息类的信息，也包括情况、思想、态度、观点的交流。沟通双方对信息的理解和接受程度，受到专业水平、知识水平、工作经验以及社会文化背景等诸多方面因素的影响，对同一个信息会有不同的看法，从而可能造成信息传递上的失真和编码、译码、释义上的失误。

沟通过程一般由传播和反馈两个阶段组成。在传播阶段，信息在两个或两个以上个体之间分享。在反馈阶段，沟通各方通过交流达到共同理解。

这一过程可用图 10-1 来表示。

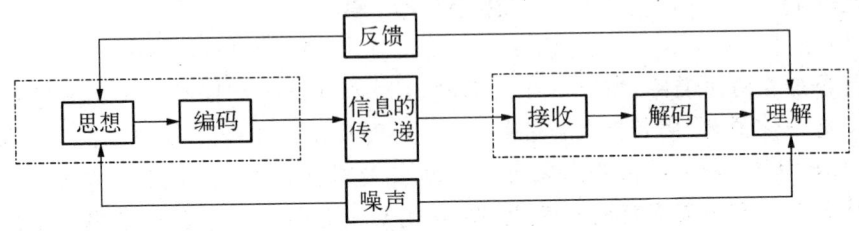

图 10-1 沟通过程示意图

在信息沟通过程中，至少存在着一个发送者与一个接收者，信息的传播开始于需要沟通的主动者，即信息的发送者。

1. 信息发送者

信息发送者是想与他人分享信息的个人或组织，他将所要沟通的信息或某种思想借助编码转换为信息发送者自己与接受者双方都能理解的共同符号或语言。在一个组织中，如果组织的成员没有共同语言，也就使组织成员之间的有效沟通失去了良好的基础。

2. 信息传递渠道

编码后的信息必须通过一定的信息载体（媒介）传递到接受者那儿，这种载体称为信息传递渠道。通过信息传递渠道，编码后的信息被传送到接收者。选择什么样的信息传递渠道，既要看沟通的场合、互相同意和方便、沟通双方所处环境拥有的条件等，也与选择所用渠道的成本有关。

3. 信息接受者

信息接受者收到信息后通过"解码"将接受到的符号或语言按照相应的办法还原为自己的语言。在接受和解码的过程中，由于接受者的教育程度、技术水平、当时的心理活动以及价值观与理解力，均会导致在接受信息时发生偏差或疏漏，也会导致在解码过程中出现差错，这样就会使信息接受者发生一定的误解，不利于有效的沟通。

4. 噪音

人与人之间的信息沟通还经常会受到各种各样的干扰，沟通过程如果存在任何状况的阻碍，我们则称之为噪音。噪音或受到限制的环境可能会妨碍一种明确的思路形成，模棱两可的符号可能造成编码、译码的错误，价值观与文化的不同导致无法理解双方的真正意思，信息渠道本身的物理性问题等因素均会影响信息传递的质量等。

5. 反馈

反馈是检验信息沟通效果的再沟通。反馈阶段由接收者决定要对原发送者传送需要的反馈信息，同样需要将它们编码，然后选择好的渠道传送。原发送者也需要对信息进行解码,以确保达到共同的理解。如果原发送者认为还没有达到共同的理解,再沟通过程需要循环多次,直到达到目的。反馈可以迅速将沟通的检查结果传递给信息发送者,从而有利于信息发送者迅速修正自己的信息发送,以便达到最好的沟通效果。

（二）沟通过程可能出现的障碍

1. 发送者方面可能的障碍

（1）缺少沟通计划。人们往往是在事先对表达某个信息的目的未经思考、计划或说明的情况下就开始说话或写作了。但是如果能说明下达指示的理由、选择最恰当的渠道和适宜的时机,就能大大有助于对信息的理解,从而减少抵制变动的阻力。

（2）信息表达不佳。一个想法在信息发送者的脑子里不论有多么清楚,但在表达时,仍然可能受到用字不当、遗漏、条理不清、语序紊乱、陈腔滥调、生造术语、意思不全等毛病的影响。这种由表达不清和不准的毛病所造成的损失可能很严重,但这只要在表达信息时多加小心就能避免。

（3）知识和经验的局限。发送者对信息进行编码时,只能在自己的知识和经验范围内进行,接收方也只能在他自己的知识和经验范围内进行译码,当双方的知识经验范围有交叉区时,沟通信息容易被接受和理解。但双方没有共同的经验区,接收者不能解释和理解发送过来信息的含义,信息的沟通就会受到影响。

2. 传递过程中可能的障碍

（1）缺乏恰当时机。在信息的传递过程中,信息传递的时机会增加或减低信息沟通的价值。发送信息不合时机,对于接受者的理解,将是一个难以克服的障碍。

（2）信息遗漏和错传。在传递过程中,信息从一个人到另一个人接连多次的传递之后,就会变得越传越不准确,出现信息内容的漏失和错传,造成沟通障碍。另外,健忘也是信息传递中的另一个严重问题。

（3）外界干扰。在信息的传递过程中,如果受到客观环境的干扰,如电话铃声、打字机声、电扇转动声等,都可能打断正常的沟通过程,影响信息的正确传递。

3. 接收者方面的障碍

（1）缺乏注意,急于判断。急于要对别人的谈话表示赞同或反对,而不是设法了解谈话者的基本观点,会影响沟通的效果。事实上,不带评判地聆听别人的谈话有时却能提高沟通的效能。比如,以同情的态度聆听别人的谈话,可以使劳资关系较好些,也能更好地加强各主管人员之间的了解。

（2）接收者的信息"过滤"。接收者在接收信息时,有时会按照自己的需要对信息进行"过滤"。一般情况下,接收者喜欢接收有用的、有价值、有趣的、生动的、新奇的、震撼的、美的信息,以及符合事先期望、态度、价值准则的信息,对不和谐的信息自动规避。

（3）理解差异和曲解。接收者根据个人的立场和认识来解释其所得的信息，基于个人的社会环境、生活背景和思想愿望不同，对同一信息的理解，即使是同一个人由于其接受信息时的情绪状态不同，或场合不同，也会对同一信息有不同的解释。如果接收者出于个人的意愿有意强调某一方面，就会造成对信息的曲解。这种曲解可能是故意的，也可能是无意的。

（4）猜疑、威胁和恐惧。猜疑、威胁和恐惧都会破坏沟通。在这种气氛下，人们对任何信息都会持怀疑态度。猜疑可能是双方之间的矛盾所造成的。在威胁（不论是真实存在的还是想象的）面前，人们一般是语多保留、处处防卫和谎报情况。为此，需要一种信任的气氛，这样才有助于真实的信息得以畅通地流动。

二、沟通方式及优缺点

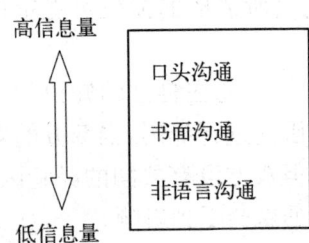

图 10-2 沟通媒介的信息示意图

要保证沟通的有效性，沟通的参与者需要为他们发出的每一个信息选择合适的沟通媒介。在选择信息沟通媒介时，需要考虑三个因素：沟通媒介承载的信息量、沟通所需的时间、对文件或电子记录的要求。不同的沟通目的其需要选择的沟通媒介不同，所承载的信息量也不同（见图 10-2）。一般沟通媒介选择方式主要有口头、书面、非语言和电子沟通方式。每种沟通方式都有它的优缺点和试用范围，如表 10-1 所示。

表 10-1

具体的沟通方式

沟通方式	描　述	优　点	缺　点
口头沟通	以讲话形式出现。	费时较少、迅速、效率高、方便、看到对方脸部表情、手势和说话时的语气等表达方式了解对方的真实感情。另外，有些管理人员书面表达能力较差，而口头表达能力较强，因而比较愿意采用口头沟通方式。	会因思考不周、遣词造句的疏忽、无法全面系统阐明问题、接受者的理解能力等造成误解，不做记录，容易遗忘。
书面沟通	使用书面形式来沟通。	用词比较准确，并便于归档保存，可供随时查阅；书面沟通可以使许多人同时了解信息，提高信息传递速度和扩大信息传递范围；便于反复阅读、斟酌、理解。	人们要花精力去仔细地推敲，但常常达不到预期的效果；有时无法确知信息是否送达；无法迅速得到对方真实的反馈意见。

（续表）

沟通方式	描 述	优 点	缺 点
非语言沟通	使用身体语言、面部表情等。	有时比较含蓄,在上级管理下级的过程中,行动示范的沟通效果往往优于其他任何一种沟通方式。	信息不充分、容易误解。
电子沟通	使用电话、视频、声讯及网络等电子通讯设施。	方便、迅速、节约成本。在现代管理实践中大量应用。	不太适合正式的、重大的谈判活动,尤其无法了解对方的身体语言。

第二节 组 织 沟 通

组织沟通是组织达到协调状态的重要基础。组织保持与其内部成员和外部环境的有效沟通,可以达到员工之间相互理解、协调合作,提高管理效率;也可使组织与外部环境更好地配合,增强应变能力。

一、组织沟通的原则及其作用

（一）组织沟通的定义

美国传播学研究者 G·M·戈德哈伯对组织沟通进行过多年的深入研究,他对组织沟通下了这样的定义:组织沟通是由各种相互依赖关系而结成的网络,是为应付环境的不确定性而创造和交流信息的过程。这个定义包含五个基本概念:过程、信息、网络、相互依赖和环境。

（1）过程:组织沟通是一个不间断的信息交流过程,永远随着组织存在下去,永远处于动态变化之中。

（2）信息:信息是沟通的基础。没有信息便无所谓沟通。这里所说的信息,不是一般意义上的消息、情报、资料,而是对完成组织目标和任务有意义的那部分内容。

（3）网络:组织沟通不是无规则进行的,它不仅要通过担任各种不同角色的组织成员,而且要经过以一定规则组织起来的网络。

（4）相互依赖:组织是开放性系统。系统中各部分及其成员都与系统整体及其环境有着相互依赖关系。

（5）环境:任何组织都是在一定的社会、政治、经济环境之下生存和发展的,作为开放性系统的组织要不断与所处的环境发生复杂多样的互动关系,受到环境深刻的影响。

（二）组织沟通的原则

要实现组织内外的有效沟通就要把握沟通的信息水平和沟通双方的接受情况,注意以下组织沟通的原则,以保持组织工作的完整性和高效性等。

1. 准确性原则

这个原则的要点在于强调组织沟通过程所使用的符号、语言及传递方式必须使接受者明了无误。信息沟通所用的语言和传递方式能被接收者所理解才是准确的信息,这样沟通才具有价值。这要求发送者有较高的语言或文字表达能力,并熟悉接受者所用的语言。

2. 完整性原则

这项原则特别强调组织的管理人员对下级工作的支持。在管理中最多沟通的就是要使下属知道他们应该做些什么工作,这就要求下达的工作指令信息必须完整无缺,否则下属便会无所适从。

3. 及时性原则

在沟通的过程中,除要注意准确性、完整性原则外,还应注意及时性原则,这样才能使组织新近制定的政策、组织目标、人员配备等情况尽快得到下级主管人员或员工的理解和支持,同时可以使主管人员及时掌握其下属的思想、情感和态度,从而提高管理水平。

4. 非正式组织策略性运用原则

这一原则的要点在于提醒主管人员,应当善于使用非正式组织的信息沟通途径,以获得最佳的沟通效果。非正式组织传递信息的最初缘由,是出于一些信息不太适合于由正式组织来传递。另外,非正式组织的氛围比较轻松,可以唤起听众的注意,也可以给予听众立刻发问、私下的交谈等咨询的机会,从而获得对信息相关内容的理解。

（三）组织沟通的作用

传递信息是沟通的重要内容,但沟通并不仅限于传递信息,它还应包括信息的分享。因此,沟通也可以说是通过信息交换达到互相理解的过程。简单地说,沟通就是理解的交换。对组织来说,通过有效沟通,可以使组织内部分工合作更为协调一致,保证整个组织体系统一指挥,统一行动,实现高效率的管理;也可以使组织与外部环境做到更好地配合,增强应变的能力,从而保证组织的存在与发展。所以,良好的沟通是组织达到协调状态的重要基础,是组织完成其目标的必要条件。

一般来说,沟通在管理中具有以下几方面的重要意义。

1. 沟通是协调组织各要素并使之成为一个整体的凝聚剂

每个组织都由许多人组成,个体的地位、利益和能力的不同使他们对组织目标的理解、所掌握的信息也不同。为保证上下一心,不折不扣地完成组织的总目标,就需要互相交流意见,统一思想认识,自觉地协调各个体的工作活动,以保证组织目标的实现。

2. 沟通是领导者激励下属、实现领导职能的基本途径

领导者运用科学、艺术以及技能去影响别人的行为,必须将自己的意图和想法传递给下属,并且随时了解下属的想法和愿望,为满足这些愿望而采取具体行动。而下属要从领导者身上获得达到自己愿望或目的的希望,从而努力工作,这种希望的获得需要通过沟通这个基本工具和途径。

3. 沟通也是组织与外部环境之间建立联系的桥梁

组织必然要和顾客、政府、公众、原材料供应者、竞争者发生各种各样的关系,它必须按照顾客的要求调整产品结构,遵守政府的法规法令,担负自己应尽的社会责任,获得适用且廉价的原材料,并且在激烈的竞争中取得一席之地。这就决定了组织不能不与外部环境进行有效沟通,以便把握住成功的机会,避免失败。

二、组织内沟通的方法

沟通的方法是多种多样的,除了前面所述的沟通形态等具体的方法外,还应包括发布指示、会议制度、个别交谈等。

（一）发布指示

在指导下级工作时,指示是重要的。指示作为一种领导方法,可理解为是上级的指令,具有强制性。它要求在一定的环境下执行任务或停止工作,并使指示内容和实现组织目标密切相关,明确上下级关系是直线指挥关系。它是使一个组织生机勃勃或者解体的动力。发布指示的方法主要有一般的或具体的指示、书面的或口头的指示以及正式和非正式几种。至于实际工作中采用何种方式,不同的主管、不同的情况会有不同的选择。一般情况下,坚持授权的主管人员倾向于具体的指示,而在对实施指示的所有周围环境不可能预见的情况下,大多采用一般的形式;上下级之间关系持久,信任程度较高,可采用口头指示,但为了对所有有关人员宣布一项特定的任务或防止命令的重复和司法上的争执,书面指示则更为必要;采用非正式的方式可以用来启发下级,用正式的书面或口述的方式命令下级,可增强指示的严肃性和正规性。

（二）会议制度

管理的领导职能实质是处理人际关系,而人与人之间的沟通是人们思想、情感的交流,采取开会的方法,就是提供交流的场所和机会。会议的种类主要有工作汇

报会、专题讨论会、员工座谈会等。会议的作用表现在：① 会议是整个组织活动的一个重要反映，是与会者在组织中的身份、影响和地位等所起作用的表现。② 会议可集思广益。与会者在意见交流之后，就会产生一种共同的见解、价值观念和行动指南，而且还可密切相互之间的关系。③ 会议可使人们了解共同目标、自己的工作与他人工作的关系，使之更好地选择自己的工作目标，明确自己怎样为组织做出贡献。④ 通过会议，可以对每一位与会者产生一种约束力。⑤ 通过会议，能发现人们未注意到的问题，从而认真地加以考虑和研究。

（三）个别交谈

个别交谈就是指领导者用正式或非正式的形式，同下属或同级人员进行个别交谈，征询谈话对象对组织中存在问题和缺陷的个人看法，对别人或对别的上级，包括对主管人员的意见。这种形式大部分都是建立在相互信任的基础上，无拘无束，双方都感到有亲切感。这对双方统一思想、认清目标、体会各自的责任和义务都有很大的好处。在这种情况下，人们往往愿意表露真实思想，提出不便在会议场所提出的问题，从而使领导者能掌握下属人员的思想动态。在认识、见解、信心诸方面容易取得一致。

三、组织内的正式沟通和非正式沟通

信息沟通总是循着一定的路径、通道或渠道进行的。按照信息沟通渠道是不是组织设计过程中正式规定的，可相应地将组织中发生的沟通区分为正式沟通和非正式沟通。

（一）正式沟通

正式沟通是指按照组织设计中规定好的结构系统和信息流动的路径、方向、媒体来进行。它是沟通的一种主要形式，一般与组织的结构网络和层次相一致。其特点是比较严肃，约束力强，易于保密，富有权威性。重要的消息和文件的传达、组织的决议等，一般采用这类方式。但此方式也存在刻板、缺乏灵活、信息传播范围小和传播速度慢等缺点。根据信息的流向，正式沟通又可分为自上而下的沟通、自下而上的沟通和横向沟通，它们也是组织内部纵向协调和横向协调的重要手段。

1. 自上而下的沟通

这是上级领导者或机构按照组织的隶属关系向下级机构的沟通。这种自上而下的沟通的主要目的是使雇员了解组织的经营目标，改变雇员的态度以形成与组织目标一致的观点并加以协调，从而消除雇员的疑虑和不稳定心理。组织内部向下沟通主要包括以下几个方面：① 对分配给雇员的任务及其工作方法要给予明确、详细的工作描绘和指导。② 从组织总体经营战略出发，向雇员说明如何和为什么要使其工作与组织总目标相一致。③ 向雇员介绍有关组织过去、现在各方面的情况,同时说明组织的有关规章制度及工作程序。④ 对雇员工作绩效的评估应着重于其实际完成工作的好坏,排除性别、年龄、社会背景等其他因素干扰。

自上而下的沟通中常存在以下问题:① 信息的分享不够。上级领导可能认为与下级部门、与群众分享足够量的信息没有必要。组织成员对自身所处的环境、前进的目标不了解,处于朦胧状态,常常无法采取正确的行动。② 信息冗余量过大。有些组织的领导者讲话或做指示时,套话连篇,不接触实际,不触及问题本质或者照本宣科,造成组织成员对这些领导者的讲话产生反感,使沟通不能成功。③ 信息精确度较低。上级组织的精神往往由于组织内各级领导者个人理解上的差异,对同一信息赋予各不相同的意义,这就不可避免地会影响信息的精确度。④ 动态信息过少。有的领导者不注意经常把最新的信息告诉下级部门或组织成员,延误组织成员对外部环境和内部变化的理解,表现出来的是组织行动迟缓,缺少应变能力。

2. 自下而上的沟通

这是下级机构或人员按照组织的隶属关系与上级机构或领导者进行的沟通。这种沟通不仅是组织成员向领导、下级向上级反映自己的要求、愿望,提出批评、建议的正常渠道,而且可以对执行上级指令做出回应反馈,使上级了解其信息被接受和执行的程度,为上级修正指令和制定新的决策指令提供资料。

自下而上的沟通一般有两种形式:① 上级向下级征求意见,包括调查,召开座谈会,汇报会,设置意见箱,建立来信来访的接待制度,设立接待日制度,同下级进行一些不拘形式的闲谈等。② 下级主动向上级反映情况,提出意见或建议。领导者对自下而上的沟通要态度谦虚,认真倾听各方面意见或建议,力争从这条渠道中获取尽可能多的真实信息。

自下而上的沟通有时对信息的精确度也有影响,这是因为信息经过层层过滤之后可能扭曲和走样,以至于到达领导者手中已不是正确而又准确的信息了。为此,要特别要求下级部门在自下而上的沟通中坚持实事求是,如实反映情况,不能报喜不报忧,更不能为迎合上级部门的需要而去歪曲事实,做虚假报告。要把这些作为组织纪律明确规定下来。

3. 交叉沟通

交叉沟通包括横向沟通和斜向沟通。

横向沟通是指组织中同级部门或同级领导者之间的沟通。它对于组织的全面协调和合作是十分必要的,是一个组织内经常采取的沟通形式。一个组织内各部门之间,总有或多或少的相互联系和依赖,经过有效的横向沟通之后,能够和谐同步地完成组织目标。横向沟通与上边所讲的两种纵向沟通不同,它不是通过命令、请示,而是通过协商、合作来解决问题。例如,在组织的高层领导中,有主管生产或经营的,也有主管人事或财务的,他们之间必须经常相互沟通以便及时协调,才能有效地完成组织各方面的任务。

斜向沟通是指信息处于不同组织层次的没有隶属关系的人员或单位之间的沟通。斜向沟通的目的与横向沟通基本相似,但能够实现跨部门、跨职能、跨层级的沟通,往往具有更大的难度。一般是在组织有非常规的特别活动时采用,主要用来加速信息流动,促进理解,并为实现组织特定任务而协调各方面的努力和行为。

在实际组织沟通中,这些自上而下、自下而上和横向沟通往往是同时、交叉进行的。因此,当我们考察某个组织沟通的渠道时,应把不同走向的沟通联成一个网络,同时注意它们各自的作用和相互的影响。尽管一些学者认为,交叉沟通会破坏统一指挥,但这种沟通方式现在仍广泛应用于各种组织之内,因为它有助于提高组织效率,往往比正式途径更快地提供和获得信息。例如,当负有职能权限的或有咨询权限的参谋人员同不同部门的业务主管交流就属此类沟通。然而,由于交叉沟通中信息不按指挥系统规定的结构流动,组织必须采取专门的防卫措施以避免问题的发生。

（二）非正式沟通

组织中除了正式沟通之外,还存在着非正式沟通。非正式沟通是指正式组织途径以外的信息沟通方式,它通过个人之间的接触来传播信息。非正式沟通中信息流传速度很快但不准确的信息称为小道消息。小道消息的内容有可能是关于业务的也有可能是关于个人情况的,传播过程往往带有一定的感情色彩,它就像蜿蜒的小道似地在整个组织机构内盘绕着,其分支伸向各个方向,因而缩短了正式的垂直和水平交往的路线。如果组织中存在良好的人际关系,非正式沟通对于促进组织信息更快、更好、更全面地沟通有积极意义。但非正式沟通不受规定程序或形式限制,信息传播迅速,沟通随意性强,信息失真度大等弊端会给组织带来一定程度的负面影响。

非正式沟通一般有单线式、流言式、偶然式和集束式四种方式。单线式是通过一长串的人把信息传递给最终的接受者;流言式是传递者积极主动地寻找和告诉别人信息;偶然式是一个不规则的过程,某 A 在这个过程中随机地把信息传递给别人(如 F、D、J 等),然后 F、D、J 又按同一方式告诉另外一些人;集束式是某 A 把信息告诉经过选择的人,此人又依次把信息转告其他经过选择的人。在组织成员中间,大多数的非正式沟通都是按照这一类型进行的。

非正式沟通的主要功能是传播职工(包括管理和非管理人员)所关心和与他们有关的信息,它取决于职工的社会和个人兴趣及利益,与组织正式的要求无关。与正式沟通相比,非正式沟通有以下几个特点:

（1）非正式沟通信息交流速度较快。由于这些信息与职工的利益相关或者是他们比较感兴趣的问题,再加上没有正式沟通那种程序,信息传播速度大大加快。

（2）非正式沟通的信息比较准确。据有关研究,它的准确率可高达95%。一般来说,非正式沟通中信息的失真主要来源于形式上的不完整,而不是提供无中生有的谣言。

（3）非正式沟通效率较高。正式沟通常常将信息传递给并不需要它们的人,而非正式沟通一般是有选择地、针对个人的兴趣传播信息。所以,这些信息对传播者和接受者产生的影响较大。

（4）非正式沟通可以满足职工的需要。由于非正式沟通不是基于管理者的权威,而是出于职工的愿望和需要,因此,这种沟通常常是积极的、卓有成效的,并且可以满足职工们安全需要、社交需要、尊重需要。

（5）非正式沟通有一定的片面性。非正式沟通中的信息虽然一般比较准确,但有时也会被夸大、曲解,造成失真,因而需要慎重对待。

不管人们怎样看待和评价非正式沟通,它都是客观存在的,并且在组织中扮演着重要的角色。管理人员必须认识到它是一种重要的沟通方式并充分地利用非正式沟通为自己服务。这样,管理人员可以"听"到许多从正式渠道不可能获得的信息,"知道"谁在传播这些信息,谁最喜欢这些信息,管理人员还可以将自己所需要但又不便从正式渠道传递的信息,利用非正式沟通进行联络。

组织的领导者对非正式沟通一定要引起充分的注意。非正式沟通如果运用得好,可以作为正式沟通的补充,有利于密切人们之间的感情,从而有助于完成组织目标。但非正式沟通运用得不好,也会涣散组织,从而给工作带来意想不到的危害。

四、组织的外部沟通

组织的外部沟通是组织同外界的各方面如政府、企业、新闻媒体、消费者、事业体、社会名流等方面发生的人际沟通。组织作为社会中的一个成员,它的运作、目的实现均与外界诸多方面有着千丝万缕的关系,没有诸多方面的配合与支持,组织的成功是不可能的。因此,组织保持与外部诸多方面的良好关系,有时关系到组织的兴衰。所谓组织的关系资源实际,是指组织在与外部诸方面有良好的沟通关系之后产生的对组织发展有利的外部支持力、外部可供借用的资源等。

（一）外部沟通的前提——组织形象

组织形象是指组织在外部公众心目中的印象,即由组织的素养、品德、声誉、行为以及组织的外观等综合叠加而成的图像。组织的形象好会博得外界各方的好感、好的印象,从而为组织与外界各方保持好的正式沟通奠定基础。

组织形象塑造是将组织的经营理念与精神文化,运用统一的整体传达系统,传达给公众,并使其对组织产生一致的认同感与价值观。组织形象塑造包含三个方面的工作:组织理念塑造与识别,组织成员及组织行为规范与识别,组织视觉形象塑造与识别。

组织理念塑造与识别实际包含两个层次内容:塑造组织特有的价值观、理念精神和组织理念的识别。即让公众知道、了解本组织与其他的组织的区别;组织成员和组织行为规范与识别是按照组织的价值理念规范组织成员的行为,并且便于认识此行为的主体一定是某组织或某组织的成员;组织视觉形象塑造与识别是指在组织价值理念下,创设能够刻画组织个性、突出组织价值观与精神的表达符号。组织形象塑造的目的是便于与其他的组织相区别,有助于组织被公众认可,使外部公众对组织产生一致的良好的认同感和好的印象,从而有助于与外部公众的沟通。

（二）外部沟通方式——公共关系

公共关系首先是一种状态。在社会中,一个组织无论是否意识到公共关系,是否从事公共关系活动,它总是与其他组织或个人存在着一定的联系。从这个意义上说,任何组织均处于一个或良好或平衡或紧张的公共关系状态之中。组织若能意识到这种状态的存在并自觉地进行改善公共关系状态的活动,其所形成的则是自觉的公共关系状态,而此时组织的关系资源就得到了拓展。

公共关系也是一种活动。当组织意识到自己的公共关系存在,认识到这种状态及状态的改善对组织的生存与发展相当重要时,就会采取各种措施,有目的地改善组织与外部诸方面的关系。在所能采取的措施中,与外部诸方进行有效、良好的沟通可以说是最重要的措施,或者说一个组织的公共关系改善主要依赖于这个组织与外部各方保持良好的信息沟通。

维持一个组织良好公共关系的对象主要有政府部门、社会团体、社会名流、工商企业、一般民众、新闻媒体等。这些对象由于各自的组织特性不同,它们与本组织沟通的方式与渠道等均不一样,与它们保持良好的关系也有不同的要求。

第三节 沟通的障碍及改善

一、人际沟通的障碍和改善

（一）个体行为对沟通的影响

人际沟通涉及两个或两个以上的人,沟通效果如何与所进行沟通的人之间的态度、个性、情绪和知觉密切相关。

1. 态度

态度是与目标、人或事相联系的评价性陈述。某位员工讲"我喜欢这项工作"

时,它所表达的是他对工作的态度。每个人都会由其价值观、信念、立场和偏好等构成的对某一特定事物的某种特定倾向。这种倾向会影响一个人对他所接触到的人或事物所采取的态度,从而影响他与其他人的沟通。研究表明,人们总是倾向于消除自己态度之间、态度与行为之间的不一致。例如,在上课时,你感兴趣的课,你一般会认真倾听;反之,你有时会心不在焉。人们对于自己感兴趣的东西比较关注,而对自己不喜欢的事物会采取疏远的态度。

2. 个性

每个人都有不同的个性特点,个性是我们来区别一个人的那些心理特征的集合,它是由多种成分构成的一个有机整体。个性的形成受其生理基础、社会、文化、家庭等各方面因素影响。一个人的个性会影响其沟通的方式和效果。例如,自我感觉良好的人常常刚愎自用,无视客观事实和逻辑分析,听不进别人的意见。权力欲比较强的人在与人沟通的过程中所考虑的重点往往是如何制服对方,或者通过沟通渠道,施展技巧去控制与支配对方。

3. 情绪

当人的内心情感和外在的客观事实发生矛盾时,就会产生对结论的困惑。当困惑严重到一定程度时,人就会产生自卫机制;对于事实证明是错误的或不合适、但内心无法接受的事物,竭力寻找一些理由做出"合理化"的解释;或者坚持己见、用发牢骚等方法拒绝接受信息;或者虽然被迫接受信息,但带着情绪,偏激地执行命令。这些行为都会使人对外界的信息接受大打折扣,从而影响沟通的效果。

4. 知觉

知觉是指个体为了表明他对周围环境的认识而组织和表达其感觉、印象的过程。知觉力则表现为个人认识周围客观事物的能力,也就是理解能力。对同一个信息,由于理解力的不同,会产生不同的理解,从而产生不同的行为。例如,公司高层管理人员强调"要千方百计地提高经济效益"时,部分管理人员理解为"要千方百计地多赚钱",因而在生产过程中以次充好、偷工减料,这就是理解上的不一致所导致的差异。

(二)人际沟通的主要障碍

1. 语言问题

语言不通是人们相互之间难以沟通的原因之一。当双方都听不懂对方的语言时,尽管也可以通过手势或其他动作来表达信息,但其效果大打折扣。即使双方使用的是同一语言,有时也会因一词多义或双方理解力的不同而产生误解。

2. 理解问题

由于一个人的知觉过程受多种因素的影响,常使人们对同一事物会有不同的理解。例如,当上司信任你,分配你去从事一项富有挑战性的工作时,你可能误解上司对你原有的工作业绩不满意而重新给你分配工作。事实上,当人们面对某一信息时,是按照自己的价值观、兴趣、爱好来选择、组织和理解这一信息含义的,一旦理解不一致,信息沟通就会受阻。

3. 信息含糊或混乱

信息含糊主要是指信息发送者没有准确地表达清楚所要传递的信息,以至于接受者难以正确理解。这可能与发送者的表达能力有关,也可能是由于受时间等的限制,而未能很好地表达清楚。

信息混乱则是指对同一事物有多种不同的信息。例如,令出多门、多个部门发出的信息相互矛盾;朝令夕改、言行不一等都会使信息接受者不知所措、无所适从。

4. 环境干扰

环境干扰是导致人际沟通受阻的重要原因之一。嘈杂的环境会使信息接受者难以全面、准确地接受(听清或记住)信息发送者所发出的信息。诸如交谈时相互之间的距离、所处的场合、当时的情绪、电话等传送媒介的质量等都会对信息的传递产生影响。环境的干扰往往造成信息在传递途中的损失和遗漏,甚至歪曲变形,从而造成错误的或不完整的信息传递。

(三) 改善人际沟通的方法

1. 要有勇气开口

作为信息发送者,首先是要有勇气开口。只有当你把心里想的表达出来时,才有可能与他人沟通。人与人之间存在很多矛盾的一个主要原因,就是当事人都只在自己心里想,没有勇气把自己的想法说出来,从而导致了很多的误解。

2. 态度诚恳

人是有情感的,在沟通中,当事者相互之间所采取的态度对于沟通的效果有很大的影响。只有当双方坦诚相待时,才能消除彼此间的隔阂,从而求得对方的合作。

3. 提高自己的表达能力

对于信息发送者来说,要力求准确地表达自己的意思。为此要了解信息接受者的文化水平、经验和接受能力,根据对方的具体情况来确定自己表达的方式和用词等;必要时可借助于手势、动作、表情等来帮助思想和感情上的沟通,以加深对方的理解。

4. 注意选择合适的时机

由于所处的环境、气氛会影响沟通的效果,所以信息交流要选择合适的时机。对于重要的信息,在办公室等正规的地方进行交谈,有助于双方集中注意力,从而提高沟通效果;而对于思想上或感情方面的沟通,则适宜于比较随便、独处的场合下进行,这样便于双方消除隔阂。当双方情绪对立时,可等双方情绪都比较冷静时进行沟通。

5. 注意双向沟通

由于信息接受者容易从自己的角度来理解信息而导致误解，因此信息发送者要注重反馈，提倡双向沟通，请信息接受者重述所获得的信息，或表达他们对信息的理解，从而检查信息传递的准确程度和偏差所在。为此，信息发送者要善于体察别人，鼓励他人表达自己的想法，注意倾听反馈的意见。

6. 积极地进行劝说

为了使对方接受信息，并按发送者的意图行动，信息发送者常有必要进行积极的劝说，从对方的立场上加以开导，有时还需通过反复的交谈来协商，甚至采取一些必要的让步和迂回。为此在交谈中要控制自己的情绪，不要采取高压的方法，而导致对方的对抗；交谈时间要充分，以免过于匆忙而无法完整地表达意思；耐心地聆听对方的述说，不拒绝对方任何有益的建议、意见和提问。

二、组织沟通的障碍和改善

（一）组织有效沟通的障碍

组织沟通是企业最为常见的管理行为。从其行为构成要素来看，它包括沟通背景、沟通发起者、沟通编译码、沟通渠道、沟通干扰、沟通接受者和沟通反馈。上述诸要素的科学合理配置、选择与否对组织沟通的效果都有着直接的影响。组织文化和领导作风等不同程度地左右着组织成员的行为方式，它们间接地影响着组织的沟通。根据一项研究，约有 80％的主管人员认为沟通中的问题是造成他们工作困难的原因。事实上，表现在沟通上的问题往往是一些隐藏得更深的问题的征兆。如：计划不善使员工不明确组织的活动方向；组织文化不适使各种组织关系难以顺畅；评价工作成绩的标准含糊不清使主管者不能确知组织对他们究竟期望做些什么；等等。所以，一个敏锐的主管人员在沟通出现问题之后，首先要寻找其原因，而不是急于采取措施。

1. 组织文化对组织沟通的影响

任何组织的沟通总是在一定背景下进行的，受到组织文化类型的影响。组织的行为文化直接决定着员工的行为特征、沟通方式、沟通风格，而组织的物质文化则决定着组织的沟通技术状况、沟通媒介和沟通渠道。

2. "领导者作风"对组织沟通的影响

"领导者作风"也是影响组织沟通的重要因素。社会心理学家勒温曾把领导者在领导过程中表现出来的极端工作作风分为三种类型：专制作风、民主作风和放任自流作风。三种不同的领导作风对于组织沟通效果的影响是大不相同的。专制作风的领导者实行的是个人独裁领导，把权利完全集中于自己手中,他个人独断设计工作中的一切,却很少与组织成员进行沟通,更谈不上向组织成员征求决策意见。所以,这种领导作风表面上看来虽然是一种极为严格的管理,但无法顾及组织成员的精神与情感需求。因而,组织内部弥漫着消极态度和对抗情绪。从长远看,这种领导作风必将有害于组织的发展与成长。民主作风的领导则会把部分权力授予组织成员,并积极提倡组织成员之间相互交流并商讨组织事务与决策。同时,还关心他人,尊重他人,鼓励组织成员提出新意见、好想法,最终达成良好的沟通氛围,以至于在最大程度上调动了组织成员的积极性。而放任自流作风的领导虽也积极倡导组织内部的良好沟通,但缺乏科学的管理,从而使得组织整体工作效率低下,甚至不能有效地完成组织目标。

可见,影响组织沟通的因素是方方面面的。无论是沟通行为本身的流程要素,还是组织的领导行为风格或组织文化,都直接对组织沟通产生重要影响。

(二)组织沟通的改善

许多组织在沟通方面确实存在问题。一些组织内部沟通渠道单一,缺乏灵活性,信息传递进程缓慢,严重影响了沟通的效率,而另一些组织虽沟通渠道较为完善,但信息沟通反馈机制不健全,内部的沟通发起者根本无从了解信息的传递进程和决策的执行程度。更有一些组织的沟通者缺乏一定的沟通技能造成沟通障碍。针对这些实际情况,要有效改善组织沟通,应从以下几方面入手。

1. 重视沟通者自身沟通技能的提高

提高沟通者自身的沟通技能是改善组织沟通的根本途径。因为沟通者自身就是组织沟通的行为主体,他们的文化水平、专业背景、语言表达能力和组织角色认识等因素直接影响(制约)沟通的进行。所以,组织应该注重以下几点:① 调整沟通心态。"开诚布公"、"推心置腹"、"设身处地"是良好的沟通心态。现代组织的沟通者不仅要做好组织运作的程序化信息沟通,同时也应重视组织成员之间的心灵沟通。② 学会倾听。倾听能激发对方的谈话欲,促发更深层次的沟通。另外,只有善于倾听,深入探测到对方的心理以及他的语言逻辑思维,才能更好地与之交流,从而达到沟通的目的。所以,一名善于沟通的组织者必定是一位善于倾听的行动者。③ 注重非语言信息。非语言信息往往比语言信息更能打动人。因此,信息发送者必须确保发出的非语言信息起强化语言的作用,信息接收者要密切注视对方的非语言提示,从而全面理解对方的思想、情感。

2. 根据组织发展需求有目的地健全组织的沟通渠道

作为一个组织,要充分考虑组织的行业特点和人员心理结构,利用正式沟通渠道和非正式沟通渠道的优点,设计一套包含正式沟通和非正式沟通的沟通通道,以使组织内各种需求的沟通都能够准确及时而有效地实现。定期的领导见面就是一种很好的正式沟通渠道。不定期的群众座谈会则是在管理者觉得有必要获得第一手的关于员工真实思想、情感时而又担心通过中间渠道会使信息失真而采取的一种领导与员工直接沟通的方法。近年来,一些组织采用的郊游、联谊会、聚会等形式未尝不是非正式沟通的良好方式。这些渠道既能充分发挥非正式沟通的优点,又因它们都属于一种有计划、有组织的活动而能够易于被组织的领导者控制,从而大大减少了信息失真和扭曲的可能性。随着科学技术的进步,电子网络技术也已被引入组织的沟通领域。这正是组织沟通领域的变革和飞跃。电子网络因其快速、准确的特点,极大地提高了组织沟通的效率。另外,网络也因其"虚拟性"的特点,为非正式沟通提供了良好的沟通平台。

3. 应注重组织沟通反馈机制的建立

反馈机制的建立首先应从信息发送者入手。信息发送者在传递信息后应该通过提问以及鼓励接收者积极反馈来取得反馈信息。另外,信息传送者也应仔细观察对方的反应或行动以间接获取反馈信息。反馈可以是有意的,也可以是无意的。信息接受者不自觉流露出的震惊、兴奋等表情,都是反馈信息的重要组成部分。作为信息接受者,在沟通反馈中实际上处于主体地位。信息接受者往往会因为信息发送者(通常是上级管理者)的权力威慑,而不能客观准确地做出信息反馈。这就需要接受者端正沟通心态,以实事求是的态度对待信息沟通尤其是信息反馈。信息发送者也应积极接受接收者的反馈信息,使得组织沟通成为真正意义上的双向沟通。

4. 注重组织沟通环境的改善

组织中和谐的人际关系是优化沟通环境的前提。平时组织领导者可以多开展一些群体活动(球赛、观看演出、聚餐等),鼓励工作中员工之间的相互交流、协作,强化组织成员的团队协作意识。这些措施一定程度上都能起到促进人际关系和谐的作用。另外,组织成员之间也应相互尊重差异,促进相互理解,在此前提下的人际沟通也将会更有效地改善人际关系。组织中民主的文化氛围和科学的领导者作风是良好的沟通环境的核心要素。组织者应致力于营造一种民主的组织氛围,组织领导者也应适当地改善自己领导风格和水平。

组织沟通者应根据具体的沟通需求来选择恰当的沟通方式。如果沟通者需要传达某项执行决议或上层决策时,最好选择比较正式的场所,以增强信息的传递和执行效果。而沟通者若要与组织成员协商、讨论某个难以达成共识的问题,或交流私人感情时,最好选择气氛比较轻松的环境和场所。这样便于沟通的顺利进行,同时也可以有效地避免沟通僵局的形成。

第四节　组织冲突与管理

一、认识组织冲突

冲突是一个行为主体为谋求自身利益而与其他行为主体之间的对立、对抗和斗争。它普遍存在于社会关系的各个领域，是人类社会关系的一个组成部分。组织冲突(organizational conflict)是指组织内部成员之间、不同部门之间、个人与组织之间由于在工作方式、利益、性格、文化价值观等方面的不一致性所导致的彼此抵触、争执甚至攻击行为。

对于组织冲突有着三种不同观点。第一种观点认为，冲突本身意味着组织内部的机能失调，冲突会给组织带来消极影响，危害组织健康发展，因此，应当尽量避免冲突。我们称这种观点为冲突的传统观点。第二种观点认为，冲突是任何组织不可避免的产物，冲突不可能被消除，有时甚至会为组织带来好处，因此，应当接纳冲突。我们称这种观点为冲突的人际关系观点。第三种观点认为，冲突是组织发展的内在动力，管理者应当维持组织适度的冲突水平，保持组织旺盛的生命力。我们称这种观点为冲突的相互作用观点。概括地说，传统观点排斥冲突，人际关系观点接纳冲突，而相互作用观点则利用冲突。

组织中的冲突水平与组织绩效有着重要的关系，图 10-3 表示了组织冲突和组织绩效之间的关系。在 A 点，几乎没有冲突，组织的绩效也很低。组织缺乏冲突往往表明管理者压制新观点，组织对环境变化反应迟钝，强调统一，不愿变革等。冲突水平从 A 点升高到 B 点，组织的绩效随之提高。当组织中存在合适的冲突水平时(图中的 B 点)，管理者可能比较开放，想方设法努力改进组织的功能和效果，鼓励争论以求获得有效决策。当冲突水平从 B 点继续增

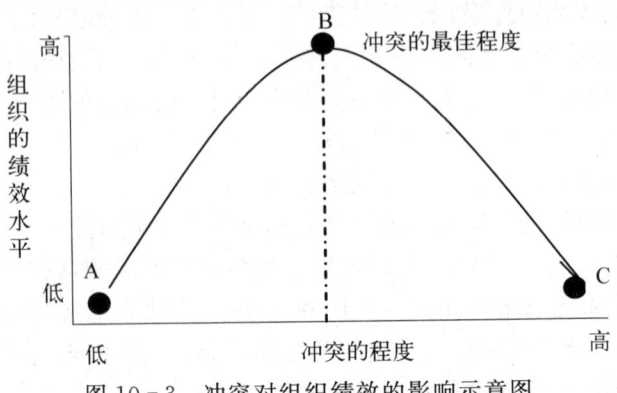

图 10-3　冲突对组织绩效的影响示意图

加到 C 点时,组织的绩效再次下降。这时过度的冲突导致组织功能失调,管理者可能更关心如何在政治斗争中获胜,原则将成为利益的筹码,管理者可能会通过损失效率来达到他们自己的目的。对于组织而言,冲突需要适度地控制和利用。管理者无法解决所有的冲突,但应当努力将冲突保持在一个适当的水平。

按照给组织造成后果的不同,冲突分为建设性冲突和破坏性冲突两种类型。建设性冲突可以使组织中存在的不良功能和问题充分暴露出来,防止事态进一步演化。同时,可以促进不同意见的交流和对自身弱点的检讨,有利于促进良性竞争。破坏性冲突是指由于认识上的不一致、组织资源和利益分配方面的矛盾,导致员工发生相互抵触、争执甚至攻击等行为。破坏性冲突能够造成组织资源极大的浪费和破坏,这种内耗会影响员工的工作热情,严重降低组织的凝聚力,从根本上妨碍组织任务的顺利完成,导致组织效率下降,并最终影响到组织发展。

不同的环境、不同的层次水平存在不同类型的冲突,如个体内部的心理冲突、组织内个人之间的冲突、不同部门之间的冲突等。其中以组织内的非正式组织与正式组织之间、直线与参谋之间以及团队内部的冲突最为典型。

（一）角色冲突

由于正式组织与非正式组织之间成员是交叉混合的,非正式组织的存在必然要对正式组织的活动产生影响。当非正式组织的目标与正式组织相冲突,则可能对正式组织的工作产生负面影响。特别是在强调竞争的情况下,非正式组织可能会认为这种竞争会导致成员间的不合,从而抵制这些竞争。

（二）权力冲突

组织中的管理人员一般是以直线主管或参谋这两类不同身份出现的。直线关系是一种指挥和命令的关系,具有决策和行动的权力,而参谋关系则是一种服务和协调的关系,具有思考、筹划和建议的权力。实践中,保证命令的统一性往往会忽视参谋作用的发挥,参谋作用发挥失当,又会破坏统一指挥的原则。这就使直线人员和参谋人员有可能相互指责、互相推诿责任。

（三）目标冲突

团队是一种组织工作的形式,它起到了汇聚各种信息、加强人员交流、协调部门关系等重要作用。在团队中,每个成员都有发言的权力,而这些成员既有个人的行为目标,也会代表不同集团和部门的利益。在资源有限、利益目标又很难取得一致的情况下,团队成员之间就容易产生矛盾和冲突。冲突会影响团队的统一行动,导致组织效率的下降。

二、冲突的管理

(一)个人冲突管理策略

1. 分析冲突原因

许多冲突是因为缺少有效的沟通或相互误解而引起的。管理者可以通过增加人们对冲突原因的认识而有效地解决冲突。如：风险厌恶型的员工可能会抱怨那些风险偏好者的行为不可理喻，而喜欢冒险的人则抱怨他们古板的同伴不思进取。当大家知道他们的冲突只是因为基本的理解方式不同时，他们可以采取合作的态度修改各自的方案。

2. 了解冲突当事人

处理冲突问题、花时间仔细了解当事人是十分重要的。什么人卷入了冲突？冲突双方的兴趣和利益在哪里？各自的价值观、人格特点以及资源因素如何？如果能够看清楚这些问题，并且能够站在双方的立场上秉公处理，则成功的可能性就会大大提高。

3. 选择自己的立场

根据冲突的不同情况，管理者可以选择回避、迁就、强制、妥协和合作等五种方法来进行处理。

(1) 回避(avoidance)，即采取无视或者漠视的态度从冲突中抽身而出或者置身于冲突之外，等待时机成熟时再对冲突进行处理。当冲突双方情绪激动需要时间恢复平静，或者处理冲突带来的潜在危害超过冲突解决后获得的利益时，这一策略十分有效。

(2) 迁就(accommodation)，指一方放弃自己的利益来满足另一方的需要以维持双方关系的方法。当争端的问题不太重要，或者需要为以后的工作树立信誉时，选择这种方法很有价值。

(3) 强制(forcing)，指通过行政的压力迫使一方或双方让步，以满足组织需要的做法。这是一种管理者利用职权解决争端的做法，当需要对重大事件迅速做出决断，或者处理冲突的方式别人赞同与否并不重要时，这种方式会取得很好的效果。

(4) 妥协(compromise)，即要求双方都做出一定的让步。当冲突双方势均力敌，或时间要求过紧，以及希望一项复杂的问题得以简化解决时，这是一项很好的权宜之计。

(5) 合作(collaboration)，即冲突双方通过认真分析，深入沟通，最后重新选择了双方都能够满意的方案，这是一种双赢的冲突解决方式。当问题非常重要不可能妥协折中，或者没有什么时间压力，双方都能很理性地看待问题时，合作是最佳策略。

（二）组织冲突管理策略

冲突能反映组织的结构或文化中存在的问题。管理者可以通过变革的方法来有效地解决冲突。

1. 强化信息交流

组织内部公共关系最重要的形式是双向信息交流，其主要内容就是组织领导层与广大员工的沟通。它是搞好组织内部的公共关系的首要前提。据美国民意调查公司的一项调查，只有1%的员工认为公司的事与己无关，而99%的员工都渴望知道公司的最新动态，希望了解公司内情。员工是企业的一分子，如果对企业的情况不了解，特别是对与员工切身利益相关的动态毫无所知或一知半解，便会产生猜疑、烦恼、恐惧、对抗的心理或行为。如果在组织内部能做到信息共享，员工了解组织目标，明确努力方向，同时也知晓组织面临的问题，使员工感到自己是组织的主人，员工会积极参与组织的活动，与组织共渡难关。

2. 优化人群关系

员工是组织的基础。组织的管理者无论多么卓越，如果他离开了支持组织成功的基础也将一事无成。因此，组织应肯定员工的人生价值，建立他们的主人翁意识，从而激发他们的工作热情和主动性、创造性；发动全体员工参与管理，使员工产生归属感，加强组织的向心力；与员工利益共享，使员工成为组织的一部分，做到治人先治心。

3. 满足职工需要

内部公共工作包含着对员工的尊重。在内部公关过程中，必须倾听员工的心声，解决员工的困难，关心职工疾苦。每一位员工都有其生活的环境，关心员工的生活条件，满足他们的迫切需要，解决他们遇到的各种困难，可使员工们解除后顾之忧，感到组织的温暖，一心一意扑在工作上，并在对组织的感激中忘我地工作。

4. 丰富职工文化生活

人的需求是多方面的，组织的员工也不例外。为使组织内部的公共关系赢得更多的支持，并获得较好的效果，组织应时常满足职工文化生活方面的需求，通过举办多种活动，使其业余时间过得丰富、充实，始终保持旺盛的精力，更好地投入生产、工作，为主体目标的实现服务。

知 识 测 试

一、概念辨析

沟通　正式沟通　非正式沟通　组织冲突

二、即问即答

1. 人际沟通对于组织而言有何重要作用?

2. 非正式沟通好不好? 哪些方面好,哪些方面不好?

3. 沟通过程中可能发生哪些障碍? 如何克服?

4. 为什么太少的冲突和太多的冲突都对组织不利?

5. 组织的管理者应如何管理冲突?

6. 列举组织沟通的不同类型,并简述它们各自的特点和适用性。

技 能 训 练

『训练目标』

◇ 理解沟通的真正含义及其在管理中的重要性

◇ 训练有效沟通的实用方法与技巧

◇ 学会如何应用有效的沟通理念与方法顺利进行组织沟通

一、管理定律应用

沟通的位差效应

美国加利福尼亚州立大学的学者们对企业内部沟通进行研究后得出的重要成果。他们发现,来自领导层的信息只有20%～25%被下级知道并正确理解,而从下到上反馈的信息则不超过10%,平行交流的效率则可达到90%以上。进一步的研究发现,平行交流的效率之所以如此之高,是因为平行交流是一种以平等为基础的交流。为试验平等交流在企业内部实施的可行性,他们试着在整个企业内部建立一种平等沟通的机制。结果发现,与建立这种机制前相比,在企业内建立平等的沟通渠道,可以大大增加领导者与下属之间的协调沟通能力,使他们在价值观、道德观、经营哲学等方面很快地达成一致;可以使上下级之间、各个部门之间的信息形成较为对称的流动,业务流、信息流、制度流也更为通畅,信息在执行过程中发生变形的情况也会大大减少。

[举例]　　　　　　沃尔玛的门户开放政策

沃尔玛公司一再强调倾听基层员工意见的重要性,即使现在公司规模不断扩大也是如此。在公司内,沃尔玛实行门户开放政策,即任何时间、地点,任何员工都有机会发言,都可以口头或书面形式与管理人员乃至总裁进行沟通,提出自己的建议和关心的事情,包括投诉受到不公平的待遇。公司保证提供机会讨论员工们的意见,对于可行的建议,公司会积极采纳并用来管理公司。在沃尔玛公司,经常有一些各地的基层员工来到总部要求见董事长。董事长沃尔顿先生总是耐心地接待他们,并做到将他们要说的话听完。如果员工是正确的,他就会认真地解决有关的问题。他要求公司每一位经理人员认真贯彻公司的这一思想,而不要只做表面文章。沃尔玛重视对员工的精神鼓励,总部和各个商店的橱窗中,都悬挂着先进员工的照片。公司还对特别优秀的管理人员,授予"山姆·沃尔顿企业家"的称号。

[点评]　平等交流是企业有效沟通的保证。

二、管理案例分析

美国老板与希腊员工的沟通案例

请阅读下面的一段对话:

美国老板:完成这份报告要花费多少时间?

希腊员工:我不知道完成这份报告需要多少时间。

美国老板:你是最有资格提出时间期限的人。

希腊员工:10天吧。

美国老板:你同意在15天内完成这份报告吗?

希腊员工:没有做声。(认为是命令)

15天过后。

美国老板:你的报告呢?

希腊员工:明天完成。(实际上需要30天才能完成)

美国老板:你可是同意今天完成报告的。

第二天,希腊员工递交了辞职书。

[分析问题]　请从沟通的角度分析美国老板和希腊员工对话,说明希腊员工辞职的原因并提出建议。

[分析思路]

1. 在人与人的沟通过程中,有一定的特殊性,即由于人们的政治观点、经济地位、年龄、经历、宗教、习惯等的不同,在沟通过程中,对同样的事情或谈话会有不同的解释和归因。

2. 要认识和掌握在沟通过程中个体差异及其影响,从而保证沟通的有效性。如我们通常所说的移情作用、设身处地等就是有效沟通的手段。

[实施建议]

1. 教师讲授后小组讨论、小组代表进行角色扮演。

2. 参与者谈体验感受。

3. 创造自然、快乐的学习环境,活跃气氛,打破僵局,加速学员之间的了解。

三、管理技能训练

[训练项目]　理解沟通。

[训练内容]　了解公司的不同的角色的情境,认识管理中要素。3名学生扮演工人一起被蒙住双眼,带到一个陌生的地方。有2名学员扮演经理。1名学员

扮演总裁。工人可以讲话，但什么也看不见；经理可以看，可以行动，但不能讲话；总裁能看，能讲话，也能指挥行动，但却被许多无关紧要的琐事缠住，无法脱身（他要在规定时间内做许多与目标不相关的事），所有的角色需要共同努力，才能完成游戏的最终目标，即把工人转移到安全的地方上去。

体会：游戏结束以后，体会游戏的意义——企业上下级的沟通是重要的！

[**训练要领**]

1. 准备：不同角色的说明书以及任务说明书。

2. 注意：任务说明书可以由培训师根据情况设计，关键是游戏中总经理要有许多琐事缠身。

3. 启发：游戏完全根据企业现实状况而设计，总裁并不能指挥一切，他只能通过经理来实现企业正常运转；经理的作用更是重要，他要上传下达；而工人最需要的是理解和沟通。这个游戏让学员深刻地认识到，以后在工作中遇到问题，一定要以"角色转换"的心态来对待。

第五部分
控制与创新

第十一章 控 制

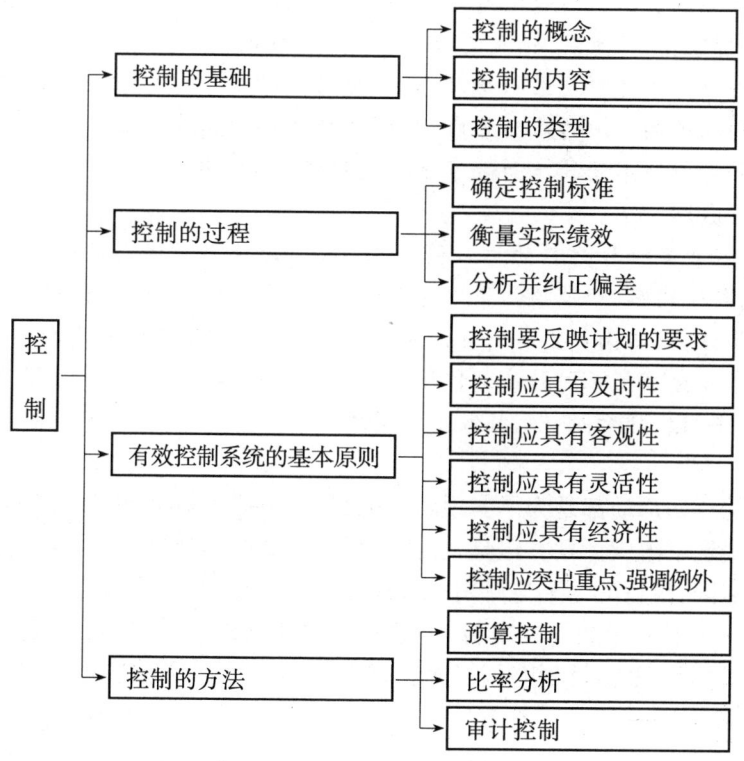

☆ 理解控制的概念

☆ 了解控制的必要性

☆ 掌握控制的种类和过程

☆ 了解有效控制系统的基本原则

【引导案例】　　　　　　　俏江南的内部控制

俏江南餐饮集团于 2000 年在北京开张第一家中餐店,之后 10 年间在中国八大城市建立了 40 多家分店,基本上每隔 3 个月就会有 1 家俏江南分店开张。2009年金融危机,在大多数企业亏损的大背景下,俏江南集团却保持了 10% 的盈利增长。俏江南餐饮成功的秘诀在于,通过这一系列的控制活动应对企业内部的风险。

中餐做连锁最难的问题就是"标准化",如果无法突破这一瓶颈则很难做大做强。对于"标准化"的做法,俏江南给出了一个独特的见解。俏江南的一位经理说,我们的标准化并不是形式上的标准,我们更注重的是管控标准化。俏江南打破了以往国外快餐连锁统一的店面装修,高薪聘请了英国鬼才设计师菲利普和丹麦新锐设计师约翰针对不同的店面做了不同的风格设计,顾客到不同的分店都能感受到不同的气氛和细节。

但是,在食品和原材料的供应使用上,俏江南采用了严格的标准化操作。比如,鱼香肉丝的用料,必须精细到后臀尖肉 3 两,油 1.5 两,盐 0.3 克等;又比如,肘子的各种做法,俏江南都要事先选用大小一致的肘子,在中央厨房统一蒸或炖,然后再运往各个分店由正厨淋汁制作成品。这些统一标准的管理最大限度地保证了不同分店、不同厨师对同一菜品做出相同的口味。

组织的一切活动都是为了实现组织的目标,组织目标决定了组织的发展方向,并进一步决定了组织计划。但是,任何组织在计划的实施过程中,实际执行情况与计划安排之间、执行的结果与计划的目标之间,难免存在一些偏差。此时就需要运用管理的一项重要职能——控制,通过控制职能来纠正偏差,保证组织目标的实现。离开了控制职能,计划有可能无法完成,目标有可能无法实现。

第一节　控　制　的　基　础

一、控制的概念

(一) 控制的定义

"控制"一词在不同的场合下有着不同的内涵。作为管理工作的基本职能之一,控制是监督、检查工作是否按既定的计划、标准和方法进行,发现偏差,分析原因,进行纠正,以保证组织目标实现的过程。控制概念包括以下含义:

（1）控制的目的是保证组织中的各项活动按既定的计划或标准进行,控制具有很强的目的性,控制与计划密不可分。

（2）控制是通过"监督"和"纠偏"来实现的,这就要求控制系统具有良好的信息系统,一方面可以预警,另一方面可以发现"偏差"产生的原因。

（3）控制是一个过程,是实现事物有目的变化的活动。

（二）控制的必要性

无论计划制订得如何周密,由于各种各样的原因,人们在执行计划的活动中总是会或多或少地出现偏差,使控制成为管理过程不可分割的一部分。

1. 适应环境变化的需要

组织的目标和计划都是以对未来一定时期的预测为基础的,是组织对未来努力方向和行动步骤的描述。如果组织处于静态环境中,其实际活动就能按照计划进行,无需进行控制。但由于环境是不断变化的,为使组织的目标和计划能够适应变化了的环境,就有必要建立控制系统,帮助管理人员及时调整目标和计划,并采取措施控制组织的活动。

2. 组织实行分权管理的需要

随着社会生产力的不断发展,各类组织的规模和内部结构日趋庞大、复杂。为了保证每一项具体活动或工作顺利进行,组织就必须实行分权管理,并通过绩效评价和有针对性的措施来保证员工尽职尽责。离开了一定形式的控制,分权将无法进行。分权的程度越高,控制就越有必要。

3. 避免工作失误的需要

即使计划制订得很周密,由于各种各样的原因,人们在执行计划的过程中,不可避免地会出现一些失误。某个环节产生的偏离计划的误差,可能会对整个组织造成冲击。因此,管理人员必须依靠控制系统,及时发现并纠正这些误差,避免因这些失误而给组织造成的损失。

二、控制的内容

控制的内容也就是控制的对象。美国著名管理学家斯蒂芬·罗宾斯将控制的内容归纳为组织对人员、财务、作业、信息和组织绩效等五个方面的控制。

（一）对人员的控制

为了有效实现组织的目标,管理者需要而且必须依靠员工,员工应该按照组织计划完成本职工作。为了做到这一点,就必须对人员进行控制。一种常用的人员控制的方法是直接巡视,即管理者直接观察员工的工作,发现问题马上纠正。另一种有效的方法是对员工进行系统化的评估,根据评估结果对员工进行分类管理:对绩效好的员工予以奖励,使其维持或加强良好表现;对绩效差或达不到标准的员工,管理者应该及时采取措施纠正出现的偏差,并根据偏差的程度予以不同的处分。

(二)对财务的控制

无论是营利性组织还是非营利性组织,为了维持其正常运转,必须要进行财务控制。对企业组织而言,财务控制主要包括审核各期的财务报表、计算和分析各项财务指标,以保证合理的现金流量、适当的资产负债率,保证各项资产都得到有效的利用,保证各项费用开支的合理使用等。预算是最常用的财务控制方法之一,管理者能够依据预算,分析标准与实际开支之间的偏差,并及时加以纠正。

(三)对作业的控制

在企业组织中,作业是指从劳动力、原辅材料等资源到最终产品和服务的转换过程。作业控制就是通过对作业过程的控制,来评价并提高作业的效率和效果,从而提高组织提供的产品和服务的质量。企业组织中的作业控制主要表现在供、产、销三个方面。典型的作业控制有采购控制、生产控制、质量控制和库存控制等。

(四)对信息的控制

在信息社会中,组织可以通过对信息的控制,有效发挥管理的各项职能,来实现组织的目标。但在目前信息传输方式、渠道不断发展、变革的情况下,大量不精确、不完整、不及时的信息会大大降低组织效率。因此,在企业组织中,有必要建立一个管理信息系统,其任务就是及时地为管理者提供充分、可靠的信息。

(五)对组织绩效的控制

组织绩效的优劣直接关系其生存与发展,因此,无论是组织内部的各层次管理者和员工,还是组织外部的人员和组织,如供应商、债权人、潜在的投资者、潜在的雇员、政府部门等都十分关注组织的绩效。要有效控制组织绩效,关键是要对组织的绩效进行科学的评价。一个组织的绩效很难用一个指标来衡量,产量、利润、市场占有率、员工福利、组织的成长性、管理水平等都可能成为衡量指标。组织可以根据其目标取向,设置相应的标准来衡量组织绩效。

三、控制的类型

管理控制从不同的角度、按照不同的标准可以划分为许多类型。例如,按照控制对象不同,可分为生产控制、质量控制、成本控制和资金控制等;按照控制对象的全面性,可分为局部控制和全面控制;按照控制手段不同,可分为直接控制和间接控制。下面我们重点介绍的控制类型,是按照时机、对象和目的的不同来划分的,可分为预先控制、过程控制和事后控制。三者的关系如图 11-1 所示。

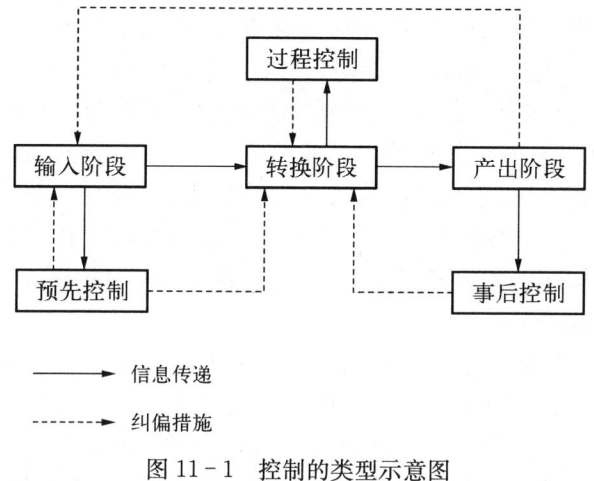

图 11-1 控制的类型示意图

（一）预先控制

预先控制也称"事前控制"或"前馈控制"，是在企业生产经营活动开始之前进行的控制，其目的是防止问题的发生，而不是当问题出现后再补救。如在企业中，制定一系列规章制度让员工遵守，以保证工作的顺利进行；为了生产出高质量的产品，对购入的设备、零部件、原材料进行检查、验收。

预先控制以投入组织的人力、物力、财力、信息、时间、技术等各种资源为对象。它可以防止组织使用不合理的资源，保证组织投入的资源在数量上和质量上达到预定的标准，在整个活动开始之前剔除那些在事物发展进程中难以挽回的先天缺陷。预先控制以未来为导向，在工作开始之前对工作中可能产生的偏差进行预测和估计，采取防范措施，以便在实际偏差产生之前，管理人员就能运用各种手段对可能产生的偏差进行纠正，将工作中的偏差在产生之前就得以消除。

预先控制有许多优点。首先，预先控制是在工作开始之前进行的控制，因而可防患于未然，避免事后控制对于已铸成的差错无能为力的弊端。其次，预先控制是针对某项计划行动所依赖的条件进行的控制，不针对具体人员，不会造成心理冲突，易于被员工接受并付诸实施。但是，实施预先控制的前提条件也比较多。它要求管理人员拥有大量准确、可靠的信息，对计划行动过程有清楚的了解，懂得计划行动本身的客观规律，并要随着行动的进展及时了解新情况和新问题，否则就无法实施预先控制。因此，在管理实践中，不能完全依赖预先控制，还必须依靠其他两类控制方式。

（二）过程控制

过程控制也称"事中控制"、"现场控制"、"同步控制"，是在企业生产或经营过程开始以后，对活动中的人和事进行指导和监督，以便管理人员在问题出现时及时采取纠偏措施。比如,在企业生产作业过程中,对生产进度、原材料的采购和库存数量进行的控制。这类控制方法主要被基层管理人员采用。

过程控制的职能是对正在进行的活动给予指导和监督,以保证活动按规定的政策、程序和方法顺利进行。指导是管理人员针对工作中出现的问题,根据自己的经验指导下属改进工作,或与下属共同商讨纠正偏差的措施,以便下属能正确地完成规定的任务。监督是按照预定的标准检查正在进行的工作,使管理人员及时发现下属在活动中与计划相偏离的现象,将问题消灭在萌芽状态,或避免已产生的问题对企业不利影响的扩散。

最常见的过程控制手段是管理人员亲临现场,监督、指导下属人员的活动。它包括的内容有:向下级指示恰当的工作方法和工作过程;监督下级的工作以保证计划目标的实现;发现不符合标准的偏差时,立即采取纠正措施。一般而言,过程控制的内容应该与被控制对象的工作特点相适应,对于简单劳动或标准化程度很高的工作,采取严厉的监督可以产生好的结果;对于创造性的劳动,控制则应转向创造出良好的工作环境,这样的效果会更好些。

过程控制具有指导职能,有助于提高工作人员的工作能力和自我控制能力。但是,过程控制的应用范围较窄,且运用这种控制方法容易受管理人员的时间、精力、业务水平的制约,因此,只能应用于那些问题易以辨别、成果便于衡量的重要工作上。另外,过程控制容易在控制者与被控制者之间形成心理上的对立,容易损害被控制者的工作积极性和主动性。

(三)事后控制

事后控制也称"成果控制"、"反馈控制",是指在一个时期的生产经营活动已经结束后,对本期的资源利用情况及其结果进行总结。如企业对不合格产品进行修复,发现产品销路不畅采取减产、转产或努力促销等措施。事后控制是控制工作最传统也是最主要的方式。

事后控制把注意力主要集中于工作结果上,通过对工作结果进行计量、比较和分析,采取措施,矫正今后的行动。事后控制主要包括财务分析、成本分析、质量分析等内容。财务分析的目的是通过分析企业的盈利能力、偿债能力、营运能力及投资能力,了解本期资金占用和利用情况,以指导企业在下期生产经营活动中调整产品结构和生产方向。成本分析是通过比较标准成本和实际成本,了解成本计划完成情况,分析各成本影响因素,找出降低成本、提高经济效益的潜力。质量分析是通过研究质量控制系统收集的统计数据,判断企业产品的质量水平,找出企业质量工作的薄弱环节,为进行下一期生产过程中的质量管理提供依据。

事后控制的最大弊端是在采取纠正措施之前,活动中出现的偏差已在系统内造成无法补偿的损失。另外,由于从发现偏差到纠正偏差之间存在一定的时滞,因此,无法对最新情况做出应对。但是在实践中,许多情况下事后控制又是唯一可选择的控制类型。事后控制能为管理人员评价计划的制订与执行提供有用的信息。人们可以借助事后控制认识组织活动的特点及其规律,为进一步实施预先控制和过程控制创造条件,实现控制工作的良性循环,并在不断循环规程中提高控制效果。

通过对上述三种控制类型的介绍和比较,可以得出如下结论:每一种控制类型各有优缺点,三者互为前提、互相补充。在实际工作中,不能只依赖某一种控制类型,必须根据实际情况综合使用这三种控制类型,才能使组织的控制系统更有效。

第二节 控 制 的 过 程

尽管控制的类型多种多样,但控制工作的基本过程是相同的。控制的过程一般可以分为三个阶段:确定控制标准、衡量实际绩效、分析并纠正偏差。

一、确定控制标准

由于计划是进行控制的依据,理论上,控制过程的第一步应当是制订计划。但是计划内容详尽,环节复杂,管理人员很难控制其中的每个细节,因而有必要建立一套科学的控制标准。

控制标准是人们检查和衡量工作及其结果的规范。控制标准来自计划,但不完全等于计划。通常,人们在一个完整的计划中选出众多关键点,把处于关键点上的工作预期成果作为控制标准。根据标准,管理人员可以获得工作进行得如何的信号,却不需要在实施计划过程中对每一个步骤都亲自过问。

控制标准体系是指围绕着组织及其内部各环节所要完成的目标体系而制定的多层次、多形式控制标准的总和。控制标准的确定,也就是选择关键控制点,在实际管理工作中,要根据组织所要达到的目标来确定。由于人们为实现目标所达成的最终成果是衡量计划完成情况的最好尺度,因而建立一个完整的、可以考核的目标体系,也就获得了相应的控制体系。

控制标准的具体内容涉及需要控制的对象。无疑,企业生产经营活动的成果是需要控制的重点对象,如获利能力、市场占有率等。要保证企业取得预期的成果,必须在成果最终形成前进行控制,因此,需要分析影响企业经营成果的各种因素,并把它们列为需要控制的对象,如经营环境、资源投入等。

控制的对象不同,制定控制标准的方法也不一样,进而形成不同类型的控制标准。一般来说,企业可以使用统计分析方法,根据组织拥有的资料确定统计性标准;使用经验估计法,根据管理人员的经验判断建立估价性标准;在客观的定量分析基础上建立工程标准。统计性标准通常是定量化的指标,如工时定额、销售量、资金利润率、产品合格率等;估价性标准通常带有管理人员的主观色彩,如工作作风、道德标准、企业价值等。但有一点需要注意,无论什么样的标准都应该是客观的、可以核实的。

二、衡量实际绩效

衡量实际绩效就是将实际工作成果与控制标准进行比较,并做出客观的评价,从中发现两者的偏差,为进一步采取有效的控制措施提供全面准确的信息。为了能够及时、正确地提供反映偏差的信息,管理人员在衡量工作成绩的过程中应注意以下两个问题。

(一)确定适宜的衡量精度与频率

控制过多或不足都会影响控制的有效性,因此,不仅控制对象和控制标准数目的选择要适当,衡量的精度和频率也应适宜。所谓衡量精度,是指对执行情况的衡量结果能在多大程度上反映出被控制对象的变化。精度越高,越能反映被控制对象的状态,但衡量工作就越复杂,因此,总的原则是衡量的精度要适度。所谓衡量频率,是指对被控制对象多长时间进行一次测量和评定。频率越高,越能掌握被控制对象状态的变化,但会增加控制的费用,而且可能引起有关人员的不满,从而影响他们的工作态度,因此,衡量频率要适当。

以什么样的精度和频率对某种活动的绩效进行衡量,取决于被控制活动的性质。例如,对产品质量的控制,常常需要以小时或以日为单位进行,且控制精度要求较高;对新产品开发的控制,则只需以月为单位进行,而且控制对象和控制精度也会低于技术成熟产品。

(二)建立信息管理系统

负有控制责任的管理人员只有及时掌握反映实际工作与预期工作绩效之间偏差的信息,才能迅速采取有效地纠正措施,不精确、不完整、过多或延误的信息将严重地阻碍他们的行动。管理人员在衡量实际工作绩效时,常采用四种收集信息的方式:个人观察与讨论、统计报告、口头汇报、书面报告。这四种方式各有千秋,在实际工作中,往往综合使用这四种信息渠道,确保衡量绩效的信息是客观、准确的。

管理人员接受的信息通常是凌乱的、彼此孤立的,并且难免混杂着一些不真实、不准确的信息,因此,应该建立有效的信息管理网络,通过分类、比较、判断、加工,提高信息的真实性和清晰度,同时将繁杂的信息变成有序的、系统的、彼此紧密联系的信息,并适时将信息传递给相应的管理人员,使之能与控制标准进行比较,及时发现问题。这个网络还应能够及时将偏差信息传递给被控制的单位和个人,使他们及时了解自己的工作状态。

　　建立这样的信息管理系统,一方面有利于保证组织计划的实施,另一方面,能防止基层工作人员把衡量和控制视为上级检查工作和进行处罚的手段,从而避免产生抵触情绪。

三、分析并纠正偏差

　　在衡量实际绩效后,若没有偏差发生,或偏差在规定的范围之内,则该控制过程只需前两个阶段即可完成。但是如果有偏差,且超出了范围,不论是正向偏差还是负向偏差,均应采取措施加以纠正。为了保证纠偏措施的针对性和有效性,首先要分析偏差产生的原因,然后选择恰当的纠偏措施。

　　（一）分析偏差产生的原因

　　如果在衡量阶段发现实际工作的绩效与所设定的标准存在偏差,那么,首先要判断偏差的严重程度,并非所有的偏差都会影响企业的最终成果。有些偏差可能反映了计划制订和执行中的严重问题,而另一些偏差则可能使一些偶然的、暂时的、局部的因素引起的,不一定会对组织活动的最终结果产生重要影响。

　　对于影响企业的最终成果的偏差,需要分析导致偏差产生的主要原因。在现实当中,由于通常仅仅是在关键环节设置控制点,而控制点发现的问题很可能是前某个(或几个)工作环节造成的,这就要求必须通过理性分析找出偏差的根本原因,并加以解决。比如,企业通常以季度的利润水平作为控制点来控制企业经营状况,一旦发现本季度的利润水平低于设定的浮动范围,就会分析其原因是由于销售收入的下降,还是生产成本的升高造成的。经检验发现成本没有太大的变化,原因主要是季度销售收入下降,而收入的下降有可能是由于竞争对手采取了某种营销策略,或者是由于产品质量的降低导致的消费者购买下降等原因造成的。通过反复验证、分析,最终确定造成本季度利润水平过低的原因是企业产品质量下降了。

　　不同的原因要求采取不同的纠正措施。通过对反映偏差的信息进行评估和分析,寻找主要影响因素,透过表面现象找出造成偏差的深层次原因,在众多深层次原因中找出最主要的方面,才能为纠偏活动指明努力方向。

　　（二）选择恰当的纠偏措施

　　控制过程的最后一项工作就是针对产生偏差的主要原因,制定改进工作或调整计划的方案,纠正组织活动中存在的偏差。偏差的产生来源于标准与实际的工作绩效,纠正偏差的方法可以从两个方面入手：一是改进工作绩效;二是修订控制标准。

　　1. 改进工作绩效

　　如果分析过程表明计划和标准不存在问题,环境也没有发生大的变化,偏差是由于工作绩效不足而产生的,管理人员就需要采取措施纠正工作行为。在这种情况下,管理人员有较大的能动性。比如,可以通过调整企业的管理战略、改变组织结构、完善选拔和培训计划,或更改领导方式等方法,减少或消除偏差。

按照行动效果的不同,可以把改进绩效的行动分成两种模式:立即纠偏模式和彻底纠偏模式。立即纠偏模式是指发现问题后,管理人员立即采取行动,在最短的时间内纠正偏差。这种模式讲求结果的时效性,但由于治标不治本,会对以后工作产生不良影响。彻底纠偏模式是指发现问题后,不是马上行动,而是经过深思熟虑后,找出问题的本质,提出较为系统的办法,彻底解决问题。显然,两者之间各有利弊,对于时间紧迫的问题,前者为宜,而对于反复出现、涉及范围广的问题则需要后一种思路模式的指导。

2. 修订控制标准

有的时候,偏差产生的主要原因在于标准设计得不太合理,脱离了实际;或者控制标准本身没有问题,但由于环境发生了较大变化,使原本适用的标准不合时宜。这时管理人员必须对控制标准进行修改,使之与组织的外部环境相适应。如果是由于计划本身的不合理或不完善造成的,就有必要对计划本身甚至组织目标进行修改,然后根据修正的计划制定出合理的控制标准。

从上面的介绍不难看出,控制实际上是一个连续的过程,它使管理工作成为一个闭路系统(参见图 11 - 2)①。在多数情况下,实施控制既是一个管理过程的终

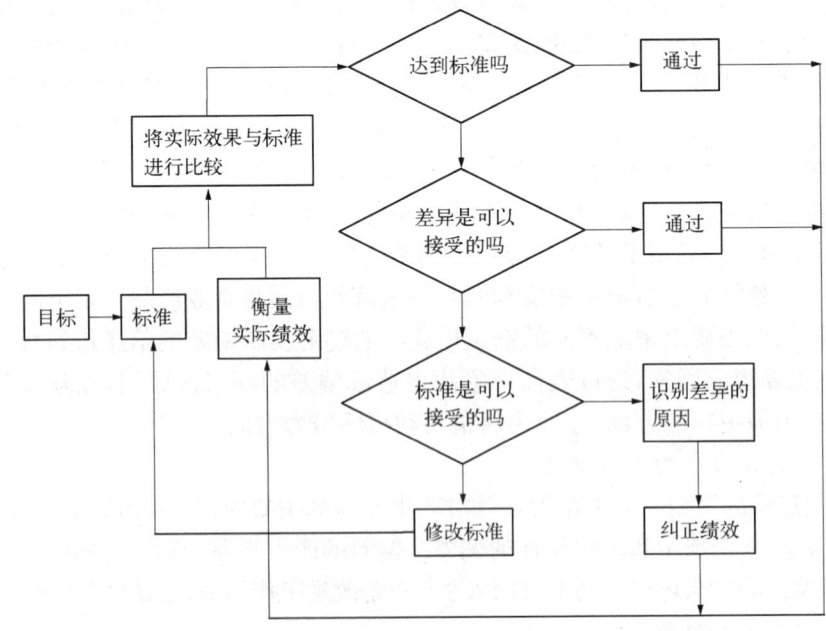

图 11 - 2　控制的过程示意图

---

① 斯蒂芬・罗宾斯:《管理学》,中国人民大学出版社 1997 年第 4 版。

结,又是一个新的管理过程的开始。控制绝不是仅限于衡量计划执行中出现的偏差,控制的目的在于通过采取纠正措施,把那些不符合要求的管理活动引回到正确的轨道上来,使管理系统稳步地实现预定目标。

第三节 有效控制系统的基本原则

控制的目的是保证组织活动符合计划的要求,以有效地实现预定目标。但是,并不是所有的控制活动都能达到预期的目的。无效的控制会导致计划无效和组织目标无效。有效的控制必须具备一定的条件并遵循科学的控制原则。下面介绍几种主要的控制原则。

一、控制要反映计划的要求

在管理工作中,控制与计划的联系最紧密。控制是实现计划的保证,计划是控制所采用的绩效衡量标准的原始依据。为实现每一项计划所进行的控制工作,尽管基本过程是一样的,但在确定目标、明确关键控制点、采集信息、评估绩效、采取纠偏措施等方面存在差异。控制工作越是考虑到各种计划的特点,就越能更好地发挥作用。

控制工作不仅是将原来的计划作为纠正偏差的参考标准,而且当组织内外部环境发生重大变化时,要对原计划进行调整,甚至制订新的计划。否则原来的计划可能会因无法适应环境的变化而无法实现。

二、控制应具有及时性

控制的及时性是指在控制工作中及时发现偏差,并能及时采取措施纠正。组织活动中产生的偏差只有及时采取措施加以纠正,才能避免偏差的扩大,防止偏差对组织的不利影响扩散。信息是控制的基础,为提高控制的及时性,信息的收集和传递必须及时。当采取纠正措施时,如果实际情况已经发生了变化,这时采取的措施如果不改变,不仅不能产生积极作用,反而会带来消极影响。

时滞现象是反馈控制系统一个难以克服的困难,较好的解决办法是采用前馈控制,在偏差未产生以前,就注意到偏差产生的可能性,从而预先采取必要的防范措施,使工作的开展在最初阶段就能够沿着目标方向进行,即使有了偏差,也能及时纠正,把损失降到最低程度。控制要具有及时性,必须依赖现代化的信息管理系统,随时传递信息,随时掌握工作进度,如此才能尽早发现偏差,进而采取措施进行控制。

三、控制应具有客观性

控制应当是客观的,这是对控制工作的基本要求。控制的客观性是指在控制工作中,管理人员不能凭个人的主观经验或直觉判断,而应采用科学的方法,尊重客观事实。

客观的控制源于对组织活动状况及其变化的客观了解和评价。为此,控制系统应尽可能提供和使用无偏见的、详细的、可以被证实和理解的信息,准确地判断和评价组织的各部门、各环节的工作与计划要求的相符或相背离程度,这种判断和评价的准确程度还取决于衡量工作绩效的标准是否客观和适当,这就有必要定期检查过去规定的标准,使之符合现实要求。

管理难免有许多主观的因素在内,但是对于下属工作的评价,不应仅凭主观印象来决定。在整个控制过程中,主观判断不仅可能使绩效的衡量得不出明确的结论,而且还会使纠正偏差的力度难以把握,从而使现实工作更加混乱。为了保证控制的客观性,首先要尽量把绩效用定量的方法记录并评价,把定性的内容具体化;其次是管理人员要从组织目标的角度来观察问题,避免个人偏见和成见。

四、控制应具有灵活性

控制的灵活性是指控制应当保证在发生了一些未能预测的事件的情况下,包括环境突变、计划变更等,控制工作仍然有效。如今技术进步日新月异,顾客需求也在不断变化,组织所处内、外部环境中的干扰性、复杂性越来越大。如果没有一个灵活的系统对这些变化做出准确的预测或反应,并据此调整组织活动,那么任何一个组织的生存都难以维系下去。

控制的灵活性与控制的标准有关。比如说,预算控制通常规定了企业各经营单位的主管人员在既定规模下能够用来购买原材料或生产设备的预算额度,这个额度如果规定得绝对化,那么一旦实际产量或销售量与预测值之间产生差异,原来的预算就变得毫无意义,这时就要求修改甚至重新制定预算,并根据新的预算制定合适的控制标准。有效的预算控制应能反映经营规模的变化,对各种可能出现的情况都应尽量准备好各种可选择的方案,使控制更具有灵活性。事实上,灵活地控制一般最好是通过灵活的计划来实现。

五、控制应具有经济性

控制活动需要经费,是否进行控制,控制到什么程度,都要考虑费用问题。控制的经济性是指将控制所需的费用同控制所产生的效益进行比较,当通过控制所获得的价值大于它所需费用时,才有必要实施控制。所以,从经济性的角度考虑,控制系统并不是越复杂越好,控制力度也不是越大越好。控制系统越复杂,控制工作力度越大,意味着控制的投入也越大,而且在许多情况下,这种投入的增加并不一定会使得计划能更顺利地实现。管理人员应尝试使用能产生预期结果的最小量的控制。如果控制能够以最小的费用或其他代价来实现预期的控制目的,那么这种控制系统就是最有成效的。但现实中,管理人员往往难以确定某一具体控制系统是否经济,甚至难以查明其费用多少,因为是否经济是相对而言的,控制的经济效益随经营业务的重要性及其规模而不同。

六、控制应突出重点、强调例外

在控制工作中,应遵循关键点原则和例外原则。

所谓"关键点原则",是指控制工作要突出重点,针对重要的、关键的因素实施重点控制。事实上,组织中的活动往往错综复杂,管理人员根本无法对每一个方面实施完全的控制,他们应该且只能将注意力集中在计划执行中的一些关键影响因素上。根据这一原则,管理人员只需把握问题的关键,控制了关键点,也就控制了全局。这不仅能节约控制成本,还有利于管理人员以有限的时间和精力,做出更加有效的成绩。

所谓"例外原则",是指控制工作应着重于计划实施中的例外偏差(超出一般情况的特别好或特别坏的情况)。在实际工作中,只有坚持例外原则,使管理人员把精力集中在他们应该注意的问题上,控制才能有效率。对例外情况的重视程度不应仅仅依据偏差的大小而定,同时需要考虑客观实际情况。在偏离标准的各种情况中,有一些是无关紧要的,而另一些则不然,某些微小的偏差可能比某些较大的偏差影响更大。因为,在一个特定的组织中,不同工作的重要程度不同。例如,在某一企业中,报刊订阅费超出 20％可能无关紧要,但产品的合格率下降 1％却可能使所有产品滞销。

关键点原则和例外原则有类似之处,在实际工作中,控制的例外原则必须与控制关键点原则相结合,把注意力集中在对关键点的例外情况的控制上。关键点原则强调选择控制点,而例外原则强调观察在这些控制点上所发生的异常偏差。

第四节　控制的方法

近年来,为了适应不断变化的管理环境,管理人员采用了各种新的控制技术与方法。由于管理控制的基本原理和目的并没有改变,传统的控制方法仍然被大多数组织广泛应用。本章以企业组织为例,介绍几种常见的控制方法。

一、预算控制

(一) 预算的概念

预算是一种计划,是用财务数字的形式来描述的企业未来活动计划。预算通过财务形式把计划数字化,并把这些计划分解落实到组织的各层次和各部门中去,使预算与计划工作相联系,且与组织系统相适应,达到实施管理控制的目的。

预算控制就是根据预算规定的标准来检查和监督各个部门的生产经营活动,以保证各种活动或各个部门在完成既定目标,实现利润的过程中对经营资源合理利用,使费用支出受到严格有效的约束。

作为一种控制手段,预算能够帮助管理人员协调组织的活动,并为组织的日常控制奠定基础。预算把组织各方面工作纳入统一计划之中,促使组织各部门相互协调,环环相扣,达到平衡,在保证组织总体目标最优的前提下,各部门进行各自的经营活动。预算为组织的日常控制提供了依据。在预算执行过程中,各部门应通过计量、对比,及时揭露实际脱离预算的差异并分析其原因,以便采取必要措施,消除薄弱环节,保证预算目标的顺利完成。

(二) 预算的种类

一般来说,预算内容涉及以下几个方面。

1. 收支预算

收入预算和支出预算是从财务角度预测企业未来活动的成果,以及为取得这些成果所需付出的费用。收入预算应考虑到可能有的各方面收入,但企业最主要的收入是销售收入,因此,企业收入预算的主要内容是销售预算。企业的支出项目往往比收入项目多而杂,在编制支出预算时,对影响成本的主要费用应编制详细预算,如直接材料预算、直接人工预算。

2. 投资预算

投资预算是对企业固定资产的购置、扩建、改建、更新等,在可行性研究的基础上编制的预算,它反映了企业在何时进行投资、投资多少、资金从何处取得、何时可获得收益、每年的现金净流量为多少和投资回报率多少等问题。投资预算涉及金额大、回报时间长,因此,它总是与企业的长期规划相一致。

3. 现金预算

现金预算是对企业未来生产与销售活动中现金的流入与流出进行预测,通常由财务部门编制。现金预算并不需要反映企业的资产负债情况,而是要估计计划期可能提供的现金和所需要的现金,以求收支平衡。由于任何组织的运营都需要大量的资金来进行周转,所以必须重视现金预算。

4. 实物量预算

实物量预算是货币量预算的补充。由于以货币量表示的收支预算会受到物价波动的影响,因此,在企业生产管理中,部分项目的预算用实物量表示更有意义。较为常见的实物单位预算有产量预算、工时预算、原材料消耗预算、库存预算等。

5. 总预算

总预算是指对企业的损益情况、现金收支、财务状况等各方面的预算,它通常以预算汇总表的形式把各部门的预算集中起来,用于对企业业绩的全面控制。作为各分预算的汇总,管理人员在编制总预算时虽然不需做出新的计划或决策,但通过分析可以发现某些分预算的问题,从而有助于采取措施,及时进行调整。

尽管预算是一种最普通、最有效的控制方法,但预算工作中也存在着一些使预算控制失效的危险倾向,如形式化倾向、本位主义倾向、脱离实际倾向、刚性化倾向等。为了克服预算的这些不足,有必要采用弹性预算、零基预算形式,或避免过分依赖预算。

二、比率分析

比率分析就是将企业资产负债表和利润表上的相关项目进行对比,计算一系列的比率,从中分析和评价企业的财务状况和经营成果。利用财务报表提供的数据,可以计算四类比率:变现能力比率、负债比率、资产管理比率和盈利能力比率。

（一）变现能力比率

1. 流动比率

流动比率是企业的流动资产与流动负债之比。它反映了企业偿还需要付现的流动债务的能力。一般来说,企业资产的流动性越大,偿还短期债务的能力就越强;反之,偿还短期债务的能力较弱,这样会影响企业的信誉。因此,企业资产应具有足够的流动性。

2. 速动比率

速动比率是流动资产和存货之差与流动负债之比。该比率和流动比率一样,是衡量企业资产流动性的一个指标。当企业有大量存货而且这些存货周转率低时,速动比率比流动比率更能精确地反映客观情况。

需要指明的是,流动比率和速动比率并不是越大越好,应当与同行业的平均水平及本企业的历史水平进行比较,才能判断该比率的高低。

（二）负债比率

负债比率是企业总负债与总资产之比。它反映了企业所有者提供的资金与外部债权人提供的资金的比率关系。该指标用来衡量企业利用债权人提供的资金进行经营活动的能力,也表明了企业偿还长期债务的能力。

一般来说,只要企业全部资金的利润率高于借入资金的利息,且外部资金没有在根本上威胁企业所有权的行使,企业就可以充分地向债权人借入资金以获得额外利润,但过高的负债比率在很多情况下对企业的经营是不利的。

另外,产权比率也反映了企业的长期偿债能力,它是企业负债总额与所有者权益总额的比率。

(三)资产管理比率

1. 库存周转率

库存周转率是企业一定时期的销售成本与平均库存的比率,它反映了存货的管理效率,表明了占用在库存上的流动资金的使用情况。存货周转率越高,存货的占用水平越低,流动性越强,存货转换为现金或应收账款的速度就越快。

2. 应收账款周转率

应收账款周转率是企业赊销收入净额与平均应收账款余额的比率,它说明应收账款流动的速度。一般而言,应收账款周转率越高,说明应收账款回收越快;否则,企业的营运资金将会过多地呆滞在应收账款上,从而影响正常的资金周转。

3. 总资产周转率

总资产周转率是销售收入与平均资产总额之比,它反映了企业总资产周转速度,表明了企业总资产的利用程度。总资产周转越高,总资产周转越快,企业的销售能力越强。企业可以通过薄利多销的办法,来加快资产周转速度,增加利润收入。

(四)盈利能力比率

盈利能力比率是企业利润与销售额或全部资金等相关指标的比率。它们反映了企业在一定时期从事某种经营活动的盈利程度及其变化情况。

(1)销售利润率是企业净利润与销售收入之间的比率,它反映企业实现的净利润在销售收入中所占的比重。该指标越大,说明企业获利能力越强,企业经济效益越好。将企业不同产品、不同经营单位在不同时期的销售利润率进行比较分析,能为经营控制提供更多的信息。

(2)资金利润率是指企业的净利润与平均资产总额之比,表明了企业资金利用的综合绩效。该指标越高,说明企业在增收节支方面取得了良好的效果。同销售利润率一样,资金利润率也要同其他经营单位和其他年度的情况进行比较。

三、审计控制

审计是对反映企业资金运动过程及其结果的会计记录及财务报表进行审核、鉴定,以判断其真实性和可靠性,从而为控制和决策提供依据。审计是一种常用的控制方法,它包括经营审计和管理审计两大类。

（一）经营审计

经营审计是指审计人员对企业的会计、财务以及其他经营活动所作的定期和非定期评价。虽然经营审计往往只限于对会计账目进行审核，但却能对企业经营活动做出全面的评价。经营审计一般分为外部审计和内部审计。

1. 外部审计

外部审计是由外部审计机构和审计人员，如国家审计部门、会计师事务所，定期对企业财务报表及其反映的财务状况进行独立的审查，目的是检查企业的经营活动是否合法，是否真实，有无偷税、漏税、做假账等问题。这是国家对企业进行控制的手段。外部审计的主要方法有审计检查法、审计调查法、审计分析法和抽样审计法。

外部审计的优点是审计人员与管理当局不存在行政上的依附关系，仅对国家、社会和法律负责，因而可以保证审计的独立性和公正性。但是，由于外来的审计人员不了解企业内部的组织结构、生产流程和经营特点，在对具体业务的审计过程中可能产生困难。此外，处于被审计地位的内部组织人员可能产生抵触情绪，不愿意积极配合，这也可能增加审计工作的难度。

2. 内部审计

内部审计是由企业内部组织人员进行审核，其目的是通过评审各财务程序是否符合规定，组织的有关规定是否贯彻执行，管理工作的效率等，找出存在的问题，并提出有关改进措施。

内部审计不仅评估了企业财务记录是否健全、正确，而且为检查和改进现有控制程序和方法的效能提供了一个重要的手段。根据对现有控制系统有效性的检查，内部审计人员可以提供有关改进公司政策、工作程序和方法的对策建议，以使公司的政策符合实际，工作程序更加合理，作业方法被正确掌握，从而更有效地实现组织目标。

（二）管理审计

管理审计是一种对企业所有管理工作及其绩效进行全面系统地评价和鉴定的方法，它的审计对象和范围比经营审计更广泛。管理审计的目标不是评价个别管理人员的工作质量和管理水平，而是从系统的观点出发评价一个组织整个管理系统的管理水平。

管理审计的方法是利用企业记录的信息，将企业的管理绩效及其影响因素指标与同行业企业的平均水平或该行业著名企业水平进行比较，以判断企业的经营管理质量，为指导企业在未来改进管理系统、提高管理绩效提供有用的参考。

一般来讲，企业的管理水平与其经营业绩关联性很强，所以经营审计和管理审计在内容上无法完全分离。经营审计往往会涉及对管理状况的分析，管理审计也离不开对经营业绩的评价。但还是要把经营审计与管理审计区别开来,两者的差别类似于评价管理人员的管理能力和评价管理人员在制定和实现目标方面的能力。企业审计需要进行综合分析,区分不同的评价目标,正确理解和使用两种审计结果。

知 识 测 试

一、概念辨析

控制　预先控制　过程控制　事后控制　预算控制

二、即问即答

1. 组织控制的内容有哪些?
2. 为什么需要将三种控制方式结合起来使用?
3. 在控制过程中衡量实际绩效应注意哪些问题?
4. 一个有效的控制系统应遵循哪些基本原则?
5. 预算控制包括哪些种类?
6. 简述比率分析和审计控制方法。
7. 结合实际论述控制工作的重要性。

技 能 训 练

『训练目标』

◇ 理解控制的概念和内容
◇ 熟悉控制的类型与过程
◇ 正确运用控制的方法

一、管理定律应用

横 山 法 则

有自觉性才有积极性,无自决权便无主动权。在管理的过程中,我们常常过多地强调了"约束"和"压制",事实上这样的管理往往适得其反。如果人的积极性未能充分调动起来,规矩越多,管理成本越高。聪明的企业家懂得在"尊重"和"激励"上下工夫,了解员工的需要,然后满足他。只有这样,才能激起员工对企业和自己工作的认同,激发起他们的自发控制,从而变消极为积极。真正的管理,就是没有管理。

促进员工自我管理的方法,就是处处从员工利益出发,为他们解决实际问题,给他们提供发展自己的机会,给他们以尊重,营造愉快的工作氛围。做到了这些,员工自然就和公司融为一体了,也就达到了员工的自我控制。

[举例]　　　　　　　　做软件,到微软

"做软件,到微软"。这是每一位在微软中国研究开发中心工作的人经常自豪地讲的一句话。去微软做软件,可以说是每一个做软件的人梦寐以求的事。为什么? 因为除了过硬的技术外,微软能为自己的员工提供最大的实现自己创意的空间,能使你的自我发展和自我价值得到最完美的实现。

微软公司的企业文化强调充分发挥人的主动性,让员工有很强的责任感,同时给他们做事情的权力与自由。简单地说,微软的工作方式是"给你一个抽象的任务,要你具体地完成"。对于这一点,微软中国研发中心的桌面应用部经理毛永刚深有体会。毛永刚说,1997 年,他刚被招进微软中国研究开发中心时负责做Word。当时他只有一个大概的资料,没有人告诉他该怎么做,该用什么工具。和美国总部交流沟通,得到的答复是一切都要靠自己去做。就如要测试一件产品,却没有硬性规定测试的程序和步骤,完全要根据自己对产品的理解,考虑产品的设计和用户的使用习惯等,发现许多新的问题。这样,员工就能发挥最大的主动性,设计出最满意的产品。

微软是个公平的公司,这里几乎没有特权。盖茨只是这两年才有了自己的一个停车位。以前他来晚了没地儿,就得自己到处去找停车位。正是这种公平和富有挑战性的工作环境,促成了微软员工巨大的工作热情,这种热情就是管理员工的最大工具。在微软,员工基本上都是自己管理自己。

[点评]　最有效并持续不断的控制不是强制,而是触发个人内在的自发控制。

二、管理案例分析

IBM 公司

1977 年,技术专家史狄夫·渥兹尼克和销售天才史狄夫·雅可布创立了苹果计算机公司,很快公司就取得了非凡的成功。但是,成功没能持续很久,部分原因是 IBM 个人计算机的问世。在 20 世纪 80 年代早期,一些观察家们认为,苹果计算机公司需要更加严格的控制和更为专业化的管理方法。百事可乐公司的约翰·斯科利被请到苹果公司来做指导。为控制公司,斯科利采用了降低成本的方法来改善盈利状况,并与此同时增加了研究和开发费用以便使公司能保持技术上的领先地位。可后来,斯科利却受到指责,说他研究和开发费用投入不够,广告费用投入过多。为减少重复环节,降低损益平衡点以及部门间的摩擦,苹果公司重组了公司。为提高效益和效率,苹果公司引入了新的汇报程序。此外,在控制库存方面也做了大量的工作,而库存问题又往往是个人计算机公司所面对的主要问题。这些措施,连同苹果公司将 Macintosh 引入 IBM 占主导的商务公司这样一个成功的战略以及桌面印刷的普及,使苹果公司 1986 年财政年度的收入增加了 150% 以上。

[分析问题]

1. 计划和控制两者之间的关系如何?

2. 其他什么样的计划可用于组织的控制?

[分析思路]

1. 计划和控制是一个问题的两个方面。管理人员首先要制订计划,然后计划又成为评定行动及其效果是否符合需要的标准。计划越明确、全面和完整,控制效果也就越好。没有计划就无法衡量行动是否偏离计划,更谈不上纠正偏差。因此,计划是控制的前提。

2. 苹果公司也可采用业务预算、财务预算、专门预算、亲自观察、报告、比率分析法和管理审计等形式对组织运行进行控制。

[实施建议]

1. 教师先将训练目的和要求清楚地传达给学生,强调控制过程与方法。

2. 分组讨论,课下认真准备,课堂讨论,时间限制在 20 分钟内。

3. 由小组抽签决定各小组出场次序。

4. 其他小组给出评价成绩,由教师对评价成绩综合后给出最后成绩。

三、管理技能实训指导

[训练项目] 如何进行有效的成本控制?

[训练内容] 我们来看看跨国企业是如何建立成本控制体系的(见表 11-1)。

表 11-1

成本控制体系

第一步:战略目标指导成本控制目标	第二步:成本控制四步执行法
成本控制的目的是为了不断地降低成本,获取更大的利润,所以,制定目标成本时首先要考虑企业的盈利目标,同时又要考虑有竞争力的销售价格。由于成本形成于生产全过程,费用发生在每一个环节、每一件事情、每一项活动上,因此,要把目标成本层层分解到各个部门甚至个人。 1. 企业项目分析。 各个部门以营销目标为导向,进行年度工作的项目立项,列出为实现目标所需要做的各类项目,同时对项目进行任务分解;同时再对时间、成本、性能每个环节进行分析,对比成本与收益。比如市场部明年为了达到既定的目标,需	1. 减少目标不明确的项目和任务。 在企业目标清晰的情况下,每个项目及任务都是为实现目标所服务的。项目立项分析后,可以把目标不明确的项目与任务削减掉。 2. 明确各部门的成本任务。 实行"全员成本管理"的方法。具体做法是先测算出各项费用的最高限额。然后横向分解落实到各部门,纵向分解落实到小组与个人,并与奖惩挂钩,使责、权、利统一,最终在整个企业内形成纵横交错的目标成本管理体系。 3. 成本核算,精细化管理。 没有数字进行标准量化,就无从谈及节俭和

（续表）

第一步：战略目标指导成本控制目标	第二步：成本控制四步执行法
要完成多少市场宣传及推广的项目,项目逐一分解成任务后,对每个任务所需要的费用进行合理预算。同时对产生的收益进行估算。 2. 进行行业价值链分析。 行业价值链是：企业即存在于某一行业价值链的某个点,包括与上、下游和渠道企业的连接点,如供应商产品的包装能减少企业的搬运费用,改善价值的纵向联系也可以使企业与其上、下游和渠道企业共同降低成本,提高整体竞争优势。 3. 竞争对手的价值链分析。 竞争对手的价值链和本企业价值链在行业价值链中处于平行位置,通过对竞争对手价值链的分析,可以测算出竞争对手的成本。然后,自己企业与之相比较,就找出了与竞争对手在任务活动上的差异,扬长避短,争取成本优势。	控制。伴随着成本控制计划出台的是一份数字清单,包括可控费用(人事、水电、包装、耗材等)和不可控费用(固定资产折旧、原料采购、利息、销售费用等)。每月、每季度都由财务汇总后发到管理者的手中,超支和异常的数据就用红色特别标识。在月底的总结会议中,相关部门需要对超支的部分做出解释。 4. 成本管理的提前和延伸。 将成本控制提前和延伸,提前就是加大技术投资,控制采购成本;延伸就是将上、下游整合起来。当今的市场竞争,是实力的竞争,人才的竞争,产品和服务质量的竞争,也是成本的竞争。从某种意义上讲,成本决定一个企业的竞争力。在确保产品质量的前提下,降低成本是企业逐步扩大市场份额的重要途径,是提高企业经济效益的基础。企业管理者要转变传统狭隘的成本观念,结合企业的实际情况,充分运用现代的先进成本控制方法以加强企业的竞争力,迎接各方的挑战。

资料来源：http://wenku.baidu.com/view/1d36772e2af90242a895e539.html? from＝related&has。

假定你是某公司经理助理,在公司利润连续多月下滑的情况下,你将如何协助经理制定成本控制方案?

第十二章　创　　新

本章网络结构图

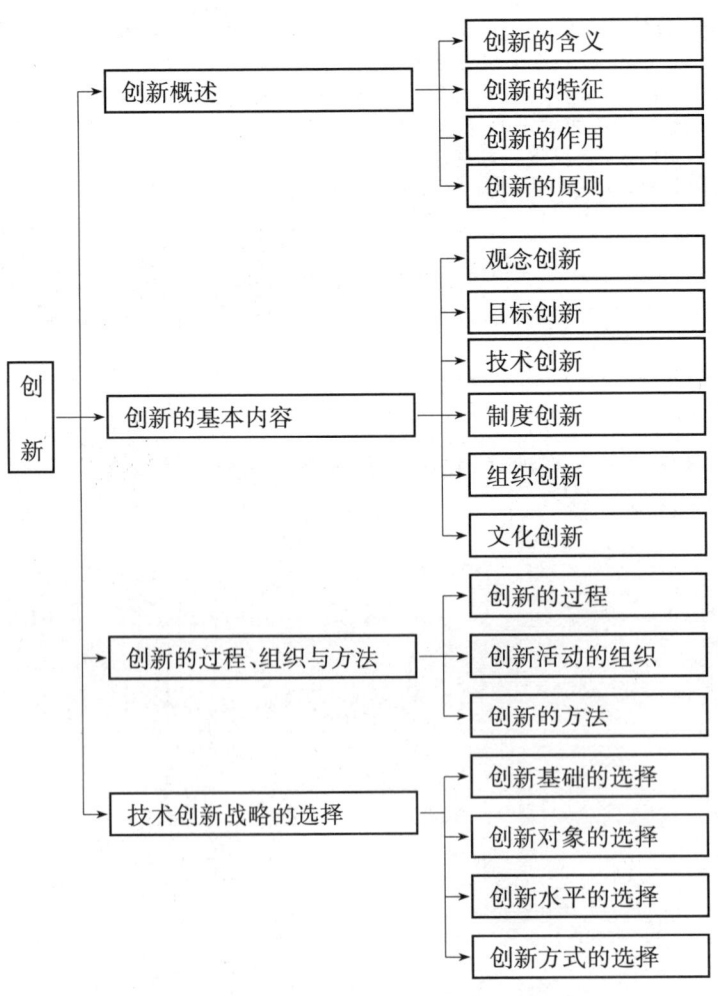

创新
├─ 创新概述
│　　├─ 创新的含义
│　　├─ 创新的特征
│　　├─ 创新的作用
│　　└─ 创新的原则
├─ 创新的基本内容
│　　├─ 观念创新
│　　├─ 目标创新
│　　├─ 技术创新
│　　├─ 制度创新
│　　├─ 组织创新
│　　└─ 文化创新
├─ 创新的过程、组织与方法
│　　├─ 创新的过程
│　　├─ 创新活动的组织
│　　└─ 创新的方法
└─ 技术创新战略的选择
　　　├─ 创新基础的选择
　　　├─ 创新对象的选择
　　　├─ 创新水平的选择
　　　└─ 创新方式的选择

本章学习目的

☆ 理解创新的含义、特征、作用与原则
☆ 了解创新的主要内容
☆ 掌握创新的过程,了解创新活动的组织及创新方法

【引导案例】 创新成就了创维

创维集团产品的原则是技术上领先一步,产品上领先半步。创维生产未来1年内将要上市的产品;储备未来两三年内可能上市的产品和技术;预测未来3～5年将会上市的产品,做好研发准备。2010年,创维推出了一款综合了超薄LED背光源系统、互联网娱乐解决方案、流媒体解决方案的电视E70。E70强化了互联网功能中的酷开健身房功能,提出"模拟健康运动平台"的概念。仅仅3个月的时间,E70出库就达7万台左右,占比LED销量20%,为创维22年单品销售之最。2011年,创维又发布了全球领先的"云电视",创维集团副总裁、彩电事业部总裁杨东文表示:"未来彩电行业竞争将会从市场终端产品,转变成后台服务的竞争。""创维未来也将会把重点转移到电视的后台服务竞争中来,这将是今后电视领域竞争的核心所在。"在过去的10年里,创维集团保持了25%以上的年增长率,同时在国内彩电市场连续9年利润率保持第一,这些成绩的取得皆源于创维产品持续不断的技术创新及创维集团总裁张学斌的一系列创新性变革。

组织、领导与控制同属于管理的"维持职能",目的在于保证组织系统按预定的方向和规则运行。但是,组织是在动态环境中生存的经济系统,仅有维持功能的管理是不够的,还必须不断调整系统活动的内容和目标,不断创新,适应环境变化的要求。显然,管理的核心应是维持和创新的组合,维持是组织生存发展的重要基础,创新则是组织生存发展的灵魂。

第一节 创 新 概 述

一、创新的含义

"创新"一词自著名美籍奥地利经济学家约瑟夫·熊彼特在1912年哈佛出版

的《经济发展理论》中提出后,其概念已波及社会生活的各个层面,如科技、经济、法律、管理、教育等各部门。"创新是一个民族进步的灵魂,是一个国家兴旺发达的不竭动力"。江泽民同志的这番讲话把创新提升到一个战略高度。今天,创新已成为一种理念,为知识经济时代所弘扬。在国际竞争日益激烈的环境下,综合实力主导着企业乃至国家的前途和命运,而综合实力的竞争,已明显前移并集中到了创新领域。

不创新,就灭亡。

——福特公司创始人亨利·福特

企业家精神的真谛就是创新,创新是一种管理职能。

——著名经济学家熊彼特

什么是创新?通常意义的理解是组织以独特的方式综合各种思想或在各种思想之间建立起独特的联系的一种特殊能力。从更高更广的意义上理解,创新是人类有目的的弃旧图新、发展自己、推动社会进步的创造性的活动。不同的研究者从不同的角度提出不同的创新定义。熊彼特在创新理论中对创新的定义是"企业家对生产要素重新组合"。德鲁克认为,创新是改革资源的产出量或改变消费者自得资源的价值和满足。总体而言,创新的定义通常指下面三方面中的一种:① 开发一种新事物的过程。这一过程是从开发者的角度定义,强调开发过程从发现潜在需要开始,经历技术可行性检验,到附着于应用为止。② 采用新事物的过程。从接受者的角度看,这是采纳并运用的过程。③ 强调新事物本身。这是站在使用者角度的定义,创新指被相关部门认定的任何一种新的思想、新的实践和新的制造物。

二、创新的特征

知识经济时代,人们越来越认识到创新的重要性,可以说,创新是组织在激烈市场竞争中求生存、求发展的必然选择,是组织活力的源泉。一般认为,创新贯穿于组织的各项管理活动之中,通过组织的各项管理活动来表现自身的存在和价值。因此,创新具有以下特征,如图 12 - 1 所示。

(一)创造性

创新具有创造性。这种创造性首先表现在它所应用的技术是以前所未使用过

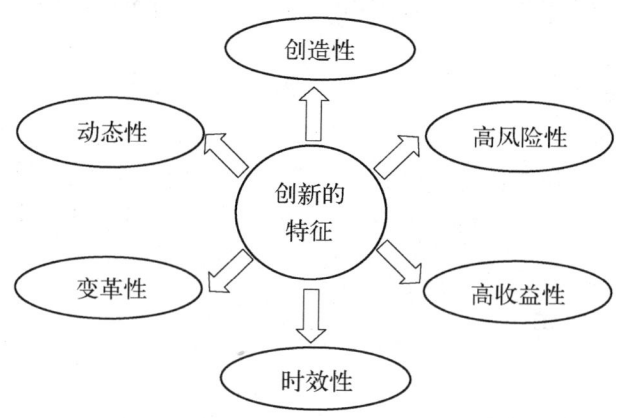

图 12-1　创新职能的特征示意图

的新技术,或者是现有技术中的某些改进,从而使旧技术更加完善,应用效果有明显的提高;其次表现在创新过程是企业家在生产经营的实践活动中,实现技术形态的转化。

（二）高风险性

由于组织对环境变化估计不足或无法适应,或对创新过程难以有效控制而造成创新结果呈现出较大的不确定性,这意味着创新具有高风险性。在创新过程中,无论是技术本身、技术前景、技术效果还是产品的生产、销售、售后服务以及市场接受时间等方面都存在着不确定性,因此,创新的风险是客观存在的。

（三）高收益性

一般来说,在经济活动中高风险与高收益是并存的,创新活动也是如此。也就是说,尽管创新的成功率较低,但成功后可赚取的利润是相当可观的。正是因为创新具有高收益,同时又具有高风险,世界上许多国家相继建立了风险投资公司,向创新者提供风险性贷款,以促进创新。

（四）时效性

当今社会是一个快速变化的社会,网络技术和 Internet 的出现,使速度成为十分重要的因素。尤其对创新而言,其成功的显著特点之一就是快速创新;否则,就会失去机会,从而导致创新的失败。同时对创新成果的确认,也与时间有着密切的联系。相似或相同的成果是否被确认,以时间的先后为界。

（五）变革性

创新的实质就是改造旧事物,创造新事物。人们常说:"穷则思变,变则是通。"也就是说,当我们没有办法解决问题的时候,就得考虑一下"变",就是要改变方法、思路、功能等;"变"了问题就能得到解决,就"通"了。这个由"变"到"通"的过程,就是创造和革新的过程。

(六)动态性

世界上唯一不变的就是一切都在变,创新也不例外,它是一个动态变化的过程,是一个不断创造和革新的过程。海尔集团正是由于不断进行产品革新、技术革新、管理革新,不断地适应市场、创造需求,形成了一种不断推陈出新、改革突破的机制。

三、创新的作用

许多经营成功和失败的企业经验和教训告诉我们,创新是一个涉及企业各个部门、各个方面的问题,创新在企业发展中具有多方面的作用,具体归纳如下。

(一)促进企业可持续发展

我国产业结构正在发生明显变化,企业想继续走高消耗、高排放、高污染这条路,肯定没有办法继续生存下去,唯有创新才能促进企业可持续发展。科技在进步,产品在更新,企业只有创新才能赶上时代的潮流,站到科技领域的前沿,才能占领市场,才能在动态、多变、竞争激烈的环境下生存发展得好。

(二)提高企业经济效益

通过技术创新,可以改善研制条件,提高研制能力,从而改进产品或设计,开发或推广新技术、新工艺,加速新工艺在企业中的应用,降低成本,提高生产效率;通过管理创新和组织创新,可以改善企业管理,完善企业组织,重塑企业市场形象,开发企业创新人才等,从而提升企业行为素质,提高企业适应市场的能力和工作效率,全面提高企业经济效益。

(三)提升企业竞争力

企业要发展,必须面对激烈的市场竞争,而要想在市场竞争中占有一席之地,必须从知识经济的要求出发,从市场环境的变化出发,不断调整自己的经营发展战略,在调整过程中不断创新。企业只有通过技术、管理、制度、市场、观念、战略等诸方面的创造和创新,才能适应市场运行的法则——优胜劣汰,在市场竞争中占据主动,成为竞争的优胜者。

(四)有助于企业家阶层的形成

这是企业创新的重要意义之一。按照钱德勒的看法是形成了一个新的职业经理即企业家阶层。这一阶层的产生一方面使企业的管理处于专家的手中,从而提高了企业资源的配置效率;另一方面使企业的所有权与经营管理权发生分离,推动了企业更健康的发展。同时,职业经理人由于知道创新的功效,因此,他们往往成为企业创新的重要主体。

四、创新的原则

为了推动并保证创新活动的顺利进行,需要正确处理各方面的关系,遵循一定的原则。创新主要原则如下。

（一）创新与维持相协调的原则

创新活动与维持活动既相区别,又相联系,两者相辅相成。维持是创新的基础,创新是维持的发展;维持是为了实现创新的成果,创新为维持提供更高的起点;维持使组织保持稳定性,创新使组织具有适应性。维持和创新都是组织生存和发展所不可或缺的。然而,创新和维持有时也相互矛盾、相互冲突。正确处理两者的关系,寻求创新和维持的动态平衡和最优组合,是管理者的职责,也是创新应遵循的原则。

（二）开拓进取、求实稳健的原则

开拓进取是创新的本质要求。所谓开拓进取,就是要不断地向新的领域、新的高度进发。没有开拓进取,就没有创新。与此同时,组织的创新总是在现实基础上的创新,任何成功的创新都是科学的,不容半点虚假,开拓精神必须同求实态度相结合。求实稳健并非安于现状、墨守成规,而是面向社会、面向市场,从实际出发,实事求是,量力而行,这是创新成功和稳步发展的重要保证。

（三）统一性和灵活性相结合的原则

有组织的创新,必须有统一明确的目标、相互协调的行动、优势集中的兵力。没有统一明确的目标,创新活动将失去方向,形成盲目乱干;但是,创新本身又具有偶然性或机遇性,并不都在可以预计的计划之列。因此,创新的组织应具有灵活性,要放松对员工的控制,使计划具有弹性。如:允许创新者自己确定题目,允许使用部分工作时间去探索新的设想,提供一定的创新尝试所需的资金、物质条件和试验场所;允许创新者自己选择合作伙伴等。

（四）奖励创新、允许失败的原则

创新的创造性、风险性、效益性决定了组织应对创新者的劳动及其成果进行公正评价和合理奖励。创新是不断探索尝试、经常受挫失败、努力改进提高的过程,允许失败是对创新者积极性、创造性的保护和支持。对于失败,创新者不应悲观失望,半途而废;管理者不应冷眼相看,横加指责。创新的组织管理者要宽容待人,热情帮助创新者总结和吸取教训,鼓励创新者坚持不懈,继续进行大胆探索和试验,直到取得成功。

第二节　创新的基本内容

创新是对组织管理进行全方位的根本变革,其主要内容有观念创新、目标创新、技术创新、制度创新、组织创新和文化创新等。

一、观念创新

观念创新就是改变人们对某种事物错误的、过时的或不利于实践的既定看法和思维模式,换一个新的观察角度,得出一个新的结论或形成一个新的观点,从而采取新的态度和方法的过程。在各种创新中,观念创新起着重要的先导作用,没有观念创新,就不会有其他创新。同时,观念创新渗透在其他创新中,贯穿于其他创新活动的全过程。适应新时代的需要,适时更新观念,是现代组织创新的首要任务。

（一）要认识到知识是组织最重要的资源

知识资源与自然资源不同之处在于,它是人通过学习积累、创新而形成的。从某种意义说,它不再是稀缺的,只要不断学习和创新,知识资源是可以再生和重复利用的。以知识资源为基础的经济性具有收益递增效应。对某个企业来说,只有不断地自主创新,有着自主知识产权的知识,才能做到人无我有、人有我新,从而为企业带来最大的收益。

（二）要树立以人为本的管理观念

一切创新活动都是依靠人来完成的,掌握和创造知识的人才是一切组织的根本。这里的人不是传统经济下隶属于资本,仅仅作为生产要素的劳动力,而是掌握知识、进行自主创新的人。这种人也不仅仅是企业中的少数"精英",而应是企业的全体员工。以人为本的管理观念就是要求对全体员工进行人力资源的开发,着力扩充他们的知识,提高他们的素质,挖掘他们的潜能,激发他们的创造欲。这就是近年来风靡全球的"学习型组织"的本义。

（三）要树立与时俱进的动力观、发展观和风险观

树立与时俱进的动力观,就是要增强自我发展的主动性,善于寻找新机遇,创造新机遇,抓住新机遇;树立更加开放的发展观,就要开阔视野,大胆学习,借鉴和利用国际一流企业的先进经验和管理技术,在国际国内的大舞台上寻求机遇,寻求发展;树立不进则退的风险观,就要发扬敢闯敢冒、敢为人先的创业精神,以高度的责任感、使命感迎难而上,克难攻坚,大力营造人人敢干事、人人敢创业、人人敢直面风险和承担责任的良好环境。

二、目标创新

在现代新的经济背景中,企业在确立经营目标时,除了要实现提供商品、满足市场需求、创造利润、积累财富等最基本的职能,企业在内涵上还要进一步调整和扩充目标。

（一）取得合理利润而不是最大化利润

现代企业追求的目标是稳定、增长和技术兴趣。稳定是公司的保护性目标,增长是公司的积极目标,技术兴趣目标主要是基于技术结构阶层对科技专门知识的探索兴趣,它服从于前两个主要目标。

（二）生产知识

生成信息的业务最初仅是公司核心业务的副产品,随着时间的推移,它产生的附加值超过原始业务本身的价值。企业可通过知识的生产性使用使其产品和服务升级,成为一个知识型企业。

（三）对职工进行教育与培训

职工的知识和技能是影响企业劳动生产率的重要因素。一般来说,通用性知识的传授靠教育,专门性技能的培养靠培训。提高职工的知识和技能,既要依靠社会化、专门化的教育机构,又要以企业为依托。

（四）承担更广阔的社会责任

企业作为人类社会的经济组织有两重性:它首先是经济组织,以经济效益作为基本目标;它同时又是由人组成的社会组织,有自己的社会责任。企业性质的双重特点决定了企业管理目标的双重性,即企业应追求经济效益和社会效益的统一。

三、技术创新

技术创新是指企业为了满足顾客和消费者不断变化的需求,提高企业竞争优势而从事的以产品及其生产经营过程为中心的一系列创新活动,包括要素创新、过程创新和产品创新。

（一）要素创新

参与技术创新的要素包括材料、设备和企业员工等。材料创新的内容有:开辟新的材料来源,以保证企业扩大再生产的需要;开发和利用廉价的普通材料(或寻求普通材料的新用途)代替量少价昂的稀缺材料,以降低产品的生产成本;改造材料的质量和性能,提高产品质量。设备创新包括:利用创新设备,调整手工劳动和机械化、自动化的比例;通过先进的科技成果改造和更新原有设备,提高生产效能;不断地更新设备,使企业生产建立在先进的物质技术基础上。人事创新既需要根据企业发展和技术进步不断从外部汲取符合要求的人力资源,又需要加大企业内部的人才培训力度,不断用新知识、新技术去武装职工和管理者。

(二) 过程创新

使用一定的方式将不同的生产要素进行加工组合,就是形成产品的过程。要素的组合包括生产工艺和生产过程的时空组织。工艺创新既要根据设备创新和材料创新的要求,改变加工方法,也要求在不改变现有设备和原材料的条件下改进操作技术和生产方法,以求使现有设备得到更充分的利用,现有材料得到更合理经济的加工。生产过程的组织包括设备、工装、在制品、半成品以及劳动者在空间上的配置和时间上的组合。生产过程的创新是要不断研究和采用更科学、更合理、更经济的时空配置,从而在不加大要素投入的前提下提高要素的利用效率,提高劳动生产率。

(三) 产品创新

产品创新是企业创新的核心内容,是企业技术创新的综合体现,它往往包含了其他的各种创新。从广义上来说,产品包括物质产品和非物质产品,也称有形产品和无形产品。就有形的物质产品而言,主要是品种创新和结构创新。品种创新要求企业根据市场和消费者需求的变化,及时调整企业的生产方向和生产结构,不断开发用户欢迎、适销对路的新产品。结构创新是不改变原有产品的基本性能,对现在生产的各种产品进行改进和改造,寻求更经济的材料,更合理的结构,更科学的工艺,使其生产成本更低,性能更完善,使用更安全经济,从而更具有市场竞争力。

四、制度创新

企业制度是企业组织的运行机制和运行方式的原则规定。企业制度主要包括产权制度、经营制度和管理制度。企业制度创新就是根据实际对原有各类制度进行调整或转变,以适应环境变化的要求。

(一) 产权制度

产权制度是决定企业其他制度的根本性制度,它规定着企业生产要素的所有者对企业的权利、利益和责任。产权制度的创新要根据企业的性质、规模、社会地位等因素探寻"个人所有"和"共同所有"的最佳组合方式。在知识经济中,有形的生产资料已经不再是企业的主要资源,知识和掌握知识的人才是企业的主导资源。因此,在产权制度创新中,知识、技术、才能也应获得应有的产权,并且在产权结构中的比重将越来越大。

(二) 经营制度

经营制度是有关经营权的归属及行使条件、范围、限制等方面的基本规范。它表明企业的经营方式,确定谁是经营者,谁来掌握企业生产资料的占有权、使用权、处置权,谁来确定经营方向、经营内容和经营形式,谁来保证生产资料的完整性和保值增值,谁来对生产资料所有者负责、负何种责任。经营制度创新应是不断寻求企业生产资料包括各种无形产权最有效的利用方式。美国制度经济学家加尔布雷思认为,在知识经济时代大公司内部发生的最重要的变化就是权力的转移,即公司权力由股东手中转移到了由经理、科学家、工程师、会计师等具有专门知识的"技术结构阶层"手中。

（三）管理制度

管理制度是行使经营权,组织企业日常经营活动的各种具体规则。在管理制度的众多内容中,分配制度是最重要的内容之一。分配制度涉及如何正确地衡量成员对组织的贡献并在此基础上如何提供足以维持和鼓励这种贡献的报酬。分配制度兼具激励和约束两种功能。分配制度的创新在于不断追求和实现报酬与贡献之间的平衡。

产权制度、经营制度、管理制度三者之间的关系是错综复杂的。一般来说,产权制度决定经营制度,但在产权制度不变的情况下,企业具体的经营方式可以随条件的变化及时进行调整。同理,在经营制度不变的情况下,企业具体的管理规则和方法也可以不断改进。反过来,企业管理制度的变化会反作用于经营制度,经营制度的变化又会反作用于产权制度。我国企业制度的改革就是循着这样的规律来进行的,企业制度创新的方向就是不断调整和优化企业所有者、经营者和劳动者之间的关系。通过创新,使各个方面的责、权、利得到更充分的体现,使企业的所有员工充分发挥他们的聪明才智。

五、组织创新

组织创新的实质是变革企业的组织体系使之适应变化了的环境。只要能提高企业的适应能力,无论是对组织全新构造,还是对其他地区、其他企业已有组织的移植模仿,或者是使脱离现实的组织回归复位,都属于创新。目前,组织创新呈现出四个趋势。

（一）"变扁"

随着信息技术在企业管理中的广泛运用,企业管理信息系统的普遍开发,信息可以在企业管理的最高层和最基层之间直接地输入输出,这将大大扩展管理者的管理幅度,减少中间的管理层次,提高管理效率,使传统的金字塔式的结构趋于扁平化。

（二）"变瘦"

为了提高企业自主创新的能力,原来"大而全"、"小而全"的臃肿结构剥离,将一些服务性、辅助性、甚至生产部门变成了相对独立的部门或公司,自身集中力量于主业以至全部集中在新产品和新技术开发上,同时加大协作力度,企业由此越来越精干。

（三）"变活"

为了适应知识经济下生产的"柔性化"和产品服务"个性化"的要求，企业组织将形成可以随时根据任务加以重新组合的灵活结构，矩阵组织就是一个发展趋势。

（四）"变小"

传统企业提倡规模经营，企业越大越好。在知识经济中，高科技企业是企业的核心和主干，而高科技企业并非越大越好。目前的趋势是：企业向两极分化，一方面大型企业不断联合兼并，形成全球性的国际型企业，成为行业的领头羊；另一方面中小企业迅速崛起，趋于小型化、个性化、微型化、家庭化，成为整个经济的基础和支柱。

在这种趋势下，许多创新型的企业组织形式应运而生。如网络型组织、团队型组织、无边界组织、学习型组织等。这些新的组织形式是企业在不同时期受不同环境影响，随经营活动的变化而调整的结果，目的在于更合理地组织管理人员，提高组织劳动效率。

六、文化创新

虽然企业的文化各不相同，但是企业文化创新的内核却存在着共性。这种共性就是在企业长期经营过程中，逐步培育和发展起来的独特创新的企业价值观、企业精神、行为准则。如果这些价值观、精神、准则能够适应时代和市场的潮流，推动企业创新并实现从优秀到卓越，则将成为企业核心竞争力的基础。这就是所谓的文化创新。

随着知识经济的出现，企业为适应社会环境的变化不断调整自然文化，并主动导入和塑造具有个性化特征的企业文化，主要形式如下。

（一）将企业文化作为知识经济条件下企业管理的重要手段

文化手段重要性的这种变化是与层级结构的网络化改造相关的。在实行分权化管理的网络化层级结构中，各工作单元也是决策中心。管理中枢主要通过信息的提供去影响、引导和协调这些单元的决策以及决策的组织实施。在这种情况下，用被企业员工广泛认同的价值观和行为准则去影响各工作单元在不同时空的行为方向、内容及方式的选择就变得至关重要了。"文化"将成为保证和促进网络化层级结构条件下企业组织活动一体化的黏合剂。

（二）自觉创造企业文化

企业文化不再是企业生产经营中的一种副产品。在网络化的层级结构中，当管理中枢无需直接利用权力去分配和协调下属单位的活动后，其重要的工作内容不仅是组织信息的收集、处理与传播，而是要通过基本政策的制定，借助各种沟通渠道,去倡导某种适合企业特点的文化,大张旗鼓地宣传这种文化,总结和介绍这种文化影响下成功工作单元的事例,以促进这种文化所包含的价值观和行为准则被各工作单元迅速普遍地接受,并使之成为影响它们行为选择的基本规范。

（三）企业文化既是记忆型又是学习型的

更准确地说,企业文化不是记忆型的,而是学习型的。传统的企业文化体现的主要是企业的"组织记忆"。假使环境不发生重要变化,人们依据昨天的经验和惯例还可以应对未来的变化。知识经济条件下的市场环境是急剧变化的,过去成功的经验在今天崭新的现实面前往往显得无力。知识经济条件下的企业在客观上需要行为准则和行为方式的不断创新。这种创新要求企业文化必须是学习型的。网络化的组织内纵横交错的沟通网络会使得各单元习得的知识与经验在组织内迅速传播。知识的迅速习得与经验的迅速交流将促进网络化层级组织不断创新,并推广新的行为准则和行为方式。

（四）允许异质价值观和行为准则的存在

网络化的组织文化多元化与各工作单元并行中心的特点不可能要求企业以整齐划一的方式行事。具有决策权的自主工作单元必然会在企业经营中表现出各具特色的个性化行为方式。与此同时,个性化需求的满足也使得企业不能像传统方式下那样以单一的规则和一致性的标准去约束自主工作单元的行为。

文化的多元化必然会促进企业文化的不断创新,从而会不断促进知识经济条件下的企业走向繁荣。

第三节　创新的过程、组织与方法

创新是对旧事物的否定,是对新事物的探索。对旧事物的否定,即：创新必定要突破原先的制度,破坏原先的秩序,必须不遵守原先的章程；对新事物的探索,创新者只能在不断的尝试中去寻找新的程序、新的方法,在最终的成果取得之前,可能要经历无数次反复、无数次失败,因此,它看上去必然是杂乱的。但这种"杂乱无章性"是相对于旧制度、旧秩序而言的,是相对于个别创新而言的。就创新的总体来说,它们必然依循一定的步骤、程序和规律。

一、创新的过程

总结众多成功企业的经验,成功的创新要经历寻找机会、提出构想、迅速行动、坚持不懈四个阶段的努力,如图 12-2 所示。

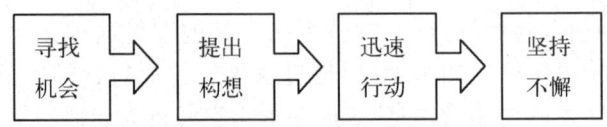

图 12-2 创新的过程示意图

（一）寻找机会

创新是对原有秩序的破坏，打破组织内部存在的或出现的某种不协调的现象，而这些不协调对系统的发展提供了有利的机会或造成了某种不利的威胁。创新活动正是从发展和利用旧秩序内部的这些不协调的现象开始。矛盾或不协调为创新活动提供了契机。矛盾或不协调既可能存在于组织的内部，也可能产生于对组织有影响的外部。

1. 内部常见的主要现象

（1）生产经营中瓶颈制约可能影响劳动效果的提高和员工劳动积极性的发挥。这种卡壳环节，既可能是某种工艺加工方法不完善，企业的某些分配政策不尽合理，也可能是某种材料的质地不够理想，且始终找不到替代品。

（2）意外的成功和失败可以成为企业创新的一个重要源泉。如：主要产品与派生产品的主次发生颠倒；某产品经过相应的改造、提升并未得到预期数量的订单；事先的市场预测结果与实际发生很大的差异等这些出乎企业预料的成功和失败，可以把企业从原先的思维模式中驱赶出来，产生新的思维理念。

2. 系统外部有可能成为创新契机的变化

（1）宏观经济环境的变化。国民经济的增长和萧条会给企业带来很大的影响，对市场扩张和收缩产生巨大的作用。

（2）人口的变化。可能影响劳动力市场的供给和产品销售市场的需求变化。

（3）文化与价值观念的转变。改变消费者的消费偏好或劳动者对所从事工作的态度。

（4）技术的变化。可能影响企业资源的获取，引起生产设备的改变。

（二）提出构想

组织敏锐地观察到了不协调现象的产生以后，就要透过现象究其本质、原因，并据此分析和测定未来的变化趋势，估计可能给组织带来的积极和消极结果，并在此基础上，努力利用机会或将威胁转化为机会。如采用头脑风暴等方法提出多种解决不协调现象，设法消除不协调，使组织系统在更高层次上实现平衡的创新构想。

（三）迅速行动

创新成功的秘密还在于迅速行动。提出的构想可能还不完善，但这种并非十全十美的构想必须立即付诸行动才有意义,因为没有行动的思想就会自生自灭,这句话对于创新思想的实践尤为重要。只顾追求完美,以减少受到讥讽和攻击的机会,就会坐失良机,把创新的机会白白地送给自己的竞争对手。所以,创新的构想只有在不断地尝试中才能逐渐完善,企业只有迅速地行动才能有效地利用机会。

（四）坚持不懈

创新构想经过尝试才能成熟,而尝试是有风险的,是不可能"一击中的"的,创新也可能失败。创新的过程是不断尝试、不断失败、不断提高的过程。因此,创新者在开始行动以后,为取得最终的成功,必须坚定不移地继续下去,绝不能半途而废;否则,便会前功尽弃。

二、创新活动的组织

组织创新不仅包括安排下属去进行某项具体的创新,而且包括为下属的创新提供条件、创造环境。但更重要的是组织、激励所有的成员开展创新活动,培养整个组织的创新精神。

（一）正确理解和扮演"管理者"的角色

管理者往往认为自己的职责就是保证预先制订的计划按部就班地实现,因而他们总是自觉不自觉地扮演现行决策计划和规章制度守护神的角色,忽视创新,对下属的创新活动有意无意地加以抵制,尤其对创新尝试中的失败吹毛求疵,甚至随意惩罚,这就误解了管理者的角色。管理者不仅是现行决策的实施者、规章制度执行的监督者,更是创新活动的带头人、鼓舞者、组织者和指导者。

（二）创造促进创新的组织氛围和条件

组织和促进创新要求在组织中大张旗鼓地宣传创新、激发创新、奖励创新,使大家树立"无功便是过"的新观念,使每个人都奋发向上、努力进取、跃跃欲试、大胆创新,以造成一种人人谈创新、时时想创新、无处不创新的组织氛围。使那些无创新欲望和行动而墨守成规、无所作为的人感到无立足之地。

（三）制订有弹性的计划

创新意味着突破原有的计划,打破已有的规则。这就要求计划必须要有一定的弹性,给创新留下余地。首先,创新要有时间,每个人"每天除了必需的工作时间外,必须抽出一定的时间去思考"。其次,创新需要有物质条件。如果计划没有给创新留出必要的资源（资金、场所等）,那么即使有很好的创新构想也无法迅速付诸试验,创新也就自生自灭了。再次,创新会打破原有的工作程序和规章,组织要有足够的宽容,甚至还要加以鼓励,在计划中给创新可能导致的改变留下空间。

（四）正确对待失败

在创新过程中,失败是不可避免的,创新的组织者必须充分认识到这一点,允许失败,支持失败,甚至鼓励失败。这绝不意味着组织鼓励人们去胡思乱想、随意行动,而是要求创新者大胆开拓,不怕失败,善于从失败中汲取教训从而缩短从失败到成功的路程。对组织者来说,面对任何创新都要求在不失时机的前提下严格论证,精心组织,尽可能减少失败,少走弯路。

（五）建立合理的评价的奖酬制度

要激发每个人的创新热情,保持长盛不衰,就必须建立合理的评价和奖励制度。创新的原始动机也许是个人的好奇心、成就欲,但如果创新的努力不能得到组织和社会的承认,不能得到公正的评价和合理的奖酬,个人创新的动力就会逐渐失去。只有通过恰当奖励制度鼓励探索和创新,才能激发个人和组织创新的长效发展。在设计奖励制度时,要注意物质奖励和精神奖励相结合,同时要兼顾竞争和合作的关系。

三、创新的方法

创新的方法包括创新的思维方法和创新的具体方法。

（一）创新的思维方法

1. 逆向思维法

逆向思维也称反向思维。正向思维与反向思维只是相对而言的。一般认为,正向思维是指沿着人们的习惯性思考路线去思考,而反向思维则是指背逆人们的习惯路线去思维。人们解决问题时,习惯于按照熟悉的常规的思维路径去思考,即采用正向思维,有时能找到解决问题的方法,收到令人满意的效果。然而,实践中也有很多事例,对某些问题利用正向思维不易找到正确答案,一旦运用反向思维,常常会取得意想不到的功效。这说明反向思维是摆脱常规思维羁绊的一种具有创造性的思维方式。

2. 立体思维法

立体思维也称全方位思维,是指跳出点、线、面的限制,能从上、下、左、右,四面八方去思考问题的思维方式。立体思维是作为与点式思维、线式思维、平面思维同一系列的思维形式而存在的,但它处于这一系列思维发展的最高点。点的思维是立体思维的开端或起点,线性思维是点的思维的延伸或扩展,平面思维是线性思维向着纵横两个方向扩张的结果,只有当思维上升为立体思维,从而研究认识对象的各个方面及各个方面上的各个点即各种规定性以及这些平面、点及其周围事物的相互联系时,才能够获得最无片面性的整体认识,运用立体思维往往能有所创新。

3. 直觉思维法

所谓直觉思维,是指不受某种固定的逻辑规则约束而直接领悟事物本质的一种思维形式。直觉思维具有迅捷性、直接性、本能意识等特征。直觉思维能把埋藏在潜意识中的思维成果,同显意识中所要解决的问题相沟通,从而使问题得到突发式、顿悟式的解决,它在人类的创新与发展中具有十分特殊的重要意义。直觉思维有利于人们突破思维定势,对事物产生崭新的认识;有利于人们模糊估量研究前景,大胆提出假说和猜想;有利于人们从整体上把握事物的本质和规律。

4. 发散思维法

发散思维是指大脑在思维时呈现的一种扩散状态的思维模式。它表现为思维视野广阔,思维呈现出多维发散状。不少心理学家认为,发散思维是创造性思维的最主要的特点,是测定创造力的主要标志之一。这种思维方式具有更大的主动性,使自己的思想从固有的观念中摆脱出来,从新的角度观察和认识事物,从而使原本互不相关的因素联结起来,产生新的构思。习惯于发散思维的人,不容易受既成理论的影响,不囿于旧的传统、观点和方法,善于和习惯于提出超常的构想和不同凡俗的观念。科学家的发明创造、艺术家的创作、理论家的新观点和领导干部的科学决策,主要是发散思维的结果。

(二) 创新的具体方法

1. 头脑风暴法

头脑风暴法是由美国创造学家奥斯本提出的一种激发性思维的方法。头脑风暴法指无限制的自由联想和讨论,其目的在于产生新观念或激发创新设想,其作用在于允许成员创新思维自由发挥、鼓励大胆表达创意,为创新的形成提供了一个发挥的空间和不受限制的平台。

2. 形态方格法

形态方格法是美国加州理工学院天体物理学家茨维基教授提出的一种具有系列组合特征的思考方法,以"旧因素的新组合"作为核心思想。他发现,很多创新成果并非都是全新的东西,而只是旧因素的新组合。进而想到,如能将旧有事物加以系统地分解组合,定能大大提高创新的可能性。

形态方格法的具体做法是：先确定影响决策的几个重要因素(这些因素应该是相互独立的),再列出这些因素的各种可能状态或变化范围;然后将各因素及其可能形态排列成矩阵形式;最后从每一因素中各取出可能形态做任意组合,从这些任意组合中剔除已经有过的,余下的就是新构想的可能来源。

3. 综摄法

综摄法又称类比创新法,是由美国麻省理工大学教授威廉·戈登提出的一种利用外部事物启发思考、开发创造潜力的方法。综摄法是以外部事物或已有的发明成果为媒介,并将它们分成若干要素,对其中的元素进行讨论研究,综合利用激发出来的灵感,来发明新事物或解决问题的方法。因此,它的最大用处在于利用其他产品取长补短、设计新产品以及制定营销策略等方向。

4. 属性列举法

属性列举法是美国尼布拉斯加大学的克劳福德教授提倡的一种著名的创意思维策略。此法强调使用者在创造的过程中观察和分析事物或问题的特性或属性，然后针对每项特性提出改良或改变的构想。属性列举法特别适用于老产品的升级换代。其特点是将一种产品的特性列举出来，制成表格，然后再把改善这些特性的事项列成表，以保证对问题的所有方面作全面的分析研究。

5. 组合法

组合法就是按照一定的内在关系，将多个要素联系起来，形成有机的整体，使整体价值大于各个要素的简单加和。组合法在发明创造中被经常运用，发明家们把各种看似毫不相关的东西放在一起，努力发现其中的内在联系，以便组合成新的更有价值的新产品。组合法揭示了策划思维的"整合"特性，把无关要素关联起来，就有可能产生聚变效应。

6. 联想创新法

联想创新法是依靠创新者从一事物联想到另一事物的心理现象来产生创意，从而进行发明或革新的一种方法。联想创新法就是鼓励我们做因果联想和对比联想。有时候，一些问题我们总是想不清楚，这时我们不妨反过来从结果开始想，也许我们会因此找到解决问题的方法，这就是因果联想。凡事都有两面性，当我们思考问题时，不妨为自己联想更多对立面，自我质疑。这样我们可能会想到最为贴切的创意点子，这就是对比联想。联想创新法鼓励我们多用联想力，配合正反思维，结果我们想到的创意就会较实用和可行，成功的几率也会较大。

7. 信息交合法

信息交合法是一种在信息交合中进行创新的思维技巧，即把物体的总体信息分解成若干个要素，然后把这种物体与人类各种实践活动相关的用途进行要素分解，把两种信息要素用坐标法连成信息标 X 轴与 Y 轴，两轴垂直相交，构成"信息反应场"，每个轴上各点的信息可以依次与另一轴上的信息交合，从而产生新的信息。信息交合法不但能使人们的思维更富有发散性，应用范围也更广泛得多，而且，这种方法能够有助于人们在发明创造活动中，不断地强化理性的——逻辑的思维能力的培养。

创新和所有工作一样，掌握了科学、恰当的方法就可以起到事半功倍的效果，否则，只能是南辕北辙。

第四节　技术创新战略的选择

技术创新战略是以创造新的长期竞争优势来获得高于平均水平的投资收益率

为最高境界的战略,也是企业进行技术创新的基本目的。任何企业都要选择和执行一套符合自身特点的技术创新战略。技术创新战略涉及创新的基础、创新的对象、创新的水平、创新的方式及创新的实现时机等多个方面。

一、创新基础的选择

创新基础的选择是指在何种层次上组织创新。一般有三个层次可供选择。

（一）模仿创新

利用别人的创新成果对本企业的生产过程、工艺技术、产品设计等进行改造,形成新的产品。虽然这种技术创新不能获得自主知识产权,但由于采用新技术而开发出了新规格、新品种的产品。这是独立技术研究开发能力不强的企业可以选择的一种创新战略,这种战略投入成本相对较低,成功率较大,风险相对较小。但由于是利用现成的技术,所以不能获得真正的竞争优势,只能跟在别人后面,做二流企业。从长远发展来看,这种战略只是低层次的,只能暂时采用。

（二）应用创新

利用新理论、新知识,对原有的生产工艺、作业方法、产品结构进行改造创新,技术创新从本意上来说主要指这种创新。这一层次的创新比起引进新技术的创新来说,成本和风险虽大,但作为自主开发的新技术,对于企业来说,不仅有新产品、新技术本身带来的经济收益和市场效应,而且还有专利技术产生的长远效益。

（三）基础理论创新

这种技术创新战略的实施不是企业本身短期突击性的工作可以完成的,它需要企业有雄厚的研究开发实力、高远的目标、巨大的投入、相当长的周期,它可能带来历史性的成功,不但使企业,而且使整个行业产生质的飞跃,但风险也极大。这是最高层次的创新战略,一般只能由科研力量雄厚、科工贸一体的特大型企业和企业集团采用。

二、创新对象的选择

企业可选择的创新对象主要涉及产品、工艺以及生产手段等三个领域。

（一）产品创新

产品创新使得产品在结构或性能上有所改进或全部创新,不仅能给消费者带来一种全新的享受,而且可能降低产品的生产成本或者减少产品在使用过程中的费用,所以给企业带来的不仅是特色的形成,而且可能是成本的优势。

（二）工艺创新

工艺创新则既可能为产品质量的形成提供更加可靠的保证,从而加强企业的特色优势,亦可能促进生产成本的降低,从而使企业产品在市场上更具价格竞争力。

（三）生产手段创新

生产手段创新不能孤立地进行，它可能是产品创新或工艺创新的结果，亦可能由此而引发产品或技术的创新。生产手段的改造受机器设备的制造、专门的技术、人员和其他生产条件的限制，一般由外部厂家来实现。但与此相关的产品创新或技术创新的意图或过程容易过早地为竞争者所察觉，从而难以通过创新带来竞争优势的形成或提高。在这种情况下，某些关键生产手段技术创新的内部组织就是必然的选择了。

三、创新水平的选择

创新水平的选择主要解决的问题是在组织企业内部的技术创新时，是采取领先于竞争对手的"先发制人"的战略，还是实行"追随他人之后"，但目的仍是"超过他人"的"后发制人"的战略。

先发制人可给企业带来如下好处：首先，可给企业带来良好的声誉。一旦某个企业在某个领域最先开发了某种技术，人们在评价这家企业时，也将主要是以技术领先者的形象去看待它。其次，可使企业占据有利的市场地位。先发制人可使企业占据丰厚利润的市场区段，其经营方法有可能逐渐被整个行业所接受，并成为行业的标准。此外，率先行动者可以利用先进入的机会，选择最为有利的销售渠道，并且封锁后来者利用现存机构进入市场的通道，使后来者难以进入市场或至少提高其进入市场的成本。还有，由于新产品的诱人前景，可使企业获得有利的要素来源，同样可以封锁后来者的要素供应。最后，可使企业获得一定时期的高额垄断利润和专利技术所带来的收益。

但是，率先行动带来的并非都是鲜花，"先发"并非每次都能达"制人"的目的。率先开发某种技术或产品可能给企业带来以下几个方面的风险：其一，新产品及新市场的开发需要先期大量的投入，这种投入对于先发制人者只能独自承担，往往风险和收益是不完全对称的。其二，新产品能否为消费者所接受，市场容量到底有多大，产品的生命周期有多长，这些在开发时都是不确定的。与之相反，后期行动的企业则可以根据先期行动的企业提供的信息做出决策，相对风险较小。其三，技术的不确定性。一方面，一种新技术在开发运用之初总是不完善的，需要不断改进才能逐渐成熟起来；另一方面，技术的变化发展既有连续性，又有跳跃性，这就为赶超者提供了后来居上的机会。

由于这些原因，许多企业宁愿采用追随的战略，而不愿先人一步。但现实的情形显示，当前科技成果向产业转化的周期和技术产品市场生命周期更短，发展中国家学习别国的技术和经验而赶上发达国家的难度正在加大，所谓的"后发优势"的作用将越来越弱,甚至部分领域如果"后发"就只有劣势可言。

四、创新方式的选择

企业的技术创新方式有两种:利用自己的力量独家开发创新;与外部生产、科研机构联合共同开发。

(1)独家开发,要求企业拥有数量众多、实力雄厚、水平较高的研究人员和技术队伍,具有足够数量的资金。独自开发的成功,可使企业获得一个时期其他企业难以匹敌的竞争优势和垄断利润;但如开发达不到预期目的,企业也将独自吞下失败的后果。

(2)联合开发,企业可以与协作伙伴集中更多的资源条件进行更为基础性的创新研究,可以共同承担创新的风险。当然开发成功,企业不能独自享用创新带来的市场收益。

采取哪种组织形式,要根据企业自身的技术条件和资源条件,根据创新对象的层次特点确定。对于基础理论创新及其应用研究创新,提倡联合开发。这是因为与基础理论相关的技术创新需要巨大的先期投入,需要多方面雄厚的技术力量,需要承担相当大的失败风险。联合开发不仅可使合作各方共同承担巨额的开发费用,分散开发风险,而且由于资源尤其是技术资源的优势互补,而能较快地开发出独自开发难以成功的新技术和新产品。如果企业单独进行技术创新尤其是与基础理论相关的技术创新,所从事的大多属于相同的重复性的研究,这不仅可能由于力量分散而进展缓慢,而且导致整个社会资源,尤其是最重要的人力资源的浪费。如果将此类创新活动在一定范围内有组织的协调进行,不仅会带来资源的共享和节约,而且必然会大大加快成果形成的速度,将在更大的范围内使更多的企业获益,带来整个行业以至整个社会的技术进步。

知 识 测 试

一、概念辨析

创新 技术创新 制度创新 组织创新

二、即问即答

1. 创新作为管理的基本职能,它有什么特征?

2. 简述创新的原则及其在管理中的作用。

3. 创新的基本内容有哪些?技术创新主要包括哪些内容?

4. 创新需经历哪些过程?如何组织?

5. 简述创新常用的方法。

6. 试述技术创新战略选择方式,如何认识"先发制人"或"追随他人之后"的技术创新战略?

技 能 训 练

『训练目标』

◇ 理解创新的含义、作用

◇ 理解创新的主要内容

◇ 建立创新意识,掌握创新的方法

一、管理定律应用

达 维 多 定 律

一家企业要在市场中总是占据主导地位,那么就要做到第一个开发出新一代产品,第一个淘汰自己现有的产品。如果被动地以第二或者第三家企业将新产品推进市场,那么获得的利益远不如第一家企业作为冒险者获得的利益,因为市场的第一代产品能够自动获得50%的市场份额。

[举例] 海 尔 彩 电

海尔为我们提供了在传统行业家电市场上,优势企业通过不断创新而保持自己优势地位的案例。

海尔彩电从创立之日起,就创造了许多让人"想不到"的产品:

拉幕式彩电,海尔称之为"晶视2000"。这种彩电开机时,精彩的好戏从屏幕中间徐徐拉开,关机时,如戏台落幕,从两侧向中间合拢关闭,让电视开关具有舞台的艺术性。它的最大好处还在于:开机软启动,避免了图像的闪烁对人眼的伤害;关机零闪烁,避免了强光束对屏幕中心的冲击,可以延长显像管寿命近一倍,所以又有人称其为"长寿彩电"。这种彩电问世后,一向以工业设计和数字技术居国际一流而自豪的德国人也赞叹不已。

可以升级的彩电,海尔称为"全媒体、全数字"彩电。过去的彩电都是将电视机的功能固定在一块线路板上,而海尔令人意想不到地采用了与计算机相同的模块化设计,不但可以使各个功能模块实现交互式双向信息交流,而且还可以随着技术的更新发展和人们的需求来更换模块,使其功能站在潮流的最前头。

家庭影院彩电,海尔称为"AV战神"。这一款彩电首次实现了真正的AV立体声系统,营造出可与专业音响媲美的全空间多维环绕立体效果,刚一出场,在北京、武汉等地日销量就达数百台。

在一个市场细分的年代,"想不到"的产品其实也就是个性化的产品。在千变万化的市场需求中,不同的人群有不同的需求,瞄准这种千差万别的需求是海尔人创新的方向。正是因为把握了这个方向,海尔才保持了自己的持续领先地位。

[点评] 达维多定律告诉我们:只有不断创造新产品,及时淘汰老产品,使成功的新产品尽快进入市场,才能形成新的市场和产品标准,从而掌握制定游戏规则的权利。

二、管理案例分析

轮胎可以做什么?

缺乏创造力的人会说用来做救生圈或者捆在树上做秋千,富有创造力的人会说诸如"当大象的眼镜架"或是"机器人头上的光环"。富有创造力的人比缺乏创造力的人更加灵活。

美国明尼苏达采矿公司能产生新颖的思想并转换成盈利的产品,如玻璃纸袋、防刮、保护材料、带有松紧的一次性尿布等;同样,英特尔公司在芯片微型化方面领先于所有的制造商。当时,386和486芯片的开发成功,使该公司占有了与IBM兼容的个人计算机微处理器市场的75%份额。以50亿美元的年销售收入作为支撑,该公司每年投入12亿美元用于厂房和设备,8亿美元用于研究开发,从而保证有新的更有力的产品源源推出,使公司保证竞争的领先地位。

[分析问题]

1. 两家公司的创新模式给现代企业的启示是什么?

2. 企业应该如何进行创新呢?

[分析思路]

1. 由于内外环境的不同,其创新管理模式不尽相同。对两家公司在技术创新、战略创新、文化创新、知识创新等方面的比较分析,得出对我国企业创新管理的启示。

2. 按照创新原理从提升各方面创新能力提出建议。

[实施建议]

1. 教师先将训练目的和要求清楚地传达给学生,强调创新方式的选择。

2. 分组讨论,课下认真准备,课堂讨论,时间限制在20分钟内。

3. 由小组抽签决定各小组出场次序。

4. 其他小组给出评价成绩,由教师对评价成绩综合后给出最后成绩。

三、管理技能训练

[训练项目] 打破思维定势。

[训练内容] 9个点和16个点的图形,展示给学生看。请大家分别只用四条和六条相接的直线(每条直线必须相连,而且不能相互重叠),分别将这9个点和16个点连接起来。

讨论：

1. 在我们尝试将点连接在一起的时候哪些观点影响了我们？

2. 有什么关键性的东西可以帮助我们摆脱这种困难？

3. 这个练习对我们的工作有什么启发？

[训练要领]

1. 给学生几分钟时间，让他们进行各种尝试。

2. 请一位学员上台进行演示。

3. 教师将正确答案展示给大家。

告诉学生他们固有的思维模式在一定程度上会阻碍他们学习新事物。

让学生领会这个游戏的关键在于要打破脑海中 9 个点和 16 个点形成的正方形，想到向外拓展。

第六部分
伦 理 与 责 任

第十三章　管理伦理与社会责任

第十三章 管理伦理与社会责任

本章网络结构图

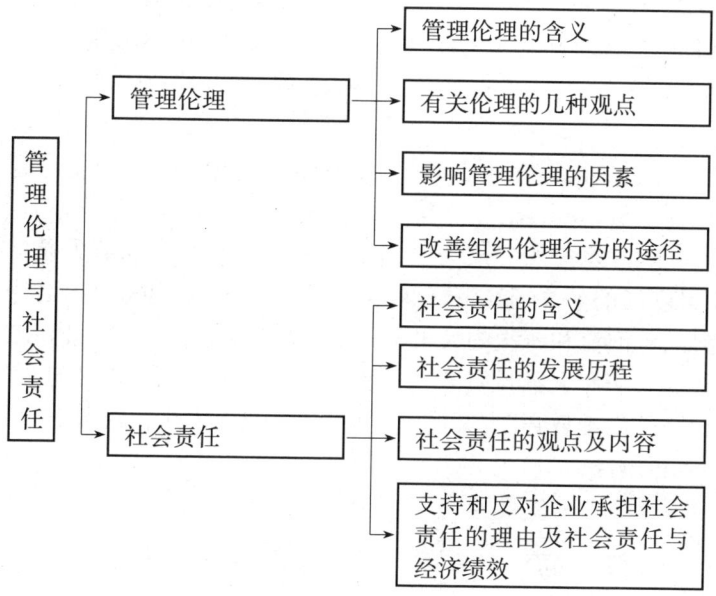

本章学习目的

◇ 理解管理伦理的含义及影响管理伦理的因素
◇ 掌握改善组织伦理行为的途径
◇ 理解社会责任的含义
◇ 掌握社会责任的观点及内容
◇ 理解社会责任与经济绩效之间的关系

【引导案例】 锦湖轮胎的道德沦丧

2011 年,央视 3·15 晚会上锦湖轮胎被揭露在轮胎制造过程中存在违规生产的严重问题。为了保证轮胎品质,锦湖轮胎制定了严格的作业标准,然而在制造过程中,却大量超标准使用返炼胶制作轮胎,置乘客生命于不顾,为中国数十万汽车用户埋下一个个"地雷"。锦湖轮胎是全球十大轮胎企业之一,为包括北京现代、一汽大众、上海通用、东风标致、长城汽车、通用汽车等众多汽车厂家提供配套轮胎,是中国国内配套市场占有率第一的轮胎品牌。锦湖轮胎天津有限公司是其在中国投资的第二家工厂。早在央视曝光之前,关于对锦湖轮胎质量问题的质疑声就一直不曾中断过。许多使用锦湖轮胎的车主陆续发现,轮胎在使用后出现鼓包、爆胎、裂纹等问题,但投诉始终没有下文。在 2011 年 3·15 晚会曝光后,许多消费者维权的呼声日益高涨,明确提出了"第一道歉、第二召回"的强烈要求。

管理伦理思想从人类管理活动产生之日起就开始萌芽,但是真正使全社会关注管理伦理,则是从 20 世纪 70 年代起在美国,80 年代起在欧洲,管理伦理才成为人们的热门话题,并迅速发展成为一门正式学科。其直接的起因是 20 世纪 80 年代比较集中暴露出的一系列经济丑闻,如飞机采办中的行贿受贿、化学工厂中有毒气体的大爆炸、对河流和海洋的大批污染、食物污染、汽车走私、非法武器出口以及内部贸易、证券公司和大额投资者的非法活动等。而一谈到"丑闻"、"腐败",许多人便开始注意到"伦理教育"方案的重要性,认为只有发生伦理观念上的变革,才能把这些问题真正解决。

第一节 管理伦理

一、管理伦理的含义

"伦理"一词,最早见于秦汉之际成书的《乐记》:"乐者,通伦理者也",意指音乐同伦理是相通的。这里所说的"伦理"已含有人们之间关系的基本意思。东汉经学家郑玄认为,在汉语"伦理"二字中,"伦,犹类也;理,犹分也"。东汉文字学家许慎等人则从文字学上解释道:"伦",从人从仑,故仑字有"条理"、"思虑"等意,加上人字作偏旁,便含有人与人之间应有之理的意思。"理",原指玉石的纹理,意指事物内在的"纹理",即事物的基本特征和规律。"伦理"合称即指人与人之间相处应当遵守的道理,或者说处理人与人之间关系的行为规范和准则。伦理和道德常常连用,它们的意思基本上是一样的。在英汉词典中,ethics 和 morality 都可译为伦理或道德。说某事违背伦理和不讲道德的含义是相同的。道德是依靠社会舆论、人们的内心信念和传统习惯,以善恶评价的方式来调节人与人之间、个人和社会之间的行为规范的总和。

> 市场没有心脏和大脑,因而不能指望市场自身能够自觉地意识到它所带来的严重的社会不平等,更不能指望市场自身来纠正这种不平等。
>
> ——哈里·马克维茨

管理伦理观念是美国在 20 世纪 70 年代提出的。有人认为在当今时代,如果企业只追求利润而不考虑伦理道德,则企业的经营活动将越来越为社会所不容,必定会被时代所淘汰。也就是说,如果在企业经营活动中没有必要的伦理道德观指导,经营本身也就不能成功。树立企业的管理伦理观念,体现了重视企业经营活动中人与社会要素的理念。管理伦理也可称为管理道德,在企业文化中属于社会文化层面,它作为一种价值观念内涵于企业活动之中,它是指组织管理者在管理实践中应当遵循的道德原则和道德规范。

二、有关伦理的几种观点

(一)功利主义伦理观

功利主义伦理观认为决策要完全依据其后果或结果做出。功利主义的目标是为尽可能多的人提供尽可能多的利益。接受功利主义的管理者可能认为解雇其工厂中 20% 的工人是正当的,因为这将增强工厂的盈利能力,使余下的 80% 工人的工作更有保障以及符合股东的利益。一方面,功利主义对效率和生产率有促进作用,并符合利润最大化的目标;另一方面,它会造成资源配置的扭曲,尤其是在那些受决策影响的人没有参与决策的情况下。同时,功利主义也会导致一些利益相关者的权利受到忽视。

(二)个人主义伦理观

个人主义伦理观认为,对个体具有长期利益最大化的行为是道德的行为。个体的个人导向是至高无上的,任何外部限制个人导向的势力都应当予以严格的制约。个体将自己长期的利益作为决策的依据,其利己性的趋利避害行为会是个体追求自我完善和个体之间相互适应的过程,整个社会都会从中受益。所以,个人主义是一种较优的伦理处理方法。从长期的角度来说,个人主义的效用最好,因为它可以使个体趋于诚实和完善。

（三）权利至上的伦理观

权利至上的伦理观关注于尊重和保护个人自由和特权，包括隐私权、思想自由、言论自由、生命与安全以及法律规定的各种权利。例如，当雇员揭发雇主违反法律时，应当对他们的言论自由加以保护。权利观的积极一面是它保护了个人的自由和隐私。但它在组织中也有消极的一面：它能够造成一种关注保护个人权利胜过把工作做好的工作气氛，而阻碍生产力和效率的提高。

（四）公平原则的伦理观

公平原则伦理观要求管理者公平和公正地贯彻和加强规则，并在此过程中遵守所有的法律法规。管理者可能会应用公平观理论来决定给那些在技能、绩效或职责方面处于相似水平的员工支付同等级别的薪水，其决策的基础并不是性别、个性、种族或个人爱好等似是而非的差异。按公平原则行事，也会有得有失。得的是它保护了那些未被充分代表的或缺乏权力的利益相关者的利益，失的是它可能不利于培养员工的风险意识和创新精神。

（五）综合社会契约的伦理观

综合社会契约的伦理观主张把实证（是什么）和规范（应该是什么）两种方法并入商业伦理中，即要求决策者在决策时要综合考虑实证和规范两方面的因素。这种伦理观综合了两种契约：经济参与人当中的一般社会契约，这种契约规定了做生意的程序；一个社区中特定数量的人当中的较特定的契约，这种契约规定了哪些行为方式是可接受的。这种经营的伦理观提倡管理者观察当前各行各业以及各个公司的道德准则，从而决定是什么构成了正确的和错误的决策和行动，因而它与其他三种伦理观是不同的。

研究表明，大多数人在做生意时，对伦理行为持功利主义态度。因为这一观点与效率、生产力和利润等目标是一致的。但是，由于管理者所在的环境正在发生变化，这一观点也需要改变。强调个人权利、社会公正和社区标准的趋势意味着管理者需要以非功利标准为基础的道德准则。这对当今管理者是一个实实在在的挑战，因为依据这些标准制定决策要比依据效率和利润等功利标准制定决策含有更多的模糊性，结果自然是管理者日益发现自己正在道德困境中艰难行进。

三、影响管理伦理的因素

影响管理者的行为是否符合管理伦理标准，主要有三大因素，即个人因素、环境因素和问题强度。个人因素包含三项内容：管理者的道德观、个人道德发展阶段和个人特征。环境因素包含两项内容：组织结构和组织文化。问题强度是指管理者所面对的具体决策问题，如图 13-1 所示。

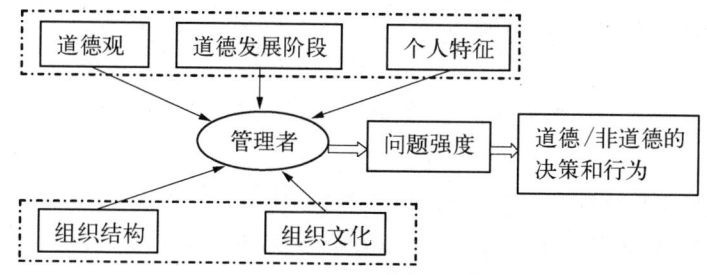

图 13-1　影响管理道德的因素

这些因素相互交织,作用形式复杂。一个管理者如果受到规则、政策、工作规定或强文化准则的约束,即使他是一个缺乏强烈道德感的人,他做错事的可能性也很小。反之,一个非常有道德的人,也可以被一个组织结构不良的允许或鼓励非道德行为的文化所腐蚀。此外,管理者更可能对道德强度很高的问题制定出符合道德的决策。

（一）个人因素

1. 管理者的道德观

管理者的道德观是指管理者个人接受和持有何种道德观。如前面所述的功利主义观、权利至上观、公平原则观等。

2. 道德发展阶段

西方道德伦理学家把人们的道德发展归纳为三个层次六个发展阶段:前惯例层次、惯例层次、规范与原则层次。每个层次均包含两个阶段,如表 13-1 所示。

表 13-1

个人道德发展阶段

层　　次	阶　　段
前惯例层次: 只受个人利益的影响。决策的依据是本人利益,这种利益是由不同行为方式带来的得失决定的。	1. 遵守规则以避免受到物质惩罚。 2. 只在符合你的直接利益时才遵守规则。
惯例层次: 受他人期望的影响。包括对法律的遵守,对重要人物期望的反应,以及对他人期望的一般感觉。	3. 做你周围的人所期望的事。 4. 通过履行你允诺的义务来维持平常秩序。
规范原则层次: 受个人用来辨别是非的伦理准则的影响。这些准则可以与社会的规则或法律一致,也可以不一致。	5. 尊重他人的权利,置多数人的意见于不顾,支持不相干的价值观和权利。 6. 遵守自己选择的伦理准则,即使这些准则违背了法律。

前惯例层次道德水平的特点是仅受个人利益的影响,按怎样对自己有利制定决策,并按照什么样的行为方式会导致奖赏或处罚来确定自己的利益。其行为特征是严格遵守规则以避免物质惩罚;只在符合直接利益时才遵守规则。

惯例层次的道德水平受他人期望的影响。其行为特征是自己周围的人所期望做的事,包括对法律的遵守,对重要人物期望的反应,以及对他人期望的一般感觉;通过履行自己所认同的准则的义务来维护传统的秩序。

规范与原则层次的道德水平受自己认为是正确的个人行为准则的影响,即受个人用来辨别是非的伦理准则的影响。这些准则可以与社会的规则或法律不一致。其行为特征表现为遵循自己所选择的道德准则。在这个发展过程中,个人的道德发展越来越不受外界的影响,越来越具备道德的主体性。

研究发现,人们以前后衔接的方式依次通过这六个阶段,而不是跳跃式地前进;道德发展随时可能中断,发展可能停止在任何一个阶段上;大部分成年人的道德水平处于第四个阶段上,他们被束缚于遵守社会准则和法律。一个管理者达到的道德阶段越高,就越倾向于采取符合道德规范的行为。例如,处在第三阶段的管理者可能制定出能得到周围人支持的决策;处于第四阶段的管理者将寻求制定尊重企业规则和程序的决策,以成为一名模范的员工;处于第五阶段的管理者更有可能对他认为错误的组织行为提出挑战;处于第六阶段的管理者如中国企业家史玉柱在巨人集团破产后东山再起时,坚持要还清法律规定可以不还的欠债。

3. 个人特征

组织中的每个人都会有一套相对稳定的判断是非的价值准则,它们是关于正确与错误、善与恶、勤奋与懒惰、诚信与虚假等基本信条的认识。这些价值观往往源于家庭背景、人生经历和所处的社会阶层。管理者通常有不同的个人价值观准则,它构成道德行为的个人特征。由于管理者的特殊地位,这些个人特征很可能转化为组织的道德理念与道德准则。

个人特征主要受两个变量的影响:自我强度和对人生的控制程度。

(1) 自我强度。罗宾斯将自我强度解释为管理者的自信心的强度,是"衡量个人自信心强度的一种个性度量"。实验表明,自信心高的人比自信心低的人更能克制冲动,也更能遵循自己的判断,去做自己认为正确的事,从而在道德判断与道德行为之间表现出更大的一致性。

(2) 对人生的控制程度。人生控制是"衡量人们相信自己掌握自己人生命运程度的个性特征",是个人认为自己在多大程度上是自己命运的主宰。它实际上是管理者自我控制、自我决策的能力。罗宾斯把人生控制区分为内在控制与外在控制两个方面。具有内在控制信念的人,自信能控制自己的命运,把握自己的人生;而具有外在控制信念的人则常常是听天由命,认为运气和机会由命中注定。

从道德的观点看,具有内在控制的管理者,将根据内在的是非标准指导自己的行为,并作为决策的依据,则更可能对其行为后果承担责任,从而在道德判断与道德行为之间表现出更大的一致性。具有外在控制的人不大可能对他们的行为后果负个人责任,更可能依赖外部的力量,表现为"随波逐流"。

（二）环境因素

影响管理伦理的环境因素主要有两个方面,即组织结构和组织文化。

1. 组织结构

组织结构对管理道德的影响体现在较多方面:

（1）组织结构的关键在于减少模糊性。因为模糊性小的组织结构有助于促进管理者的道德行为。正式的规章制度、职务说明和明文规定的道德准则可以降低组织结构的模糊程度,从而可以促进行为的一致性。

（2）上级管理行为的示范作用。上行下效,上级的行为对个人的道德或不道德行为具有强有力的影响。下级关注管理当局在做什么,并以此来确定什么是可以接受的和上级期望的行为标准。

（3）合理的绩效评估体系。要用科学的方法制定出切实可行的评估指标和评估程序,客观、全面地评价每一位员工。一个仅以成果为唯一标准的系统,会使人们在指标的压力面前"不择手段",会助长不道德的行为。

（4）报酬的分配方式、赏罚的标准也是影响管理者道德行为的重要因素。因为它直接与道德的一个重要标准相联系,就是公正。公正的程度关系着人们的道德选择,也关系着人们对道德的信念和坚持。

此外,在不同的组织结构中,管理者在工作时间、竞争和成本等方面的压力也不同,压力越大,越有可能降低道德标准,从而达成妥协。

2. 组织文化

组织文化是组织在长期的实践活动中形成的为组织成员普遍认可和遵循的具有本组织特色的价值观念、团体意识、行为规范和思维模式的总和。

组织文化有高道德规范文化、低道德规范文化、强文化和弱文化之分。高道德规范文化是指对冲突高度宽容、高风险承受度、高控制和高道德规范的组织文化。在这种组织文化环境下,管理者积极进取创新,自我识别不道德行为,敢于向不合理的现状提出质疑和挑战。强文化是指有明确的价值观和组织文化导向。强文化比弱文化对管理者影响更大。在一个较弱的组织文化中,即使人们具有正确的道德标准,在遇到矛盾和冲突时也难以坚持原有的道德标准,从而导致管理者的非道德行为。现代企业中的承诺制之所以难以得到长期和始终的坚持,组织文化的强度不够是一个重要的原因。

（三）问题强度

问题强度是指该问题如果采取不道德的处理行为可能产生后果的严重程度。关于道德问题的强度,具体可以从以下六项内容进行判断,如图 13 - 2 所示。

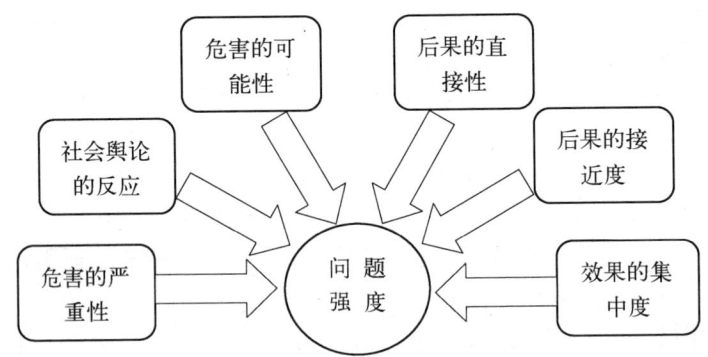

图 13 - 2　问题强度的特征示意图

1. 危害的严重性

管理者的某项决策将有多少直接或间接的受害者(或受益者),他们受到多大程度的伤害(或利益)。

2. 社会舆论的反应

管理者的某项决策或管理行为,社会舆论认为这种行为是邪恶的(或善良的),社会舆论将做出多大的反应。

3. 危害的可能性

管理者的某项决策将实际发生和可预见的危害(或利益),这种危害的可能性有多大。

4. 后果的直接性

管理者的某项决策后果的时效和持续时间有多少?

5. 后果的接近度

管理者的决策产生的效应和后果,行为者和行为的受害者(受益者)的关系的接近程度如何,若相对较近,人们的感受较直接;若相对较远,人们的感受较轻微。

6. 效果的集中度

决策产生的效应和后果，是集中作用于少数人身上还是分散在大多数人身上。若作用于少数人身上，效果就十分强烈和明显。

根据上述六项内容，倘若某种管理行为造成人们受到的伤害很大，社会舆论反应强烈，可预见危害的可能性较大，行为到后果的时滞时间短，观察者与受害者接近和感觉明显，不良后果集中在少数人群身上，则问题强度就大；反之，问题强度相对较小。对问题强度大的管理决策，管理者应该更加谨慎，若采取不道德的行为，其后果将十分严重和反应强烈。当然，这里并不是说，对于问题强度小的决策问题，管理者可以大胆采取不道德的行为，而是问题强度大的管理决策会促使管理者更为谨慎。

四、改善组织伦理行为的途径

在组织的管理活动中存在各种各样的道德问题，这些问题的解决，需要通过改善组织伦理行为来完成。组织伦理行为的改善主要有以下几个途径。

(一) 挑选高道德素质的员工

每个人由于所处的道德发展阶段、生存环境、所接受的教育等不同，具有不同的个性特征，形成不同的价值观念和道德准则，这些不同的价值观念和道德准则可能会带到工作中去，因此组织在员工特别是管理人员的招聘过程中，就必须进行道德考察，剔除道德上不符合要求的求职者和候选人。挑选的过程，应当视为了解个人道德发展水平与道德品质的一个机会。但是，仅仅通过挑选这一控制措施，是很难把伦理标准有问题的求职者挡在门槛之外的。所以，通常做法是辅之以其他控制措施。有时，通过生活或工作中的一些细节，就能判断出对方的内心世界和道德水准。

挑选过程的另一作用是有助于管理者了解个人道德发展阶段、个人特征如个人价值观、自我强度和人生控制的认识等。

(二) 建立道德准则和决策规则

在一些组织中，员工对"道德是什么"认识不清，这显然于组织不利。建立道德准则可以缓解这一问题。

道德准则是表明一个组织基本价值观念和它希望员工遵守的道德规则的正式文件。道德准则不能太笼统，即既要相当具体以便让员工明白应以什么样的精神来从事工作，以什么样的态度来对待工作，规定的内容也要相当宽泛，允许员工在不违反原则前提下有个人见解和行动自由。因此，建立道德准则是减少道德问题、改善道德行为的一项有效措施。

美国《幸福》杂志列出全美最好的 1 000 家公司中，几乎 90％的公司都有一套明文的道德法规。下面是麦道公司的道德准则，如表 13 - 2 所示。

表 13 - 2

麦道公司的道德准则

为了使正直和道德成为麦道公司的特征,作为公司成员的我们必须努力做到:

(1) 在我们所有的交往中要诚实和守信。
(2) 可靠地执行分派的任务和责任。
(3) 我们所说的和所写的一切要真实和准确。
(4) 在所从事的所有工作中要协作和富于建设性。
(5) 对待我们的同事、顾客和其他所有人都要公平和体贴。
(6) 在我们的所有活动中要守法。
(7) 始终以最好的方式完成全部任务。
(8) 经济地利用公司资源。
(9) 为我们的公司和为提高我们所生活的世界的生活质量奉献自己的服务。

正直和高尚道德标准要求我们努力工作、具有勇气和做出艰难选择。有时为了正确的行动路线,员工、高层管理人员和董事会之间进行磋商是必要的。正直和道德有时可能要求我们走在生意机会之前。从长期来看,我们做正确的事情比做权宜的事情能获得更好的结果。

管理者对道德准则的态度(是支持还是反对),以及对违反者的处理办法,对道德守则的效果有重要影响。我国当前社会的部分成员价值观混乱,有些人职业道德观念十分淡薄。其原因之一在于,各级管理者长期以来只满足于提出空洞的道德口号,没有进一步要求各行各业及各个组织健全道德准则,更没有把守则变为员工的职业道德行为。

（三）在伦理方面领导员工

道德准则要求管理者尤其是高层管理者应以身作则,在道德方面起领导作用,主要体现在以下两个方面。

1. 高层管理者在言行方面是员工的表率

管理者应当以自己克己奉公、敬业奉献的行动和诚信友善的态度取得员工的敬佩和支持,在道德方面起模范带头作用。每一个管理者都应当推己及人,要求别人做的,首先自己要做到。只有自己廉洁自守、兢兢业业,才能要求员工为集体尽力。管理者通过他们的言行建立了某种文化基调,这种文化基调向员工传递和暗示了某些信息。如:高层管理者把公司的资源占为己有、虚报支出或优待好友,这无疑向员工暗示,这些行为都是可以接受的。

2. 高层管理者可通过提升和奖惩制度影响员工的伦理行为

选择什么人作为提升的对象,选择什么事作为奖赏的对象,将向员工传递强有力的信息。在现实生活中,有一些人擅长溜须拍马、弄虚作假,通过不正当手段博取领导信任。晋升这些人实际是对不良道德的鼓励,对诚实正直、实事求是品德的否定,最终会伤害多数人的积极性,影响组织发展。

奖惩也同样如此,必须奖励真正该奖励的人,不让老实人吃亏。同时,对明显不道德的行为,应及时做公开谴责和必要的行政处罚,让组织中所有人都认清后果,这就传递了这样的信息:做坏事要付出代价,不道德行为不是你的利益所在,从而促进社会风气的好转。

（四）设定合理的工作目标

员工应该有明确和现实的目标。如果目标对员工的要求不切实际,即使目标是明确的,也会产生伦理问题。如过低的目标,会降低实现目标的门槛,减轻应尽的责任,如此设定目标也是不道德的。过高的目标把员工压得透不过气,即使是素质较高的员工也会迷惑,很难在道德和目标之间做出选择,有时为了达到目标不得不牺牲道德。明确而合理的目标可以减少员工的迷惑,并能激励员工而不是惩罚他们。

（五）重视对员工进行伦理教育

越来越多的组织意识到对员工进行适当的道德教育的重要性,它们积极采取各种方式来提高员工的道德素质,如开设研修班、组织专题讨论会等。人们对这种做法意见不一。反对者认为,个人价值体系是在早年建立起来的,因此对成年人的教育是徒劳无功的。而支持者指出,道德作为一种意识形态本身就是动态发展的,无论是高尚的道德品质还是低劣的道德品质,都有其形成和发展的过程。进入工作单位后,员工的道德水准会因工作环境、组织文化和单位管理水平的差异而有较大的变化。另外,他们也找了一些证据,这些证据表明:向员工讲授解决道德问题的方案,可以改变其行为;道德教育提升了个人的道德发展阶段;道德教育至少可以加深有关人员对职业道德的认识。

（六）对绩效进行全面评价

绩效评价全面与否,对道德建设有重要影响。许多组织的奖励之所以没有达到预期的效果,主要是绩效评价的片面性造成的。如仅以经济成果来衡量绩效,无视工作中的道德影响,人们为了成果就会不择手段,从而产生不符合道德的行为。如果组织想让其管理者坚持高的道德标准,它在评价的过程中必须把道德方面的要求包括进去。在对管理者的评价中,不仅要考察其决策带来的经济成果,还要考虑其决策带来的道德后果。

因此,绩效评价必须全面而科学:既要看结果,又要看手段,看整个过程有无不道德问题发生;既要看近期经济绩效,又要看对组织长期发展的影响,防止行为短期化;既要看经济效益,又要看社会效益和生态效益,防止对社会和环境产生不利的影响。总之,绩效评价要达到手段和结果的统一,近期和长远的统一,经济效益、社会效益和生态效益的统一。

（七）进行独立的社会审计

进行独立的社会审计是改善管理伦理的重要手段。根据组织的道德准则对管理者进行独立审计，可以发现组织的不道德行为。惧于社会审计的威慑力，可以降低不道德行为发生的可能性。这种措施抓住了人们害怕被抓住的心理，被抓住的可能性越大，产生不道德行为的可能性就越小。

审计包括内部审计和外部审计。比较而言，内部审计因缺乏独立性而往往"走过场"，外部审计独立性强，能有效达到预期的目的。审计可以是例行的，如同财务审计，也可以是随机的，不事先通知。有效的道德计划应该同时包括这两种形式的审计。审计员应该对公司的董事会负责，并把审计结果直接交给董事会，这样做是为了确保客观、公正。

（八）提供正式的保护机制

当人们面临道德困境时，究竟是坚持还是放弃道德原则，这不仅取决于个人的道德水准，还和组织与社会是否提供正式的道德保护机制有关，正式的保护机制可以使那些面临道德困境的员工在不用担心受到斥责或报复的情况下自主行事。

组织可以任命道德顾问，当员工面临道德困境时，可以从道德顾问那里得到指导。道德顾问首先要成为那些遇到道德问题的人的诉说对象，倾听他们陈述道德问题、产生这一问题的原因以及自己的解决方法。在各种解决方法变得清晰之后，道德顾问应该积极引导员工选择正确的方法。另外，组织也可以建立专门的渠道，使员工可以放心地向上一级政府部门或纪律检查委员会进行信访或上访。

改善管理伦理是一项长期的任务，不是一朝一夕可以完成的，要贯穿于企业发展的全过程和全体员工中，从而减少组织中不道德行为的发生。在以上措施当中，单个措施的作用是极其有限的，但若把它们中的多数或全部结合起来，就很可能收到较好的效果。

第二节　社会责任

社会责任的概念起源于20世纪20年代，是随着资本的不断扩张引起的一系列社会矛盾（诸如贫富分化、社会穷困，特别是劳工问题和劳资冲突等）而提出的。20世纪60年代以前，企业的社会责任问题并没有引起人们足够的注意，人们只是对于企业以利润最大化作为唯一经济目标的做法产生了疑问。20世纪80年代之后，伴随经济全球化的进程，企业社会责任被重新提起，并成为世界范围的一个话题。

一、社会责任的含义

现在社会责任的概念已经被广为接受,但国际社会还没有一个统一的定义。欧盟将企业社会责任定义为:企业的社会责任是指企业以资源为基础,将社会和环境密切整合到它们的经营动作以及与其利益相关者的互动中。美国著名学者斯蒂芬·P·罗宾斯认为,企业的社会责任是企业追求有利于社会的长远目标的一种义务,它超越了法律和经济所要求的义务。里奇·格里芬认为,企业社会责任是应当在提高本身利润的同时对保护和增加整个社会福利方面承担的责任。

从以上这些针对企业社会责任给出的定义可以看出,虽然表达方式存在差异,但其基本含义是一致的。企业社会责任就是指企业在创造利润、对股东承担法律责任的同时,还要承担对员工、消费者、社区、政府和环境的责任,保护其权益,以获得在经济、社会、环境等多个领域的可持续发展能力。企业的社会责任要求企业必须超越把利润作为唯一目标的传统理念,强调要在生产过程中对人的价值的关注,强调对消费者、对环境、对社会的贡献。

二、社会责任的发展历程

(一)20 世纪 50 年代至 70 年代——盈利至上

以 1970 年 9 月 13 日米尔顿·弗里德曼在《纽约时报》刊登题为《商业的社会责任是增加利润》的文章为代表。1976 年,经济合作与发展组织(OECD)制定了《跨国公司行为准则》,这是迄今为止唯一由政府签署并承诺执行的多边、综合性跨国公司行为准则。这些准则虽然对任何国家或公司没有约束力,但要求更加保护利害相关人士和股东的权利,提高透明度,并加强问责制。

(二)20 世纪 80~90 年代——关注环境

20 世纪 80 年代,企业社会责任开始在欧美发达国家逐渐兴起,它包括环保、劳工和人权等方面的内容,由此导致消费者的关注点由单一关心产品质量,转向关心产品质量、环境、职业健康和劳动保障等多个方面。一些涉及绿色和平、环保、社会责任和人权等的非政府组织以及舆论也不断呼吁,要求社会责任与贸易挂钩。迫于日益增大的压力和自身发展的需要,很多欧美跨国公司纷纷制定对社会做出必要承诺的责任守则(包括社会责任),或通过环境、职业健康、社会责任认证应对不同利益团体的需要。

(三)20 世纪 90 年代至今——社会责任运动兴起

20 世纪 90 年代初期,美国劳工及人权组织针对成衣业和制鞋业发动"反血汗工厂运动"。利用"血汗工厂"制度生产产品的美国服装制造商 Levi-Strauss 被新闻媒体曝光后,为挽救其公众形象,制定了第一份公司生产守则。在劳工和人权等非政府组织和消费者的压力下,许多知名品牌公司也都相继建立了自己的生产守则,后演变为"企业生产守则运动",企业生产守则运动的直接目的是促使企业履行自己的社会责任。

但这种跨国公司自己制定的生产守则有着明显的商业目的,而且其实施状况也无法得到社会的监督。在劳工组织、人权等非政府组织的推动下,生产守则运动由跨国公司自我约束的内部生产守则逐步转变为社会约束的外部生产守则。

到 2000 年,全球共有 246 个生产守则,其中除了 118 个是由跨国公司自己制定的外,其余皆是由商贸协会或多边组织或国际机构制定的所谓社会约束的生产守则。这些生产守则主要分布于美国、英国、澳大利亚、加拿大、德国等国。

三、社会责任的观点及内容

(一)两种社会责任观点

西方管理学对企业社会责任的争论由来已久,也出现了各种不同的理解和定义,如"只图盈利"、"超越盈利"、"自愿性活动"、"对更大的社会系统的关心"以及"社会响应"等。归纳起来,大致可以分为以下两类。

1. 古典观点

古典观点又称纯粹经济学观点,其代表人物当首推米尔顿·弗里德曼。他认为当今的大多数管理者是职业管理者,这意味着他们并不拥有所经营的企业。他们是员工,仅向股东负责,从而他们的主要责任就是最大限度地满足股东的利益。那么,股东的利益是什么呢? 弗里德曼认为股东只关心一件事,那就是财务收益。

2. 社会经济学观点

社会经济学观点认为企业的社会责任不只是创造利润,还包括保护和增进社会福利。这一立场是基于社会对企业的期望已经发生了变化这样一种信念。公司并非只是对股东负责的独立实体。它们还要对社会负责,社会通过各种法律法规认可了公司的建立,并通过购买其产品和服务对其提供支持。企业组织不仅仅是经济机构,社会接受甚至鼓励企业参与社会的、政治的和法律的事务。

社会经济观认为,企业必须承担社会义务以及由此产生的社会成本,企业必须以不污染、不歧视、不从事欺骗性的广告宣传等方式来保护社会福利,必须融入企业所在的社区及资助慈善组织,从而在改善社会中扮演积极的角色。

(二)社会责任的内容

有学者将企业社会责任的内容做了如下概括和归纳:

(1)企业的经济责任。这是指企业作为理性的经济人追求利润最大化的责任,这是企业传统的、基本的责任。企业的经济责任既是企业本质的外在反映,也是企业生存和发展的内在动力,它贯穿企业存续的始终。

（2）企业的法律责任。具体包括：企业按照有关法律法规的规定，照章纳税和承担政府规定的其他责任义务，并接受政府的干预和监督，不得逃税、偷税、漏税和非法避税；企业对本企业职工的福利、安全、教育等方面承担义务；企业对消费者在产品质量或服务质量方面的承诺等。

（3）企业的生态责任。要求企业一方面按照有关法律的规定合理利用资源，减少对环境的污染程度，另一方面企业要承担治理由企业所造成的资源浪费和环境污染的相关费用。

（4）企业的伦理责任。这是企业对社会慈善事业和其他公益事业的社会责任。

企业社会责任通过其制度和行为所体现的对员工、顾客、社区、国家和环境履行的各种积极义务和责任，是企业对市场和利益相关者的一种良性反应，也是企业目标的综合指标。但是，在战略决策的过程中，各个企业利害相关团体的利益总是相互矛盾的，不可能有一个能使每一方都满意的战略。因此，一个高层管理者应该知道哪些团体的利益是要特别重视的。企业对不同的利益主体承担的社会责任具体表现如表 13-3 所示。

表 13-3

企业对不同利益主体承担社会责任的表现

利益主体	承　担　责　任
股东	证券价格的上升；股息的分配（数量和时间）。
职工或工会	公平的就业、上岗、报酬、调动和晋升；安全、卫生的工作条件；丰富的文化、娱乐活动；提供员工参与管理和全员管理的环境；提供员工的在职教育和培训等。
政府	对政府号召和政策的支持；遵守法律和规定。
消费者/代理商	保证商品的价值（产品价格与质量、性能和服务的关系）；产品或服务的方便程度。
社区	对环境保护的贡献；对社会发展的贡献（税收、捐献、直接参加）；对解决社会问题的贡献。
竞争者	公平的竞争；增长速度；在产品、技术和服务上的创新。
特殊利益集团	提供平等的就业机会；对城市建设的支持；对残疾人、儿童和妇女组织的贡献。
行业	遵循的行业道德和职业道德；不假冒他人的商标，不使用相近的名称、包装、装潢；在交易中不恶意损害对手形象；不以低于成本价格进行恶性竞争；不搞垄断性经营等。

（续表）

利益主体	承 担 责 任
供应商与合作者	恪守信誉,严格执行合同;反对市场霸权,提供公平交易机会,获取合理利润;通过定期的沟通和交流提高双方的配合程度等。
自然环境	选择可生物分解与循环利用的原材料;不断地改进工艺流程和提高技术水平,以减少能量消耗,有效地保护能源,持续减少生产废料;使用环保包装,不污染空气和水等。

四、支持和反对企业承担社会责任的理由及社会责任与经济绩效

（一）支持和反对企业承担社会责任的理由

企业必须关注自身经济利益之外的社会责任吗? 对于这个问题一直以来存在着诸多争论。一般而言,支持方和反对方的理由如表 13-4 所示。

表 13-4

支持和反对企业承担社会责任的理由

支持的理由	反对的理由
公众期望:公众的意见支持企业同时追逐经济的和社会的目标。 长期利润:具有社会责任感的公司趋于取得更稳固的长期利润。 道德义务:企业应当承担社会责任,因为负责任的行为才是所要做的正确的事情。 公众形象:公司通过追求社会目标可以树立良好的公众形象。 更好的环境:企业的参与有助于解决社会难题。 减少政府管制:企业社会责任感的加强会造成较少的政府管制。 责任与权力的平衡:企业拥有大量的权力,这就要求相应的责任来加以平衡。 股东利益:从长期来看,具有社会责任感将提高企业的股票价格。 资源占有:企业拥有支持公共项目和慈善事业的资源。 预防胜于治疗:企业应在社会问题变得十分严重之前采取措施,以免付出更大的补救代价。	违反利润最大化原则:企业只有在追求其经济利益时,才是在承担社会责任。 淡化使命:追求社会目标淡化了企业的基本使命,即经济的生产率。 成本增加:许多社会责任活动都不能补偿其成本,必须有人为此买单。 权力过大:企业已经拥有了大量的权力,追逐社会目标将会使它们的权力更大。 缺乏技能:企业领导者缺乏处理社会问题的必要技能。 缺乏明确的责任:企业与社会性行为之间没有直接的联系。

（二）社会责任与经济绩效

社会责任行为会降低企业的经济绩效吗？很多人都存在着这样的担心。企业一般用短期的财务绩效作为衡量企业的经济绩效的标尺，而社会责任对企业利润的冲击要许多年后才见效。斯蒂芬通过调查证明，两者之间存在正相关关系。企业在力所能及的范围内进行一些社会责任活动相当于投资。虽然短期内这种投资或许牺牲了企业的经营业绩，但从长期看，这种投资由于改善了企业在公众心目中的形象，吸引了大量人才等，可以增加收益（得到政府更多的支持，有一支目标明确和更讲究奉献的员工队伍，良好的企业形象），并且所增加的收益足以弥补企业当初额外支付的成本。

SA8000 社会责任标准

Social Accountability 8000（SA8000）社会责任标准是依据国际劳工组织条例所建立的国际性社会责任标准。它是全球首个道德规范国际标准，其宗旨是确保供应商所供应的产品皆符合社会责任标准的要求。SA8000 标准适用于世界各地，任何行业、不同规模的公司。其依据与 ISO9000 质量管理体系及 ISO14000 环境管理体系一样，皆为一套可被第三方认证机构审核之国际标准。

SA8000 的要求包括：① 童工。② 强迫性劳动。③ 健康与安全。④ 组织工会的自由与集体谈判的权利。⑤ 歧视。⑥ 惩戒性措施。⑦ 工作时间。⑧ 工资。⑨ 管理体系。

美国、欧盟已开始强制推广 SA8000 标准，要求跨国公司在采购商品时要审查对方企业是否达到这一标准，如不达标，必须取消订单。这种将劳工权利与订单挂钩，是经济领域内的一次革命性变革。它标志着经济以人为本的时代的来临。如果说 ISO9000 标准针对的是产品的质量、ISO14000 标准针对的是环境质量的话，那么 SA8000 标准关注的就是人的生存质量。工人在经济生活中的角色理应从单纯的工具人、"机器的延伸"，到某种主动性的发挥，直至成为生产的主人。事实上，这也是几百年来工人运动所始终追求的目标。

知 识 测 试

一、概念辨析

伦理 道德 管理伦理 社会责任

二、即问即答

1. 道德发展阶段是如何影响个人的道德判断的?

2. 影响管理伦理的因素有哪些?

3. 组织文化是如何影响管理者的道德行为的?

4. 影响问题强度的因素有哪些?

5. 反对企业承担社会责任的理由有哪些?

6. 支持企业承担社会责任的理由有哪些?

7. 简述两种社会责任观。

8. 企业社会责任与经济绩效的关系如何?

技 能 训 练

『训练目标』

◇ 理解管理伦理的含义、观点及影响因素

◇ 理解社会责任的含义、观点及内容

◇ 建立管理伦理和社会责任感意识,改善组织伦理和社会责任行为

一、管理定律应用

互惠关系定律

"给予就会被给予,剥夺就会被剥夺。信任就会被信任,怀疑就会被怀疑。爱就会被爱,恨就会被恨"。这就是心理学上的互惠关系定律。

[举例] 诺基亚"手牵手计划"

许多科学证据都支持了儿童6岁前所受适当教育与发展的重要性:80％的人脑发育,包括语言能力、重要的高阶认知功能等都在6岁前开始出现与发展。2008年,针对农村学龄前儿童,诺基亚投资总额逾6 000万元人民币,启动了"手牵手"计划,旨在为0～6岁的农村儿童提供优质的早期发展与养育服务,包括卫生保健、婴幼儿养护、营养咨询、教育支持等各个方面。这是中国农村儿童早教事业史上最大的非政府投资项目,计划分三期完成。项目第一期已在陕西、甘肃、河南的6个国家级贫困县展开了试点,重点探索了培训的内容以及早教中心的管理运营机制,使112 923名农村儿童享受到高质的早期儿童养育及教育服务,在6个县建立或支

持了 270 个早教中心，3 080 名农村教师、医务工作者和政府工作人员，以及 136 706名培训者和家长接受了培训并参加了养育知识普及的活动。第二期将在总结第一期经验的基础上把项目扩大到 18 个国家级贫困县。

[点评]　你怎样对待别人，别人就会怎样对待你。

二、管理案例分析

科创公司的困惑

苏北某市是江苏最贫困的市之一。该市只有极个别的具有高技术含量的企业，科创公司就是其中之一。它原是一家国有企业，主要生产变压器。但经营不佳，亏损严重。为了加快经济发展，市政府决定以比较低的价格将科创公司让民营企业家向科买断产权，组建股份有限公司。买断的条件是在原有的 400 多个工人中，保留 100 多人。向科是一位十分精明能干且具有比较优良素质的企业家，受过高等教育，在特区搞过经营。接受后，他进行两项改革：一是提高科技开发的投入比重；二是提高销售成本比例。前者由 1% 提高 5%，后者由 3% 提高到 12%。两项措施都比较有力地推动了企业的经营。不过，这些高比例的销售费用中相当一部分被产品推销人员用来作为回扣或向有关人员送礼打开市场。向科认为，现在该企业的产品虽然在同行业中市场占有率不算最高，但前景很乐观。另外，在改制后的第二年，他解雇了原企业留下的部分工人。估计不需要多长时间，保留的 100 多个工人中相当多的工人都要被解雇。

向科认为，他已陷入经济与道德、企业自身发展与履行社会责任的困境中。首先，作为本地的窗口企业，它的发展必将推动地域经济的发展。然而，提高销售成本会滋长企业经营中的一些不道德现象，形成不正当的竞争。其次，低价买断产权时，承诺接受 100 多名工人。实践证明，相当一部分难以达到他的管理要求。于是，要么花大量经费培训这些工人，要么解雇他们。这样做，一方面不能履行改制时的承诺，另一方面会导致新的社会问题。为了本企业的发展，向科选择了后者。

[分析问题]

1. 你认为，在这种困境中，经营者应当如何抉择？

2. 能否存在两全其美的措施？如果不行，选择解决问题的侧重点应在哪？

[分析思路]

1. 向科用加大销售成本来推销产品在短期内是有效果的，但从长远角度考虑问题，却陷入了经济与道德、自身发展与社会责任的困惑中。如何抉择，答题者可谈自己的认识。

2. 能否存在两全其美的措施，应该说是存在的。如同今天国有企业体制改革中，也会出现减少企业员工的情况，这是不可回避的现实。问题是如何解决困难，日本企业的做法是可以参考的。因此，解决困难途径的思路是：① 设法安排好富余员工,不推向社会。② 加大产品科技投入,提高产品的市场价值。③ 重视可持续发展,节约并用好资源。

[实施建议]

1. 教师先将训练目的和要求清楚地传达给学生,强调社会责任的内涵及观点。

2. 分组讨论,课下认真准备,课堂讨论,时间限制在 20 分钟内。

3. 由小组抽签决定各小组出场次序。

4. 其他小组给出评价成绩,由教师对评价成绩综合后给出最后成绩。

三、管理技能训练

[训练项目] 勇于承担责任。

[训练内容] 学员相隔一臂站成几排(视人数而定),喊一时,向右转;喊二时,向左转;喊三时,向后转;喊四时,向前跨一步;喊五时,不动。当有人做错时,做错的人要走出队列,站到大家面前先鞠一躬,举起右手高声说:“对不起,我错了!”

在日常工作中也有很多这样的现象,游戏做几个回合后,提问:这个游戏说明什么问题?

[训练要领] 面对错误时,大多数情况是没人承认自己犯了错误;少数情况是有人认为自己错了,但没有勇气承认,因为很难克服心理障碍;只有极少数情况有人站出来承认自己错了。

参考文献

［1］ 周健临. 管理学教程［M］. 上海：上海财经大学出版社，2001.

［2］ 周三多. 管理学［M］. 北京：高等教育出版社，2002.

［3］ 谭力文，等. 管理学［M］. 武汉：武汉大学出版社，2004.

［4］ 郑文哲. 管理学原理［M］. 北京：科学出版社，2004.

［5］ 黄雁芳，宋克勤. 管理学教程案例集［M］. 上海：上海财经大学出版社，2001.

［6］ 全国工商管理硕士入学考试研究中心. 99MBA 联考考前辅导教材［M］. 南京：江苏人民出版社，1998.

［7］ 刘治江. 管理学：知识、技能与应用［M］. 北京：经济管理出版社，2008.

［8］ 李彦斌. 管理学［M］. 北京：机械工业出版社，2011.

［9］ 潘开灵，邓旭东. 管理学［M］. 2 版. 北京：科学出版社，2010.

［10］ 张瑞夫，王明东. 管理学：知识与技能［M］. 上海：同济大学出版社，2006.

［11］ 哈罗德·孔茨. 管理学精要［M］. 6 版. 北京：机械工业出版社，2005.

［12］ 朱秀文. 管理学教程［M］. 天津：天津大学出版社，2004.

［13］ 刘松柏. 管理学原理［M］. 北京：高等教育出版社，2001.

［14］ 海因茨·韦里克，马克·V·坎尼斯. 管理学：全球化与创业视角［M］. 北京：经济科学出版社，2010.

［15］ 崔生祥，等. 管理学［M］. 武汉：武汉理工大学出版社，2005.

［16］ 刘汴生. 管理学［M］. 2 版. 北京：科学出版社，2011.

［17］ 约翰·R·舍默霍恩. 管理学［M］. 8 版. 北京：中国人民大学出版社，2011.

［18］ 赵金先，张立新，姜吉坤. 管理学原理［M］. 北京：经济科学出版社，2011.

［19］ 芮明杰. 管理学教程［M］. 北京：首都经济贸易大学出版社，2004.

［20］ 尤利群，等. 管理学［M］. 杭州：浙江大学出版社，2011.

［21］ 吴秀敏. 管理学原理［M］. 成都：西南财经大学出版社，2010.

［22］ 卢润德,等.管理学［M］.北京：机械工业出版社,2010.

［23］ 周三多,陈传明,鲁明泓.管理学：原理与方法［M］.4 版.上海：复旦大学出版社,2004.

［24］ 王心娟,宠学升,崔会保.管理学原理［M］.北京：清华大学出版社,2011.

［25］ 加里·德斯勒,简·菲利普斯.现代管理学［M］.丰俊功,李庚,马学亮,译.北京：清华大学出版社,2010.

［26］ 蒋国平,石书玲.现代管理学［M］.北京：机械工业出版社,2011.

［27］ 李杰,张秋来,盛丽.管理学原理［M］.北京：清华大学出版社,2011.